KB070417

저널리즘 다시 보기

15개의 이슈들

나남
nanam

나남신서 2117

저널리즘 다시 보기

15개의 이슈들

2022년 9월 1일 발행
2022년 9월 1일 1쇄

지은이   한국언론학회 저널리즘연구회
발행자   趙相浩
발행처   (주) 나남
주소   10881 경기도 파주시 회동길 193
전화   (031) 955-4601 (代)
FAX   (031) 955-4555
등록   제 1-71호 (1979.5.12)
홈페이지   http://www.nanam.net
전자우편   post@nanam.net

ISBN 978-89-300-4117-1
ISBN 978-89-300-8001-9 (세트)

나남신서 2117

저널리즘 다시 보기

15개의 이슈들

한국언론학회 저널리즘연구회

김범수 김사승 김정수
박성희 박아란 박재영
손영준 오대영 이건호
이샘물 이완수 이정훈
임종섭 최수진 허만섭

나남
nanam

Journalism Revisited

by

Kim Bumsoo   Kim Sa Seong   Kim Jeongsue
Park Sung Hee   Park Ahran   Park Jaeyung
Son Young Jun   Oh Dayyoung   Lee Gunho
Lee Saemmool   Lee Wansoo   Lee Jeng Hoon
Lim Jeongsub   Choi Sujin   Heo Man-Sup

nanam

서론

오늘날 저널리즘은 어디나 존재한다. 누구나 쉽게 이야기한다. 그러나 저널리즘은 결코 단순한 현상이 아니다. 저널리즘에는 상당히 많은 것이 얽혀 있다. 손쉽게 이해할 수 있는 간단한 것이 아니다. 이 책은 저널리즘에 내재된 복잡함과 난해함의 전 과정을 살펴보려 했다. 저널리즘에 대한 이해는 여러 통로로 접근할 수 있지만, 어느 것이든 완전한 설명에 이르기는 어렵다. 저널리즘의 사회적 의미를 강조하는 수많은 개념과 이론, 뉴스 생산과 소비를 통해 일어나는 구체적이고 직접적인 경험, 테크놀로지나 비즈니스의 중요성이 커지면서 파생되는 변화 등을 모두 한데 묶어 체계적 이론으로 구성하는 것은 사실상 불가능하다. 저널리즘은 그만큼 복잡한 현상이다.

저널리즘의 이해는 먼저 저널리즘의 복잡성을 이해하는 데서 시작할 수밖에 없다. 먼저 다영역성이다. 뉴스 콘텐츠는 사적 재화인 동시에 공공재이고, 경성 담론인 동시에 연성 담론이다. 텍스트, 이미지, 도표, 숫자에서 영상까지 포괄한다. 헤스(Hess, 2005)는 뉴스를 다양한 콘텐츠 모듈을 탑재할 수 있는 플랫폼으로 이해했다.

둘째, 복수 지성이다. 저널리스트는 다양한 지적 역량을 갖추어야 한다. 합리성과 창의성, 이성과 감성, 비판적 이해와 공감 능력, 통제와 자율성, 독창성과 조화 감각, 돌파력과 리듬 감각 등 상반된 지성을 동시에 필요로 한다.

셋째, 변화다. 특히 점점 복잡해지고 있는 뉴스 비즈니스의 변화가 문제다. 뉴스 조직 내부의 생산활동에 초점을 맞추는 전통적 가치사슬은 전복되고 있다. 외부와의 네트워크를 통해 가치를 생성하는 가치 네트워크가 대안임은 분명하지만, 저널리즘은 가치사슬에서 벗어나지 못하고 있다. 외부의 이해당사자들과 관계를 맺고 가치를 창출하는 가치 네트워크는 복잡하고 뉴스 조직의 통제에서 벗어나 있다는 점을 받아들이지 못하기 때문이다.

넷째, 자원의 문제다. 저널리즘이 다루는 다양한 주제의 프로페셔널 자원을 확보하는 것은 물론 이를 육성하기도 어렵다. 자원 확보와 육성을 위한 재원도 제도도 제대로 없다.

이렇게 복잡한데도 저널리즘을 포괄적으로 이해할 수 있는 실마리는 있다. 다영역성, 복수 지성, 변화, 자원 등 서로 연결될 것 같지 않은 이들 모두에 내재되어 있는 것, 즉 저널리즘이 전달하고자 하는 세계다. 달리 말하면 사건이다. 세계나 사건을 통해 저널리즘의 복잡한 요소들은 모두 연결된다. 문제는 저널리즘이 다루고자 하는 세계가 단순하지 않다는 점이다.

헤밍웨이(Hemmingway, 2004)는 이를 세 가지로 나누었다. 사람들이 뉴스를 통해 받아들이는 세계는 '뉴스의 세계world of the news'이다. 독자에게 전달되는 뉴스 텍스트가 만드는 세계이다. 그러나 뉴스의 세계 외에 두 개의 다른 세계가 있다. 하나는 '세계 그 자체world itself'이고 또 하나는 '뉴스 속 세계world in news'이다.

'세계 그 자체'는 실제 일어난 사건을 말한다. 저널리즘 개입 이전에 또 저널리즘과 무관하게 독립적으로 존재하는 세계의 실제實際다. 존재의 본질state of being에 해당하는 세계이다. 이에 반해 실재實在는 사실로서 현실에서 '존재'함을 강조한다. 세계 그 자체가 사실의 실제라면, 실재는 실제가 현실에서 개별 주체, 즉 저널리스트가 인식하는 대로 존재하는 것이다. 그러나 실제를 사람들은 알 수 없다. 저널리즘의 의미화 작업, 즉 저널리스트의 앎state of knowing을 통해 사회 관련성을 부여받음으로써 사람들의 이해를 얻는 세계이다.

의미화 과정은 두 단계를 거친다. 먼저 저널리스트가 취재현장에서 팩트를 수집해 주관적으로 해석해 만드는 '뉴스 속 세계'의 단계다. 이는 시간과 공간을 연결하는 맥락 속에서 의미를 획득하는 실재實在에 속한다. 그러나 이는 초안에 불과하다. 뉴스룸으로 들어와 부서장의 데스크 활동, 편집부서의 편집처리 등 뉴스조직의 집단적 처리과정을 통해 최종적인 의미를 얻는 단계를 거친다. 그것이 시장에 유통되는 최종 뉴스, 즉 '뉴스의 세계'이다. 이처럼 뉴스 생산 단계마다 개입하는 주체가 달라진다. 이들의 사건이해에 따라 뉴스가 이야기하는 세계도 달라진다. 세 가지의 세계와 뉴스를 모두 이해할 때 우리는 저널리즘을 총체적으로 이해했다고 말할 수 있을 것이다.

속성만 놓고 보면 전혀 만날 일이 없어 보이는 복잡한 요소들은 이처럼 사건을 대하는 독특한 저널리즘의 세계관계를 통해 연결된다. 따라서 저널리즘의 이해는 저널리즘과 세계의 관계를 통해 접근하는 것이 무엇보다 중요하다. 완전한 해법은 아니지만, 저널리즘을 프로세스 관점에서 바라볼 필요가 있다. 저널리즘을 사람, 조직, 테크놀로지, 사회 등이 뒤엉켜 진행되는 프로세스로 이해하자는 것이다. 이러한 관점은 저널리즘에 총체적으로 접근하도록 해준다.

저널리즘 프로세스는 세계에 대한 인식 → 뉴스 생산 → 사회관계의 흐름으로 이어진다. 세계 또는 사건의 인식은 다양한 경로를 통해 이루어진다. 편견, 정파성, 탈진실, 대안팩트 등의 논란은 이 지점에서 시작된다고 할 수 있다. 뉴스 생산은 실체로서의 뉴스가 만들어지는 과정이다. 저널리스트의 개입이 구체화되는 단계다. 묘사할 것인지 해석할 것인지와 같은 사건을 다루고자 하는 태도도 드러난다. 테크놀로지의 영향이 가장 크게 미치는 단계이기도 하다. 사회관계의 단계에서는 저널리즘의 사회적 의미와 가치가 논의된다. 수용자가 뉴스를 통해 사건을 받아들이는 단계다. 저널리즘이 권력을 구축하는 것도 사회관계에서 확인할 수 있다.

책 제목을 《저널리즘 다시 보기*Journalism revisited*》로 붙인 데는 몇 가지 이유가 있다. 저널리즘의 의미와 가치가 지금처럼 땅에 떨어진 때가 있을까 싶을 정도로 위기가 정점에 이르렀다. 저자들은 이런 현실에 대해 깊은 성찰이 필요하다고 보고, 저널리즘을 다시 꼼꼼히 살펴보고자 했다. 이것이 첫 번째 이유다. 두 번째 이유는 저널리즘을 프로세스 관점에서 총체적으로 논의하고자 하는 태도에 있다. 저널리즘의 수많은 연구주제는 이론적 배경에서 방법론에 이르기까지 각기 독립적 영역에서 작동되어 왔다. 이들을 함께 논의한다는 것은 각 연구영역의 고유한 속성을 다시 바라보는 것을 의미한다. 이는 기존 이론들의 타당성도, 그 타당성의 유효성이 떨어지는 것도 개방적으로 받아들일 수 있어야 가능하다. 이 책은 이를 시도했다. 때문에 《저널리즘 다시 보기》는 적절한 명명이라고 본다. 마지막 이유는 독자들을 향한 것이다. 믿음을 거둬들인 저널리즘을 다시 볼 것을 기대하는 마음을 제목에 담았다.

이 책은 저널리즘의 프로세스를 이루는 뉴스 전前 – 생산 – 뉴스 후後의 3부로 나누어 구성했다. 저널리즘이 주체가 되는 생산을 중심으로 그 이전과 이후의 논의를 구분하고자 한 것이다. '뉴스 전'의 1부는 저널리즘 본질을 다룬다. 저널리즘의 개념, 목표, 저널리스트, 생태계 등을 통해 저널리즘 본질을 다시 보고자 했다. '생산'에 해당하는 2부는 저널리즘 구성을 다룬다. 뉴스, 생산, 기술, 데이터 등을 통해 저널리즘의 구성에 대해 살펴본다. '뉴스 후'를 다룬 3부에서는 저널리즘과 사회를 분석한다. 수용자, 지역, 언론 자유, 민주주의의 분석을 통해 저널리즘과 사회의 관계를 논의한다.

1부 "저널리즘의 본질"에서는 저널리즘이 세계를 이해하는 태도를 설명하고자 한다. 1장은 이건호 이화여대 교수가 분석한 "저널리즘의 개념"으로, 모호하게 이해되는 저널리즘을 개념화했다. 더 정확하게는 먼저 제시된 정의(이건호, 2013)를 확대해 다듬은 것이다. 소통 기본 모델의 S(발화자) −M(정보) −C(통로) −R(수신자) 요체를 기준으로, 공적 정보 자체와 이를 취재해 보도하는 통로(뉴스 매체)가 저널리즘의 중심축이라는 점을 유지한다. 동시에 이전 개념에는 숨어 있던 취재원으로서 발화자를 드러내고 수동적 수신자로 남아 있던 수용자의 소통 참여 역량을 부각함으로써, 4대 개별 요체의 역할을 유기적으로 연계했다.

이렇게 정비된 저널리즘 개념은 "대중매체를 통해 이뤄지는 매스 커뮤니케이션의 형태로, 대중매체에 소속돼 정보 판단 전문가로 훈련된 언론조직 구성원들이 공공의 관심 사항이 될 만한 정보를 가진 주체로부터 해당 내용을 확보하고 이를 이해하기 쉬운 메시지로 전환해 추후 공공의 관심사항이 될 정보 생산자로 발전할 수 있는 불특정 다수의 독자나 시청자에게 전달하는 것"이다. 이 정의를 소개하는 과정에서 저널리즘 위기는 생래적이고, 현재 부각하는 심각성은 과거 위기의 현대적 재현이며, 반복되는 위기의식 또는 관련된 위험요인을 극복하기 위해서는 기본적 개념 정립이 절실하다는 점을 피력했다.

2장은 손영준 국민대 교수가 쓴 "저널리즘의 진실 보도"이다. 저널리즘의 제1목표는 진실 보도이다. 뉴스 보도는 진실을 알려야 할 의무가 있다. 그러나 진실 보도는 쉽지 않다. 오늘날 뉴스를 둘러싼 많은 논쟁은 진실이 무엇이며, 그러한 진실을 어떻게 확보할 것인지에 대한 견해차로 인해 발생한다. 진실은 그만큼 복잡하고, 다층적이며, 쉽게 확인하기 어렵다. 뉴스에는 또 편견이 개입할 가능성이 크다. 저널리즘에서 참과 거짓은 쉽게 구별되지 않는다. 사람에 따라 참과 거짓을 다르게 받아들이는 경우가 많다. 저널리즘의 진실은 표면적 사실, 맥락적 사실, 주관적 해석 틀의 3층위로 구성된다.

저널리즘에서 진실 확보가 논쟁적인 이유는 진실을 구성하는 층위에 대한 의견 대립이다. 저널리즘에서 진실에 이르는 방법은 객관적 기술, 주관적 기술, 관점과 사실관계의 상호 관련이라는 세 가지 방식이 있다. 저자는 객관적 기술과 주관적 서술의 한계점을 지적한다. 저자는 주관적 언론관, 주관적 해석 틀 없는 진실보도는 맹목적이라고 평가한다. 또한 사실관계의 객관성, 체계성, 인과성에 기반을 두지 않는 주관적 진실 보도는 공허할 수 있다고 강조한다. 저자는 이런 논의를 바탕으로 관점과 사실관계의 결합을 통한 진실 확보 방안을 제안한다.

3장은 "저널리스트의 이성과 감정"의 문제를 다룬다. 이완수 동서대 교수는 기자들이 정보를 처리하는 과정에 작동하는 머릿속 인지 구조에 주목했다. 기자에 대한 흥미로운 접근 방법이다. 많은 저널리즘 연구자들은 뉴스의 편향과 오류를 뉴스를 가공·처리하는 기자 개인의 내면적 요인 때문이라고 보지 않았다. 대신 그 기자가 일하는 조직, 사회 공동체, 문화와 같은 외부의 환경적 요인 때문이라고 보았다. 예컨대 기자들이 뉴스를 결정하는 요인을 기자의 개인적 철학이나 신념에서 찾거나, 뉴스 생산조직의 작업관행에서 찾거나,

권력이나 자본압력과 같은 외부 요인에서 찾거나, 기자의 정치적 이념에서 찾는 식이었다. 그렇지 않으면 기자의 사고습관을 문화적 관습과 같은 사회문화적 요인에서 찾았다. 뉴스가 편향되어 있다면, 그것은 기자 개인의 생각방식way of thinking이나 인지편향cognition bias의 문제가 아니라 기자의 머리 바깥에 존재하는 외부 요인들이 원인이다. 스토킹과 그로스(Stocking & Gross, 1989)의 지적대로 뉴스 제작과정에 영향을 미치는 환경적 요인들을 간과하는 것은 잘못이다. 환경적 요인이 뉴스를 만드는 과정에 상당 부분 영향을 미치는 것은 명백한 사실이기 때문이다.

우리는 이 과정에 기자가 비이성적이고 감정적인 판단을 배제한 뉴스를 만들어 내길 기대한다. 하지만 취재 현실은 그렇지 못하다. 기자가 합리적이고 이성적인 판단을 통해 뉴스를 생산하면 좋겠지만, 인지적 한계라는 장벽을 뛰어넘기는 쉽지 않다. 기자를 지나치게 규범적 존재로 평가하는 것은 기자 역시 인간이라는 근본적 한계를 간과한 인식의 오류다. 따라서 우리는 기자가 보통의 사람과 마찬가지로 합리적 존재가 아니라, 합리화하는 존재라는 점을 상기할 필요가 있다. 그 중심에 인간으로서 기자가 빠질 수 있는 인지적 편향과 오류가 자리한다는 사실을 무시할 수 없다. 기자도 어쩔 수 없는 인간이다.

4장은 최수진 경희대 교수가 분석한 "디지털 뉴스 생태계와 이용자"다. 거시적 관점에서의 전통적인 뉴스 환경과 디지털 뉴스 환경의 차이에 대한 조망을 시작으로, 디지털 뉴스 환경에서의 뉴스 이용자의 위상 변화와 이들이 뉴스 생태계에 미치는 영향에 대해 논함으로써 디지털 저널리즘에 대한 이해를 도모하고자 한다. 특히, 수많은 기사가 양산되는 디지털 뉴스 환경에서는 이용자가 어떤 뉴스를 선택하고 소비하는지 살펴보는 것이 그 어느 때보다 중요하다.

보다 구체적으로, 우선 뉴스 생산·유통·소비의 관점에서 전통적인 뉴스 생태계와 디지털 뉴스 생태계의 차이를 개괄한다. 이어서 디지털 뉴스 환경에서 활발히 전개되고 있는 다양한 뉴스 큐레이션 유형 간의 상호작용에 대해 설명하고, 오늘날 뉴스 유통 및 소비뿐만 아니라 생산에도 영향을 미치는 뉴스 이용자의 영향력에 대해 논한다. 특히 이용자가 뉴스 또는 뉴스의 품질을 어떤 요인들을 기반으로 평가하는지, 이용자들의 뉴스 평가와 언론인들의 뉴스 평가 간에 괴리가 존재하는지, 해당 격차를 줄이기 위해서는 어떠한 노력이 필요한지도 살펴본다. 이를 토대로, 우리 사회 공공담론의 질을 향상시키기 위해 현재 뉴스 이용자들이자 미래의 언론인 또는 디지털 뉴스 플랫폼 종사자가 될 학생들이 고민해야 할 시사점에 대해 논한다.

2부 "저널리즘 구성"은 저널리스트가 구체적으로 뉴스 생산에 개입하는 행태에 대한 논의들을 싣고 있다. 5장은 박재영 고려대 교수가 분석한 "좋은 뉴스의 조건"이다. 이 장은 뉴스의 개념을 재정의하고 증거수집 방법이라는 차원에서 기자의 취재를 논의한다. 뉴스를 어떠한 주제를 증명하는 글이라고 정의한다면, 주제 증명에는 증거가 필요하며 기자는 취재라는 활동을 통해 증거를 수집한다. 증거수집의 주된 세 가지 방법은 보기, 듣기, 찾기이다. 그렇게 수집한 증거는 게이트키핑 과정을 거치면서 선별되고 재검증된다.

이와 함께, 현대사회에서 중시되는 뉴스의 역할에 대해서도 알아본다. 정보 전달이나 환경 감시와 같은 언론의 전통적 역할은 여전히 중요하지만, 사건의 맥락과 배경을 알리는 역할, 사건의 의미와 함의를 발굴하는 역할, 나아가 시민의 공감을 끌어내고 능동적 사고를 유도하는 역할 등이 요즘의 디지털 시대에 절실하게 요구된다. 그래서 '좋은 뉴스'에 대한 사회적 필요성은 더 커졌다고 말할 수 있다. 좋은 뉴스는 학술적으로 정립된 개념은 아니지만, 여러 학자의 주장과 최근의 독자 조사를 통해 몇 가지 구성요소가 발견됐다. 그 요소는 투명성, 복합적 관점, 취재원 다양성, 주제의 다차원적 검증, 가치중립적 표현 등이다. 이런 구성요소들이 왜 중요하며 기사에서 어떻게 확인할 수 있는지를 설명한다.

6장은 김사승 숭실대 교수가 분석한 "질문의 힘"이다. 저널리스트는 정보수집에서 최종 뉴스편집에 이르기까지 뉴스 생산 전 과정에 걸쳐 독자적인 의사결정을 내린다. 의사결정이란 이슈를 확정하고 관련된 정보를 수집한 다음 다양한 대안을 평가해 이들 가운데 선택을 하는 프로세스를 말한다. 이 프로세스는 저널리스트의 질문을 바탕으로 진행된다. 때문에 저널리즘은 곧 질문이라고 할 수 있다. 질문은 저널리즘의 성격을 바꿔 놓는다. 저널리즘이 수행하는 감시견 기능은 근대사회의 지배권력으로부터 시민의 권리를 보호하는 것을 목적으로 삼는다. 저널리즘이 질문을 중요한 생산관행으로 도입하면서 감시견 기능은 새로운 국면으로 접어들었다. 저널리스트의 질문은 시민의 알 권리를 대신하는 것으로 자리 잡으면서 질문은 저널리즘에 권력적 의미를 부여했다.

이 연구는 이런 의미를 갖고 있는 저널리즘의 질문을 뉴스 생산과 관련해 분석했다. 이를 통해 사전조사, 후속조사 등에 따라 각기 다른 수준에서 이루어지는 질문들의 특성, 지식 생성과 지식 간편화 같은 질문 목표, 실체 파악을 위한 질문 및 실체 의미에 대한 질문 등의 질문 방법, 그리고 대부분의 질문을 구체적으로 실행하는 인터뷰 등의 논의를 담았다.

7장 "저널리즘의 처널리즘"은 허만섭 강릉원주대 교수의 분석이다. 이 장은 '우리나라 언론 보도가 얼마나 서로 닮아 있는가?'에 대해 설명한다. 이 내용은 언론학도와 언론사 지망생, 젊은 언론인에게 중요하게 느껴질 수 있다. 언론인이 되면 실제로 맞닥뜨릴 가능성이 큰 현실적 문제를 제시하기 때문이다.

결론적으로 말하면, 형식과 내용 측면에서 국내 뉴스의 가장 큰 특징 중 하나는 몰개성화이다. 많은 기사는 일정한 관행적 패턴으로 구성되고, 적은 노력으로만 작성되며, 독창성과 깊이가 느껴지지 않는다. 미디어의 디지털화가 진행될수록 기자의 자율성 위축은 오히려 심해지는 듯하다. 처널리즘churnalism으로 명명되는 뉴스의 몰개성화 결과는 보도자료 보도, SNS 게시물 보도, 그리고 타 매체 기사 보도라는 세 가지 차원에서 나타난다. 특정인이나 기관이 내놓은 자료 하나가 수백, 수천 건씩 기사화되기도 하는 점이 조명된다.

이어, 이 세 유형의 보도가 지닌 전형적 문체가 세밀히 제시된다. 이러한 점은 언론학도가 문체 측면에서 국내 뉴스를 이해하는 데에 도움이 될 수 있다. 또, 포털 중심의 뉴스 유통, 언론-포털 기사공급 제휴, 포털의 회사결정론과 언론사 속보 경쟁, 온라인 기사 출고량 확대, 기사 제작시간 단축, 베끼기 보도 양산, 자율적 취재·보도 감소, 뉴스 몰개성화라는 연쇄적 사슬이 설명된다.

처널리즘의 발생과 포털 중심 미디어 생태계가 연결되어 파악될 수 있다. 생태계는 일부 개체의 노력만으로 바뀌지 않는 거대한 시스템이므로, 해법이나 대안이 쉽사리 제시되기도 어렵다. 디지털 포털 플랫폼은 저널리즘을 서서히 연약하게 만들고 있다. '우리나라 기자들은 기사를 자율적으로 취재·보도하는 업무와 처널리즘에 가깝게 보도하는 업무를 함께 수행하고 있다'라는 가정, '온라인 전용 기사일수록, 소규모 매체 기사일수록 처널리즘에 더 가까워진다'라는 가정은 힘을 얻는다.

8장 "PD저널리즘의 역사"는 김정수 국민대 교수가 분석했다. 이 장은 우리나라 최초의 PD저널리즘 프로그램이란 평가를 받는 KBS 〈추적 60분〉의 탄생과 제작 과정을 알아보기 위해 당시 PD와 카메라맨, 경영진 등을 대상으로 심층 인터뷰를 실시한 보고서이다.

이들은 기동성이 뛰어난 ENG카메라를 들고 '흥청망청 심야지대', '악덕 기도원' 등의 세태를 고발하였으며, 지금도 방송하고 있는 〈PD수첩〉, 〈그것이 알고 싶다〉 등 PD저널리즘 프로그램 포맷의 기본 골격이 이때 만들어졌다. 고발 현장과 스튜디오에 PD들을 출연시켜 현장감을 높였고, PD를 프로듀서와 디렉터로 구분, 프로듀서는 내부에서 기획과 전체 구성을 담당하고, 디렉터는 현장 촬영과 인터뷰를 맡도록 하여 프로그램의 완성도를 높였다. 또 프로그램의 시퀀스 단위로 글을 쓰는 '작가 시스템'을 만들었는데, 이는 방송뉴스가 원고를 먼저 쓰고 영상을 편집하는 것과 반대로 PD가 먼저영상을 편집한 후 작가에게 글을 쓰도록 함으로써 탐사보도는 원고보다 영상내러티브가 중요하다는 점을 일깨워 줬다. 고발성 아이템을 통해 세태를 비판하고 법과 제도의 개선도 이뤄 냈지만 인권침해및 선정적 보도, 일반화의 오류 등 현장고발 위주의 탐사보도 프로그램이 풀어야 할 과제도 함께 남겼다.

9장 "멀티미디어 저널리즘"은 이샘물 〈동아일보〉 디지털이노베이션팀장이 분석했다. 국내외 멀티미디어 보도의 현황과 사례를 살펴보고, 성공적인 멀티미디어 보도를 위해 필요한 요소를 짚었다. 전 세계 주요 언론사들은 다양한 미디어를 조합해 기사의 전달력과독자의 몰입감을 극대화하는 '멀티미디어 저널리즘'을 추구하고 있다. 신문사는 텍스트와 사진이라는 전통적인 기사의 구성요소를 벗어나고, 라디오 방송국도 오디오라는 틀을 벗어난다.

멀티미디어 보도는 새로운 업무 역할과 조직을 요구한다. 기자는기존에 기사를 '몇 자 분량으로' '어떻게' 쓸지 고민했다면, 이제는'무슨 미디어를 조합해 어떻게 구현하는 게 최적의 전달방법인지'를고민해야 한다. 뉴스룸은 동영상 제작자나 디자이너, 개발자 등으로 직군의 범위를 확장해야 한다. 기자는 글을 쓰는 것을 넘어서 전체적인 구성을 생각해야 하고, 여러 전문성을 가진 구성원과 협업해야 한다. 이 같은 복잡함을 감수하는 것은 멀티미디어가 다른 방식으로는 불가능한 수준으로 취재 소재의 전달력을 극대화할 수 있기 때문이다. 복잡하거나 심층적·다면적인 소재를 다룰 때, 멀티미디어를 효과적으로 활용하는 방안을 소개한다.

10장은 오대영 가천대 교수의 "데이터 저널리즘"이다. 4차 산업혁명 시대에 한층 중요해진 데이터 저널리즘의 기본 개념과 활용 방법에 대해 소개하였다. 먼저 데이터의 개념과 데이터에서 정보를 만드는 방법에 대해 DIKW피라미드를 중심으로 알아보았다. 이어 19세기 이후 현재까지 데이터 저널리즘이 사회 발전에 기여해 온 중요한 역사를 소개하였다. 나이팅게일의 데이터 분석이 가져온 의료 혁명, 컴퓨터 활용 보도CAR와 정밀 저널리즘, 국제탐사보도언론인협회ICIJ와 세계 100여 개 언론사가 공동취재한 "파나마 페이퍼스" 보도 등을 중요 사례로 제시하였다.

또 데이터 저널리즘의 기본 특징과 사회적 역할, 그리고 데이터 저널리즘이 저널리즘 발전에 어떻게 기여했는지를 설명하였다. 데이터 저널리즘을 수행하는 데 필요한 기초 지식인 디지털 스토리텔링과 디지털 리터러시에 대해 저널리즘의 뉴스가치 이론과 일반적인 통계이론을 토대로 알아보았다. 또한 데이터를 구하는 방법에 대해 공공데이터, 정보공개제도를 중심으로 설명하였다.

마지막으로 데이터 저널리즘 사례를 정형 데이터와 비정형 데이터로 분류해서 실제로 보도된 사례를 중심으로 소개하였다. 비정형 데이터 분석에서는 한국언론진흥재단의 뉴스 빅데이터 분석 시스템인 빅카인즈를 이용하는 방법도 제시해서 실제 분석 역량을 높이는 데 도움을 주고자 하였다.

11장 "저널리스트와 프로그래밍"은 임종섭 서강대 교수의 분석이다. 최근 R, 파이썬 등 프로그래밍 언어를 쉽게 배워 활용하는 국내외 분위기 속에 소셜미디어 게시글, 댓글, 기사 등 텍스트를 이들 언어로 대규모 수집해 분석하는 일명 'computational approach'가 관련 업계와 학계에서 큰 인기를 끌고 있다. 저자는 이런 흐름에 주목해 언론인 지망생, 대학원생, 현직 언론인 등을 주 대상으로 신문기사, 방송기사 등 뉴스를 제작할 때 프로그래밍 언어를 활용하는 기초 방법을 소개하고자 한다.

이 글은 이론적 개념을 강조하지 않으며, 프로그래밍 언어인 R이 갖는 특성을 파악한 뒤에 이를 뉴스 제작에 적용할 때 고려할 실질적인 부분을 자세한 예를 들어 설명한다. 현장기자나 부서장 등 현직 언론인은 취재과정에서 입수하는 계량자료나 보도자료 등에서 의미 있는 내용을 발견할 때 이를 적용할 수 있다. 예비 언론인은 프로그래밍 관점을 익히는 과정에 이 글이 제시하는 내용을 응용해 코드 짜기에 관한 이해와 실력을 높일 수 있다. 이 글이 프로그래밍 언어를 쉽게 이해하고 이를 바탕으로 다양한 기삿거리를 발굴하는 데에 작은 도움이 될 수 있기를 희망한다.

3부 "저널리즘과 사회"는 뉴스에 대한 사회의 성찰을 제시한다. 12장 "뉴스 리터러시의 재발견"은 이정훈 대진대 교수가 집필했다.

기존에 뉴스 리터러시news literacy는 저널리즘 영역에서 부차적인 이슈로 다루어지거나 교양 차원의 역량 정도로 인식되는 경향이 있었다. 그러나 뉴스 생태계에서 뉴스 이용자의 결정권이 확대됨에 따라 단순한 실무 역량 이상으로 그 위상이 격상되고 있다. 또한 뉴스 리터러시는 하나의 고정된 역량을 의미하는 것이 아니며, 변화하는 뉴스 생태계에 대처할 수 있는 새로운 역량을 반영해야 할 필요성이 지속적으로 제시되고 있다.

이 장에서는 전통적인 객관적 저널리즘에서 탈피하고 있는 최근 뉴스가 설득적 메시지로서 지닌 특성과 함께, 뉴스 리터러시에 관련된 기존의 대표적 관점들을 설명하면서 미디어 리터러시, 신문 활용 교육NIE과 같은 주요 관점들의 차이점을 비교, 분석하고자 한다. 이러한 논의들을 토대로 뉴스과잉과 가짜뉴스 현상의 폐해에 대처하면서 뉴스를 비판적으로 이용하고 활용할 수 있는 새로운 뉴스 리터러시를 제시하고자 한다. 마지막으로 뉴스 리터러시에 대한 새로운 논의를 중심으로 최근 뉴스 생태계가 처한 한계나 문제점에 대한 방안을 뉴스 이용 관점에서 논의한다.

13장은 김범수 부산대 교수의 "저널리즘과 지역 공동체"이다. 미디어 사회학 이론인 구조적 다원주의 관점에서 '지역 다원주의 수준에 따라 저널리즘의 기능과 역할이 어떻게 다른지' 다면적으로 조명한다. 구조적 다원주의는 1968년에 오라이언Olien, 던우디Dunwoody, 티쉐노어Tichenor에 의해 소개되었으며, 글로벌 뉴스 리포팅, 헬스 커뮤니케이션, 홍보, 뉴미디어, 시민 참여 등 다양한 학문 분야에서 적용되었다. 특히 구조적 다원주의는 다양한 기관과 이익집단이 존재하는 지역 공동체 안에서 '힘의 구조power structure와 갈등conflicts에 따라 언론사가 주목하는 뉴스 의제는 무엇인지, 지역 다원주의 수준에 따라 저널리즘 기능 및 역할이 어떻게 다른지'에 대해서 설명하는 이론이다.

이 장에서 지역 공동체와 언론사의 보도 특징 및 역할에 대한 내용은 실제 저널리즘 연구 내용을 바탕으로 작성되었으며, 국내 지역 저널리즘 연구 보고서를 활용해 이론적 타당성에 대해 고찰하였다. 저널리즘 학습자들이 구조적 다원주의 차원에서 우리나라 지역 공동체 특징과 저널리즘 기능 및 역할을 생각하면서 이 글을 읽기를 바란다.

14장 "저널리즘의 법과 윤리"는 박아란 고려대 교수가 분석했다. 언론의 자유는 〈헌법〉이 보장하는 기본적 권리이지만 그 행사에는 한계가 있다. 대표적 한계가 언론 보도로 인한 명예훼손과 프라이버시 침해이다. 이러한 언론 자유의 한계를 이해하는 것은 기본권으로서 언론 자유를 제대로 누리기 위해서도 필요하다. 이 장에서는 실제 사례와 판례를 통해 언론 자유가 타인의 인격권 등 다른 기본권이나 사회적 가치와 충돌하는 지점을 살펴보고, 언론의 사회적 역할은 무엇인지 그리고 언론의 자유를 어떻게 보장할지 검토해 본다.

언론 자유와 관련된 이슈는 디지털 시대를 맞아 더욱 복잡해지고 있다. 온라인 허위정보의 범람, 검색을 통해 지속적으로 노출되는 과거 기사에 대한 미디어 이용자의 기사삭제 청구, 포털과 소셜 미디어 등 디지털 플랫폼에 대한 규제 논의 등이 그러한 예이다. 기술 발전과 함께 변모하는 언론 자유와 사회적 책임, 디지털 플랫폼의 사회적 책무에 관한 논의를 검토하고 미디어 이용자로서 언론 자유에 대한 중요성을 다시 한번 생각하는 계기를 이 장을 통해 마련하고자 한다.

15장 "저널리즘과 민주주의"는 박성희 이화여대 교수의 분석이다. 자유로운 시민이 주권을 행사하는 민주국가의 언론은 시민에게 유용한 정보를 전달해 자유로운 의견 형성을 유도하고, 선거를 통해 공직자를 선출하며 그렇게 선출된 권력을 비판하고 감시하는 기능을 한다. 뉴스가 정치를 움직이고 사회를 변화시키는 역할을 하는 '저널리즘'을 구현하는 것이다. '저널리즘'은 민주적인 사회질서를 구축하는 기재이자 민주주의의 또 다른 이름이며, 저널리즘과 민주주의는 완벽하게 상호 의존적이다.

주권자인 시민을 위해 민주적 의사결정을 하는 민주주의는 제도를 투명하게 운영하는 환경감시 기능을 통해 각종 불공정이나 부조리를 감시하고 조절해 시민을 보호한다. 사회갈등을 대화로 수렴해 소모적인 폭력을 방지하며, 사회 공공성을 환기시켜 결과적으로 구성원들 사이의 공동체 의식을 높인다. 이렇게 인지된 공공성에 대한 의식은 사회의 위험 수준을 낮추는 순기능이 있다. 이러한 민주주의의 성숙은 건강한 저널리즘을 통해 구현된다.

민주주의의 근간을 지키는 저널리즘의 기능은 정보, 탐사, 분석, 사회적 공감 형성, 공적 포럼, 사회적 추동성 등이다. 서구 공론장의 현대적 조명인 퍼블릭 저널리즘을 살펴보고, 21세기 미디어 환경과 가짜뉴스의 문제를 통해 민주주의의 도전과 위협을 검토하며, 한국 민주주의와 언론의 과제도 함께 짚어 본다.

이 책은 저널리즘 학자 14명과 언론인 1명이 1년 동안의 기획과 준비를 거쳐 만든 것이다. 최초의 아이디어는 2021년 가을 한국언론학회 저널리즘연구회 세미나에서 시작되었다. 그날 세미나 종합토론 시간에 저널리즘에 대해 쉽고 정확하게 설명할 교재가 필요하다는 문제가 제기되었다. 달라진 사회 환경에 맞는 저널리즘 안내서가 필요하다는 취지였다. 세미나 참석자 대부분은 이에 동의의 뜻을 표했다. 이 책은 그런 공감대를 바탕으로 시작되었다. 저자 모두가 출간 취지에 흔쾌히 동의했기 때문에 집필은 순조롭게 진행되었다. 원고를 작성한 집필진 15명은 한 몸처럼 정성과 노력을 기울여 주었다. 까다로운 원고 작성과 수정에 기꺼이 응해 주신 저자 모두에게 감사드린다. 관심과 격려를 아끼지 않으신 다른 많은 동료 학자들에게도 고마움을 전한다.

이 책은 한국의 대표적인 저널리즘 학자들이 저널리즘 이슈를 독창적인 시각에서 분석하고 대안을 제시한 오랜 고민의 결과이다. 우리는 저널리즘이 갖는 복잡함과 난해함을 체계적으로 설명하고자 했다. 이론과 방법론에 대한 학술적 논의는 가급적 없애거나 최소한으로 줄였다. 대신 저널리즘에서 관찰되는 이슈를 통해 문제를 제기했다. 그리고 그 문제를 바라보는 시야와 입장을 포괄적으로 다루려 했다. 집필진 대부분이 저널리즘 연구와 교육, 실무 경험을 골고루 갖고 있다. 이런 필진 구성을 통해 저널리즘이 갖는 이론과 실천의 문제를 균형 있게 보고자 했다.

이 책은 순서대로 읽는 것이 좋으나 관심과 필요에 따라 선택적으로 읽을 수 있다. 각 장은 독립적인 주제를 다루지만, 전체적으로 상호 보완적일 수 있도록 구성했다. 저널리즘에 흥미가 있는 대학 학부생, 대학원 초년생이 읽어 낼 수 있는 수준의 내용을 담았다. 동시에 저널리즘에 관심 있는 일반 시민과 현업 언론인도 충분히 읽어 볼 만한 주제로 구성했다고 본다.

흔쾌히 출간에 동의해 주신 나남출판사 조상호 발행인께 감사드리며, 편집에 애써 주신 권준 편집자에게 고마운 마음을 전한다.

2022년 8월
한국언론학회 저널리즘연구회 편집위원회

참고문헌

Hemmingway, E. (2004), The silent heart of news, *Space & Culture*, 7(4), 409~426.
Hess, T. (2005), Product platforms for the media industry, In Robert, G. Picard(Ed.), *Media product portfolios: Issues in management of multiple products and services*, London: Lawrence Erlbaum Associates, Publishers.

차례

1

저널리즘의 본질

개념, 목표, 저널리스트, 생태계

1장

저널리즘의 개념

이건호(이화여대)

1. 들어가는 말

저널리즘 위기론이 팽배하다. 상황이 공동체를 나락에 빠뜨릴 수 있다는 경고도 나온다. 하지만 사람들은 저널리즘 정의定義를 잘 모른다. 그렇기에 그 파괴력이 왜 생기고 위기는 어떻게 바로잡아야 하는지 알기 어렵다. 저널리즘에 대한 학계의 공통 개념도 선연하지 않다. '언론인의 직업'으로 짧게 소개하거나(Soloski, 1989), 그 현상을 선악善惡으로 비교하여 실천 요소를 나열하고(Randall, 2000), 사회적 목적에 따라 언론 역할을 여러 요인으로 구분하는(Kovach & Rosenstiel, 2021) 등 저널리즘 설명 형식이 다양해 '개념' 차원의 일관성은 잘 드러나지 않는다. 심지어 입장과 시각에 따라 저널리즘 정의가 다르다는 진단(Zelizer, 2005)도 있다.

한국도 마찬가지다. 현대 저널리즘의 출발점인 신문의 실천행위 관찰(임영호, 2005)이나 기사 작법 등을 정리한 저널리즘 교과서(이 재경·송상근, 2018), 뉴스 품질 평가 시도(박재영·이재경·김세은·심석태·남시욱, 2013) 등에서도 저널리즘 개념은 주요 관심사가 아니다. 해외와 한국의 시각을 융합해 현대 저널리즘의 모습을 보여주려 한 노력(김춘옥, 2005)도 각지에 개념이 산개해 종합적인 저널리즘 정의를 세우기 쉽지 않다고 했다.[1]

그렇다고 이런 논의들이 바람직한 저널리즘 기능을 저해하거나, 저널리즘을 오해하게 만드는 것은 아니다. 오히려 현장 언론인과 학자들의 수준 높은 현상 관찰은 궁극적으로 발현해야 할 저널리즘 정체성을 확인해 가는 이정표가 된다. 다만 그 정체성이 개념화를 통해 정제된 경우를 찾기 어려운 점이 아쉽다. 개념은 인간의 인지구조 안에서 구현되는 사물이나 사안에 대한 실용적 이해의 총화이며, 현재를 점검하고 이후 도약의 발판으로 삼을 기준점이 되기 때문이다.

사실 여러 연구와 관찰을 토대로 저널리즘의 학문적 정의가 도출되기도 했다. "실제 벌어져 진행되는 공공 관심사에 대해 보수를 받고 공적 매체에 글을 쓰는 행위(그리고 시청각적 차원에서 같은 행위)"(paid writing (and the audiovisual equivalent) for public media with

---

1 '언론'(言論)과 '저널리즘'(journalism)은 그 의미에 미세한 차이가 있으나 교차적으로 사용되기도 한다(이재경, 2013). 이 글에서는 일단 언론을 저널리즘의 뜻에 포함해 서술을 전개한다.

reference to actual and ongoing events of public relevance〕(McQuail, 2000), "공공의 관심사로서 뉴스로 여겨지는 정보의 체계적 수집과 여과, 그리고 유포"(*the systematic gathering, filtering, and circulating of information deemed to be news and in the public interest*) (Lewis, 2019), "5가지〔기사, 기자, 경영 주체(발행인), 뉴스 전달 매체, 수용자〕구성요소가 함께 어우러져 만드는 뉴스의 생태계"(이재경, 2013), "사실을 사실로서 찾아내 사실로 구성하고 이를 정당화하는 관행의 덩어리" (김사승, 2013) 등이 그 사례다.

이런 정의에 사용된 한국어 조사나 영어 전치사 등은 민감하다. 복잡한 부연도 뒤따른다. 여러 상황과 주체들이 연동하며 시공간에 따른 변주까지 이뤄지는 저널리즘 현상을 몇 마디 단어로 개념화하는 것은 그만큼 어렵다. 사회의 다변성이 녹아 있기 때문이다. 다만 저널리즘 위기와 그로 인한 시민사회 파국이 염려되는 시점에, 이 정의들이 현 상황을 타개할 기준점이 될 수 있을지 의구심이 든다. 일반인이 잘 알지 못하는 언론 현장의 정보구성 관행에 집중한 것들이기에, 보통 사람들의 사회적 소통 참여가 확대된 커뮤니케이션 환경 변화와 그와 연계한 것으로 보이는 현재 저널리즘 위기론을 담아내기에 버거워 보이기 때문이다.

이런 시각에서 이 글은 저널리즘뿐 아니라 커뮤니케이션 영역 일반까지 설명할 수 있는 기초적 소통 모델을 가져와 저널리즘을 개념화하고, 사용된 용어와 관련해 저널리즘 요소를 드러내 소개하는 방식으로 그 정의에 대한 이해를 돕겠다. 이 과정에서 과거에도 유용

했고, 앞으로도 상당 기간 유효할 저널리즘의 정체성을 확인하고자
한다. 이로써 후속 연구와 현장의 실천적 발전이 이뤄지고, 일반 독
자들이 저널리즘을 쉽게 이해하는 데 도움이 되길 바란다.

2. 기본 소통 모델에 기초한 저널리즘

저널리즘은 매스커뮤니케이션의 한 형태이고, 매스커뮤니케이션은
커뮤니케이션의 한 종류이다(Severin & Tankard, 2001). 의사소통
이라는 뜻을 가진 커뮤니케이션 구성의 4대 요체로 발화자Sender, 정
보Message, 통로Channel, 수신자Receiver가 있는데, 이들의 영문 머리
글자를 따 S・M・C・R이 소통의 기본 모델로 소개된다(Berlo,
1960). 발화자는 사안을 처음 전하는 주체고, 정보는 그 사안이며,
사안은 통로를 거쳐 수신자에게 전달된다. 이 커뮤니케이션 앞에 대
규모라는 의미의 '매스mass'가 붙으면, 대규모 발화자의 대규모 정보
가 대규모 통로를 통해 대규모 수신자에게 전달되는 매스커뮤니케
이션의 개념이 성립된다(McQuail, 2000). 여기서 '매스'는 집합적으
로 거대해 중요하거나 개별적으로 여럿이라 다양하다는 뜻이다.

　매스커뮤니케이션은 "메시지를 통한 사회적 상호작용"(Gerbner,
1967), "상대적으로 거대하고 이질적인 수용자들을 갖고, 메시지가
공개적으로 또 시차 없이 동시에 전달되며, 복잡한 조직 내에 커뮤
니케이터들이 있는 소통 형태"(Wright, 1959) 등으로 정의된다. 전

자는 복합적 과정을 압축했고, 후자는 그 과정을 세밀하게 풀었다. 특히 후자는 앞서 소개한 학자들의 저널리즘 설명에 가깝다.

이를 다듬어 제시한 저널리즘 개념으로 "대중매체를 통해 이뤄지는 매스커뮤니케이션의 형태로, 대중매체에 소속돼 정보 판단 전문가로 훈련된 언론조직 구성원들이 공공의 관심사항이 될 만한 정보를 확보하고 이를 이해하기 쉬운 메시지로 전환해 불특정 다수의 독자나 시청자에게 전달하는 것"(이건호, 2013)이 있다.

이 정의(이건호, 2013)에는 '매스'의 성격을 띠는 커뮤니케이션의 4대 요체가 저널리즘 소통 과정 안에서 각각 특화하는 식으로 나타난다. 먼저 '공공의 관심사항'이라는 뉴스로서 정보의 성격과 '정보 판단 전문가로 훈련된 언론조직 구성원'이라는 통로의 특징이 두드러진다. 사회 전반에 영향을 끼칠 정도의 중요한 '정보'를 구분하고 이를 일반인들이 이해하기 쉽도록 정리하는 능력을 갖춘 '통로'의 전문가들이 핵심 역할을 맡는다.

그에 비해 '발화자'나 '수신자'는 소극적 의미로 특화됐다. '독자나 시청자'로 소개된 수신자는 이해하기 쉽게 정리된 정보를 받아들이는 '불특정 다수'로 묘사됐고, 원천적 정보 소유자인 발화자는 아예 등장하지 않고 통로에 해당 정보를 전하는 암묵적 존재로만 숨어 있다. 이는 저널리즘이 발화자나 수신자보다 '정보'와 '통로'의 특성이 부각됨으로써 구분지어지는 유형이라는 것을 보여 준다.

이 개념은 현대 저널리즘에 대한 이해가 일방적 소통에 집중한 신문의 역할 확장과 병행(Schudson, 1995)한 결과다. 오랫동안 대중매체의 중심축이었던 신문은 직선적 공공정보 유통을 통해 사회적 영향력을 선도하였다. 이후 정보통신 기술의 발달과 더불어 전개된 매체 환경의 변화 또한 최근까지 그런 흐름의 연장선에서 해석된다 (Druckman, 2005). 따라서 뉴스 매체 통로가 사람들의 공통 관심사를 찾아 전하는 역할이 강조된 이런 개념의 설명은 지금도 어느 정도 유효해 보인다.

하지만 20세기 말 인터넷 등의 등장이 다양한 '불특정 다수'의 저널리즘 과정 참여를 촉진한다는 평가(Choi, Lee, & Ji, 2021)를 받으면서, 수용자의 '적극성'을 저널리즘 개념에 도입할 여지가 확대된 것으로 여겨진다. 또 과거 공인公人이라는 모습에 한정됐던 뉴스 원천에 사회적 논의 참여자 등이 포함된다는 주장(이재진, 2018)은 그간 숨겨져 잘 소개되지 않던 발화자의 의미도 드러내야 할 개연성을 높였다. 즉, 새로운 정보통신 환경에서 발화자와 수용자의 적극적 정보 환류還流 참여, 그에 따른 고전적 의미의 대중매체 역할 진동, 익숙하지 않은 변화에 수반하는 불안 등은 현 상황을 파악하고 위기감을 극복하기 위한 발판으로 더욱 명료한 저널리즘 개념 설정을 요구하는 것으로 보인다(이건호, 2021).

그리고 이 작업은 저널리즘 과정에서 기본 소통 모델의 4대 요체 각각의 역할을 더 선명하게 함으로써 가능할 것으로 판단된다. 다만 전통적 매체 기능의 변화를 이끄는 수용자의 부상과 발화자의 성격 확장 등(Reese, 2020)은 약 200년에 이르는 현대 대중매체의 역사에서 새로운 것이라는 점에서 고려할 만하다. 발화자나 수용자 역할은

그림 1-1 **저널리즘 개념도**

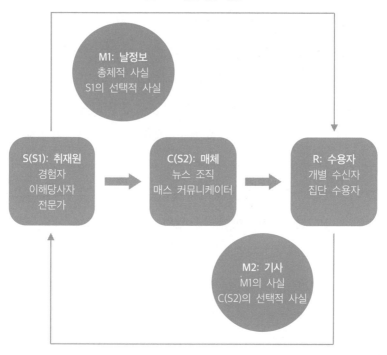

아직 더 많은 논의가 추가돼야 할 것으로 보인다는 뜻으로, 뉴스 매체가 저널리즘 행위의 중심축이라는 사실(박재영, 2019)은 새로운 정의에도 적용될 필요가 있다.

　이러한 상황을 고려해 기본 소통 모델에 근거한 기존 저널리즘 정의(이건호, 2013)를 "대중매체를 통해 이뤄지는 매스커뮤니케이션의 형태로, 대중매체에 소속돼 정보 판단 전문가로 훈련된 언론조직 구성원들이 공공의 관심사항이 될 만한 정보를 가진 주체로부터 해당 내용을 확보하고 이를 이해하기 쉬운 메시지로 전환해 추후 공공의 관심사항이 될 정보 생산자로 발전할 수 있는 불특정 다수의 독자나 시청자에게 전달하는 것"으로 재정비한다.

공공 메시지의 의미를 담은 '정보'와 이를 다루는 '통로'의 입장을 강조하는 전통 저널리즘의 핵심은 유지하되, 이전에 소극적으로만 표현됐던 '발화자'와 '수신자'에 각각 '공공의 관심사항이 될 만한 정보를 가진 주체'와 '추후 공공의 관심사항이 될 정보 생산자로 발전할 수 있는' 등의 표현을 추가해 이들의 메시지 환류 참여를 적극적으로 연결하면서, 4대 요체 모두가 개념에 드러나게 적시한 것이 발전된 새 정의의 요지다. 이 개념은 앞의 〈그림 1-1〉로 표현될 수 있다. 이는 다음에서 요체별로 부연한다.

3. 저널리즘의 발화자(Sender · S)

커뮤니케이션의 출발점인 '발화자'는 저널리즘 정의에서 '공공의 관심사항이 될 만한 정보를 가진 주체'가 된다. 소통의 원천source인 '주체'로서 발화자Sender의 영문 첫 글자인 'S'는 근원적 출발점을 뜻하는 이 단어source의 머리글자를 표방하기도 하며, 이 주체는 저널리즘 과정에서 취재원으로 쓰인다(Mencher, 1991). 저널리즘에서 발화자는 소통의 근원이자 원천이며, 곧 취재원이라는 뜻이다.

개념의 또 다른 꾸러미인 '공공의 관심사항이 될 만한 정보'는 공동체 대부분을 구성하는 정보 소비자로서의 수신자가 중요하게 여긴다고 '발화자'가 생각하고, 실제로 '수신자'가 주목하며, 그런 사안을 이해하기 쉽게 '통로'가 정리해 구현하는 '메시지'라는 점에서 소통의 모든 요체가 연결되는 고리다. 여기에서는 발화자가 이 '고리'를 구현하는 성격으로 '될 만한'을 눈여겨볼 수 있다. 취재원은 수신자가 중요하게 여길 만한 '날 정보raw information'를 가진 존재라는 뜻이다(이건호, 2017). 이 '날 정보'는 수신자가 이해하기 쉬운 방식으로 대중매체가 정리하는 대상이다. 나중에 정비가 될 필요가 있다고 하지만, 그렇다고 마구잡이로 떠도는 '막 정보'는 아니다. 공동체 구성원이 중요하다고 여길 만큼 사회적 의미가 스며 있어야 한다. 그런 정보를 가지지 않는 '통로' 밖의 존재는 '수신자'로 남는다.

'될 만한'의 수준은 정보가 가진 무게와 연계한 취재원의 신뢰도에 연결된다. 즉, 취재원이 그런 정보에 체계적이고 직접적인 접근이 가능한, 그래서 정보의 무게에 권위와 믿음을 심어 줄 만한 주체인지가 그 수준을 결정한다는 뜻이다. 이 자격은 크게 사안을 전문적으로 아느냐와 실제로 경험했느냐 등으로 구분되고, 전문성은 전문가professionals/experts, 경험은 이해당사자stakeholders와 목격자firsthand observer 등에 연결된다(박재영, 2006; 이건호, 2008). 목격자는 해당 사안을 직접 본 사람이라는 뜻이지만, 넓게는 촉각이나 청각, 후각, 미각 등 다른 감각기관을 통해 그 사안을 겪은 인물을 포함할 수 있다(이건호, 2017; Rich, 2003). 이해당사자는 그 일을 굳이 '직접' 그리고 '당장' 겪지 않더라도 그 사안과 영향을 주고받는 존재이며, 전문가는 주관을 배제한 채 해당 사안을 과학적으로 분석할 수 있는 인물이나 기구다. 이들의 성격이 상황에 따라 겹칠 수도 있고, 사안을 바라보는 시각이나 시점에 따라 달리 구분되기도 한다(Brooks, Kennedy, Moen, & Ranly, 2002).

여기서는 일단 정보 대상에 대한 접근성과 격리 정도를 기준으로 해당 사안을 당장 그리고 직접 겪은 경험자, 과거에 겪었거나 현재 또는 미래에 해당 사안과 이해interest의 차원에서 영향을 주고받을 수 있는 이해당사자, 그리고 해당 사안을 객관적으로 분석해 체계적으로 설명할 수 있는 전문가 등으로 취재원을 정리한다.

다시 정보의 신뢰성과 연동해서 보자면, 전통적 취재원으로 공인公人이 있다. 국가나 사회에 관계된 업무 종사자로서 공적 인물이라는 뜻을 가진 이 취재원은 믿을 만한 정보를 가진 대표적 존재로 여겨졌다. 하지만 사회가 복잡해지고 그런 정보를 가진 사람들이 다양해지면서 분야와 영역에 따라 공인의 모습이 다를 수 있다는 법원의 판단 등이 이어졌고, 공인 개념은 확대됐다. 이미 공인은 정치·경제적 영향력이 있는 공적公的 행위자의 범위를 넘어 역할 모델role model이 되는 스포츠 스타나 예술가 등 유명인을 포함하는 수준으로 이해되거나 아예 공인은 유명인이라는 등식이 성립되기도 한다(Severin & Tankard, 2001).

공적 행위자와 그렇지 않은 취재원을 전통적 또는 제약적 공인으로 분류하는 등 그 정의가 오히려 세분화하기도 한다. 하지만 언론의 보도과정에서 명예훼손이나 인격권 침해 등의 요소와 관련해 외연이 확대되면서, 공인은 "건전한 여론형성을 통한 민주주의 실현에 기여"할 만한 내용을 전달하는 포괄적 존재로 제시된다(이재진, 2018). 이 '존재'가 앞서 전개한 다양한 취재원 구분과 섞이는 과정에서, 취재원은 사람뿐 아니라 그런 정보를 가진 주체로 일반화하며, 저널리즘이 집중하는 뉴스 정보 발화자로 자리매김한다(이건호, 2017; Mencher, 1991). 이를 통해 취재원은 결국 인물과 자료 취재원으로 나뉘어 소개되기도 하는데, 앞서 언급한 바와 같이 인물은 다시 경험자, 이해당사자, 전문가로 정리되고, 자료는 이들 개인이 직접 또는 공신력 있는 기구를 통해 진술하거나 그들이 소속된 조직이 정리한 기록물을 뜻한다(Rich, 2003). 저널리즘 발화 주체는 사람만이 아니라 그들이 유기적으로 연결된 기구, 또 그런 조직이 양산한 기록 정보 자체가 될 수 있다는 의미다.

지금까지의 서술만으로도 저널리즘의 발화자인 취재원은 일상적인 소통의 발화자와 차별화된다. 이를 더 자세하게 구분해, 전문가가 저널리즘 과정의 최상위 발화자가 되고, 그 뒤를 입법·사법·행정 등 국가의 3대 기구, 시민·사회단체, 기업, 일반인 등의 순으로 내세우는 연구(Lee & Koh, 2010)도 등장했다. 주관을 배제한 과학적 사실성을 다루는 존재에 높은 신뢰도를 부여하고, 정치적·경제적·개인적 판단이나 해석이 개입한 정보 전달자는 그보다 가볍게 보는 접근이다. 여기서 입법·사법·행정 등 국가의 3대 기구는 앞서 거론한 공인의 전통적 개념에 이어지고, 시민이나 기업, 일반인 등은 확대된 취재원 개념으로 설명될 수 있다(이재진, 2018; Mencher, 1991; Rich, 2003). 일대일 소통이나 가족 간의 대화에서 이런 부분을 따지는 일은 많지 않기에, 저널리즘의 특성으로 이 내용이 드러난다고 할 수 있다.

저널리즘이 이런 구분을 통해 정보 발화자의 자격을 고민하는 이유는, 공적公的 정보를 담은 뉴스 보도가 공동체의 삶에 직접적인 영향을 미칠 수 있기 때문이다(Schudson, 1995). 취재원이 저널리즘 과정에서 전하는 정보에 따라 그 영향력이 결정될 수 있다는 점은 결국 취재원 수준 결여 문제가 저널리즘의 위기로 이어질 수 있다는 것을 보여 준다.

신뢰 수준 외에도 취재원의 투명성 등이 저널리즘 소통에 영향을 미치는 요인으로 소개된다. 이는 취재원 자체의 이슈라기보다 통로인 대중매체가 어떻게 그들이 사용하는 정보에 취재원을 연결하여 보도하느냐의 문제로 나타난다. 독자들은 누가 그 정보를 줬는지 보도에 확연하게 드러날 때 그 메시지를 더 믿는 경향을 보이는데, 그 정보를 전한 취재원의 실체를 뉴스 정보에 연계해 모두 드러내거나 가리는 것은 미디어가 마지막으로 결정하기 때문이다(Rich, 2003). 취재원 '투명성 또는 익명성' 등으로 칭하는 이 영역(Lee & Koh, 2010)은 나중에 설명될 저널리즘 통로, 즉 대중매체의 정보 선택 역할과 밀접한 관계를 맺는다. 하지만 정보원이 자신의 신변보호 등을 위해 익명 보도를 요구하는 경우는 취재원의 정보 전달 의도 및 해당 정보의 진실성과도 연결된다는 점에서, 취재원 투명도는 발화자와 통로 등이 함께 연동하는 저널리즘의 복합 영역으로 이해된다(Brooks et al., 2002; Mencher, 1991).

이 진실성은 다시 발화 내용, 즉 진술이나 기록의 사실성 여부로 이어진다. 이는 취재원이 모든 사실을 알고 공개하는지, 입장에 따라 선택적으로 전하거나 거짓말을 하는지의 문제로 대두된다. 거짓말은 취재원의 의도와도 연결된 것으로, 일부러 잘못된 정보를 전하는 발화자는 궁극적으로 취재원 자격을 잃게 된다. 다만 다양한 관점을 다루는 뉴스 속 정보 안에서 거짓의 의도성을 판단하기 쉽지 않다. 허위정보disinformation와도 연계될 수 있는 이 거짓의 문제(황용석·권오성, 2017)는 추후 저널리즘의 정보message 부분에서 더 거론하기로 하고, 여기서는 진실의 실체와 그 실체에 대한 취재원의 인식 능력이라는 차원에서 살펴보기로 하자.

언론이 취재원으로 상정하는 저널리즘 발화자 정보의 진실성은 해당 내용의 총체성, 즉 발화된 내용과 관련해 모든 요소가 담긴 완결성이나 선택된 정보의 표현 응집성과 연결된다. 이는 발화자가 전달하는 내용이 뉴스 정보를 구성하는 하나의 요소로서 그 자체로 완결된 정보를 대표하는지의 문제로 나타나며, 결국 진실의 실존적 존재론과 진실에 대한 인식론이라는 철학적 고민으로 이어진다. 간단히 말해, 취재원이 전달하는 사안의 진실이 있는지, 있더라도 그가 그 내용을 완벽하게 알고 전할 수 있는지의 문제는 과연 절대적 진실이 있는지, 있더라도 그런 진실을 인간이 알 수 있는지 하는 수천 년 된 과제로 귀결된다는 의미다(Altschull, 1990; Merrill, 1977).

저널리즘 사상가들은 이런 지점을 고민한 뒤, 진실의 존재와 그 인식 방법에 대해 일치된 합의를 얻지 못한 사람들은 실용주의적 판단을 통해 적절한 선에서 사실에 대한 수용을 정리하고 그에 대한 합리적 의심과 검증을 이어 가며 공공정보를 인지하게 된다고 봤다. 아무리 저널리즘 정보의 원천이 발화자이더라도, 또 발화자가 총체적 사실이라고 주장하더라도, 그 정보의 진실성에 비판적으로 접근해야 한다는 뜻이다.

앞서 언급한 바와 같이 전문가, 당사자, 경험자 수준에서 전달되는 이 정보는 다시 이를 다듬는 '통로' 요체(대중매체)와 '정보' 요체(메시지) 측면에 연결되며, 이는 개념도에서 최초 발화자인 취재원(S)을 정보 출발지라는 의미의 S1이라 칭하고, 이를 다듬어 전달하는 통로(C)가 2차 발화자가 된다는 점을 연결해 S2를 부여한 점에 이어진다. 또 정보(M)를 1(취재원의 정보)과 2(통로의 정보)로 구분한 점도 여기에 연동한다. 이는 저널리즘 위기를 요체별로 구분해 접근할 필요가 있다는 지적을 강조하는 내용이기도 하다. 다음에 설명을 잇는다.

4. 저널리즘의 정보(Message · M)

저널리즘이 다루는 정보Message는 앞의 정의 중 "공공의 관심사항이 될 만한 정보를 가진 주체로부터 해당 내용"(M1)과 "이를 이해하기 쉬운 메시지로 전환"(M2) 등 2개 표현 구句에 연결된다. 우선 M1은 취재원이 전달하는 정보다. 이는 저널리즘 소통의 출발점으로, 전통적으로는 전문가, 이해당사자, 경험자 시각의 총체적 정보 또는 그들이 선택한 정보다. M2는 이후 저널리즘 소통 통로인 대중매체가 구성하는 것으로, 취재원이 전한 전체 사실(M1) 혹은 그중 매체에 주어진 시간과 공간 등의 한계에 따라 선택된 내용이다.

여기서 주목하는 핵심은 '공공의 관심사항'이다. M1이건 M2건 이 내용에 공동체 구성원 대부분이 함께 관심을 가지지 못하면 저널리즘 정보로 볼 수 없다. 공공의 관심사는 '공적 메시지'라고 표현되기도 하는데, 이는 영향력, 시의성, 저명성, 근접성, 신기함, 갈등구조 등의 성격을 지닌다(오택섭·강현두·최정호·안재현, 2009). 건전한 시사적 성격으로 설명되는 이 정보는 공동체 구성원 대다수가 느끼는 중요성, 자신과 관련이 있거나 흥미롭다고 여기는 연관성, 새로운 정보라고 판단하는 참신성 등 3가지 요소로도 소개된다(이건호, 2010). 그런 정보는 사람들이 원하거나 필요로 하는 내용을 담으며, 이런 요소가 있어야 공적인 정보가 되고, 저널리즘은 바로 그런 메시지, 즉 시민사회 구성원 대다수에게 영향을 미치는 소식을 다룬다는 것이다. 사회 공동체 전반이 아닌 개인 또는 일부 소규모 그룹이나 집단이 관심을 가지는 정보는 저널리즘의 메시지가 아니라는 의미다.

사실 이런 분석은 '뉴스news'를 바라보는 학자들의 시각에 기초한다. 언론 현장에서는 독자나 시청자가 보도된 내용을 보고 지인과 짧게라도 얘기를 나눌 만한 내용이라면 이를 공적 메시지라고 보고, 간단히 '뉴스'라고 칭한다(이건호, 2017). 오랫동안 사람들과 접촉하며 일반 대중이 필요로 하거나 원하는 것이 무엇인지를 관찰해온 기자들은 이를 감각적으로 판단한다는 뜻이다(이재경·송상근, 2018; Zelizer, 2005). 이런 정보는 크게 정치, 경제, 사회, 문화, 국제, 스포츠, 지역, 사건·사고, 산업 등 신문과 방송이 구분하는 영역으로 분산되어 지면 혹은 시간대에 배치된다(Rich, 2003). 즉, 공동체 대부분이 중요하다고 여기는 공적 정보가 무엇인지를 언론이 판단해 이를 신문이나 방송뉴스 프로그램의 적정 공간과 시간에 배분해 전달하는 내용(Mencher, 1991)이 저널리즘 정보이다. 그리고 그 성격을 학문적으로 분석해 보니 영향력, 시의성, 저명성, 근접성, 신기함, 갈등구조 혹은 중요성, 연관성, 참신성 등이 확인된다는 뜻이다.

정보 원천으로서 '날 정보raw information', 즉 M1의 성격 및 한계는 앞서 발화자 부분에서 언급했으니, 여기서는 M2, 즉 매체와 그에 소속된 사람들에 의해 정비되는 '가공 정보processed information'에 집중해 보자. 우선 원천인 M1이 그대로 M2가 될 수도 있다. 하지만 그런 상황은 다음에 소개되는 매체의 한계 때문에 거의 일어나지 않고 정보는 대체로 걸러진다. 이때 앞서 취재원 설명 때 등장한 정보의 진실성이나 완결성은 또 한 번 변화를 겪는다. 사실 자연상태에서의 직접 대면 소통에서도 음의 파장을 전하는 공기가 매개체 역할을 하고, 공기 농도 등에 따라 청자와 화자 사이에 오해를 일으키는 정보의 굴곡이 생긴다(이건호, 2013). 하지만 굴곡의 폭은 크지 않고 오해도 당사자 간에 정정하기 수월한 편이다. 그러나 소통 규모가 커지고 종류가 다양해질수록, 이런 변화는 격렬해지고 오류 수정은 난 감해진다. 시민사회 구성원 대부분의 관심사를 여러 통로를 통해 다 루는 저널리즘의 경우가 대표적이다. 여기서 우리가 걱정하는 저널 리즘 위기가 파생되기도 한다.

전통적 저널리즘 과정에서 메시지의 변환과 굴곡은 언론조직과 그에 소속된 기자들의 핵심 행위, 즉 취재reporting와 보도writing로 인 해 발생한다(이건호, 2010). 공공의 관심사가 될 만한 정보를 모으 는 취재는 그 자체로 선택 과정이 포함되고, 이를 언어나 영상 등을 통해 압축적으로 전달하는 보도는 사안을 구현하는 기호의 표현에 한계가 있다(김사승, 2013). 이는 저널리즘이 갖는 구조적 또는 근 원적 한계에 따른 정보 전환의 문제로 이해되기도 한다. 하지만 정 보 변환은 의도적 왜곡이라는 비판에서도 자유롭지 못해, 이를 나눠 서 살펴볼 필요가 있다.

우선 소통 통로인 언론조직(C) 메시지(M2)의 근원적 한계는 발화 자 메시지(M1)의 한계와 성격이 유사하다. M1 단계의 정보가 취재 원의 입장과 해석에 따라 구현될 수 있는 것처럼, M2 역시 언론의 선택적 시각에 연계된다. 즉 M1이 M2로 전환하는 과정에서 추가 변형이 가해진다는 의미다. 이때 어쩔 수 없이 적용되는 통로 메시지 (M2)의 첫 번째 근원적 한계는 인간일 수밖에 없는 기자, 그리고 그 들로 구성된 언론의 인식론적 제한성에 기인한다. 총체적인지 선택 적인지를 알기 어려운 상태의 취재원 메시지(M1)가 그 진실성이 더 욱 모호한 통로 메시지(M2)로 전환하는 배경이다(Merrill, 1977).

노출되는 정보의 규모가 큰 덕분에 언론이 일반인들보다 상대적으로 정확한 판단을 내릴 수 있더라도, 그래서 모인 정보 중 필요한 내용을 그 판단에 기초해 선별한 뒤 정교하게 다듬더라도, 그다음의 한계인 표현의 취약성에 부딪힌다(이건호, 2017).

매체는 모은 정보를 일반 대중이 이해하기 쉬운 형태로 전환하는데, 그때 사용하는 것이 언어나 영상 등의 기호다. 문제는 이 기호들만으로는 사안을 완벽하게 구현하기 어렵다는 점이다. 언어는 색깔을 정확하게 전하지 못하고, 영상도 냄새나 피부의 감각을 있는 그대로 표현하지 못한다. 두 번째 근원적 한계다. 만약 이마저 넘어선다고 해도, 세 번째 제약, 즉 대중매체 플랫폼이 가진 공간과 시간의 장애물이 또 남는다. 인쇄매체는 한정된 지면, 방송은 정해진 시간 안에 정보를 담아야 하는데, 이런 한계 안에서 완벽한 정보 전달은 아예 불가능하다(Altschull, 1990). 통로가 전하는 메시지의 '근원적 한계'는 결국 인식론적 제한성, 기호의 불완전성, 시공간의 제약성 등으로 정리된다고 하겠다.

언론도 이와 같은 정보의 불완전성을 인지한다. 그래서 제대로 된 언론은 진실 보도를 자처하기보다는 사실 확인에 매진하고 정보 전달에 신중을 기한다. 기사에 사용된 정보 출처를 밝히는 인용 적시attribution fitness는 그러한 노력의 대표적 결과물이다(Brooks et al., 2002). 언론은 직접인용은 확보된 사안이나 발언을 큰따옴표 안에 "그대로" 옮기고, 공공의 매체에 담기 어려울 정도로 격하거나 불편한 표현은 작은따옴표를 이용하든지 간접인용으로 풀어 대체한다.

그러면서 그 메시지를 누가 그렇게 '말했다', '덧붙였다' 등의 '객관적' 술어 혹은 '~에 따르면' 등의 표현에 연결하며 그 정보 발생지를 밝힌다(이건호, 2010). 그리고 이렇게 전달하는 정보를 '사실facts'이라고 표현한다. 하지만 이마저도 완벽하기 어렵다. 이 정보가 진실의 총체일지 여부를 모르기 때문이다. 지면과 방송에 노출된 정보는 결국 축소된 진실truncated truth, 인용된 사실quoted facts일 뿐이다(Gitlin, 1985; Tuchman, 1978).

선택적일 수밖에 없는 이런 정보 구현의 제약은 자연스레 개별 대중매체의 입장으로 이어진다. 특히 신문을 중심으로 특정 정보를 적극적으로 부각하는 이 시각은 '의견opinion'이라 불리며 익명 사설editorial이나 기명 칼럼column 등을 통해 전해지는데, 이는 앞선 '사실'과 구분된다. 저널리즘 통로가 전하는 2가지 정보는 결국 사실과 의견으로 종합된다고 할 수 있다(임영호, 2005). 비록 공중파public wave를 사용하는 방송은 상황이 약간 다르고, M1 중 일부가 대중매체에 의해 선택되는 순간 이미 언론의 기준이라는 해석이 더해진 의견이 된다는 지적도 있다. 그러나 '객관적' 술어 등의 장치나 지면과 시간대 배치 구분 등을 통해 사실과 의견을 분간하는 접근이 받아들여지고 있다(이건호, 2017).

이런 노력에도 불구하고 현대 저널리즘이 위기론에 처한 것은 언론에 의해 정비되는 정보(M2)가 '의도적 왜곡'을 담고 있다는 의심 때문이다. 이 의심은 사실 M2의 '근원적 한계'와 무관하지 않다. 시공간의 제약이라는 M2 구현의 근원적 한계가 정보 선택을 이끌고,

이때 매체나 기자의 의도가 들어갈 수밖에 없다. 이 의도가 공동체의 이념이나 그 내용이 반영된 매체조직의 구동 형태로 해석된다면, 이는 한 사회가 가진 가치의 구현(Shoemaker & Reese, 1996)으로 불가피하게 받아들여지기도 한다. 즉, 시민사회의 역사적 구조물로서 언론이 책임을 추구하는 과정 중의 하나로 이해된다는 것이다(Altschull, 1990). 하지만 이 의도가 언론조직이나 개인의 이기적 처사로 여겨진다면, 그 의심은 저널리즘 자체는 물론 사회 전체를 혼란으로 몰고 가는 위기의 원천이 된다. 그 대표적인 현대의 사례가 가짜뉴스fake news다.

가짜뉴스는 그 정보의 원천이 무엇인지, 진실성 여부 판단을 누가 하는지에 따라 구분될 필요가 있다. 하지만 공정하고 건전해야 할 저널리즘 소통의 뉴스 정보(M2) 측면에서 바라보면, 대중매체가 제공하는 뉴스는 기만적이지 않을 것이라는 공감대가 사라질 경우, 언론뿐 아니라 그 정보에 뿌리를 둔 공동체 자체가 무너지는 위기로 악화할 수 있다는 점이 위중하다(이건호, 2021).

가짜뉴스 개념은 "다른 사람을 속이려는 의도로 검증된 사실처럼 허위 포장해 언론 보도 양식에 담은 정보"라는 의미가 있다(황용석 · 권오성, 2017). 이 중 특히 "언론 보도 양식에 담은 정보"라는 내용은 인용 적시나 객관적 술어 등 대중매체 정보의 외양성과 그 형태가 담고 있는 정보의 신뢰에 연결된 M2의 특성을 강조한다. 문제는 이렇게 오랜 기간 정보 전달의 공기公器로 인정받은 언론이 사실 확인에 소홀하거나 잘못된 정보를 의도적으로 전달할 수 있다는 의심을 키우면서 스스로와 시민사회의 공동 몰락을 자초해 왔다는 점이다.

잘못된 정보라는 뜻의 오보misinformation는 보통 의도적 허위정보 disinformation와 달리 저널리즘 소통의 근원적 한계에 따른 것으로 이해됐다. 하지만 확산하는 정보 통로의 종류와 양, 공인公人 또는 의미 있는 발화자로서 사회적 영향력이 있는 누군가가 그를 통해 의도적으로 유통하는 거짓 정보, 그 정보를 전하지만 모든 것을 확인하기 어려운 대중매체의 한계, 치열한 경쟁에서 살아남아야 하는 매체의 이기적 욕심, 자신이 원하는 정보만을 찾는 수용자의 편견 등이 서로 맞물리면서 오보와 허위정보의 구분이 어려워졌다(Karlova & Fisher, 2013).

오보 정정의 미흡함과 이를 초래한 매체의 사과 부재 등으로 점차 실추됐던 매체의 신뢰가 이후 왜곡 정보의 원천을 확인하기 어려운 현상 등을 맞으면서 매체 정보를 사회 구성원이 믿지 못하는 위기가 더욱 커졌다. 이런 와중에도 일부 언론은 대중을 향해 자신들의 보도가 '진실'이라고 강조하고, 이미 대중매체 정보에 대한 의심을 키워 온 수용자들은 그 모습에 더 등을 돌린다. 정보통신 기술에 따른 환경 변화가 거듭되고 정파적 언론의 실체나 그들 보도의 제한성을 수용자가 이해하는 수준이 높아지면서 매체의 뉴스에 대한 시민들의 경각심이 성장했고, 이 과정에서 기성 매체의 보도 오류가 발견되면 당장 해당 매체의 이기적·의도적 왜곡은 더 큰 의심으로 발전했다.

하지만 사람들에게는 아직 전통 매체 정보를 믿고자 하는 경향이 남아 있기도 하다(이건호, 2021). 이런 복합적 상황은 훈련된 매스 커뮤니케이터의 뉴스가 다른 통로를 통해 전해지는 정보에 비해 사람들에 대한 인지적 침투력이 높기에, 뉴스 정보를 다루는 언론의 자세는 늘 신중해야 한다는 점을 강변한다. 저널리즘 위기를 극복하는 통로 메시지의 자격을 계속해서 고민해야 하는 이유다.

5. 저널리즘의 통로(Channel · C)

이 글의 저널리즘 정의에서 통로Channel는 '대중매체' 자체 또는 '대중매체에 소속돼 정보 판단 전문가로 훈련된 언론조직 구성원들' 등 이중적 성격을 갖는다. 우선 대중매체mass media에는 '조직'의 의미가 있다. 공적인 시사 정보를 다룬다는 점(임영호, 2005)에서 뉴스 매체 news media라고 보는 것이 더 정확한 표현일 수도 있다. 하지만 과거 신문을 통해 정보가 유통되기 시작한 시점부터 뉴스 전달기구가 대중매체라고 불렸고, 지금도 믿을 만한 공적 정보가 대중매체를 중심으로 전해진다는 사실(Spitulnik, 1993)을 적용하면, 저널리즘 통로를 대중매체로 사용해도 무방하겠다.

이 대중매체의 역할은 발화자의 날 정보를 '선택'해 일반 대중이 이해하기 쉽게 정보를 '전달'하는 것이다(Rich, 2003). 이 과정에서 해석interpretation이라는 정보간섭interference이 발생한다. '조직'으로서 대중매체의 메시지는 이런 정보굴곡에도 불구하고 믿을 만한 것으로 인정받아 왔다(이건호, 2021). 오랜 기간 발화자(취재원)의 불만 접수나 수신자(독자나 시청자)의 의문 해소 등 관련 대응과정을 활용해 공동체 구성원과 상호작용해 왔고, 각 나라 역사의 질곡 속에서 그 나름의 전략으로 생존하면서, 대중매체가 뉴스 정보를 생산하는 기구라는 의미를 사회가 수용해 온 것이다. 물론 그 전략의 신실함 등에 대해서는 또 다른 논의가 가능하겠으나, 존재하는 시점의 언론 조직은 그 시대적 역할이 용인되는 것으로 봐야 한다. 과거 많은 매체가 공동체가 판단하는 용인의 적정성을 견디지 못하고 환경 변화 속에서 사라진 것을 보면 이런 해석이 가능할 것이다(Severin & Tankard, 2001).

통로는 언론 '조직'의 '구성원'이기도 하다. 〈그림 1-1〉에서 '매스 커뮤니케이터'로 소개된 존재다. 실제로 정보 선택·전달 업무를 실행하는 주체로, 앞서 제시된 정의 안의 '소속', '정보 판단 전문가', '훈련'은 이들 구성원의 핵심 속성이다. 이 속성은 공적 정보로서의 뉴스에 연결된다. 시사 정보를 다루는 종합신문이 대표적 저널리즘 통로로, 여기에 '소속'돼 '훈련'된 '정보 판단 전문가', 즉 기자가 그 구성원이 된다는 뜻이다. 방송사에서는 뉴스를 전담하는 보도국 기자들이 그런 구성원이다. 사실 뉴스 이외의 방송 프로그램을 만드는 사람 중에서도 시사물 기획·연출자를 이런 언론 구성원이라 볼 수 있다는 주장도 참고할 만하다. 국내에서는 이런 제작물과 관련 현상을 'PD저널리즘'이라고 부르면서, 시공간의 제약 등으로 '잘린 정보 창출'에 머무는 신문이나 방송뉴스 기자의 현실적 업무 한계를 극복하는 대안으로 소개하기도 한다(이건호, 2013). 다만 정보를 사실로서만 다루도록 훈련받는 기자들에 비해 시사 문제를 소재로 삼는 PD들이 의미나 의견이 들어간 정보를 적극적으로 구현한다는 비판을 어떻게 해소해야 하는지에 대한 논란 역시 계속 진행 중이라는 점이 더 고찰될 필요가 있다.

다시 전통적 의미로서 저널리즘 통로의 '소속'을 보면, 언론조직 구성원은 긴 시간을 두고 언론으로 성장한 조직이 시사 정보를 다룰 만하다고 여겨 선택한 인물이라는 뜻이 담겼다. 이 인물은 조직에 합류하기 전부터 언론인으로서 자격을 스스로 만들기도 하지만, 소속 언론사 내부에서 그런 통로로 키워지기도 한다(Shoemaker & Reese, 1996). 조직 내부에서의 성장은 결국 '훈련'에 연결되는데, 이는 구성원이 된 인물이 자신의 개인적 경험을 언론조직의 규범과 그 조직의 역할을 상정하는 사회 이데올로기 등에 잇는 '훈련'을 통해 조직이 공동체에서 담당하는 시사 정보의 구현 방법을 익히는 것을 뜻한다(이건호, 2017).

이 훈련의 지향점은 '정보 판단 전문가'다. 여기서 '판단'은 정보를 모으는 행위information gathering인 '취재reporting'와 모인 정보를 수신자가 이해하기 쉽도록 정비하는 '보도news writing'로 구분된다(Mencher, 1991; Rich, 2003). 취재와 보도는 각각 공공의 관심사항이 무엇인지를 가늠하고, 그 사안을 지면이라는 공간과 방송이라는 시간의 제약 안에서 압축적으로 기술하는 방식을 뜻한다. 훈련은 결국 공적 정보를 다루는 방법을 익히는 것으로, 이를 거듭하며 초년 기자는 중견

기자로 성장한다.

저널리즘 소통의 통로로서 언론조직에 '소속'된 구성원이 '훈련'을 받아 '정보 판단 전문가'로 성장해 뉴스라는 공적 정보를 유통하는 과정에서 나타나는 것이 저널리즘 정보(M2) 구현, 즉 선택의 문제다. 인간의 인지적 한계와 정보가 전달되는 도구의 물리적 제약은 세상에 흩어진 정보 중 일부를 택하고 나머지는 배제하는 방식으로 뉴스 정보를 구성하게 만든다. 편견이 개입하는 기자의 정보 선택과 배제는 발화자인 취재원 정보(M1)의 추가 굴곡(M2)으로 나타나며, 그 결과물은 현실의 재구성으로 표현되기도 한다(Tuchman, 1978).

"뉴스와 정보를 모으고 평가하며 창조해서 제공하는 행위"라는 미국언론연구소American Press Institute의 저널리즘 소개는 아예 이 통로의 역할 중 하나로 '창조creating'를 제시한다. 2 이는 저널리즘 통로가 '날 정보'의 선택과 배제를 통해 새로운 정보를 창출하는 발화의 주체라는 뜻이다. 여기에 통로(C)로서 정보 '선택·전달'이라는 첫 번째 역할에 이어, 이 글의 저널리즘 정의가 주목하는 채널의 두 번째 역할, 즉 발화자(S2)의 의미가 자연스레 구현된다. 이때 창출되는 내용은 앞서 말한 언론에 의해 정비된 정보(M2)가 되며, 이 정보가 전통적 저널리즘 소통의 마지막 단계인 수신자에게 전달된다. 저널리

---

2 "activity of gathering, assessing, creating, and presenting news and infor-
   mation", https://www.americanpressinstitute.org/journalism-essentials/
   what-is-journalism/

즘 채널의 역할은 단순 매개를 넘어선다는 뜻으로, 여기서 '통로'(C)의 '발화자 기능'(S2)과 그 기능이 이행하는 '정보(M2)의 구현'에 저널리즘의 특성이 있다는 점이 다시 확인된다. 이런 역할은 수신자의 단순한 신문 노출 등과 저널리즘을 구분해야 하며, 저널리즘은 '기자의 뉴스 생산'에 집중해야 한다는 주장(박재영, 2019)으로 이어지기도 한다.

이 지점에서 앞서 염려한 바람직한 공공정보 구현에 대한 논의를 더 적극적으로 해볼 수 있다. 이 내용은 정확한 정보를 모아 이해하기 쉬운 정보로 전환하는 '훈련'과 밀접한 관계를 갖는다. 오보와 허위정보의 구분이 희미해지는 환경(Karlova & Fisher, 2013)에서 믿을 만한 정보 확보(취재)와 기호를 통한 정보 구현 및 전달(보도)이라는 전통적 저널리즘 기능을 현대적으로 개발하는 것이 이 훈련의 핵심일 것이다(이건호, 2021). 비록 시행착오와 비판이 함께 이뤄지지만, 진실에 접근하기 위한 언론의 '사실 확인fact checking' 역할이 중요하게 떠오르고, 대중매체가 그 실천방식 마련에 나서고 있는 것(Graves, 2016)을 여기에 연관시켜 볼 수 있겠다.

따지고 보면, 정확한 정보를 전달해야 하는 저널리즘의 역할로서 '사실 확인'은 새삼스러운 일이 아니다. 최근 국내외에서 '형식적 객관주의'로 비판받는 역피라미드 작법이나 이를 극복하려는 탐사보도, 기획기사 등은 모두 '사실 확인'을 통해 진실에 다가가려 노력해온 저널리즘 역사의 결과물이다(이건호, 2010). 이 과정에서 나타난 '사실 확인자fact-checker'는 현재의 저널리즘 훈련과 연결해 고민해 볼 만한 요소다.

현대 저널리즘의 모태로 알려진 미국의 '사실 확인' 작업은 이미 1938년 시사주간지 〈타임*TIME*〉이 '사실 확인자'라는 직업 체계를 운영했다는 기록에서 확인된다(Boston University Libraries, 2020). 이 기록에 따르면, 주로 뉴스를 둘러싼 세부 정보를 확인해 최종 보도에 오류가 없도록 기자를 보조하던 '사실 확인자' 역할은 1970년대 들어서며 기자와 함께 기사작성 자체에 책임을 지는 영역으로 넓어졌다. 국내의 '조사기자' 업무에서도 유사한 활동이 확인된다(한국조사기자협회, 2016). 지면紙面이나 영상 기사를 보관·관리하고 과거 기록을 검토하며 취재를 돕던 신문사나 방송사 자료실의 조사기자 업무가 인터넷 환경의 도래와 함께 취재기자와의 협업 등을 통해 기사를 작성하는 것으로 발전한 것이다.

하지만 정보통신 기술 발달로 소통 채널이 폭발적으로 증가하면서 전통 매체가 확인해야 할 정보량이 한계를 넘어섰고, 각종 의견이 사회적 충돌로 격화하는 현실에서 이런 형태의 협업만으로 언론이 끝없이 떠도는 사실들facts을 확인checking할 수 있는지, 한다면 어떻게 해야 하는지의 문제는 더욱 심각하게 떠올랐다(Dobbs, 2012).

특정 언론사 내부의 자구책만으로는 현상 타개의 실마리가 보이지 않자, 최근에는 여러 매체가 함께하거나 매체 외부의 대학, 사실 확인 기구의 도움을 받는 시스템이 가동되고 있다(정은령, 2018). 한국과 미국 등 각지의 언론사 편집국이나 보도국 소속 기자 역량에만 의존했던 사실 확인 업무가 자료실 등의 지원으로 강화되고, 이후 이 지원 시스템을 편집·보도국에서 흡수해 하나의 협업 체계로 발전시키면서 꾀했던 저널리즘 소통 채널 내부의 노력이 점차 채널 외부 집단과 연계하는 쪽으로 확장해 가는 것이다.

　이 과정을 보면, 현재의 '사실 확인'은 과거 형태의 취재와 보도 영역에서 정보 판단 전문가로 불리는 기자의 독단적 역할, 또는 그런 기자들에 대한 언론사 내부의 지원만으로는 달성되지 않는다는 점이 확인된다. 또 한계를 극복하려는 노력은 정확 저널리즘precision journalism이 기자들의 각종 통계 프로그램 활용 훈련을 강조하고, 웹사이트를 통한 정보 조사 및 확인을 위해 컴퓨터 지원 취재computer-assisted reporting 기법을 훈련한 과거 경험의 연장선으로 이해될 수 있다. 즉, 전통적으로 저널리즘 외부의 것으로 여겨졌던 컴퓨터 통계 프로그램이나 검색 사이트 이용 등의 영역이 언론조직 내부 구성원의 훈련으로 연결됐던 것처럼, 지금의 환경에서도 저널리즘과 연계한 체계적인 사실 확인 훈련으로 대응책 마련에 나설 수 있다는 것이다.

　다만 채널 외부에서 가져온 기술적 훈련에만 천착한다면 공적 정보 유통이라는 저널리즘의 본령을 놓칠 수 있다. 그러기에 공적 정보에 대한 이해와 그런 정보를 확보하고 확인하는 기술의 융합이 필요하다. 그래서 이와 관련한 훈련은 객관성이나 공정성 등에 대한 담론과 사실 채집 및 구현이라는 기술의 현대적 기법이 공존하는 지점에서 이뤄져야 한다. 이는 과거 '사실 확인자'나 '조사기자'의 업무가 사실 확인이라는 저널리즘의 본령을 수행하려 했던 시도에서도 마찬가지로 확인되는 바다.

이 훈련에는 격렬한 경쟁관계 속에서 살아남아야 하는 매체의 상황도 반영돼야 할 것이다. 언론사 내외부의 복잡한 구조 속에서 사업적 판단을 쉽게 내리기 어려운 환경적 요인은 실험적 시도를 거쳐 시행착오를 확인하고 극복하는 전략으로 돌파할 수도 있다. 구체적인 대안 중 하나로 관련 전공을 확보한 대학과의 협업을 들 수 있겠다. 사실 이미 기성 매체에 앞서 국내 대학 신문사가 '사실 확인' 작업을 시행하고 있었다는 점은 그 가능성에 힘을 실어 준다.[3] 대학 언론을 통해 다양한 사실 확인 기법을 시도하고, 그 안에서 발생하는 문제점들을 점검한 뒤, 그 해결책을 기성 언론에 접목하는 방안은 현장기자들의 훈련방식 효율성을 마련하고, 학문과 현장을 연계하는 틀로써 미래의 기자들을 양성하는 도구가 될 수 있다. 이미 공적 정보의 정체성에 대한 이해와 그 유통 책임을 공고히 한다는 취지에서 건강한 긴장을 통한 대학과 전통 언론 현장의 협업(정은령, 2018)을 추진하고 있는 점은 고무적이다. 이 과정에서 사실성 담보의 담론적 구성이라는 무거운 주제가 학문의 영역에서 탐구되고, 이를 구현하는 실천적 방식의 제안도 힘을 받을 수 있겠다.

---

3 이화여자대학교 신문인 〈이대학보〉의 내부 자료에 따르면, 이 대학 언론사는 이미 2005년부터 편집국 안에 FCD(Fact Checking Desk)를 두고 매뉴얼을 만들어 사실 확인 작업을 진행하고 있었다.

6. 저널리즘의 수신자(Receiver · R)

기본적인 커뮤니케이션 모델에서 정보를 받는 존재는 수신자Receiver로 등장한다. 이들은 태생적으로 의존적이다. 정보를 주는 발화자 없이 이를 받는 수신자가 있을 수 없기 때문이다(이건호, 2013). 20세기 초반의 커뮤니케이션 연구에서 수신자는 매체를 통해 발화자의 메시지를 저항 없이 받아들이거나 매체 메시지의 영향에 무방비로 노출된 객체로 묘사됐다(오택섭 외, 2009). 전체 소통 과정에서 그 역할이 두드러지지 않았다는 뜻이다. 언론의 뉴스 생산에 집중했던 전통적 저널리즘(박재영, 2019; Soloski, 1989) 설명에서도 수신자의 제한적 속성은 비슷했다. 이는 저널리즘이 일방 소통으로 읽혔던 과거 신문 중심의 대중매체 환경에서 비롯된 사고일 수 있다. 이 글이 새로 제시하는 저널리즘 정의의 원형(이건호, 2013)에서 수신자가 '불특정 다수의 독자나 시청자'로 간단히 정리된 것도 유사한 생각의 산물이다.

하지만 이는 통로channel 위주로 저널리즘을 바라보던 과거 관행에 기초한 것으로, 변화하는 매체 환경을 고려하지 않은 측면이 다분하다. 그래서 저널리즘과 관련해 현재 우리가 당면했다고 여기는 각종 위기의 돌파구를 찾지 못하게 만드는 함정이 될 수도 있다. 이런 비판적 관점에서 이 글은 "추후 공공의 관심사항이 될 정보 생산자로 발전할 수 있는"이라는 관형어구를 이전 수신자 개념에 추가해 그 의미를 확대하고 이를 저널리즘 개념에 포함한다. 저널리즘이 "기사,

기자, 경영 주체(발행인), 뉴스 전달 매체, 수용자 등 5가지 요소가 어우러져 함께 만드는 뉴스 생태계"라는 입장(이재경, 2013)과 "사실을 사실로서 찾아내 사실로 구성하고 이를 정당화하는 관행의 덩어리"라는 견해(김사승, 2013) 등을 저널리즘이 독자나 시청자 등의 반응 환류를 통해 성립한다는 순환구조의 시각(Shoemaker, 1991), 새로운 매체 환경에서 부각하는 수용자의 뉴스 참여에 대한 관찰(Choi et al., 2021) 등에 연결한 내용이다. 최초 발화자가 전달하는 정보를 매체가 게이트키핑을 통해 재생산하는 과정(White, 1950)에만 집중하는 협의狹義의 저널리즘 개념에서 벗어나는 시도다.

　이를 이해하려면, 커뮤니케이션이 매스커뮤니케이션으로 확대되면서 정보를 받아들이는 수신자receiver가 여러 정보에 노출되는 수용자audience로 성장하는 과정(이건호, 2013)을 확인할 필요가 있다. 원래 수신자는 커뮤니케이션 시발점인 발화자의 메시지가 최종적으로 닿는 목적지다. 보통 개인이나 소규모 집단을 칭한다. 이 개별적 수신자는 학술 연구를 통해 대중매체 기능과 역할을 가늠하는 대상 또는 매체 메시지의 사회적 효과를 확인하는 종속 변인의 모습으로 집단화하는데, 저널리즘 측면에서 보면 이때 개별적 수신자는 공적 정보의 독자나 시청자 군群으로 소개되는 수용자로 진화한다. 매체의 힘을 보는 시각이 1920년대 탄환 효과라고 불리는 강력한 영향력에서 1940년대 메시지 수신자의 선택적 수용에 따른 미약한 효과론으로 바뀌고, 여러 조건에 따라 영향력이 조절된다는 1970년대 중中 효과 이론으로 선회하는 과정(오택섭 외, 2009; Severin & Tankard,

2001)에서 수신자의 정체성이 '개별'과 '집단'을 오가며 정교하게 정리된 것이다.

주로 오락물 등을 다루는 전자 매체의 차별적 정보 노출을 집중 탐구하는 '이용과 충족 이론' 등이 적용되면서, 개별 수신자의 집합체로 여겨지는 수용자는 동기motivation와 필요needs 등에 따라 정보를 직접 탐색하고 찾아가는 적극적인 주체로 자리매김한다(Ruggiero, 2000). 전통적 의미에서 개별적이며 소극적이었던 수신자가 집단적이며 능동적일 수 있는 수용자의 모습으로 등장한 것이다.

이 시각은 공적 정보에 집중하는 저널리즘 자체보다는 시사물 이외의 여타 정보 소통과 관련된 학술탐구 영역에서 두드러졌다. 20세기 후반부터는 인터넷 등을 장착한 새로운 정보통신 물결과 함께 각종 정보의 틀이 허물어지는 현상(McQuail, 2000)을 겪으며 시사정보의 핵심인 뉴스와 연관된 분야에서도 활발하게 설득력을 높이는 중이다. 이러면서 전통적 의미의 뉴스 독자나 시청자의 능동성도 주목받게 됐다. 즉, 저널리즘 영역에서도 수용자는 적극적인 공적 정보 탐색 주체로 부상한 것이다. 더 나아가 이들은 정보를 주던 대중매체에 역동적으로 정보를 주문하는 모습까지 보인다(이건호, 2021). 독자나 시청자 반응을 뉴스에 반영하는 것에 머물던 전통 저널리즘(Shoemaker, 1991)은 상호작용interactivity이 확대되는 과정에서 정보 활용에 더욱 공격적인 수용자를 발견하고, 취재 요구나 직접 정보 제공 등을 통해 뉴스 생산에 참여하는 수용자 행위를 확인하게 된다(Reese, 2020). 통로인 대중매체에 의해 이해하기 쉬운 메시지로 전환된 정보를 받아들이기만 하던 피동적 존재가 저널리즘이 다루는 시사 정보 생산의 능동적 주체로까지 발전한 것이다.

이 현상은 고전적 저널리즘 정의로는 해석하기 어렵다. 과거에도 대중매체 중심의 사회적 메시지 환류 개념을 통해 독자나 시청자의 뉴스 생산 참여가 거론됐으나, 수용자 행동은 대부분 매체 정보에 대한 반응으로 여겨졌을 뿐 역동적 정보 생산자라는 역할은 주목받지 못했다(Severin & Tankard, 2001). 수용자 능동성을 중심으로 새롭게 자리매김하는 최근의 현상은 결국 '공공의 관심사항'을 제시하는 뉴스 생산의 입장에서, 저널리즘의 주체로 수용자를 포함할 만한 관점을 제시한다.

이때 집단 수용자뿐만 아니라 개별 수신자 역시 이런 참여의 모습이 특화된 형태로 이해될 수 있다. 비록 조심스러운 시각이 있지만, 온라인 블로그나 위키 등의 채널을 통한 일반 수신자의 정보 생산활동에 '저널리즘'이라는 명칭이 붙어 소개된 지 10년을 훌쩍 넘어섰고(이건호, 2013), 국내에서도 2020년을 전후해 시사 뉴스에 접근하려는 사람들의 눈길이 개별 정보 생산자가 활동하는 유튜브 등 새로운 플랫폼으로 향하는 상황(이건호, 2021)이 이를 설명한다. 의존적 존재였던 개별 수신자가 능동적 정보 전달자로 등장했고, 그들이 정보 유통의 활로를 넓혀 가는 유튜브에 뉴스 관점을 불어넣는 현실은 이제 일반인에게 일상이 되어 간다.

정리하자면, 대중매체에 의존적이었던 개별 뉴스 수신자는 집단적 수용자의 모습으로 발전하면서 적극적으로 시사 정보를 탐색하게 됐고, 이후 이들은 매체에 특정 뉴스를 요구하는 역동적 정보 추진체로 성장했으며, 최근에는 개별적인 수신자들이 집단의 힘에 의지하는 것을 넘어 공공의 관심사항이 되는 정보를 직접 생산하는 주체로 활동하고 있다는 뜻이다.

이 모습은 단순히 공적 정보 수신자나 수용자의 정체성 변화에 그치는 것이 아니라, 고전적 의미의 저널리즘 개념 자체에도 영향을 미친다. 일단 이 수용자를 '발화자'와 '채널' 측면에서 좀 더 짚어 보자. 전통적 의미에서 저널리즘 발화자는 공인에서 출발한다(Mencher, 1991). 애초에 국가나 시민사회의 중요 정보를 다루는 공적 인물로 묘사되던 공인 개념은 이후 역할 모델이 될 수 있는 유명인으로 확대되고(Severin & Tankard, 2001), 심지어 공적 토론을 주도하거나 그런 논쟁에 뛰어든 인물로도 소개된다(이재진, 2018). 최근 논의가 활발한 유튜브 저널리즘 현상을 보면, 일부 유튜버는 이미 일반인의 관심사를 주제로 논쟁을 이끌어 가는 당사자가 됐고, 이들의 정보는 전통 저널리즘의 정보 원천source으로 검토된다(Paulussen & Harder, 2014). 유튜버가 공인으로서 저널리즘 소통의 발화자 역할을 한다는 의미로, 20세기에 논했던 미디어와 수용자의 환류, 즉 수용자 입장을 대중매체가 선택적으로 반영하는 상황(Shoemaker, 1991)과는 차원이 완연히 다르다. 이에 고전적 의미를 벗어나 새로운 저널리즘 틀을 짜야 한다는 견해가 힘을 얻는다(Choi et al., 2021). 자기 생각을 사회에 전하고 싶어도 접근 수단이 없어 '통로' 밖의 피동적 수신자로 머물 수밖에 없었던 인물이 새로운 매체환경의 도래와 함께 유명 유튜버 등으로 등장할 수 있게 되면서, '통로' 밖의 또 다른 존재, 즉 공적 논쟁에 참여하고 이를 주도하는 공인의 자격을 얻어 전통적 의미의 '발화자'가 될 수 있게 된 것이다.

이들이 활동하는 유튜브의 기본 성격은 '채널'이다. 유튜브 연합체 활동은 최근 '조직'화하며 '대중매체'와 비견되기도 한다(김치호, 2016). 동시에 유튜버는 정보를 모아 전한다는 점에서, 전통적 의미의 기자와 유사하다. 저널리즘 소통 통로의 '정보 판단 전문가' 모습(이건호, 2013)을 띤다. 비록 조직화의 배경이나 정보 판단을 위한 개별 유튜버의 훈련을 전통적 뉴스 정보와 관련해 어떻게 규정할지는 아직 모호하지만, 그 정보에 노출된 대규모 시청자에게 영향을 미치고 그 내용이 공적 논쟁의 장을 만든다는 점을 보면, 공론장 형성에 일조하는 수준의 유튜버가 일정 정도 정보 판단 능력을 갖췄다는 관찰(Paulussen & Harder, 2014)도 의미 있게 고찰할 만하다. 즉, 언론조직과 정보 판단 전문가 구성원이라는 저널리즘 소통 채널의 2가지 성격이 얼마간이라도 유튜브에 반영된 상황을 부정하기 어렵다는 뜻이다.

이는 이전까지 학계가 저널리즘 소통 과정에서 바라봤던 수신자와 수용자 성격의 변화를 넘어, 아예 저널리즘 개념의 변화를 요구하는 현상이라 해석할 수 있다. 새로운 커뮤니케이션 환경에서 활동하는 '과거'의 수신자 혹은 수용자는 이 글에서 저널리즘의 핵심 특성이라고 거론하는 통로(C)의 발화자(S2) 성격을 취하고, 그 통로의 선택과 배제에 따라 굴곡을 겪는 정보(M2)를 다루며, 아예 전체 소통의 최초 출발점인 취재원으로서 발화자(S1)와 그의 정보(M1) 속성까지 소유한다.

다만 유튜버를 포함해 새로운 커뮤니케이션 환경 속 모든 플랫폼 사용자의 정보 판단 역량과 그들이 생산한 정보 수준 검증, 그 플랫폼 자체의 성격 등에 대한 논의가 더 필요하다는 점도 함께 고민할 여지가 있다. 또 그들의 판단 역량이 어떤 훈련을 거쳤는지, 어떻게 개선될 수 있을지도 연구해 볼 만하다. 아직 관찰과 탐색이 더 필요한 이 영역의 현실은 이 글에서 저널리즘 개념의 수신자를 '열린' 존재로 두고, "추후 공공의 관심사항이 될 정보 생산자로 발전할 수 있는 불특정 다수의 독자나 시청자"라고 정리한 이유가 됐다.

참고문헌

김사승(2013), 《현대 저널리즘》, 서울: 커뮤니케이션북스.

김춘옥(2005), 《언론학의 개념 20가지》, 서울: 커뮤니케이션북스.

김치호(2016), MCN 사업의 현황과 과제, 〈인문콘텐츠〉, 40권, 167~187.

박재영(2006), 뉴스 평가 지수 개발을 위한 신문 1면 머리기사 분석, 《한국의 뉴스 미디어 2006》, 147~220, 서울: 한국언론재단.

_____(2019), 저널리즘, 《한국 언론학 연구 60년: 성과와 전망》, 149~186, 서울: 한국언론학회.

박재영·이재경·김세은·심석태·남시욱(2013), 《한국 언론의 품격》, 파주: 나남.

오택섭·강현두·최정호·안재현(2009), 《뉴미디어와 정보사회》, 서울: 나남.

이건호(2008), 한·미 신문 기사의 심층성과 신뢰도 및 독창성 분석: 6개 한국
　　　신문과 2개 미국 신문 1면 기사를 중심으로, 〈한국언론학보〉, 52권 5
　　　호, 107~129.

_____(2010), 《언론 글쓰기, 이렇게 한다: 예비 언론인을 위한 기획기사 작
　　　성 방법》, 서울: 한울.

_____(2013), 저널리즘, 이건호·최윤정·안순태·차희원·임소혜, 《커뮤니
　　　케이션과 사회》, 53~87, 서울: 이화출판.

_____(2017), 《스트레이트 뉴스, 이렇게 쓴다: 개념과 함의, 그리고 공식》,
　　　서울: 이화여자대학교 출판문화원.

_____(2021), 《미디어와 정치: 정치 엘리트, 매체, 공중》, 서울: 이화여자대
　　　학교 출판문화원.

이재경(2013), 《한국형 저널리즘 모델》, 서울: 이화출판.

이재경·송상근(2018), 《기사작성의 기초》, 서울: 이화여자대학교 출판문화원.

이재진(2018), 《언론과 공인》, 서울: 한양대학교 출판부.

임영호(2005), 《신문원론》, 서울: 한나래.

정은령(2018), 한국 팩트체크 저널리즘의 특징: 팩트체크 언론인들의 사실 인
　　　식과 사실 검증과정 탐색을 중심으로, 〈언론정보연구〉, 55권 4호, 5~
　　　53.

한국조사기자협회(2016), 한국조사기자협회 페이스북.
　　　https://www.facebook.com/kjosa1987/.

황용석·권오성(2017), 가짜 뉴스의 개념화와 규제수단에 관한 연구: 인터넷
　　　서비스 사업자의 자율규제를 중심으로, 〈언론과 법〉, 16권 1호, 53~
　　　101.

Altschull, J. H. (1990), *From Milton to McLuhan: The ideas behind American
　　　journalism*, New York: Longman. 양승목 역(2007), 《현대언론사상
　　　사》, 파주: 나남.

Berlo, D. K. (1960), *The process of communication*, New York: Holt,
　　　Rinehart, and Winston, Inc.

Boston University Libraries(2020, July 22), History of fact-checking, https://

library. bu. edu.

Brooks, B., Kennedy, G., Moen, D., & Ranly, D. (2002), *News reporting and writing* (7th ed.), New York: Bedford/St. Martin's Press.

Choi, J., Lee, S. Y., & Ji, S. W. (2021), Engagement in emotional news on social media: intensity and type of emotions, *Journalism & Mass Communication Quarterly*, *98* (4), 1017~1040.

Dobbs, M. (2012), *The rise of political fact-checking: How Reagan inspired a journalistic movement: A reporter's eye view*, Washington D. C.: New America Foundation.

Druckman, J. N. (2005), Media matter: How newspapers and television news cover campaigns and influence voters, *Political Communication*, *22* (4), 463~481.

Gerbner, G. (1967), Mass media and human communication theory, In F. E. X. Dance (Ed.), *Human communication theory*, 40~57, New York: Holt, Rheinhart and Winston.

Gitlin, T. (1985), *Inside prime time*, New York: Pantheon Books.

Graves, L. (2016), *Deciding what's true: The rise of political fact-checking in American journalism*, New York: Columbia University Press.

Karlova, N. A., & Fisher, K. E. (2013), A social diffusion model of misinformation and disinformation for understanding human information behaviour, *Information Research*, *18* (1), 1~17.

Kovach, B., & Rosenstiel, T. (2021), *The elements of journalism: What people should know and the public should expect* (4th ed.), New York: Crown Publishers.

Lee, G., & Koh, H. (2010), Who controls newspapers' political perspectives? Source transparency and affiliations in Korean news articles about US beef imports, *Asian Journal of Communication*, *20* (4), 404~422.

Lewis, S. C. (2019), Journalism, In T. P. Vos, F. Hanusch, D. Dimitrakopoulou, M. Geertsema-Sligh, & A. Sehl (Eds.), *The inter-*

national encyclopedia of journalism studies, 1~7, Hoboken, NJ: Wiley.

McQuail, D. (2000), *McQuail's mass communication theory* (4th ed.), London, UK: Sage Publication.

Mencher, M. (1991), *News reporting and writing* (5th ed.), Dubuque, IA: Wm. C. Brown Publishers.

Merrill, J. C. (1977), *Existential journalism*, New York: Hasting House Publishers.

Paulussen, S., & Harder, R. A. (2014), Social media references in newspapers: Facebook, Twitter and YouTube as sources in newspaper journalism, *Journalism Practice*, *8*(5), 542~551.

Randall, D. (2000), *The universal journalist*, London: Pluto.

Reese, S. D. (2020), *The crisis of the institutional press*, Hoboken, NJ: John Wiley & Sons.

Rich, C. (2003), *Writing and reporting news: A coaching method* (4th ed.), Belmont, CA: Thomson Wadsworth.

Ruggiero, T. E. (2000), Uses and gratifications theory in the 21st century, *Mass Communication & Society*, *3*(1), 3~37.

Schudson, M. (1995), *The power of news*, Cambridge, MA: Harvard University Press.

Severin, W. J., & Tankard, J. W. (2001), *Communication theories: Origins, methods, and uses in the mass media*, New York: Longman.

Shoemaker, P. J. (1991), A new gatekeeping model, In D. Berkowitz (Ed.), *Social meanings of news*, 57~62, CA: Sage.

Shoemaker, P. J., & Reese, S. D. (1996), *Mediating the message: The theories of influences on mass media content* (2nd ed.), New York: Longman.

Soloski, J. (1989), News reporting and professionalism: Some constraints on the reporting of the news, *Media, Culture & Society*, *11*(2), 207~228.

Spitulnik, D. (1993), Anthropology and mass media, *Annual review of*

    Anthropology, 22 (1), 293~315.

Tuchman, G. (1978), *Making news: A study in the construction of reality*, New York: Free Press.

White, D. M. (1950), The Gatekeeper: A case study in the selection of news, In D. Berkowitz (Ed.), *Social meanings of news*, 63~71, Thousands Oaks, CA: Sage.

Wright, C. (1959), *Mass communication*, New York: Random House.

Zelizer, B. (2005), Definitions of journalism, In G. Overholser & K. H. Jamieson (Eds.), *Institutions of American democracy: The press*, 66~80, New York: Oxford University Press.

2장

저널리즘의 진실 보도

관점과 사실의 합당한 관련성이 필요하다

손영준(국민대)

1. 들어가는 말: 진실 보도의 의미

저널리즘의 제1목표는 진실 보도이다(Kovach & Rosenstiel, 2001). 뉴스를 만드는 사람은 진실 보도의 의무를 진다. 사람들은 뉴스를 통해 세상을 이해한다. 뉴스는 삶의 기준을 제시한다. 사람들은 뉴스가 진실을 담기를 희망한다. 진실은 자유를 주기 때문이다. 만일 뉴스가 진실을 담지 않는다면, 사람들의 생각은 거짓이나 오염된 정보로 가득할 것이다. 누구나 깨끗한 공기를 호흡하길 원한다. 뉴스도 마찬가지다. 뉴스가 진실을 담아야 한다는 명제는 당위이자 사회적 합의이다.

그러나 진실 보도는 쉽지 않다. 오늘날 뉴스를 둘러싼 사회적 논쟁의 대부분은 진실이 무엇이며, 어떻게 확보했는지에 관한 것이다. 진실은 복잡하고, 다층적이며, 쉽게 확인되지 않는다. 사람에 따라 진실에 대한 시각이 다를 수도 있다. 진실에는 사람의 가치와 편견이 반영된다. 뉴스가 전달하는 진실은 하나가 아니다. 이 글은 이런 문제의식을 바탕으로 다음 3가지 주제를 다룬다. 첫째, 저널리즘이 다루는 진실의 특징을 살펴본다. 둘째, 저널리즘에서 진실을 서술하는 방법을 검토한다. 셋째, 진실 보도를 둘러싼 논쟁적 대목을 살펴보고, 저널리즘의 방향을 모색한다.

2. 저널리즘이 다루는 진실의 특징

1) 저널리즘의 진실은 세 층위로 구성된다

다음 페이지의 〈그림 2-1〉에 제시되었듯, 저널리즘의 진실은 표면적 사실superficial fact과 맥락적 사실contextual fact, 해석적 틀interpretative frame의 3가지 층위로 구성된다. 따라서 저널리즘의 진실을 제대로 이해하기 위해서는 이들 세 요소의 복합적 상호관계를 파악할 수 있어야 한다.

먼저 뉴스는 사실을 토대로 한다. 뉴스는 사실을 토대로 한다. 사실fact은 실제 존재하는 사건issue 또는 대상object이다. 환상이나 가능성과는 다르다. 관찰을 통해 형성된다. 경험적이다. 앞으로 생길 것 같다는 개연성, 있어야 한다는 당위성과 구분된다. 사실은 실제

일어났거나, 일어났다고 추론할 수 있는 행위, 사건, 대상을 의미한다. 사실은 표면적 사실과 맥락적 사실로 구분된다. 표면적 사실은 관찰할 수 있는 현상이다. 맥락적 사실은 현상의 이면에 숨겨진 사실관계의 법칙, 속사정, 내막 등이다.

표면적 사실을 제대로 알리는 것이 정확한accurate 보도이다. 정확한 보도는 표면적 사실과 현상에 관한 정보(누가, 언제, 어디서, 무엇을, 어떻게)를 있는 그대로, 가감 없이 알리는 것이다. 정확성은 또 표면적 사실관계에 오류가 있다면 바로잡는 것이다. 사실관계의 검증은 제3자가 합당한 방법과 수단으로 파악 가능함을 의미한다. 검증할 수 없다면, 정확한 사실이라 할 수 없다. 표면적 사실관계를 정확하게 알리는 것은 대단히 중요하다. 그러나 그것은 진실 보도를 위한 하나의 층위에 해당한다.

그림 2-1 **저널리즘 진실의 3가지 층위 구조**

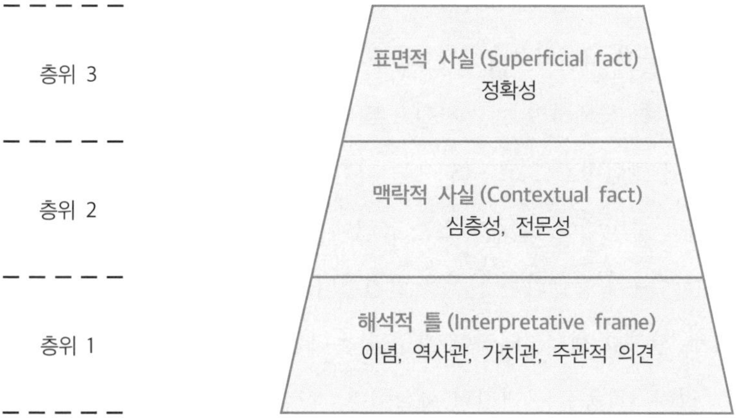

층위 3 — 표면적 사실 (Superficial fact) 정확성

층위 2 — 맥락적 사실 (Contextual fact) 심층성, 전문성

층위 1 — 해석적 틀 (Interpretative frame) 이념, 역사관, 가치관, 주관적 의견

저널리즘의 진실은 정확성만으로 확보되지 않는다. 현상에는 맥락이 있다. 맥락은 '현상의 뒷면에 있는 사실관계나 연관된 의미'이다. 현상을 제대로 알기 위해서는 표면적 사실에 대한 정확성뿐 아니라 맥락적 사실에 대한 합당한 이해가 필요하다. 언론 활동에서 맥락적 사실을 제대로 파악하는 것은 매우 어렵다. 언론인이 단순한 전달자herald 역할에 머문다면 표면적 사실에 대한 정확성 확보로 충분할 것이다. 그러나 표면적 사실은 맥락적 사실과 함께 제시될 때 그 의미가 제대로 전달된다는 점을 고려할 때, 사안의 맥락과 흐름, 법칙에 대한 충분한 이해가 필요하다고 할 수 있다.

2) 진실은 '참된 사실'에 대한 것이다

사람의 사실 인식은 불완전하다. 경험하지 못한 것은 잘 알지 못한다. 직접 경험했다고 해도 잘 안다고 하기 어렵다. 눈으로 보고, 맛을 보며, 귀로 듣고, 촉감을 느낀 사실이라고 해서 반드시 참은 아니다. 근대 이전의 사람들은 지구가 평평하다고 믿었다. 배를 타고 바다 멀리 항해하면 지구 바깥으로 떨어져 죽는다고 생각했다. 크리스토퍼 콜럼버스(1451~1506)는 사람들이 믿었던 지구 평면설이 거짓임을 증명했다. 콜럼버스는 유럽에서 먼 아메리카 대륙까지 항해하며 지구가 둥글다는 진실을 발견했다. 태양이 동쪽에서 뜨고 서쪽으로 진다고 해서, 태양이 지구를 돈다는 천동설을 진실이라 할 수는 없다. 천동설은 거짓된 사실이다. 진실은 지구가 자전과 공전을 하면서 태양을 중심으로 도는 것이다. 지구를 포함한 태양계 행성은 태양을 축으로 돌고 있다.

마술사는 빠른 손놀림이나 기구를 이용해 관객의 눈을 속인다. 보는 사람은 신기하지만, 속임수를 진실이라 할 수 없다. 도둑이 훔친 제복을 입고 물건을 훔친다고 하자. 제복을 입었어도, 도둑에 불과하다. 중세 사람들은 바다 멀리 항해하는 것이 죽음을 의미한다고 믿었다. 마술사의 손동작이 아무리 현란해도 눈속임에 불과하다. 겉으로 보이는 사실이라고 해서 모두 진실을 의미하지는 않는다.

진실은 표면적 사실과 맥락적 사실 가운데 참된 것이다. 왜곡되거나 거짓된 사실은 진실이 아니다. 저널리즘의 목표는 단순히 사실을 알리는 것이 아니다. 저널리즘은 진실한 사실을 알리는 것이다. 진실은 '참된 사실'에 대한 것이다. 참과 거짓을 판단하는 인간의 인식에는 분명 한계가 있다. 그럼에도, 저널리즘은 참된 것이라고 믿는 사실을 알리는 행위이다. 거짓을 진실이라고 주장할 수는 없기 때문이다.

3) 저널리즘의 진실에는 해석적 틀이 개입한다

문제는 참과 거짓이 쉽게 구분되지 않는다는 점이다. 표면적으로 보이는 사실이 참인지 거짓인지 쉽게 알기 어려운 경우가 많다. 진실로 포장되지만 거짓인 경우가 있다. 그 반대 사례도 있다. 참과 거짓이 뒤섞여 있을 수도 있다. 참과 거짓을 구분하기 어려운 초기 단계의 사실도 있다. 이처럼 저널리즘에서 다루는 진실은 참이나 거짓으로 명확하게 구분하기 쉽지 않은 경우가 많다. 이런 연유로 같은 사실에 대해서 사람들의 의견과 반응은 비슷하지 않다. 저널리즘의 진실은 의견이나 주장을 포함하는 경우가 많다. 의견과 주장은 대개 저널리즘의 해석적 틀(주관적 생각, 이념, 역사관, 가치관, 정치철학, 세계관, 관점)에 해당하는 것이다.

저널리즘이 추구하는 진실truth은 진리Truth가 아니다. 저널리즘에서 진실과 진리는 다른 개념이다. 진리는 변하지 않는 원리이다. 영원불변, 초월적이다. 사람은 죽는다는 명제나 만유인력의 법칙 등이 진리이다. 프랑스의 철학자 르네 데카르트(1596~1650)가 말한 "나는 생각한다. 고로 존재한다Cogito ergo sum"라는 명제는 진리에 해당한다.

뉴스에서 다루는 진실은 절대자의 영역이 아니다. 인간의 영역이다. 해석적 틀을 포함한다. 따라서 진실은 대개 의견과 함께한다. 저널리즘이 다루는 진실에 의견이 개입하는 것은 필연적이다. 의견에는 개인의 희망, 욕망, 편견이 포함되어 있다. 진실 보도에 의식적, 무의식적 주관성이 개입하는 것은 불가피하다. 어떤 대상에 대한 사회적 관점의 다양성은 사물이 갖는 진실의 다양성을 의미한다.

저널리즘의 진실은 표면적 사실, 맥락적 사실, 해석적 틀로 구성된다고 했다. 세 층위 가운데 어떤 지점을 강조하는지에 따라 진실에 대한 이해가 달라질 수 있다. 표면적 사실을 강조하면 사실관계의 정확성이 중요하다. 맥락적 사실에 주목하면 사안에 대한 심층성과 전문성이 중요하게 생각된다. 해석적 틀을 강조하면 관점과 세계관, 이념이 전면에 등장하게 된다.

정리하면, 저널리즘이 다루는 진실은 진리가 아니다. 참된 사실을 지향한다. 표면적, 맥락적 사실에 대한 참과 거짓의 구분이 쉽사리 이뤄지지 못하기 때문에 주관적 해석이 개입된다. 진실 보도에 내포된 의견과 주장을 어떻게 볼 것인가 하는 점은 논쟁적 대목이다. 다음에서는 진실을 찾아가는 대표적 방법 3가지를 비교하면서, 사실과 의견의 상호관련성을 살펴본다.

3. 저널리즘에서 진실을 찾는 방법

진실을 구성하는 표면적 사실, 맥락적 사실, 해석적 틀이라는 세 층위는 상호 유기적으로 연결된다. 진실이 다층적, 유기적으로 구성된다는 점에서 진실을 확인하는 방법은 논쟁적이고 갈등적이다. 그러나 진실 구성이 복잡하다고 해서 진실이 없다고 할 수는 없다. 이것도 좋고, 저것도 좋다는 상대적 관점이 타당하다고 할 수도 없다. 표면적 사실과 맥락적 사실에 선택과 해석이라는 주관적 인식 틀이 개입한다고 해서 주관성에 무한대의 권한을 줄 수도 없다. 저널리스트는 진실이 갖는 다양한 측면과 한계 속에서 동시대인이 공감할 수 있는 실천적 진실을 찾아야 하는 숙명을 안고 있다. 그동안 저널리즘, 사회과학, 인문학에서 제시된 진실을 찾는 방법은 다음의 3가지

— 객관주의 서술, 주관주의 서술, 관점과 사실의 상호관계 서술 —
방안으로 정리할 수 있다. 각각의 방안이 갖는 의미를 살펴본다.

1) 객관주의 서술

객관주의 서술은 사실과 대상을 '편견 없이', '있는 그대로' 알리는
것이다. 이상신(1996)은 인간의 인식행위에서 객관적이라는 것은
서술의 정확성, 보편성, 불편부당성을 가질 때 가능하다고 보았다.
웨스터슈탈(Westerstahl, 1983)은 언론 보도의 객관성을 사실성
factuality과 불편부당성impartiality으로 개념화하였다. 객관주의 서술은
① 사물을 사실대로 반영하고(사실성, 정확성), ② 모든 사람이 선택
된 이슈를 보편타당하게 중요하게 생각하며(보편성), ③ 이슈 해석
에서 감정적 윤색이나 편파성으로부터 자유로운 상태(불편부당성)
를 충족할 때 가능하다. 객관주의의 이런 서술원칙은 저널리즘의 객
관주의 시대에 언론인이 지켜야 할 의무이자, 실현할 이상ideal으로
자리 잡았다.

　객관주의 보도를 통해 진실을 확보할 수 있다는 믿음은 미국에서
19세기 중반 대중지 시대에 나타났다. 미국 언론은 건국 이후 당파
적 언론Partisan paper이었다. 그러나 산업화, 도시화를 거치며 대중매
체 시대로 전환했다. 벤저민 데이Benjamin Day는 1833년 최초의 유가
지penny press 〈뉴욕 선The New York Sun〉을 창간하면서 당파적 이해관계
에 얽매이지 않는 객관주의Objectivity 언론을 표방했다. 〈뉴욕 선〉은

이전의 당파지와는 다르게 모든 시민을 독자로 대우하겠다고 선언했다. 객관주의는 이때 제시된 뉴스 제작 원칙이다. 이전의 당파지 시기에 신문은 정당, 자본, 가문의 특정 이익을 공개적으로 대변하였다. 그러나 객관주의 시대에 들어서자 언론은 사실성factuality과 공정성fairness을 보도의 원칙으로 삼았다. 당파적 갈등 보도에서 중립성neutrality과 균형성balance을 강조하였다.

객관주의는 과거 역사 서술에서 많이 채택됐다. 그리스 역사가 투키디데스는 기원전 5세기 《펠로폰네소스 전쟁사》 서문에서 다음과 같이 밝혔다. "사실에 대한 기록에 대해서 … 나는 절대로 처음 듣는 이야기는 쓰지 않겠다는 것을 원칙으로 했다. 나 자신의 일반적인 인상이 방향을 정하도록 하지 않았다. 나는 내가 직접 목격한 사건을 기록했다. 간접적으로 목격자에게서 들은 이야기는 최대한 철저한 확인을 거쳐 기록에 포함했다."(Kovach & Rosenstiel, 2001, 78~79) 투키디데스의 말은 '그럴듯한 이야기'를 배제하고 '근거 있는 사실'을 중심으로 진실을 다루었다는 뜻이다. 뜬소문은 버리고 자신이 목격한 일과 자료, 증언에 따라 사실이라 믿을 수 있는 것을 자료로 채택했다는 것이다. 특정한 주관과 입장을 배제하고 객관적으로 사건을 서술했다는 뜻이다.

그러나 뉴스가 객관적이라는 주장은 객관성이라는 이름으로 포장된 또 다른 관점의 제공일 가능성이 크다. 중국 역사서 기술의 논법인 춘추필법春秋筆法은 사실과 다른 부분은 추상과 같은 기개로 바로잡는다는 의미를 담고 있다. 춘추필법의 서술방식은 외견적으로 객관주의 서술에 부합한다. 그러나 실제로 춘추필법에 따라 제작된 중국 역사서는 황제와 체제의 단점은 숨기고 잘 드러내지 않았다. 춘추필법의 객관적 역사 기술의 이면에는 권위적, 봉건적 이데올로기가 숨어 있었다. 임상원(2017, 254)은 객관주의 서술 방안이 정당화된 것은 다른 방식에 비해 쓸모가 있는 유용성 때문이지 그것이 진리에 가까운, '객관적'인 것이어서는 아니라고 비판한다. 저널리즘에서 제시하는 객관주의는 저널리스트에게 합법성legitimacy을 부여하는 근거로 작용한 일종의 언론 관행이었다는 지적이다.

뉴스 보도가 객관적 의미를 제대로 담기 어려운 것은 언론인의 인식에도 한계가 있기 때문이다. 사람은 누구나 개인적 정서와 이해관계, 인습, 문화, 종교적 교리, 민족 성향 등에 영향을 받는다. 뉴스에는 언론과 언론인의 관점과 시각이 반영된다. 대상의 선택과 서술에 관점과 시각이 반영될 수밖에 없다. 주관성을 배제한 인식이 있을 수 있다. 그러나 관점과 주관성이 배제된 인식은 대개 피상적 스케치에 불과한 경우가 많다. 주관성과 관점은 대상의 본질을 이해하는 데 도움이 될 수도 있다. 물론 객관주의 옹호론은 주관성과 관점이 오히려 사물의 본질을 이해하는 데 방해가 될 수 있다고 반박한다. 그러나 앞에서 논의한 것처럼, 객관주의 보도, 춘추필법 등의 서술 또한 특정한 이념적 지향이 반영된 경우라 할 수 있다.

역사는 사실의 수집이 아니라 만들어지는 것이라는 카E. H. Carr의 역사 인식은 저널리즘 뉴스 제작 원리를 이해하는 데 적용할 수 있다. 카는 역사 서술의 본질은 주관적이라고 파악한다. 역사 서술에서 중립은 불가능하다. 역사는 객관적으로 존재하는 것이 아니라 만들어진made 것이라고 본다. 역사적 해석은 주관성으로 인해 무한한 의미로 나타날 수 있다.

역사가는 역사를 해석하고 서술할 수 있는 '창조적 허가증Creative license'을 가진 사람들이다(Carr, 1961). 역사 서술의 주관성은 객관주의 뉴스 보도가 갖는 한계를 그대로 지적한다. 카의 역사 인식 원리를 저널리즘에 적용하면, 뉴스의 진면목은 사실관계의 정확성뿐 아니라 그것을 해석하는 데 동원된(또는 숨겨진) 관점을 밖으로 드러낼 때 제대로 파악할 수 있다.

오늘날 뉴스 보도에서 주관을 배제하고 객관적, 중립적으로 서술하는 것은 대단히 어렵다. 사물을 있는 그대로 반영하거나 모든 사람에게 중요하면서도 보편타당한 인식에 도달하는 것은 더 어렵다. 언론인은 객관적이고자 노력하지만, 언론인의 관찰과 인식 결과는 객관적이기 어렵기 때문이다. 따라서 언론 보도의 객관주의 방식은 서구 언론에서 19세기 중반 나타나 1970년대까지 존재했던 하나의 역사적 현상으로 이해하는 것이 타당하다. 1972년 닉슨 대통령이 하야하게 된 워터게이트 스캔들Watergate scandal을 계기로 미국 언론의 객관주의가 신화myth 또는 허구라는 비판이 제기됐다. 남재일(2008)은 객관주의 보도 행태를 언론의 전문화 과정professionalization of journalism에서 발생한 결과물로 이해한다. 객관주의에 대한 이런 지적은 객관주의 이념은 기득권 세력의 자기 합리화일 가능성이 크다는 점을 비판한 것이다.

오늘날 다매체 다채널 언론 환경에서 객관주의 보도에 대한 시대적 요청은 감소했다고 볼 수 있다. 저널리즘에 대한 오늘날의 시대적 요청은 객관주의를 넘어서는 것이다. 객관주의가 표방하는 의례적 의식ritual을 뛰어넘어 진실의 다층적 특성을 밝혀야 한다는 요구가 커지고 있다.

2) 주관주의 서술

주관주의 서술방식은 서술자의 생각이 보도에 개입되는 것이다. 이 입장에 따르면, 사물을 '있는 그대로' 보도하는 객관적 서술은 인정하기 어렵다. 모든 보도에는 관점(해석 틀, 이념, 역사관, 정파성, 소명의식, 양심적 판단, 윤리관, 시각, 편견)이 중요하게 개입한다. 언론은 사회적 이슈 중에서 중요하다고 생각하는 사실을 선택한다. 이때 언론은 자기의 관점과 해석 틀을 적용한다. 관점에는 의견과 이념뿐 아니라 역사관, 정파성, 소명의식, 양심적 판단, 윤리관, 신앙심 등의 가치판단이 포함된다. 주관적 관점과 시각은 사회 전체를 바라보는 하나의 통일된 사고체계이다. 주관주의 서술방식에 따르면, 저널리즘 활동은 관점과 이념, 해석 틀을 적용하는 과정이다.

주관주의 서술이 강조하는 점은 다음과 같다. 첫째, 뉴스는 '현재의 사실Facts of the present'을 단순하게 나열하는 것이 아니다. 뉴스는 '현재의 사실' 가운데 뉴스 가치가 높은 것으로 선택된 '현재에 대한 사실Facts about the present'에 관한 것이다. 즉, 뉴스는 '현재의 사실' 중에서 의미 있다고 판단되는 사실을 선별하고, 여기에 해석 틀과 관점을 반영한 것이다. 저널리즘의 선택과 인식에는 주관적 해석이 개입한다(박이문, 2000). 주관성은 진실에 접근하는 유용한 도구가 된다. 이슈와 대상을 선택하는 의제설정agenda-setting에도 언론의 현실 인식과 세계관이 반영된다(손영준, 2004). 언론은 다양한 주관적 관점을 통해 현재의 사실을 해석framing함으로써 진실에 이르는 길을 모색한다. 주관주의적 진실 서술 측면에서 보면, 뉴스는 현재 사실을 단순히 비추는 것이 아니다. 뉴스는 각자의 관점과 주관성을 기준으로 현재를 재구성하는 힘을 갖는다. 북한에 대한 남한 언론의 상반된 보도 프레임에는 한반도 통일의 목표와 통일 방식에 대한 견해차가 반영되어 있다. 원자력 에너지에 대한 언론 보도에도 원전에 대한 찬성과 반대의 관점이 스며들어 있다. 러시아의 우크라이나 침공에 대한 각국 뉴스는 친서방, 친러시아라는 각 국가의 이해관계가 반영된 것이다.

둘째, 주관성이 개입한다는 점에서 뉴스 제작에는 정치적 의미가 반영된다. 정치적이라는 뜻은 뉴스 제작에 현재 구성원과 세력의 이해관계가 스며들어 있음을 의미한다. 정치적 관점에서 서술된 언론의 뉴스 보도는 현재의 권력관계에 영향을 미친다. 따라서 뉴스에서 활용되는 사실('현재에 대한 사실')은 순수하게 선택된 것이 아니다. 언론의 사실 선별과 관점 반영에는 의식적 또는 무의식적으로 주관성, 정치성, 특정 가치가 개입한다. 언론은 자기가 원하는 종류의 사실을 선택해 의미를 부여한다. 언론은 주관성을 통해 자신이 원하는 종류의 사실('현재에 대한 사실')을 선택하고 관점을 반영한다. 뉴스 보도에 사용되는 사실관계는 보도를 위한 기초자료raw material가 아니라, 보도에서 전달하고자 하는 가치와 관점, 태도 그 자체일 가능성이 높다. 어부는 어망의 크기나 낚시도구를 그냥 정하지 않는다. 노련한 어부는 잡고자 하는 물고기의 종류를 정하고 이에 합당한 어망과 낚시도구를 선택한다. 같은 이치로 뉴스 보도에 드러나는 사실관계는 그냥 선택되는 것이 아니다.

셋째, 언론인의 주관성은 개인 판단일지라도, 그 과정에 사회의 이념적 지향성이 영향을 미친다. 언론의 주관성은 따라서 개인의 뜻이라기보다 사회적 산물일 가능성이 크다. 흔히들 뉴스를 언론인 개인이 쓴 것이라고 간주하기 쉽다. 그러나 언론인의 지식은 개인 소유물이 아니다. 언론인은 사회 행렬의 어느 한 위치에 자리한 사람이다(Carr, 1961). 뉴스 보도는 사회적 과정의 일부이다. 언론인이 사회 행렬에 자리하는 그 지점이 언론인의 시각과 관점을 결정한다. 언론인 개인과 사회의 관계는 상호보완적이며 분리될 수 없다. 언론인의 주관성은 개인의 판단으로 보이지만, 사회적 힘의 관계가 반영된 것이다.

주관주의 방식을 통한 진실 확보방안은 한계를 안고 있다. 이 입장에 따르면, 뉴스는 현재의 관점과 해석 틀, 이념 등을 권위적으로 적용한 것이다. 뉴스는 '현재에 대한 사실'을 특정 시각으로 전달한 것이다. 관점을 적용하게 되면 '현재의 사실'이 갖는 복합성을 잘 반영하기 어렵다. 주관적 관점은 비판적 검증과 토론을 거쳐 검증된 것일 수도 있지만, 그 반대일 수도 있다. 주관성이 합리성을 획득하지 못한 채 정의의 이름으로 제시될 수 있다. 뉴스는 현재 권력(정치, 사회, 경제, 문화 권력 등)의 이해를 반영한다. 언론 보도는 권력 중심, 승자 중심, 이념 중심이 된다. 다른 이념에는 증오와 적대감을 드러낸다. 자기중심적 주관성이 강조되기 쉽다. 주관적 가치에 대한 집착은 공감을 불러오는 것이 아니라 공동체의 통합을 위협할 수 있다. 관점의 과잉은 언론의 당파성, 정파성으로 나타난다. 공론장의 균열은 공동체의 건강을 위협할 수 있다(윤평중, 2011).

　주관주의는 또한 사실관계를 왜곡할 가능성이 있다. 해석을 위해 동원된 사실은 강조되고, 채택되지 않은 것은 감춰지고 또 사라진다. 언론이 보도와 관련된 표면적, 맥락적 사실관계를 모두 안다고 하더라도, 독자나 시청자는 이를 알기 어렵다. 리프먼(Lippmann, 1997)의 지적처럼, 깜깜한 밤중에 사람들은 등대(언론)가 비추는 대상을 중심으로 세상을 이해하게 된다. 등대가 비추지 않는 부분은 비록 존재하더라도 사람들에게 인식되지 못한다. 이것은 마치 플라톤의 '동굴의 우화'에 등장하는 사람들의 모습과 같다. 플라톤에 따르면, 보통 사람들은 동굴 벽면에 비친 그림자를 진실이라 생각한다. 사람들은 주관성이 개입된 거짓을 진실로 받아들이고 살아가는 것이다. 플라톤의 동굴의 우화가 제시하는 극단적인 경우가 아니더라도, 사람은 누구나 인식론적 한계와 편견을 갖고 있다. 각자의 인식에는 주관성이 개입될 수밖에 없다. 문제는 이런 주관성이 독단과 집착의 수준에 머물러 있는 경우이다. 주관성이 과학적 합리성과 결합하지 않는다면 제대로 된 소통은 기대하기 어렵다.

3) 관점과 사실의 상호관계 서술

객관주의와 주관주의 보도는 앞에서 제기한 것처럼 한계점이 분명하다. 객관주의 입장은 언론 보도에 현재의 가치와 해석이 개입한다는 점을 소홀하게 다룬다. 또 사실(표면적 사실, 맥락적 사실)을 알리는 것만으로 저널리즘이 온당히 성립될 수 없다. 언론이 '주관'을 소거한 채 사실을 객관적으로 기술하기도 어렵다. 뉴스에 뚜렷한 관점이 드러나지 않는다고 해서 관점이 개입되지 않았다고 볼 수 없다. 주관주의 입장도 살펴볼 대목이 있다. 먼저 주관성 개입이 불가피하다 해도, 사실을 선택하고 해석하는 과정에 특정 관점이 과잉 개입할 수 있다. 사실관계는 언론의 선택과 해석을 거치며 왜곡될 수 있다. 언론의 과잉 주관성은 사회 권력을 보호하는 수단이 될 수 있다. 이렇게 되면, 뉴스의 진실은 필요에 따라 만들어지는 것이다. 지금은 진실로 통용되지만, 때가 지나면 그 진실은 폐기된다. 뉴스의 진실을 확보하는 세 번째 방안은 관점과 사실의 상호관계를 주목한다. 이를 설명하면 다음과 같다.

첫째, 상호관계적 서술은 객관주의와 주관주의에 중요한 결함이 있다고 본다. 언론의 선택과 해석 자체는 객관적일 수 없다고 본다. 특정 관점이 불편부당, 객관적일 수 있다는 주장은 인정하지 않는다. 주관적 관점의 적용을 통한 보도의 구성주의적 특성을 받아들인다. 그러나 주관성은 합당한 사실관계를 제시해서 증명되어야 한다. 관점의 임의 적용에는 비판적이다. 보편타당한 합리적 원리 속에서 주관성을 평가한다. 이러한 관점에서 언론은 주창자advocator가 아니라 사회 이슈와 대상을 설명하고 대안을 제시하는 인도자guider 역할에 가깝다.

둘째, 상호관계적 서술은 대상과 대상 간 관계에 대한 과학적 추론, 사실과 관점 간 관계에 대한 객관성, 체계성을 중시한다. 관점과 사실 간 관계에 대한 객관적 해석과 합리성을 확보하자는 태도다. 사실과 관점의 관계는 과학적 추론에 바탕을 두어야 한다. 언론의 관점(시각, 해석 틀, 이념)은 사실facts을 통해 설득력 있게 증명되어야 한다. 관점과 사실의 상호관계는 양자 간의 과학성, 인과성, 체계성을 의미한다. 카(Carr, 1961: 165)의 지적처럼, "사실 자체의 객관성이 아니라, 사실과 해석의 객관적 관계"가 중요하다.

관점에 부합하는 객관적 사실관계의 중요성을 보여 준 사례는 1950년 한국전쟁 발발 원인을 둘러싼 진실 공방이다. 전쟁 이후 △북한이 남침했다는 남침설, △한국 측이 시작했다는 북침설, △남과 북의 국지적 충돌이 전면전으로 비화했다는 공동 책임설, △미국이 북한의 남침을 이끌었다는 유도설 등이 강하게 충돌했다.

진실 공방은 전쟁 발발 40년 후인 1990년 소련 외무성 비밀자료 공개로 종식되었다. 구 소련 패망 후 공개된 자료에 따르면, 북한의 김일성은 1949년 소련의 스탈린과 중국의 마오쩌둥을 비밀리에 찾아가 선제공격을 위한 군사지원을 요청했다. 소련과 중국은 처음에는 미국의 개입으로 제3차 세계대전이 발생할지 모른다는 이유로 전쟁을 반대했다. 그러나 김일성의 거듭된 요청으로 군사지원을 약속했다. 북한군은 1950년 6월 25일 새벽 38선에서 전면 남침을 단행했다. 이 사례는 관점과 사실의 인과적 관계를 증명하는 것이 대단히 어렵다는 것을 보여 준 경우이다. 소련의 외무성 자료가 공개되지 않았다면, 우리 사회는 여전히 각자 믿는 대로 진실 공방을 벌이고 있을지 모른다.

정부의 부동산 대책 보도는 서민 무주택자의 주거 안정을 도모해야 한다는 희망과 주장만으로는 제 역할을 했다고 할 수 없다. 수요 측면(구매자, 인구변화, 유효수요, 기호변화 등)과 공급 측면(토지, 자본, 세제, 건설) 간의 과학적 관련성이 뉴스에서 체계적으로 제시될 때 관점과 사실은 체계적 관련성을 갖는다고 할 수 있다.

셋째, 주관적 관점의 적용은 앞에서 언급한 것처럼 사실관계 테두리 안에서 이뤄져야 한다. 관점은 사실관계에 기반을 두지 못할 때 진실을 왜곡한다. 주관성은 '임의로' 사용할 것이 아니라 사실이라는 절대적 조건 속에서 작동해야 한다. 뉴스에서 주관적 시각만이 중요하다면 모든 사실은 각각의 관점을 통해 재해석될 뿐이다. 주관성을 인과적, 과학적으로 뒷받침하는 포괄적 사실관계가 없다면, '만인의 투쟁' 상태만이 지속할 뿐이다.

특히 뉴스 보도에서 어떤 행위가 발생한 원인에 해당하는 '왜Why' 부분에 대한 설명이 중요하다. 사람의 행동에는 어떤 합리적 또는 우연적 원인이 있다고 보고 주관성과 사회적 사실의 인과관계를 찾는 것이 핵심 관건이다. 주관성과 관점은 뒷받침하는 사실의 존재를 통해 지탱될 수 있기 때문이다.

영국인 탐험가 이사벨라 비숍Isabella Bishop, 1831~1904은 조선 말기에 조선과 시베리아 한인촌을 모두 4번 여행했다. 그녀는 이때 남긴 여행기를 《조선과 그 이웃 나라들Korea and her neighbors》(1897)이라는 책으로 출간했다(신복룡 역주, 2002). 비숍은 처음에는 조선 사람들이 게으른 탓에 가난에서 벗어나지 못할 것이라고 보았다. 그러나 시베리아로 이주한 한인들이 근면하고 유복한 것을 보고는 조선의 가난은 관리들의 부패와 착취 때문이라고 진단하였다. 지배층 수탈이 없는 곳은 경제적 생산성이 대단히 높다는 근거를 제시했다. 비숍의 진실 인식은 주관적 인식과 사실관계를 인과적으로 접목한 사례에 해당한다.

넷째, 관점과 사실관계의 관련성은 보편타당한 원리 속에서 찾을 수 있어야 한다. 편협하고 근시안적인 관점은 독자와 시청자에게 편견과 선입견을 줄 뿐이다. 언론의 역할은 언론인이 가진 정의Justice 관념과 시대정신Spirit of the time을 제시하는 것이 아니다. 각자의 정의관은 합당한 사실관계를 통해 증명되어야 한다. 자유민주주의 사회에서는 각자 사회적 소명에 대해 생각이 다를 수밖에 없다. 다원성을 인정하지 않는 극단적 종파가 있다고 하자. 그들은 경전에 따라 유일신神과 공동체 건설을 진실과 정의라고 받아들일 것이다. 근본주의 입장에 서면 각자의 주관적 관점은 결코 화해할 수 없다. 주관성은 사실관계를 통해 합당하게 지지될 때 타자에게 이해되고 수용될 수 있다.

다섯째, 주관과 사실의 상호관계에 주목하는 뉴스는 진실에 열린 자세를 취한다. 그렇다고 해서 사실과 관점에 대해 이것도 좋고, 저것도 좋다는 상대주의를 취할 수는 없다. 언론은 관점을 적용하는 데 있어 그 관점이 장기적으로 수정될 가능성이 있다는 점을 인정할 필요가 있다. 관점이 현재의 권력관계를 반영할수록 미래에 관점의 변화는 필연적이다. 언론은 선택과 해석에 앞서 어떤 과정을 거쳐 그러한 진실에 이르게 되었는지에 초점을 맞출 필요가 있다. 지금의 해석이 합당한 사실관계나 온당한 절차에 기초하였는지 자문해 보아야 한다.

언론인에게 시대정신과 관점은 보도의 필요충분조건이 아니다. 그것은 필요조건에 불과하다. 뉴스가 시대정신과 소명의식을 강조하다 보면, 주관적 관점이 과잉 주입될 소지가 있다. 리프먼은 〈뉴욕타임스〉가 1917년 러시아 혁명 당시 사회주의가 붕괴할 것이라는 뉴스를 많이 보도했다고 밝혔다. 〈뉴욕타임스〉 보도는 볼셰비키 혁명을 통해 러시아에 사회주의 정권이 등장했다는 사실을 전달한 것이 아니다. 러시아에서 사회주의 체제가 무너지길 바라는 미국 언론인의 희망을 반영한 것이다(강준만, 2017; 임상원, 2017). 언론의 관점이 강조될수록 관점을 뒷받침하는 사실관계는 종합적, 보편적, 체계적, 과학적으로 제시되어야 한다. 자기 입장을 지지하는 지엽적 사실관계에 집중하고 반대 증거에 눈 감는 것은 진실에 대한 열린 자세가 아니다.

4. 뉴스에서 진실에 이르는 길:
관점과 사실의 관련성 중시해야

저널리즘과 뉴스는 진실truth을 추구한다. 진실 추구에는 진실을 구성하는 층위 ― 표면적 사실, 맥락적 사실, 주관적 관점 ― 간의 합리적 관련성이 필요하다. 특정 층위를 강조한다면 뉴스는 전혀 다른 진실을 만들어 낸다. 관점과 사실의 상호관계를 중시하는 진실 보도는 주관적 관점과 사실관계의 조응이라는 '절차process'에 주목한다. 과정을 중시함으로써 각각의 주관성이 상호건설적으로 화해, 협력할 방법을 제시한다. 관점이 정당하고 합당한 것으로 인정받기 위해서 체계적 사실관계가 뒷받침되는 것이 중요하다. 관점의 정당성은 유용성utility이나 목소리의 크기populism를 통해 평가될 수 없다. 관점에 조응하는 사실관계의 무게를 통해 관점의 타당성이 판단되어야 한다. 자신의 관점이 존중되려면, 타인의 관점에도 관심을 두어야 한다. 타인의 관점과 진실을 열린 공간에서 논쟁하는 '절차적 진실관procedural view of the truth'을 통해 관점의 과잉과 편의성을 제거해 갈 수 있다.

저널리즘에서 진실에 이르는 길을 산행에 비유할 수 있다. 산에 올라갈 때는 봉우리와 능선이 잘 보인다. 내려올 때는 계곡 아래쪽으로 눈길이 머문다. 가 본 길이라도 계절과 주변 환경에 따라 다르게 느끼는 경우가 많다. 봄이 되면 꽃이 피고, 여름이면 녹음이 우거지고, 가을이 되면 단풍이 들고 낙엽이 지며, 겨울이면 눈이 온다. 주관적 감상은 계절 변화에 영향을 받는다. 같은 산을 걸어도 느끼는 감상은 사람마다 다를 것이다. 그렇다고 주관적 감상, 관점이 전부일 수는 없다. 거시적 안목에서 보면 사계절 자연의 변화는 변화가 아니다. 반복적, 순환적 변모變貌일 뿐이다. 산행의 감상, 산의 사실적 지세, 자연의 법칙을 체계적으로 접목하는 것이 관점과 사실의 관련을 통한 진실 기술 방법이다.

중국의 철학자 장자莊子는 주관적 관점에 집착한다면 타자와의 진정한 소통이 불가능하다고 강조했다. 《장자》의 〈산목山木〉편에는 장자가 조릉雕陵이라는 사냥터에서 경험한 사건이 기록되어 있다(김정탁, 2019).

장자가 조릉의 울타리에서 노닐 때, 이상한 까치를 보았다. 그 까치는 장자의 이마를 스치고 지나가 밤나무 숲에 앉았다. 장자는 말했다. "이 새는 무슨 새인가? 큰 눈을 가지고 있으면서도 (나를) 보지 못하는구나." 장자는 걸음을 재촉하면서, 석궁을 들고 그 까치를 겨냥했다. 그때 그는 한 마리의 매미를 보았다. 그 매미는 방금 아름다운 그늘을 발견해서 그 자신을 잊고 있었다. 나뭇잎 뒤에 숨어 있던 사마귀 한 마리가 자신이 노출되었다는 것을 잊고서 그 매미를 낚아챘다. (장자가 잡기 위해 석궁으로 겨냥하고 있던) 그 까치도 (자신이 얻을) 이익 때문에 자신의 생명을 잊고서 사마귀를 잡으려는 중이었다. 장자는 놀라면서 말했다. "아! 사물들은 본질에서 서로에게 연루되어 있고, 하나의 종류가 다른 종류를 부르는구나!" 장자가 석궁을 던지고 숲에서 나왔을 때, 사냥터 지기가 그에게 욕을 하며 달려왔다. 장자는 집으로 돌아와서 3개월 동안 나오지 않았다.

장자는 조릉에서의 경험을 통해 세상은 원래 뒤엉켜 있음에도 사람들은 전체를 보지 못하고 각자의 주관적 관점에 집착한다는 점을 지적한다. 매미를 노리는 사마귀, 그 사마귀를 노리는 까치, 그리고 그 까치를 노리는 장자. 장자는 연쇄적 먹이 사슬에 놀라 석궁을 버리고 돌아 나왔다. 그러나 그 또한 그곳을 지키던 사냥터 지기의 노림을 받고 있었다는 점에 놀란다. 장자 본인도 자의식, 주관성에 매몰되었음을 발견한 것이다. 장자는 타인과의 진정한 소통을 위해서는 고착된 자의식과 선입견을 고집할 것이 아니라 타인의 삶의 규칙에 주목할 것을 주문한다.

장자의 교훈은 고착화된 자의식과 주관성을 바탕으로 옳음과 진실을 따진다면 결국 주관적 관념에 사로잡혀 소통은 불가능하다는 점을 지적한 것이다(강신주, 2003). 그가 제시한 소통의 장애물은 타인이 아니다. 자기의 가치적 편견이다. 장자의 우화는 주관적 잣대가 아니라, 사물의 본래 특성과 사실관계의 조응을 통해 시비를 가릴 것을 주문한 것이다.

자유민주주의 정의관은 표현의 자유를 기본권으로 인정한다. 자유민주주의 사회는 구성원 모두가 단일한 생각을 하는 공동체가 아니다. 자기가 동의하지 않는 관점이더라도 다른 사람이 진심으로 받아들인다면 그것을 인정하고 존중할 수밖에 없는 사회이다(Rawls,

1971). 각자의 다름을 인정하는 사회이다. 다양한 교리가 공존하기 위해서는 불편함을 감수하는 체제이다. 사실관계는 다양한 관점에서 해석될 수 있다. 물론 자유민주주의가 용인하는 관점의 다양성은 합당한reasonable 다원성을 의미한다(Rawls, 2001). 합당하다는 것은, 언론 보도가 제시하는 관점과 가치관이 가치, 목표, 제도, 수단 간에 체계적 논리성을 갖추고 있을 뿐 아니라 나름의 도덕적, 철학적, 윤리적, 심미적 세계관에 기초해 있다는 뜻이다. 폭력적인 방법을 강조하거나 우연성, 신비주의에 기반을 둔 주관성과 체계는 합당한 다원주의의 시각으로 인정받기 어렵다.

합당한 체계가 부족한 가운데 관점만을 강조하는 독선적 주장에 어떻게 대처할 것인가 하는 문제가 있을 수 있다. 각자의 생각체계에 오류가 없다는 독선적 생각은 저널리즘의 진실 탐구를 방해하는 가장 큰 장애물이기도 하다. 합당하지 않은 주장이나 생각에 대해 어느 정도까지 인내하고 관용할 것인가. 칼 포퍼Karl Popper는《열린 사회와 그 적들The open society and its enemies》에서 관용하지 않는 사람들을 관용함으로써 결과적으로 불관용이 승리하는 '관용의 역설paradox of tolerance'을 경고했다. 불관용의 관점과 이념에 대해서는 인내할 수 없다는 포퍼의 주장은 오늘날 자유민주주의 사회에서는 폭넓게 인정되기 어렵다.

자유민주주의 체제가 전제하는 저널리즘의 다원적 관점은 불관용의 관점에 대해 불관용의 정신을 적용하자는 것이 아니다. 합당한 관점과 주관이라면 그 안에 어느 정도의 진실성이 개입되어 있다는 점을 인정하는 것이 타당하다. 따라서 언론 보도에 내포된 관점과 주관성이 실제 제시되는 사실관계와 어떻게 체계적 인과관계를 갖는지 주목하는 것이 우선시할 일이다. 관점과 주관성이 갖는 합당성을 사실관계를 통해 체계적으로 밝히는 것이 저널리즘의 역할이다. 오늘날 자유민주주의 사회에서 언론은 관용과 불관용 사이에서 균형을 찾는 것이 중요하다. 듣기 싫은 말일지라도 헌법적 테두리 안이라면 관용이 허용될 수 있어야 한다. 말하고 표현할 권리가 각자의 기본적 권리로 인정되어야 한다. 사상과 토론의 자유는 모든 자유 가운데 기본적 자유에 해당한다. 지난 2021년 미국 대통령선거 당시 워싱턴 국회의사당에 침입한 보수주의자들에게 미국 언론은 표현의 자유를 인정하지 않았다. 그것은 그들의 주관적 관점을 관용하지 않은 것이 아니다. 그들의 표현의 자유가 폭력적 수단을 통해 제시되는 것을 관용하지 않은 것이다.

오늘날 한국 사회는 정치적으로 양극화되어 있다. 언론은 관점과 주관성을 강조한다. 양극화로 분열은 점차 심해진다. 사람들은 같은 사실facts을 다르게 해석하는 수준을 넘어, 이제는 서로 다른 사실과 다른 관점의 세계에 살고 있다. 분명한 점은 정보의 편집偏執 상태에 빠져 있다는 점이다. 어떤 관점은 과잉이며, 대립하는 의견은 과소 상태이다. 이런 불균형한 미디어 지형은 우리 사회를 극단적인 양극화의 길로 몰아가고 있다. 포털의 알고리즘과 소셜네트워크서비스SNS는 양극화의 속도를 재촉하는 기제이다. 포털은 정보의 바다다. 그러나 포털의 알고리즘으로 정보 편식은 심화되고 있다. 지금의 알고리즘은 비슷한 정보 위주로 제공하기 때문이다. SNS를 통해 많은 사람과 접촉할 수단이 생겼다. 그러나 SNS에서 나타나는 끼리끼리 문화는 관점과 사실관계의 합당한 관련성을 찾는 노력과 기회를 구조적으로 제한할 가능성이 높다.

현재의 추세를 살펴볼 때, 진실 보도를 표방하는 우리의 저널리즘은 양극화를 해소하기보다는 양극화를 심화시키고 있다. 앞에서 지적한 것처럼, 주관적 관점을 고집하는 방식으로는 자유민주주의를 발전시키기 어렵다. 사회적 공감대도 확보하기 어렵다. 서구의 민주주의는 16세기와 17세기 종교전쟁을 거치며 관용의 정신을 키웠다. 종교전쟁을 통해 상대방 종교를 인정함으로써 평화와 협력의 기틀을 마련한 것이다. 타인이 자기와 다른 종교를 신앙으로 갖는 것을 인정하였다. 상대에게 그러한 권리가 있다는 점에 동의하고, 자기의 세계관을 타인에게 강요하지 않았다(손영준, 2021).

결국 관점과 사실의 체계적 관련성을 높임으로써 설득과 소통의 터전을 마련해야 한다. 주관적 관점을 무리하게 적용함으로써 발생할 수 있는 무논리, 비논리를 스스로 확인하고 극복할 필요가 있다. 관점은 논리적 체계성을 갖춰야 한다. 사실관계라는 증거에 기반을 두어야 한다. 언론은 생각과 관점을 진실이라는 이름으로 포장하는 데 몰두할 것이 아니라 관점에 부합하는 과학적 지식과 정보, 증거를 제공하는 데 노력하여야 한다.

디지털 시대에 요구되는 저널리즘의 진실은 언론의 주관적 관점과 실체적 사실의 합당한 결합을 통해 제시될 필요가 있다. 언론과 언론인에게는 주관과 사실 간의 상호작용을 체계적, 합리적으로 관찰할 사회적 소명이 있다. 언론 보도 하나하나가 모여 역사가 된다. 역사는 정적인 것이 아니라, 본질적으로 변화와 운동, 진보를 의미한다. 이런 변화의 소용돌이를 제대로 분별하기 위해서는 언론의 주관성과 사실관계의 결합이 더욱 필요하다.

주관적 관점과 해석 틀이 없는 저널리즘 보도는 피상적이거나 맹목적이다. 주관적 관점과 해석 틀을 배제한 객관주의 보도는 공감대를 넓히기 어렵다. 또한, 사실관계에 바탕을 두지 않은 주관적 저널리즘은 공연히 요란하고 자극적이다. 그러나 빈 수레가 시끄러운 법이다. 주관성은 사실관계와의 체계성, 인과성, 과학성이 보장된 가운데 제공되어야 한다. 관점을 지지하는 사례case 한두 개로는 충분하지 않다. 증거와 정보는 포괄적, 통일적 관점에서 체계적으로 뒷받침되어야 한다. 주관적 관점은 객관적 검증의 방법을 통해 만들어져야 하기 때문이다. 좋은 의도를 가졌다는 이유만으로 주관적 관점을 과장할 수는 없다. 거듭 지적하지만, 주관적 진실성은 검증의 객관성을 확보한 가운데 제시되어야 한다. 진실 보도에 있어서 언론의 관점과 현재의 사실은 상호 필수적 요소이다. 언론은 다양한 사실에 대해 심사숙고하고 엄정함을 유지함으로써 진정한 진실에 다가설 수 있다.

중국 북송시대 문장가 소동파蘇東坡, 1037~1101는 여산廬山을 여행하고 〈제서림벽題西林壁〉이라는 시를 남겼다.

橫看成嶺側成峰　횡간성령측성봉

遠近高低各不同　원근고저각부동

不識廬山眞面目　불식여산진면목

只緣身在此山中　지연신재차산중

비스듬히 보면 능선이 되고 옆에서 보면 봉우리 되고

멀게 가깝게 높게 낮게 볼 때마다 제각각 다르네

여산의 참모습을 알기 어려운 것은

단지 이 몸이 이 산속에 있기 때문일세

　소동파는 여산을 돌아다녔지만, 여산을 제대로 파악할 수 없었다. 소동파가 말한 여산의 진면목은 사물의 본질, 진실을 의미한다. 소동파가 여산의 참모습을 알기 어려웠던 것은 스스로 여산 안에 들어와 있었기 때문이다. 소동파의 지적처럼, 사회과학에서 진실을 확보하기 어려운 이유는 연구의 주체가 동시에 연구의 대상이 되기 때문이다. 그러나 보는 각도에 따라 산이 다르게 보인다 해서 그 산이 객관적으로 형상이 없다거나, 아니면 무한한 형상을 가진다고 할 수는 없다. 사회적 사실을 파악할 때, 해석이 필수적 역할을 한다고 해서, 그리고 어떤 해석도 완전히 객관적이지 않다고 해서 사회적 사실에 대해 객관적 해석을 내릴 수 없다고 말할 수는 없다. 동시에 이것도 옳고 저것도 옳다고 상대주의적 해석을 할 수도 없다.

　언론이 진실을 확보하기 어렵다고 해서 스스로 진실을 부정할 수

는 없다. 오늘날 탈진실post-truth 논의는 다양한 진실에 대한 반작용
으로 나타난 것이다. 누구나 동의하는 진실을 알기 어렵다면 객관의
사실보다 감정이나 믿음 같은 주관적 요소에 의지하는 것이 더 낫다
는 견해다. 이런 탈진실 주장은 진실에 대한 회피에 가깝다. 모두가
동의하는 진실을 확보하기 어렵다는 이유로 진실 추구를 포기하자
는 것과 같다. 관점과 사실의 상호관계에 대한 체계적 서술을 통해
진실을 향해 나아가는 것, 이것이 저널리즘이 가야할 진실 확보 방
안이다.

참고문헌

강신주(2003), 《장자: 타자와의 소통과 주체의 변형》, 태학사.

강준만(2017), 언론학에서의 이상주의와 현실주의, 〈커뮤니케이션 이론〉, 13
　　　권 4호, 92~165.

김정탁(2019), 《장자 역주 편》, 성균관대학교 출판부.

남재일(2008), 한국 객관주의 관행의 문화적 특수성, 〈언론과학연구〉, 8권 3
　　　호, 233~270.

박이문(2000), 역사서술과 사관의 문제, 〈한국사시민강좌〉, 27권, 191~202.

손영준(2021), 언론자유에 대한 철학적 탐색: 존 롤스의 논의를 중심으로,
　　　〈커뮤니케이션 이론〉, 17권 3호, 215~257.

_____(2004), 미디어 이용이 보수 진보적 의견에 미치는 영향, 〈한국언론학
　　　보〉, 48권 2호, 240~266.

신복룡(2002), 《이방인이 본 조선 다시 읽기》, 풀빛.

윤평중(2011), 4장 "담론의 원리와 소통의 실천", 한국언론학회 편, 《한국 사

회의 소통 위기》, 커뮤니케이션북스.

이상신(1996), 《역사학 개론》, 도서출판 신서원.

임상원(2017), 《저널리즘과 프래그머티즘》, 아카넷.

칼 포퍼 저·이한구 역(2006), 《열린사회와 그 적들》 1권, 민음사.

Carr, E. H. (1961), *What is history.* 김택현 역(2015), 《역사란 무엇인가》, 까치.

Kovach, B., & Rosenstiel, T. (2001), *The elements of journalism*, New York: Three Rivers Press.

Lippmann, W. (1997), *Public opinion*, Free Press.

Rawls, J. (1971), *A theory of justice*, Cambridge, MA: Harvard Univ. Press.

_____ (2001), *Justice as fairness: A restatement*, Cambridge, MA: Harvard Univ. Press. 김주휘 역(2016), 《공정으로서의 정의: 재서술》, 이학사.

Westerstahl, J. (1983), Objective news reporting: General premises, *Communication Research, 10*(3), 403~424.

3장

저널리스트의 이성과 감정

이성적 존재로서 기자, 감정적 존재로서 기자

이완수(동서대)

1. 들어가는 말

"기자도 인간이다." 이상하게 들릴지 모르지만 이 명제는 이 장의 핵심 주제다. 이 주제를 이야기하기 위해 다음의 두 가지 질문으로 시작한다. 뉴스를 만드는 기자의 머릿속은 일반인의 머릿속과 다른가? 기자는 감정에 쉽게 동화되거나 편향되지 않는가? 우리는 사회적으로 중요한 정보를 수집하고 처리하는 기자들은 뭔가 특별하고 다를 것이라고 생각한다. 우리가 생각하는 기자에 대한 이미지는 똑똑하고, 냉정하고, 객관적이고, 합리적이다. 기자들에 대해 불신을 갖고 있으면서도 이들이 만든 뉴스를 상당 부분 사실이라고 믿는다. 오보나 정파적 뉴스조차 그들이 좀 방만하고 게을렀거나, 마감시간에 쫓겼거나, 언론사 조직의 정치적 이유가 있었기 때문이지 그들의 나

뻔 동기나 인지적 한계와는 무관하다고 생각한다. 뉴스에 대한 객관성 논란에도 불구하고 세상을 이해하고 해석하는 기자들의 '생각방식routine ways of thinking'은 편향bias이나 오류error와는 거리가 있다고 여긴다.

많은 저널리즘 연구자들은 뉴스의 편향과 오류를 뉴스를 가공·처리하는 기자 개인의 내면적 요인 때문이라고 보지 않았다. 대신 그 기자가 일하는 조직, 사회 공동체, 문화와 같은 외부의 환경적 요인 때문이라고 보았다. 예컨대 기자들이 뉴스를 결정하는 요인을 기자의 개인적 철학이나 신념에서 찾거나, 뉴스 생산조직의 작업관행에서 찾거나, 권력이나 자본 압력과 같은 외부 요인에서 찾거나, 기자들의 정치적 이념에서 찾는 식이었다(Shoemaker & Reese, 1996). 그렇지 않으면 기자의 사고습관을 문화적 관습과 같은 사회문화적 요인에서 찾았다(이완수·배재영, 2017; Zelizer, 1993). 뉴스가 편향되어 있다면, 그것은 기자 개인의 생각방식way of thinking이나 인지편향cognition bias의 문제가 아니라 기자의 머리 바깥에 존재하는 외부 요인들을 원인으로 보았다. 스토킹과 그로스(Stocking & Gross, 1989)의 지적대로 뉴스 제작과정에 영향을 미치는 환경적 요인들은 무시할 수 없다. 환경적 요인이 뉴스를 만드는 과정에 상당 부분 영향을 미치는 것은 명백한 사실이기 때문이다.

2. 기자는 어떻게 생각하는가?

그러나 우리는 여기서 잠시 멈추고 한 가지 문제를 제기해 볼 필요가 있다. 뉴스를 만드는 과정에 환경적 요인이 중요하다면, 기자 자신은 뉴스 제작과정에 도대체 어떤 역할을 하는가 하는 점이다. 기자들은 아무 생각 없이 뉴스를 만드는지, 자신의 생각을 뉴스 제작과정에 투입하지 않는지, 감정이나 마음을 완전히 배제하는지, 그리고 모든 정보를 과학적 근거와 절차에 따라 객관적으로 처리하고 평가하는지 의문이 아닐 수 없다. 그럴 가능성은 희박하지만, 설혹 그렇다면 기자는 투입된 정보를 기계적으로 처리하는 단순한 '수동적 정보 처리자passive information processor'에 지나지 않는다. 기자들이 뉴스를 만드는 과정에 미치는 요인을 외부 환경에 지나치게 의존해 설명할 경우 기자의 자기 결정관self-determining view은 사라질 수밖에 없다. 뉴스를 만드는 주체인 기자의 생각, 인지, 그리고 세계관은 결국 뉴스 내용과 무관하게 된다. 그것은 기자가 취재원을 선택하고, 그들에게 필요한 질문을 하고, 관련 정보를 처리하는 과정에서 아무 역할이나 기능도 하지 않는다는 이야기나 마찬가지다.

오히려 기자들의 마음은 외부 자극에 적극적으로 반응, 작동, 유입하는 감각 입력sensory input을 통해 그것을 기억으로 순환 처리할 뿐 아니라, 이들 정보를 바탕으로 내부적으로 인지처리 절차를 거치도록 하는 기능을 한다. 기자들이 지각, 기억, 추론하는 결과물은 외부 세계의 복사판replicas이 아니라 '현실'을 적극적으로 재구성한 산물이다(Stocking & Gross, 1989). 우리가 매일 보고 읽는 뉴스는 외부의 환경적 요인에 의해 결정된 '현실구성'이 아니라, 기자 머릿속에 있는 인지적 요인에 의해 만들어진 '인지적 현실구성cognitive construction of reality'이라고 할 수 있다.

기자가 인지 과정을 거쳐 만들어 낸 현실은 실제 세계와는 같지 않다. 기자가 정보를 선택, 분류, 통합, 처리하는 과정에서 능동적인 인지나 추론은 피할 수 없다. 뉴스의 객관성이나 공정성 논란도 그 본질을 따지고 들면 기자들이 인지적 정보처리 과정에서 범하는 편향과 오류에서 비롯한다. 그것은 뉴스 제작 과정을 외부의 환경적 요인만으로 설명해서는 곤란하다는 뜻이다. 미국 언론학자 스토킹과 그로스는 일찍이 《기자들은 어떻게 생각하는가How do Journalists Think?》라는 책에서 기자들은 객관적으로 취재하라는 지시를 받았을 때조차 자신이 가진 '초기 신념initial beliefs'을 확인하는 방식으로 정보를 찾거나 선택하는 인지 편향성을 보인다고 지적한 바 있다. 달리 말하면, 기자 자신이 내재적으로 가진 인지방식에 부합하는 정보를 선택하기 때문에 다른 대안이나 명제는 사실상 거부된다. 기자들은 외부 자극에 영향을 받기보다는 결국 자신의 머릿속 인지기제를 통해 습관적으로 정보를 처리하는 셈이다.

우리는 지금까지 뉴스 연구에서 환경적 제약조건을 지나치게 강조한 나머지 뉴스를 가공, 처리하는 취재기자와 편집자의 마음속에 무슨 일이 벌어지고 있는지 제대로 알지 못했다. 저널리즘 연구에서 기자들이 어떻게 생각하고, 인지하는지를 간과해 왔다는 말은 물론 아니다(이완수, 2021). 그럼에도 기자들이 정보를 처리하는 과정에 작동하는 머릿속 인지구조에 주목한 예는 많지 않다. 심리학자나 인지과학자들은 기자에게 나타날 수 있는 인지처리 과정에 대한 놀라운 특징들을 발견했다. 인지과학자들이 기자라는 직업인에 대해 설명하지는 않았지만, 사람들의 정보 조직, 보유, 재생, 통합 과정에 나타나는 많은 한계를 밝혀냈다. 그리고 이러한 연구 중 일부는 기자가 어떻게 뉴스를 구성하고 그것이 어떻게 뉴스를 "편파적으로 만드는지"를 이해하고자 하는 사람들에게 상당한 시사점을 제공했다.

3. 기자의 인지적 편향과 오류

기자 역시 일반인과 사고습관이 다르지 않다. 기자가 인간인 이상 일정한 편향과 오류는 피할 수 없다. 인지적 편향과 오류는 인간의 인지 시스템 속에서 생기기 때문이다. 가령 정보가 부족하거나, 제한된 시간 안에 많은 정보를 처리해야 하거나, 취재원에 대해 기분이 상한 상황에 직면한 기자가 이성적 판단자가 되기는 어렵다. 아무리 균형 잡힌 기자도 열악한 정보처리 환경에서 편향과 오류를 배제하기는 쉽지 않다. 기자는 취재과정에서 늘 인지적 편향성에 노출된다. 기자는 이 과정에서 무의식적으로 인지적 지름길을 택하게 되고, 익숙하고 선호되는 인지적 관행에 더 의존하게 된다. 문제는 기자가 이러한 지름길과 인지 관행을 채택함으로써 다수의 합의된 관점이나 현실에 이르지 못한다는 점이다. 기자는 객관적이어야 할 때 조차도 자신이 애초에 갖고 있던 신념을 사후적으로 확인하는 방식으로 정보를 추구하고 선택함으로써 실제 현실과 다른 편향과 오류에 빠진다.

기자에게 중요한 취재관행 가운데 하나가 정보원으로부터 얻은 증거를 인용하는 것이다. 특히 사회적으로 논란이 되는 사안의 경우 다양한 관점의 정보원 인용이 필수적이다. 그러나 기자들은 자신이 이미 정해 놓은 프레임이나 가설에 맞는 정보원을 선택하고, 이들로부터 얻은 증거를 주로 채택해 인용한다. 대신 자신의 주장이나 의견에 반하는 인용은 배제한다. 논리적 실증주의에서 말하는 증거는 제시되지만, 반증은 무시된다. 기자가 누군가의 말을 인용했다는 사실만으로 객관적이라고 말할 수는 없다. 기자가 보도를 통해 공표하고자 하는 주장이나 가정과 다른 증거를 인용하지 않았기 때문이다. 취재과정에 동원되는 질문도 마찬가지이다. 기자가 누구에게 어떤 방식으로 질문하는지에 따라 편향성이 생긴다. 기자가 취재과정에 증거와 반증을 모두 대표하는 질문자를 선택해 인터뷰하면 좋겠지만, 그렇지 않을 때가 훨씬 많다.

기자가 정보원의 말을 인용하기 위해 모든 가능한 질문을 하는지도 의문이다. 기자는 늘 시간에 쫓기는 사람이다. 마감시간을 지켜야 하는 기자가 목격자를 탐문하는 수사관처럼 인터뷰할 수는 없다. 따라서 기자는 자신이 원하는 답을 해줄 정보원을 미리 찾아 놓는다. 그들이 듣고 싶은 것을 들려줄 수 있는 정보원 선택은 뉴스 제작

과정에 빼놓을 수 없다. 자신이 믿고 싶은 것만 선택적으로 받아들이는 '확증편향confirmation bias'은 사실 독자 이전에 기자에게서 먼저 일어난다. 그들이 정보원에게 던지는 질문 내용도 사실은 자신의 기사를 뒷받침할 수 있는 편향된 선택의 산물이다. 기자는 정보원으로부터 새로운 사실을 얻기보다는 자신의 생각을 정보원을 통해 확인받고자 한다고 보는 것이 옳다. 이러한 취재 관행은 보도 규범norm의 문제가 아니라, 기자 스스로 결정하는 생각thinking의 문제이다. 기자가 자신이 이미 생각하는 가정을 확인하기 위해 정보원으로부터 답변을 이끌어내는 선택적 편향을 벗어나지 않는 한 인지적 편향과 오류는 피할 수 없다.

기자가 정보수집 과정에서 저지르는 인지적 편향과 오류의 예는 수없이 많다. 기자는 종종 그 수가 너무 적고 신뢰할 수 없는 표본으로부터 수집한 데이터를 일반화하는 오류를 범한다. 기본 표본의 대표성이 떨어짐에도 적절해 보이는 사례나 일화적 정보를 취사선택해 마치 모집단처럼 설명한다. 뉴스 보도과정에 특정 대상이나 측면을 지나치게 강조하는 '현저성 편향saliency biases'은 데이터의 신뢰도가 낮고, 모집단의 대표성을 반영하지 않은 사실을 마치 일반적인 사실처럼 착각하도록 만든다.

기자가 자주 직면하는 문제 가운데 하나가 정보 과부하過負荷이다. 이것 역시 기자의 인지적 편향을 만들어 내는 요인의 하나이다. 기자는 마감시간 안에 많은 정보를 처리해야 하기 때문에 이들 정보를 일일이 증명하고 반증할 수는 없다. 기자는 시간이 부족하면 반증을 찾기 위한 노력을 덜 기울인다. 자기 가설에 맞춰 서둘러 결론에 도달하려 하고, 공평하고 정확한 보도를 위한 동기가 떨어진다. 기자 자신이 이미 알고 있거나 사회적으로 통용되는 규범을 중심으로 어떤 대상을 무의식적으로 이해하고 해석한다는 뜻이다. 이런 정형화된 사고방식으로는 언제나 일어날 수 있는 '예외적 상황'을 제대로 반영할 수 없기 때문에 인지적 편향과 오류를 피하기 어렵다.

어떤 대상이나 이벤트를 과도하게 단순화해 설명하거나, 개인 행위자의 행동을 상황 중심으로 과도하게 귀인歸因해 설명하거나(서양 사회는 반대로 행위자의 행동을 개인의 기질이나 특성에 귀인하는 편이다), 누구도 알지 못했던 사실을 자신은 이미 알고 있었다는 듯이 이야기하는(예: "이 사고는 사전에 예방할 수 있는 인재였다") 사후확신 hindsight biases도 모두 인지적 편향과 오류의 예들이다.

여기서 인지적 편향과 오류는 흔히 말하는 '편향'과 '오류'가 의미하는 것보다 훨씬 더 포괄적이다. 편향은 통상적으로 사실을 설명하면서 부적절하게 주관적 의견을 개입시키는 것을 말하고, 오류는 사실에 입각한 설명에 부정확한 사실이 포함된 개념이다. 이에 반해 인지적 편향과 오류는 세상에 대한 인식과 해석interpretations을 통제하는 다양한 관행적 사고방식을 의미한다(Stocking & Gross, 1989). 기자들이 능동적 또는 동기적 태도를 통해 편향화하는 것이 아니라, 무의식적 사고습관에 따라 정보를 편향적으로 처리한다는 뜻이다.

기자가 어떤 정보를 의식적으로 왜곡하거나 편향적 태도를 보인다고 말할 근거는 분명치 않다. 다만 기자 자신의 인지체계 안에서 작동하는 경제적(여기서 '경제적'은 최소 인지 에너지로 목표하는 최종 결과물을 얻는 것을 의미한다) 정보처리 과정에서 편향과 오류가 무의식적으로 일어날 뿐이다. 사람들은 정보처리 과정에 본능적으로 인지 에너지를 적게 사용해 합당한 결론에 이르려는 습관을 갖고 있다. 물론 여기서 합당한 결론은 주관적이다. 정보 처리자로서 기자도 다르지 않다. 기자는 어떤 대상에 대한 정보를 처리할 때 '인지 구두쇠cognition miser' 경향을 보이며, 스스로 타당하다고 여겨지면 더 이상의 정보 탐색을 시도하지 않는다(이완수, 2021).

그럼에도 우리는 그동안 기자가 정보를 처리하는 과정에서 범할 수 있는 인지적 편향과 오류 가능성에 대해 진지하게 검토하지 않았다. 대신 기자를 일반인과는 뭔가 다른 인지활동을 하는 특별한 존재쯤으로 여겨 왔다. 이 때문에 우리는 기자들에게 '합리적 행위자rational actor'로서의 사회적 기능을 특별히 기대하거나 강조해 온 것이 사실이다. 끊이지 않은 뉴스 편향성 논란에도 불구하고 우리는 그들에게 정확하고, 객관적이며, 투명하고, 공정한 관점에서 보도하는 저널리즘 규범을 요구해 왔다. 또한 사회적 논쟁에 대해 불편부당한 '공정한 플레이어fair player' 역할을 해주길 기대하기도 한다.

기자가 일반 시민과 비교해 차이가 있다는 점은 부인할 수 없다. 그들은 일반 시민과는 달리 저널리즘 직무 훈련을 받았고, 정보판별과 처리 능력이 뛰어나며, 다양한 정보 비교를 통해 사실과 허위를 구분할 수 있고(물론 늘 그런 것은 아니지만), 내부의 게이트키핑 과정과 외부의 사회적 압력에 의해 일정 부분 균형감각을 유지한다.

우리는 그동안 규범적 직업인으로서의 기자상에 주로 주목해 왔다. 대신에 인간으로서의 기자상에는 관심을 기울이지 않았다. 사실을 공정하고, 투명하고, 객관적으로 전달해야 하는 이성적(혹은 규범적) 존재로서 기자의 모습은 강조되었지만, 정보를 편향되게 처리하는 감정적 존재로서 기자의 한계는 간과해 왔다. 전자는 우리가 흔히 말하는 객관적 사실을 전달하는 합리적 직업인으로서의 기자상이다. 이에 반해 후자는 보통의 인간과 다르지 않게 비이성적이고 감정적인 관찰자로서의 기자상이다. 기자는 사실을 규범적으로 전달해야 하는 합리적 직업인인 동시에 정보를 불완전하게 해석하고 전달하는 감정적 인간이기도 하다.

기자에 대한 이런 양가적兩價的 평가는 우월의 문제가 아니라 현실의 문제이다. 기자들은 취재 현장에서 이성적이고, 합리적인 존재로서 보다는 반대로 비이성적이고, 감정적인 존재로서의 모습이 더 두드러진 편이다. 나는 여기서 기자들이 정확하고, 객관적이고, 공정하게 기사를 작성해 보도해야 한다는 규범 문제를 강조할 생각은 없다. 보도의 규범성이 중요한 것은 사실이지만, 이 문제는 너무나 자명하고 그 당위성에 대해서도 별 이론異論이 없다. 그리고 이 문제는 여러 갈래로 이미 판정이 나와 있다. 이에 반해 '합리적 행위자'로서 기자의 한계에 대해서는 별로 다루지 않았다. 여기서 "기자는 합리적 행위자인가?"라는 질문은 그들이 사안(혹은 정보)을 이성적이고 분석적으로 판단해 오류를 최소화할 능력을 갖고 있는가 하는 문제와 연결된다.

유감스럽지만 나는 기자들이 지각, 주의, 기억, 계산, 판단을 하는 데 있어 합리적이고, 모순이 없으며, 항상 불변적이라고 생각하지 않는다. 오히려 경제학자이자 인지심리학자인 허버트 사이먼(Simon, 1957)이 지적한 것처럼, 그들은 '제한된 합리성'에 갇혀 직관과 편향의 오류를 빈번하게 범하는 쪽에 더 가깝다. 나는 기자들이 판단(취재)과 선택(보도)을 할 때 최적화된 기준보다는 적당한 수준, 즉 차선의 수준인 '만족화satisficing'하는 선에서 행동에 옮기는 편이라고 생각한다. 이런 '제한된 합리성' 때문에 기자들은 지각하지 못하는 가운데 편향된 뉴스를 생산 유포한다. 사회적으로 수없이 많이 제기되고 있는 허위정보나 편향 뉴스에 대한 논쟁이 기자들의 과열보도 경쟁, 과도한 의혹 제기, 그리고 부실검증 때문만은 아니다. 기자들이 지니고 있는 몇 가지 인지적 한계가 근본적 원인이다. 그것은 불공정하고 편파적인 뉴스가 의도하지 않게 생산, 유포되는 근원적 문제이기도 하다.

4. 감정적 존재로서 기자

기자는 우리가 기대하는 것처럼 이성적이거나 합리적인 존재가 아니다. 오히려 직관적이고 감정적인 존재에 더 가깝다. 그 구체적 근거를 몇 가지 인지심리학적 개념을 통해 제시해 보겠다.

첫째, 기자들은 불확실한 정보를 마주했을 때 사실을 검증하고 확인해 보기 위해 우리가 생각하는 만큼 최선의 인지적 노력을 기울이지 않는다는 사실이다. 기자 역시 일반인과 마찬가지로 본능적으로 '게으른 사고자lazy thinkers'이다. 그들은 사실을 검증하고 확인해야 한다는 저널리즘 규범의 압력을 받지만, 인간이 지닌 '인지 구두쇠' 본능을 근본적으로 없앨 수 없다. 사람들이 자주 잘못된 판단이나 추론을 하는 것은 그들이 지닌 본능적 인지절약cognitive saving 습성 때문이다(Lau & Redlawsk, 2001). 그런 점에서 제한된 시간에 불확실한 사실을 밝혀내야 하는 기자들에게는 인지절약 습성이 더 두드러지게 나타날 수 있다.

둘째, 기자들은 자신이 아는 내용이나 기존 정보를 바탕으로 정보를 받아들여 해석한다는 사실이다. 기자 역시 자신이 믿고 싶은 내용을 중심으로 선택적으로 믿는 경향이 있다. 기자가 취재과정에 자신이 쓰고 싶은 내용에 부합하는 취재원을 선택해 증거로 뒷받침하는 관행이 대표적이다. 자신의 신념과 일치하면 허위사실조차 사실로 믿는 경향이 있지만, 반대로 자신의 신념과 일치하지 않을 때에는 사실조차 심리적으로 거부한다. 기자의 이런 비합리적 정보 수용경향이 바로 확증편향이다. 기자는 자신이 선호하거나 신념에 부합하는 내용을 뒷받침하는 정보만을 선택적으로 받아들이기 때문에 사실이 아닌 오류정보를 생산, 유포할 가능성을 배제할 수 없다.

셋째, 기자들은 자신의 생각과 다른 정보에 노출되었을 때 심리적으로 불편해하고, 어떤 식으로든지 자기 합리화를 통해 불편한 심리를 최대한 해소하려는 경향을 보인다. 이 과정에서 기자는 자신의 신념과 불일치하는 정보를 수용하기보다는 여러 이유를 동원해 합리화함으로써 자신의 신념과 외부정보를 일치시키려고 시도한다. 기자에게도 일반인과 마찬가지로 인지 부조화cognitive dissonance 현상이 취재와 보도과정에 나타날 가능성이 얼마든지 존재한다.

넷째, 기자들은 정보 제공자source가 누구인지에 따라 관련 정보를 다르게 해석하는 이중적 태도를 보인다는 사실이다. 기자는 정보원이 신뢰할 만하다고 인식하면 그 정보를 무비판적으로 받아들이거나 기존 관점을 강화하는 데 이용한다. 말하자면, 자신이 잘 알거나 자신의 세계관과 부합하는 사람이 제공하는 정보는 더 신뢰한다는 것이다. 또 권위가 있는 사람이 제공하는 정보를 그렇지 않은 사람이 제공하는 정보보다 더 믿는 심리적 편향성이 기자에게 자주 나타난다. 비록 이치에 맞지 않는 무리한 주장이라도 단순히 어떤 분야의 권위자라는 이유만으로 기자들은 이를 맹목적으로 받아들이기도 한다. 기자들은 이 같은 권위자 편향authority bias (Dovelli, 2011) 때문에 사실을 검증 없이 수용해 전달하는 편향의 오류를 범하기 쉽다.

다섯째, 특정한 목적에 따라 정보를 처리하는 동기화 추론motivated reasoning이 기자들에게도 발견된다. 기자는 정보를 순수하게 받아들이기보다는 자신의 신념, 태도에 맞춰 정보를 추론하거나 해석한다는 것이다. 예를 들어, 자신의 신념에 부합하는 정보만을 선택하는 확증편향, 자신의 신념에 배치되는 정보는 거부하는 반증편향, 그리고 자신의 신념과 일치하는 정보를 일치하지 않는 정보보다 더 설득력 있다고 인식하는 사전태도 효과 등이 기자의 직무 수행과정에 개입할 수 있다. 보수언론과 진보언론이 정치적 논쟁 사건을 전혀 다른 관점으로 다루는 것은 같은 사안을 동기화 추론에 의해 자기 편의적으로 해석하기 때문이다.

여섯째, 기자들 역시 정보를 수용하는 과정에 있어 보이지 않는 사회적 압력social pressure (Baum et al., 2017) 으로부터 무의식중에 영향을 받는다는 사실이다. 기자는 평소 주변의 신호나 외부 평판을 의식해 정보를 판단하고 선택한다. 기자가 주변 사람들이 전해 주는 확인되지 않은 정보를 수용하고 공유하는 것은 그 집단의 일원으로 참여해야 한다는 압력을 느끼기 때문이다. 가령 여당 출입기자가 여당 편향적이 되고, 검찰 출입기자가 검찰 편향적으로 바뀌는 것도 이런 이유로 볼 수 있다. 기자는 자신이 속한 집단의 정보와 생각을 공유함으로써 사회적 정체성을 구축해 나간다. 이들은 허위정보조차 공유함으로써 '생각 공동체'(강준만, 2016) 를 만들거나 '사실 인식의 양극화'를 형성한다(Geary, 2019). 출입처가 이런 '생각 공동체'와 '사실 인식의 양극화' 문화를 만들어 낸다고 볼 수 있다.

일곱째, 맹목적 신념과 세계관이 비슷한 기자들은 집단 의견에 동조하게 되면 그 의견을 검증하기보다는 의견을 확신하고 방어하는 태도를 취한다는 사실이다. 기자는 이 과정에서 자신과 비슷한 집단에 속하는 사람들의 신념과 가치관을 지지하고 수용함으로써 내집단 편애in-group favoritism에 가담한다. 〈조선일보〉 기자와 〈한겨레〉 기자가 같은 사건을 두고 전혀 다른 집단적(예: 언론사 조직 문화와 가치) 사고를 하는 것도 이런 '내집단 편애' 때문이라고 할 수 있다. 정파적 뉴스가 걸러지지 않고 사회적으로 퍼져 나가는 것은 생각이 비슷한 사람들이 집단적 사고를 하기 때문이다. 이런 집단적 사고는 자신이 속한 집단 규범을 내면화하고 그 집단의 관점에서 세상의 모든 문제를 바라보는 편향동화biased assimilation를 촉진한다. 한국 언론의 고질적 문제로 꼽히는 정파적 보도도 편향동화라는 심리적 요인과 무관하지 않다. 기자의 이런 편향동화가 정파적 뉴스를 조직적으로 확산시키는 촉매 역할을 할 수 있다.

기자가 편향된 뉴스를 생산하는 이런 심리적 기저에는 그들의 정보처리 과정이 영향을 미친다. 이중과정 이론dual-process theory에 따르면, 사람들의 인지과정에는 크게 직감적, 연상적, 자동적, 감정적, 그리고 직관적으로 정보를 처리하는 시스템 1과 분석적, 통제적, 규칙적, 그리고 숙고적 과정을 거치는 시스템 2가 존재한다(Evans & Stanovich, 2013; Kahneman, 2011; 도모노 노리오, 2007). 기자도 이 두 가지 정보처리 과정을 통해 직무를 수행한다는 점에서 일반인과 다르지 않다.

기자들은 오랫동안 숙고와 분석의 과정을 거치는 시스템 2 사고를 하는 집단으로 여겨져 온 게 사실이다. 기자가 일상에서 수행하는 사실을 확인하고 분석하는 행위가 모두 시스템 2에 해당되기 때문이다. 그러나 상황이 불확실하고, 예측이 어렵고, 시간이 제한되어 있는 보도현실에서 시스템 2 사고를 지속하기는 쉽지 않다. 기자는 무엇보다 불확실한 상황에서 새로운 사실을 찾아내야 하고, 특히 마감시간이라는 제한된 시간 속에서 직무를 수행해야 하기 때문에 분석과 숙고의 시간을 확보하기 어렵다. 따라서 기자가 분석적이고 숙고적인 정보처리를 통해 의사결정을 할 개연성이 상대적으로 줄어들 수밖에 없다. 기자가 확률이라는 개념을 제대로 이해하지 못해 자주 인지적 착각을 일으키거나(Gigerenzer, 2013), 어떤 대상을 잘못 해석하는 것도 정보처리의 한계 때문이다(Kahneman, 2011). 편향된 뉴스는 바로 기자의 이런 정보처리의 한계 때문일 수 있다.

5. 기자의 인지적 편향에 대한 이론적 사례

기자들이 보도과정에서 인지적 편향을 통해 뉴스를 생산하는 데에는 몇 가지 흥미로운 이론적 사례가 존재한다.

첫째는 가용성 편향availability bias이다. 기자들은 자신의 경험 또는 평소 자주 들어서 익숙하고 쉽게 떠올리는 내용을 중심으로 세계에 대한 이미지를 형성한다(Dovelli, 2011). 객관성을 결여한 뉴스는 기자가 지니고 있는 평소의 이런 가용성 편향 때문에 의심 없이 만들어질 수 있다. 기자는 통계적 확률과 같은 기저율base-rate 정보제시보다는 기억으로 쉽게 떠올릴 수 있는 일화적 사례를 중심으로 취재하고 보도한다. 기저율은 타당하고 신뢰도가 높은 정보이지만, 그것은 기자들이 기억의 대상으로 쉽게 떠올리기 어렵다. 이에 반해 일화적 예시나 사례는 구체성을 지니며, 쉽게 기억된다. 기자는 이런 기억의 용이성이 높은 일화적 사례를 중심으로 뉴스를 구성한다.

문제는 일화적 사례에 대한 과도한 일반화가 뉴스의 편향과 오류를 만들어 낸다는 점이다. 기자 자신이 평소 자주 접하는 출입처 정보 ― 그것은 사실이 아닐 수 있다 ― 를 중심으로 판단하고 해석하는 것도 가용성 편향의 부작용으로 볼 수 있다. 기자가 출입처 편향을 보이는 것은 정서적 유대감도 있지만, 취재과정에서 자주 목격하는 출입처의 일화적 예시를 쉽게 떠올리고 이를 뉴스화하기 때문이다.

둘째는 기저율 무시neglect of base rate이다. 기자는 어떤 사건을 다룰 때 발생한 확률적 결과를 중심으로 판단하기 때문에 기본 확률을 무시하는 오류를 자주 범한다. 어떤 일은 늘 일어날 확률을 지니고 있지만, 기본 확률을 고려하면 그 확률은 그다지 높지 않을 수 있다(도모노 노리오, 2007). 하지만 기자는 그런 기본 확률을 무시하고 결과 확률을 특별히 강조하는 식으로 어떤 사안의 발생 확률을 추론한다. 허위정보는 많은 경우 기저율을 고려하지 않고 특정한 측면이나 사실을 강조함으로써 일어나는 오류로 볼 수 있다.

셋째는 기준점 편향anchoring bias이다. 사람들은 판단해야 할 대상에 대한 사전지식이나 정보가 없을 때 판단할 만한 단서를 찾는데, 기자들도 마찬가지이다. 기자들은 불확실한 상황에서 누군가가 어떤 기준을 제시하면 이를 중심으로 쉽게 판단하고 해석하게 된다. 스위스 경영학자인 롤프 도벨리(R. Dobelli, 2011)는 "사람들은 언제나 무엇인가를 판단할 때 알고 있는 사실을 선택한 다음에 그것에 의지해 알지 못하는 사실을 찾는 모험의 항해를 해나간다"는 의미심장한 말을 한 바 있다. 이는 기자들이 취재과정에서 얻은 최초 단서를 토대로 최종 판단에 이른다는 점을 보여 준다. 예를 들어, 기자는 누군가가 흘린 기준점(그것은 맞을 수도 있고, 틀릴 수도 있다)을 토대로 후속 사건을 추적하고 해석해 나가기 쉽다.

넷째는 사후확신 편향이다. "내 그럴 줄 알았다"는 이른바 사후확신 편향은 기자의 직업 세계에서도 흔히 발견되는 현상이다. 사람들이 평소 '자신이 훌륭한 예언가'라는 사실을 주변으로부터 인정받고 싶어 하는 것은 인지상정이다. 기자도 그런 심리적 편향성을 벗어나 있다고 보기 어렵다. 우리는 기자들이 취재과정에서 "내 그럴 줄 알았다", "나는 이미 알고 있었다"는 식으로 자기 판단이 사후적으로 옳았다고 확신하는 경우를 자주 본다. 만약 기자가 이런 사실을 미리 알았다면 왜 바로 문제제기를 하지 않았는지, 또 사고나 사건을 예방하는 데 왜 기여하지 않았는지 의문이 들지 않을 수 없다. 기자들이 어떤 사건을 보도할 때 "예고된 인재"라는 식으로 자주 표현한다. 이는 엄밀히 말하면 틀린 말이다. 기자는 그 사건이나 사고를 전혀 알지 못했고, 사후적으로 이미 알고 있었다는 식으로 표현했을 뿐, 실제는 착각의 오류에 지나지 않는다.

다섯 번째는 기본적 귀인오류fundamental attribution error 또는 상황적 오류situational error이다. 기본적 귀인오류는 타인의 행동이나 문제의 원인을 환경적 요인이나 특수한 외부 요인이 아니라 개인 기질이나 성격 등 내적 요인에서 찾는 경우이다(Nisbett, 2015; Dovelli, 2011; Ross, 1977). 기자가 어떤 사건의 책임을 외부 상황이 아닌 개인 내부의 기질이나 성정에서 찾는다면, 이는 문제 원인을 잘못 해석하는 오류를 낳을 수 있다. 어떤 문제는 개인 내적 요인이 아닌, 외부 상황요인이나 환경에 의해서도 얼마든지 일어날 수 있기 때문에 개인의 내적 요인을 과대평가하는 것은 위험하다(Nisbett, 2015).

반대의 경우도 마찬가지이다. 어떤 사회적 문제의 원인을 개인의 내적 요인에서 찾는 대신에 과도하게 외부 상황이나 환경에서 찾는 이른바 상황적 귀인 오류(Nisbett, 2015; 박재영·이완수·노성종, 2009; 권상희 등, 2017)도 위험하기는 같다. 개인의 문제를 전적으로 사회나 상황의 문제로 편향되게 귀인하는 것은 합리적 판단행위로 볼 수 없다. 사회문제의 원인이 개인에게 있거나, 아니면 외부 상황에 있다는 식으로 한 가지 방향으로 평가하는 것은 사실을 왜곡할 여지가 많다. 어떤 부정행위를 개인의 기질적 성향이나 내적 요인에 귀인하거나, 반대로 외부 환경요인에 귀인하는 판단행위는 모두 실상을 잘못 추론할 수 있다는 점에서 조심해야 한다.

여섯 번째는 어떤 사안을 묘사하는 방식에 따라 그 의미가 전혀 다르게 해석되는 프레이밍 편향framing bias이다. 기자 역시 취재과정에서 정보 메시지를 잘못 이해하거나 해석할 수 있다. 정보원이 제공하는 보도자료나 메시지를 기자가 수용할 때 프레임을 어떻게 이해하는가 하는 문제는 매우 중요하다. 그것은 뉴스 소비자들의 현실 인식과 판단에 직접적으로 영향을 미치기 때문이다. 홍보 담당자들이 던져 주는 메시지 프레임을 기자들이라고 속지 말라는 법도 없다. 기자들은 홍보 전문가들(일명 스핀 닥터)이 제공하는 메시지 프레임에 자주 속아 넘어간다. 그것은 그들의 부주의 때문이기도 하지만, 인지적 한계로 인한 프레임 해석의 오류가 본질적인 원인이라는 점도 무시할 수 없다.

우리 속담에 '아' 다르고 '어' 다르다는 말이 있다. 같은 내용이라도 어떻게 표현하는가에 따라 사람들은 그 의미를 전혀 다르게 해석하고, 추론한다. 기자도 예외가 아니다. 기자도 메시지가 어떻게 표현되고 묘사되었는지, 그리고 어떤 순서로 배치되었는지에 따라 그 의미를 다르게 받아들인다. 홍보 담당자는 보도자료를 배포할 때 담당 기자가 호기심을 가질 만한 프레임이나 내용을 보도자료 앞에 내세우거나 특별히 강조한다. 대신 자신들이 드러내고 싶지 않은 내용은 뒤로 배치한다. 왜 그럴까? 기자가 이런 메시지 프레임 전략에 쉽게 속아 넘어간다는 사실을 잘 알기 때문이다.

한 예로, 사람들은 "98퍼센트 무지방"이라는 메모가 적힌 고기와 "1퍼센트 지방 포함"이라는 메모가 적힌 고기 중 고르라고 하면 첫 번째를 더 많이 선택한다(Dovelli, 2011). 첫 번째 고기가 두 번째 고기보다 지방을 두 배나 더 많이 갖고 있다는 사실은 전적으로 무시된다. 정보를 처리하는 기자라고 이런 인지적 오류를 범하지 않는다는 보장은 없다. 오히려 기삿거리에 굶주린 기자는 스핀 닥터가 던져 주는 메시지 프레임을 그저 눈에 띈다는 이유만으로 쉽게 물 수 있다. 그 메시지에 담겨 있는 실체나 진실은 다음의 문제다.

기자는 저널리즘이라는 직업적 규범을 준수하도록 끊임없이 요청받는다. 우리는 이 과정에서 기자가 비이성적이고 감정적인 판단을 배제한 뉴스를 만들어 내길 기대한다. 하지만 취재 현실은 그렇지 못하다. 기자가 합리적이고 이성적인 판단을 통해 뉴스를 생산하면 좋겠지만, 인지적 한계라는 장벽을 뛰어넘기는 쉽지 않다. 기자를 지나치게 규범적 존재로 평가하는 것은 기자 역시 인간이라는 근본적 한계를 간과한 인식의 오류다. 따라서 우리는 기자가 보통의 사람과 마찬가지로 합리적 존재가 아니라, 합리화하는 존재라는 점을 상기할 필요가 있다. 그 중심에 인간으로서 기자가 빠질 수 있는 인지적 편향과 오류가 자리한다는 사실을 무시할 수 없다. 기자도 어쩔 수 없는 인간이다.

참고문헌

강준만(2016), 《생각과 착각》, 서울: 인물과 사상사.

권상희·이완수·황경호(2015), 사고습관과 뉴스구성: 세월호 사고 사실성 기사 프레임의 문화심리학적 탐구, 〈한국언론학보〉, 59권 6호, 7~40.

박재영·이완수·노성종(2009), 한·미신문의 의견기사에 나타난 한국 기자와 미국 기자의 사고습관 차이, 〈한국언론학보〉, 53권 5호, 268~290.

이완수(2021), 코로나19 "인포데믹" 현상에 대한 이론적 고찰: 커뮤니케이션학과 행동과학의 통합 적용, 〈커뮤니케이션 이론〉, 17권 3호, 306~375.

이완수·배재영(2017), 세월호 재난사고 보도사진에 나타난 문화심리학적 편향성: 〈조선일보〉와 〈한겨레〉의 비교를 통해, 〈언론과 사회〉, 25권 4호, 59~105.

도모노 노리오 저, 이명희 역(2007), 《행동경제학》, 서울: 지형.

Dovelli, R. (2011), *Die kunst des klaren denkens*. 두행숙 역(2012), 《스마트한

생각들》, 서울: 걷는나무.

Evans, J. S. B., & Stanovich, K. E. (2013), Dual-process theories of higher cognition: Advancing the debate. *Perspectives on Psychological Science*, *8*(3), 223~241.

Geary, J. (2019), *Political polarization and the press*, 서울: 삼성언론재단.

Kahneman, D. (2011), *Thinking, fast and slow*, Macmillan.

Lau, R. R., & Redlawsk, D. P. (2001), Advantages and disadvantages of cognitive heuristics in political decision making, *American Journal of Political Science*, *45*(4), 951~971.

Nisbett, R. E. (2015), *Mindware: Tools for smart thinking*, Farrar, Straus and Giroux.

Ross, L. (1977), The intuitive psychologist and his shortcomings: Distortions in the attribution process, *Advances in experimental social psychology*, *10*, 173~220, Academic Press.

Simon, H. A. (1957), *Models of man: Social and rational*.

Shoemaker, P. J., & Reese, S. D. (1996), *Mediating the message*, 781~795, White Plains, NY: Longman.

Stocking, S. H., & Gross, P. H. (1989), *How do journalists think? A proposal for the study of cognitive bias in newsmaking*, ERIC Clearinghouse on Reading and Communication Skills, Bloomington, IN.

Zelizer, B. (1993), Journalists as interpretive communities, *Critical Studies in Media Communication*, *10*(3), 219~237.

4장

디지털 뉴스 생태계와 이용자

뉴스 이용의 관점에서

최수진(경희대)

1. 디지털 뉴스 생태계: 뉴스 생산, 유통, 소비

한국언론진흥재단에서 매년 시행하는 언론수용자 조사(2021)에 따르면, 설문 응답자 5천여 명 중 약 80%가 인터넷 또는 모바일로 뉴스를 이용하고 있으며, 이 비율은 지속적으로 증가하는 추세이다. 특히, 뉴스를 접하는 접점이 언론사 웹사이트가 아니라 대체로 네이버, 다음 등 포털사이트이며 근래에는 트위터, 페이스북 등 소셜미디어를 통해 뉴스를 접하는 경우도 늘고 있다. 주변 사람들에게 뉴스를 주로 어디에서 접하는지 물어보면 〈조선일보〉, 〈한겨레〉 등 언론사명을 답하기보다 네이버, 다음 등을 답하는 경우가 훨씬 많다는 점도 이러한 변화를 뒷받침한다. 이러한 경향은 비단 국내에만 국한된 것이 아니라 디지털 뉴스 환경이 발달된 다른 나라에서도 흔히 나타나는 현상이다.

디지털 뉴스 환경이 발달되기 전에는 뉴스의 '생산'과 '유통'이 지금처럼 나누어지지 않았다. 예컨대, 신문사가 신문을 만들고 그 신문을 신문사가 각 가정에 배달하는 방식이 주류를 이루었으나, 오늘날에는 신문사가 만든 뉴스가 포털사이트를 비롯한 디지털 플랫폼에 의해 널리 유통되는 방식이 지배적이다. 아울러, 뉴스를 유통하는 과정도 과거에는 언론사의 브랜드명 아래에 많은 기사들이 하나의 묶음으로 뉴스 이용자에게 전달되었으나, 디지털 뉴스 환경에서는 뉴스 이용자가 각각의 기사를 개별적으로 이용할 수 있게 되었다. 이뿐만 아니라, 과거에는 뉴스 생산자가 소수의 신문사나 방송사에 국한되었던 반면, 디지털 뉴스 환경에서는 레거시 뉴스미디어 외에 수많은 케이블 및 인터넷 뉴스 생산자들이 존재한다.

이러한 뉴스 생산 및 유통에서 일어난 변화는 결과적으로 뉴스 '소비'에도 영향을 미친다. 수많은 기사들을 접할 수 있는 환경에 놓이면서, 희소한 것은 더 이상 뉴스와 같은 정보 자원이 아니라 해당 정보를 소비하는 데에 필요한 사람들의 인지적 자원인 '주목경제 attention economy (Lanham, 2006) 시대'에 들어섰다. 한정된 인지적 자원 내에서 뉴스를 이용해야 하기에 사람들은 정치성향 등 본인의 선유경향先有傾向에 부합하는 뉴스만을 취사선택하거나 알고리즘을 통해 걸러진 뉴스를 이용하게 된다.

특히, 이용자들의 뉴스에 대한 반응과 이용 패턴은 디지털 뉴스 플랫폼에서 조회 수, 좋아요 수, 공유 수 등의 형태로 계량화되어 제공되며, 이러한 수치들이 다시 이용자들과 알고리즘의 뉴스 선택에 영향을 미치는 '순환구조'를 갖게 된다. 더 나아가, 뉴스 생산자도 독자 투고 등 제한적 방식으로 이용자의 피드백을 접하던 과거와 달리, 계량화된 지표로 개별 기사에 대한 독자의 반응을 실시간으로 확인하는 것이 가능해졌다.

이렇듯 뉴스 생산·유통·소비 측면에서 디지털 뉴스 환경은 과거와 차별화된 뉴스 생태계를 배태하고 있다. 이 같은 거시적인 변화는 우리에게 새로운 질문들을 던지고 있다. 저널리즘, 뉴스 알고리즘, 그리고 사람들의 뉴스 선택이 서로 어떻게 상호작용하는가? 양산된 수많은 기사들 중에 사람들은 어떤 기준으로 양질의 뉴스를 선택하는가? 기사에 대한 일반 시민들의 평가와 언론인들의 평가 간에 괴리가 존재하는가? 이러한 질문들을 살펴보는 것이 중요한 이유는 양질의 정보와 뉴스를 토대로 공공담론이 형성되고 민주적 의사결정이 이루어지기 때문이다.

예컨대, 품질이 낮은 기사를 사람들이 높이 평가하고 자주 이용하게 되면, 뉴스 이용자의 이용 패턴을 반영한 뉴스 알고리즘을 통해 해당 기사가 더욱 널리 유통되며, 기사 조회 수 등이 언론사의 수익으로 연결되는 구조하에서는 이 같은 기사가 더욱 많이 생산될 가능성이 높다. 그 출발점이 이 예시처럼 뉴스 이용자인지 아니면 디지털 뉴스 플랫폼이나 언론사인지 서로가 서로에게 영향을 주는 이 같은 순환구조하에서는 명확히 파악하기 어렵다. 하지만 출발점이 어디이든 간에 지금처럼 뉴스 생산·유통·소비가 상호작용하는 한 동일한 양상이 벌어질 가능성이 크다. 이는 종국에 공공담론의 질을 낮추게 되며 사회적으로 바람직하지 않은 결과를 초래하게 된다. 이러한 문제의식을 바탕으로 앞에서 제시한 질문들에 대해 하나씩 살펴보고자 한다.

2. 디지털 뉴스 생태계에서의 큐레이션과 이용자 위상 변화

디지털 뉴스 생태계를 이해하기 위해서는 뉴스 큐레이션curation을 먼저 살펴볼 필요가 있다. 토슨과 웰스(Thorson & Wells, 2016)에 따르면 디지털 뉴스 생태계하에서 정보의 흐름은 크게 다섯 가지 유형으로 나눌 수 있다. ① 언론인이나 언론사가 이용자에게 기사를 널리 알리기 위해 행하는 '저널리즘 큐레이션', ② 뉴스 유통과 관련하여 디지털 플랫폼상에서 이루어지는 자동화된 '알고리즘 큐레이션', ③ 이용자 개인의 뉴스 취사선택을 의미하는 '개인주도 큐레이션', ④ 소셜미디어 또는 오프라인 환경에서 다른 사람들의 뉴스 공유와 추천에 의해 이루어지는 '소셜 큐레이션', ⑤ 기업이나 정치인이 기업의 이익이나 득표를 목적으로 행하는 '전략적 큐레이션'이 이에 해당한다. 이 중에서 전략적 큐레이션을 제외한 나머지 4개의 큐레이션이 디지털 뉴스 생태계와 관련이 있다.

우선, 디지털 뉴스 생태계에서는 '저널리즘 큐레이션'과 '알고리즘 큐레이션' 간의 상호작용이 두드러지는데, 어떤 학자들은 이를 "네트워크된 상호작용networked interactions"(Lewis & Westlund, 2014: 9)이라고 별도로 칭하기도 했다. 수많은 기사들이 공존하는 디지털 뉴스 플랫폼에서 자신이 생산한 기사가 이용자의 이목을 끌도록 해당 기사의 제목을 선정적으로 작성하거나(click-bait journalism) 해당 기사와 거의 동일한 기사를 반복적으로 업로드〔기사 어뷰징(Choi & Kim, 2017), 유사한 맥락에서 content farms 또는 digital sweat shops(Bakker, 2012: 634)〕함으로써 이용자에게 노출될 가능성을 높이려는 노력들이 비록 부정적 방식이기는 하나 일종의 저널리즘 큐레이션이라고 할 수 있다.

과거에는 언론사가 '어떤 기사를 내보낼지 말지를 결정하는 것gate`keeping'이 관건이었다면, 디지털 환경에서는 생산된 기사를 '어떻게 사람들에게 알릴지 탐색하는 것way-finding'이 중요해졌다(Pearson & Kosicki, 2016). 언론사가 특정 기사를 생산했더라도, 다량의 기사가 존재하는 디지털 뉴스 플랫폼에서는 그 기사가 사람들에게 전혀 알려지지 않은 채 시야에서 사라질 수 있기 때문이다. 특히, 디지털 플랫폼에서 기사 조회 수 기반의 뉴스 알고리즘을 사용할 경우, 조회 수가 높은 기사(주로 연성뉴스에 해당하는 기사)가 더 널리 유통되고 결과적으로 해당 기사의 조회 수가 더 증가함으로써 더욱더 널리 유통되며, 이는 또다시 높은 조회 수를 유도할 수 있는 기사의 생산을 촉진하는 현상이 나타날 수 있다. 이런 연유로 "조회 수보다 식견 있는 공중을 위한 뉴스 알고리즘"(Lotan, 2014: 118)이 필요하다는 주장이 나오기도 했다.

저널리즘 큐레이션과 알고리즘 큐레이션 간의 상호작용을 더욱 복잡다단하게 만드는 것은 바로 '소셜 큐레이션'과 '개인주도 큐레이션'이다. 사람들 간의 뉴스 공유와 추천으로 발생하는 소셜 큐레이션이든 개인의 선유경향을 기반으로 뉴스를 취사선택하는 개인주도 큐레이션이든, 일반 시민은 디지털 뉴스 생태계에서 그 입지가 중요하게 여겨진다. 개별 기사에 대한 반응이 조회 수, 공유 수, 좋아요 수 등과 같은 지표로 명확하게 계량화됨으로써, 그들이 더 이상 제공된 뉴스를 수동적으로 소비만 하는 수용자가 아니라 뉴스 생산과 유통에 영향을 미칠 수 있는 이용자로서 인식되기 때문이다. 무엇보다 뉴스 이용자가 단순히 뉴스를 이용하는 것이 아니라 소셜미디어와 같은 개인의 유통경로를 통해 뉴스를 확산시킬 수 있다는 점에서 그 중요성이 커지고 있다.

이뿐만 아니라, 여러 연구에서 뉴스 생산과 관련하여 조회 수, 공유 수 등과 같은 이용자 지표가 언론인이 뉴스를 생산하거나 편집할 때 실제로 영향을 미친다는 결과를 제시하고 있다. 일례로, 네덜란드의 5대 신문을 대상으로 분석한 웰버와 동료 연구자들(Welbers, Van Atteveldt, Kleinnijenhuis, & Ruigrok, 2016)에 따르면, 사람들이 가장 많이 클릭한 기사들이 해당 신문사의 종이신문과 웹사이트 버전 모두에서 대부분 추후 다시 게재될 가능성이 높게 나타났다. 이처럼 디지털 뉴스 생태계에서 이용자들의 변화된 위상을 고려할 때, 이들이 어떤 기준으로 뉴스를 평가하는지에 대해 살펴볼 필요가 있다.

그간 뉴스 이용자에 대한 논의는 주로 이들이 어떤 뉴스를 선호하는지news preference에 초점이 맞춰져 왔다. 다시 말해, 사람들이 '어떤 뉴스를 양질의 뉴스라고 평가하는가'가 아니라 '어떤 뉴스를 즐겨 보는가'에 방점을 두었다. 여기서 이용자의 뉴스 선호는 대부분 조회 수를 기반으로 가늠하였으며, 조회 수가 높은 뉴스는 대체로 죽음, 폭력, 성문제 등 대중의 호기심을 자극하는 선정적인 기사이거나 가십 및 흥밋거리 기사 또는 생활밀착형 기사임이 드러난 바 있다.

이와 대조적으로, 일각에서는 사람들이 앞서 언급한 것과 같은 기사들을 항상 선호하는 것은 아니며, 대통령선거 등 정치적 이슈가 발생하는 시기에는 정치 및 시사 뉴스 조회 수가 급격히 증가하기도 하고(Boczhowski & Mitchelstein, 2010), 댓글 수가 많은 기사가 대체로 정치 및 경제 이슈나 논쟁적 이슈를 다룬 기사임을 밝혀내기도 했다(Tenenboim & Cohen, 2015; Urrutia, Zalbidea, Camacho, & Pastor, 2021). 기사에 댓글을 다는 사람의 비율이 매우 적기에〔국내 디지털 플랫폼 이용자 중 약 8%만이 지난 3개월간 댓글을 단 경험이 있다고 조사되었으며(Korea Information Society Development Institute, 2018), 이러한 경향은 해외 사례에서도 보고됨(Arthur, 2006)〕, 이들이 일반 뉴스 이용자들을 대표한다고 보기는 어렵다. 하지만 선정적인 뉴스에 대한 사람들의 선호가 획일적으로 항상 발생하는 것은 아님을 알 수 있다. 그러나 디지털 뉴스 플랫폼의 '가장 많이 본 뉴스' 목록에서 일상적으로 확인할 수 있듯이, 많은 사람들이 선정적인 뉴스를 선호한다는 점은 부정할 수 없는 사실이다.

다만, 여기서 간과하지 말아야 할 부분은 사람들의 디지털 뉴스 플랫폼 이용 동기를 고려할 때 이용자의 뉴스 선호에만 초점을 두는 것은 한쪽 면만 보는 것과 같다는 점이다. 사람들은 흥미와 오락을 추구하기 위해 뉴스 플랫폼을 이용하기도 하지만, 정보를 획득하기 위해 해당 플랫폼을 이용하기도 한다. 만약 선정적 뉴스를 소비하고자 하는 오락적 동기보다 양질의 뉴스를 이용하고자 하는 정보추구 동기가 더 크게 발현될 경우, 사람들은 어떤 기사를 양질의 기사라고 판단하는지에 대해 고찰해 볼 필요가 있다.

그간 뉴스 품질에 대한 논의는 언론인이나 언론학자 중심으로 이루어져 왔으며, 일반 이용자들은 이 논의에서 배제된 경향이 있었다. 선정적인 뉴스가 높은 조회 수를 기록하는 현상을 문제시 하면서, 일반 이용자가 선호하는 뉴스와 언론인이 선호하는 뉴스 간에 괴리가 크다는 점에 주로 주목하였을 뿐이다(보쵸스키와 그의 동료들(Boczkowski & Mitchelstein, 2015; Boczkowski & Peer, 2011)이 분석한 바에 따르면, 언론인들은 시사, 정치, 경제와 같은 경성뉴스를 중요하게 생각하는 반면, 사람들은 스포츠, 엔터테인먼트 등과 같은 연성뉴스를 선호한다). 이러한 뉴스 선호와 별개로, 사람들은 어떤 뉴스를 양질의 뉴스라고 판단할까?

일반 이용자의 기사 품질 평가에 대해 살펴보는 것은 디지털 뉴스 생태계에서 더욱 큰 의미를 지닌다. 종이신문의 경우, 언론사의 브랜드명이 크게 적시되어 있고 기사가 앞면에 위치할수록 그리고 기사의 크기가 클수록 더 중요한 기사임을 시사한다. 이렇듯, 언론사 브랜드명, 기사의 위치 및 크기 등의 정보가 가시적으로 주어지는 종이신문과 달리, 디지털 뉴스 플랫폼에서는 언론사 브랜드명이 상대적으로 두드러지지 않으며 기사의 위치 및 크기와 같은 편집정보가 시각적으로 드러나지 않는다.

따라서 디지털 뉴스 플랫폼에서는 언론사 및 언론인의 기사 선택과 편집이 이용자에게 미치는 영향이 매우 제한적이며, 기사의 품질에 대한 판단이 이용자의 몫으로 남겨진다. 이뿐만 아니라, 이 절 서두에서 서술한 것처럼 디지털 뉴스 환경에서 이용자는 뉴스 생산과 유통에 직접적인 영향을 미칠 수 있을 만큼 그 위상이 커졌기에, 뉴스 품질에 대한 이용자의 판단이 그 어느 때보다 중요하다. 코스테라 마이어(Costera Meijer, 2013: 755)의 말처럼, 이제는 "사람들이 저널리즘에서 진정으로 가치를 두는 것이 무엇인가"를 고민해 봐야 할 시점이다.

3. 디지털 뉴스 이용자는
   어떤 기사를 좋은 기사라고 보는가

'뉴스 품질news quality'이라는 개념은 '양질의 저널리즘quality journalism', '좋은 저널리즘good journalism', '뉴스 우수성news excellence' 등의 개념과 혼용되어 널리 회자되었으나, 뉴스 품질이 무엇을 의미하는지는 아직까지 명확히 정의된 바가 없다. 비록 뉴스 품질이 정확히 무엇을 뜻하는지는 학계에서 여전히 논쟁의 대상이지만, 양질의 기사에 대해 판단할 때 공통적으로 많이 거론하는 것은 해당 기사가 저널리즘 가치를 준수하는지 여부이다.

여기서 저널리즘 가치라 함은 '뉴스 가치'와는 구별되는 개념으로, 근접성, 갈등성, 새로움, 흥미성, 저명성 등과 같이 뉴스가 될 만한 가치를 지녔는지를 지칭하는 것이 아니다. '저널리즘 가치'는 객관성, 다양성, 심층성, 정확성 등 기사가 준수해야 할 규범적 가치를 의미한다. 여러 연구에서 공통적으로 자주 거론하는 저널리즘 가치로는 객관성, 다양성, 심층성, 신뢰성, 독이성讀易性, 사실성 등이 있으며, 이외에도 양질의 기사가 추구하지 말아야 할 저널리즘 가치로 선정성을 포함시킬 수 있다.

특정 기사가 이와 같은 규범적 저널리즘 가치를 준수하였는지는 기사의 내용을 통해 파악할 수 있다. 그런데 기사의 내용 외에도 기사의 형식적 요소와 언어적 표현도 이용자가 기사에 노출될 때 접하게 되는 정보들이다. 정교화 가능성 모형elaboration likelihood model이나 휴리스틱-체계적 모형heuristic-systematic model 등 이중 정보처리 모형에 따르면, 사람들은 중심 경로(체계적 처리) 뿐만 아니라 주변 경로(휴리스틱 처리)를 통해서도 정보를 처리한다. 중심 경로(체계적 처리)를 통할 경우, 주변 경로(휴리스틱 처리) 보다 많은 인지적 노력과 시간이 소요된다. 그렇기 때문에 평소 관련 이슈에 대한 관심이 크고 해당 이슈를 중요하게 인식해 왔거나 해당 이슈에 대해 잘 알고 있을 경우 중심 경로(체계적 처리)로 정보를 받아들이는 경향이 있다. 물론 이슈 관여도나 사전 지식 외에도 처리해야 할 정보의 난이도 등을 비롯하여 이중 정보처리에 영향을 미칠 수 있는 요인은 많지만, 여기서는 기사의 품질 판단과 관련한 정보처리를 다루고 있기에 기사의 속성에 주목하여 설명하고자 한다.

이러한 맥락에서 중심 경로(체계적 처리)는 기사의 내용이 객관적인지, 정확한지, 심층적인지 등을 파악하고자 할 때, 주변 경로(휴리스틱 처리)는 표, 그래프 등 기사의 시각적 디자인이나 형식적 요소 그리고 언어 표현 등 깊이 있는 사고를 요하지 않은 채 표면적으로 드러나 있는 정보들을 처리할 때 발생한다. 중심 경로(체계적 처리)로 사고할 경우 많은 인지적 자원이 소요되므로 사람들은 예컨대 글의 길이가 길면 좋은 글이라고 간주하거나 전문가의 말은 신뢰할 만하다고 치부함으로써 주변 경로(휴리스틱 처리)를 통해 쉽게 판단하려는 경향이 있다.

실제로 여러 연구결과에 따르면 웹사이트에 대한 사람들의 신뢰도 또는 품질 평가가 통계치, 인용문, 외부 소스 링크, 댓글 섹션의 존재 여부 등에 상당한 영향을 받았으며, 뉴스에 대한 신뢰도나 이해도에도 기사에 담긴 인포그래픽, 하이퍼링크, 그림, 영상 등이 영향을 미친다는 결과가 보고된 바 있다. 따라서 기사의 내용과 더불어 형식적 요소 및 언어 표현은 일반 이용자들이 기사의 품질을 판단할 때 고려하게 되는 두 가지 축에 해당한다.

지금까지 밝혀진 바에 따르면, 뉴스 이용자는 기사의 품질을 판단할 때 기사가 갖춰야 할 형식적 요소나 언어적 표현보다는 기사 본문 내용이 저널리즘 가치를 수반하고 있는지를 더 중요하게 여긴다. 기사가 바이라인을 갖추었는지, 실명 정보원을 인용하는지, 기자의 이메일 주소를 제공하는지, 기사가 그래프나 표 등의 시각정보를 제공하는지, 주관적 술어 표현을 지양하는지 등 기사의 형식적 요소나 언어적 표현을 고려하기보다는, 해당 기사가 다양한 관점에서 객관적이며 심층적으로 보도하는지 등과 같이 기사의 내용을 감안하여 기사의 품질을 판단하는 것으로 나타났다(Choi, Shin, & Kang, 2021). 기사의 형식적 요소나 언어적 표현을 토대로 주변 경로로 또는 휴리스틱을 활용하여 기사 품질을 판단하는 것이 훨씬 수월함에도 불구하고, 기사 내용에 대한 숙지를 바탕으로 양질의 기사인지를 판단했다는 점이 괄목할 만하다.

기사 내용과 관련한 저널리즘 가치 중에서는 신뢰성, 심층성, 다양성이 다른 가치들보다 기사의 품질을 평가할 때 더 중요하게 고려되었다. 뉴스 이용자의 입장에서는 해당 기사를 읽고 이해하기 용이한가를 의미하는 독이성을 더 중요한 가치로 간주하리라 추측할 수 있으나, 실제로는 독이성보다 해당 기사가 믿을 만한지, 심층적으로 보도하고 있는지, 다양한 시각에서 다루고 있는지 등을 더 중요하게 여기는 것으로 밝혀졌다[해외 사례 중 일부에서는 뉴스 이용자들이 독이성을 객관성, 다양성, 사실성보다 중요한 가치로 여기는 경우도 있음(Urban & Schweiger, 2014)].

이러한 경향은 언론인이 중요하게 생각하는 저널리즘 가치와도 일맥상통하는데, 언론인들에게 저널리즘 가치의 순위를 설문한 결과, 온라인 뉴스 편집기자들은 독이성에 앞서 신뢰성, 객관성, 사실성 순으로 중요하게 여겼으며(Gladney, Shapiro, & Castaldo, 2007), 기자들도 사실성과 다양성을 더 중요하게 인식했다(Sallot, Steinfatt, & Salwen, 1998).

기사의 형식적 요소 중에서는 기사 바이라인이 기사 품질 판단에 상대적으로 큰 영향을 미쳤는데, 기자의 전문성(예컨대, 의학전문 기자, 법조전문 기자 등), 이메일 주소, 취재장소를 바이라인에 명시한 기사들이 이용자들로부터 품질이 좋은 기사라고 인식되었다. 익명 정보원의 존재 여부(예컨대, '한 소식통에 따르면')나 실명 정보원의 수도 이용자들이 기사의 품질을 판단하는 데에 영향을 미치는 것으로 나타났다.

이 외에도, 기사의 언어적 표현과 관련하여 '~자마자', '~면서' 등 시간적으로 연관이 있음을 명시하는 연결 어미와 '어쨌든', '한 편', '~되' 등 주제를 전환하는 접속사나 연결 어미가 이용자들이 기사 품질을 판단하는 데에 영향을 미치는 것으로 나타났다. 주장을 담은 주관적 술어(예컨대, '강조하다', '요구하다' 등)나 예측을 담은 주관적 술어(예컨대, '예측하다', '제안하다', '암시하다' 등), 그리고 평가형 술어(예컨대, '동등하다', '~할 가능성이 높다' 등)가 모두 이용자의 기사 품질 판단과 관련이 있었다. 이용자들이 양질의 기사라고 평가한 기사들은 주장을 드러내는 주관 표현과 주장과 예측을 담은 주관적 술어 그리고 평가형 술어가 적게 사용되었으나, 주관적 판단과 관련된 주관 표현은 더 많이 등장했다. 인지적 사고를 드러내는 표현(예컨대, '어떻게', '영향을 미치다' 등)이나 추측을 담은 표현(예컨대, '만약', '~할 수도', '짐작하다' 등), 그리고 낙관적 정서를 내포한 표현(예컨대, '지지하다', '역동적인', '용이한' 등)은 이용자들이 높은 품질점수를 부여한 기사들에서는 상대적으로 적게 등장했다. 아울러, 복잡한 의미구조를 갖는 한자어가 적게 사용된 기사가 대체로 이용자들로부터 좋은 기사라고 인식되었다.

기사의 형식적 요소와 언어 표현과 연관 지어 살펴본 이용자들의 기사 품질 평가 역시 언론인이나 언론학자들이 중요하게 생각하는 부분과 대체로 일맥상통한다. 저널리즘 연구에서는 기사의 형식적 요소와 관련하여 인용문과 수치 정보가 기사에 많을수록 기사의 사실성이 담보된다고 간주하며 주관적 술어는 기사의 객관성을 해칠 수 있으므로 자제해야 한다고 설명한다. 퓨 리서치 센터Pew Research Center의 저널리즘 우수성 프로젝트Project for Excellence in Journalism에서 개발한 보도 지표Reporting Index에 따르면, 양질의 기사는 최소 4개 이상의 실명 정보원을 담고 있어야 한다. 저널리즘 연구에서 양질의 기사가 갖춰야 할 요건으로 제시한 이와 같은 형식적 요소와 언어 표현이 실제로 일반 이용자가 좋은 기사라고 판단한 기사들에서 공통적으로 발견되었다.

이로 미루어보아, 뉴스 품질에 대한 정의가 아직 명확하게 존재하지는 않지만 일반 이용자들 간에 어떤 기사가 좋은 기사인지에 대한 암묵적 합의가 존재하는 것으로 보이고, 이러한 합의는 언론인들의 생각과 크게 다르지 않아 보인다. 실제로 축적된 꽤 많은 연구 결과들이 이를 뒷받침한다.

오래전 보고된 결과이기는 하나, 사람들이 뉴스 편집기자가 예상한 정도에 비해 정치, 시사, 국제관계, 경제 등의 이슈에 대해 관심이 더 많고, 스포츠나 연예 뉴스에 대해 관심이 적다는 점이 밝혀진 바 있으며(Atkin, Burgoon, & Burgoon, 1983), 특히 흥미로운 점은 사람들이 편집기자보다 선정적 뉴스를 줄이는 것을 더 중요하게 생각한다는 것이다(Gladney, 1996). 일례로, 편집기자들이 색감과 흥미를 위주로 과학 기사들을 평가한 반면, 일반 시민들은 과학 기사의 정확성과 유의미성을 더 중요하게 평가했다(Johnson, 1963).

이렇듯, 편집기자들이 일반 시민들의 저널리즘에 대한 인식을 잘못 추측했던 과거 사례들과 유사한 맥락에서, 오늘날 디지털 뉴스 플랫폼에서 조회 수나 좋아요 수 등으로 대변되는 반응을 보고 사람들이 저널리즘에 바라는 바를 오판할 가능성이 더 커졌다. '조회 수'나 '좋아요 수' 등은 이용자들이 즐겨 보는 뉴스 경향을 보여 주기는 하지만, 이런 경향이 이용자들이 양질의 뉴스라고 판단한 기사들이 무엇인지를 보여 주지는 않기 때문이다. 근래에 시행된 조사에 따르면, 연구자들이 실험을 위해 고품질 기사라고 조작적 정의한 기사들을 일반 시민들도 고품질 기사로 평가하였으며, 마찬가지로 저품질로 조작적 정의한 기사들에 대해서 일반 시민들도 저품질 기사로 평가했다(Urban & Schweiger, 2014).

다시 말해, 비록 뉴스 품질에 대한 정의가 명확하진 않더라도, 학자들이나 일반 시민들이나 좋은 기사가 어떤 기사인지에 대한 합의된 생각은 존재함을 보여 준다. 더 나아가, 일반 시민들이 즐겨 보는 뉴스와 언론인들이 중요하게 생각하는 뉴스 간에 격차가 있을지라도, 양질의 뉴스가 무엇인지를 판단하는 데에는 이러한 격차가 같은 크기만큼 존재하지 않을 것이라는 점을 예상해 볼 수 있다.

실제로, 정치, 경제, 시사·사회 이슈를 다룬 경성뉴스에 대해 이용자와 편집기자의 평가를 비교했는데, 이와 같은 예상을 뒷받침하는 결과가 나왔다(Choi, 2021). 저널리즘에서 보도기자의 역할도 중요하지만, 보도기자들이 작성한 기사를 선별하여 예컨대 신문의 경우 어느 면에 어떤 크기로 배치할 것인지를 결정하는 편집기자의 역할이 매우 중요하다. 편집기자는 작성된 기사들의 보도 여부를 결정하는 '게이트키퍼gatekeeper'로서의 역할과 어떤 기사가 보도될 만한 가치를 지닌 기사인지를 판단하는 '품질관리자quality controller'로서의 역할을 모두 담당하기 때문이다(Singer, 2010).

이에, 이용자들이 양질의 기사라고 평가한 기사들과 편집기자들이 중요도 순위를 높게 준 기사들을 비교하였는데, 둘 간의 연관성이 두드러진 것으로 나타났다. 해당 기사들의 뉴스 장르(즉, 정치, 경제, 시사·사회)와 '댓글 수', '추천 수', '좋아요 수', '화나요 수', '훈훈해요 수', '슬퍼요 수' 등 온라인 지표들을 모두 통제한 상태에서, 이용자들이 해당 기사들의 품질 점수를 1점 높게 부여하면 편집기자들이 부여한 그 기사들의 중요도 순위가 상승할 가능성이 약 4~5배 증가했다. 다시 말해, 이러한 결과는 편집기자들과 유사한 견지에서 이용자들이 기사의 품질을 판단하고 있음을 보여 준다.

그렇다면, 어떤 속성을 지닌 이용자들이 뉴스 품질을 평가할 때 편집기자들과 보다 유사한 판단을 내렸을까? 성별, 연령, 교육수준 등 인구통계학적 요인과 뉴스 매체 이용 정도 등을 통제한 상태에서 살펴본 결과, 정치, 경제, 시사·사회 문제에 대한 이슈 관여도가 높고 이슈 사전지식이 많을수록 편집기자들의 판단에 보다 가까운 결정을 내렸다(Choi, 2021). 이는 앞서 설명한 이중 정보처리 모형을 통해 짐작할 수 있었던 결과다. 정치, 경제, 시사·사회 이슈에 관심이 많고 중요하게 여기는 이용자일수록, 그리고 이에 대해 아는 내용이 많은 이용자일수록 관련 기사들을 접했을 때 중심 경로(체계적 처리)를 통해 해당 기사가 양질의 기사인지를 판단할 가능성이 크다. 이는 결과적으로 전문적 식견을 지닌 편집기자들의 판단에 근접할 가능성을 높여 준다고 풀이해 볼 수 있다.

4. 뉴스 이용자이자 미래의 언론인 · 뉴스 플랫폼 종사자로서 생각해 볼 문제

요컨대, 디지털 뉴스 생태계는 뉴스 생산·유통·소비 측면에서 전통적인 뉴스 환경과는 차별성을 지닌다. 소수의 언론사만 존재하던 과거와 달리, 정부에 등록된 인터넷신문사 수만 해도 1만여 개(문화체육관광부 정기간행물 현황 등록일람표)가 넘는다. 이런 디지털 환경에서 저널리즘의 뉴스 생산로직이 뉴스를 생산할지 말지가 아니라 생산된 뉴스를 어떻게 널리 유통시킬지로 변화하고 있다. 많은 사람들이 뉴스를 접하는 경로인 디지털 플랫폼에서는 뉴스 알고리즘을 통해 뉴스를 선별, 순위화, 배열하는 작업을 하며 계량화된 지표로 이용자들의 반응을 제공한다. 이용자들은 주목경제 시대에 희소성이 큰 인지적 자원을 효율적으로 활용하기 위해 자신의 선유경향에 부합하는 기사만을 취사선택하거나 다른 사람이나 뉴스 알고리즘에 의해 걸러진 정보를 주로 이용한다.

디지털 뉴스 생태계에서는 언론사, 플랫폼, 이용자 이 3가지 축이 서로 밀접하게 영향을 주고받는다. 언론사의 저널리즘 큐레이션, 디지털 플랫폼의 뉴스 알고리즘 큐레이션, 이용자들의 소셜 및 개인주도 큐레이션이 혼재되어 나타난다. 여기서 주목할 만한 것은 뉴스 이용자들의 위상이 언론사가 편집하여 제공한 기사들의 묶음을 일방적으로 소비하는 '수용자'에서 개별 기사들을 적극적으로 필터링하는 '이용자'로, 더 나아가 개인 채널을 통해 해당 기사들을 널리 확산시킬 수 있는 '전파자'로 변화하였다는 점이다. 이러한 변화된 위상을 감안할 때, 뉴스 이용자들이 어떤 기사를 양질의 기사라고 생각하는지 고민해 봐야 한다.

그간 뉴스 품질에 대한 논의는 언론인이나 언론학자 중심으로만 이루어졌으며, 이용자에 대해서는 어떤 뉴스를 즐겨 보는지에 대한 논의가 주류였다. 그러나 디지털 뉴스 환경에서 증대된 이용자들의 영향력을 고려할 때, 이용자들이 기사의 품질을 어떻게 평가하는

지, 그리고 더 나아가 이러한 평가가 언론인들의 평가와 상이한지를 살펴보는 것이 중요하다.

앞에서 논의한 바와 같이, 이용자도 기사의 형식적 요소나 언어적 표현 등 명시적으로 드러난 요인보다 기사 내용에 내재된 저널리즘 가치를 기사 품질을 판단할 때 중요한 기준으로 삼았다. 이뿐만 아니라, 기사가 갖춰야 할 형식적 요소나 언어 표현과 관련하여 언론인이나 언론학자가 제시한 가이드라인들이 실제로 이용자가 양질의 기사라고 평가한 기사들에 반영되어 있음을 알 수 있었다.

특히, 괄목할 만한 점은 뉴스 품질에 대한 이용자들의 평가가 언론인들의 평가와 다르지 않았다는 점이다. 비록 뉴스 품질이 무엇을 의미하는지 아직 명확히 정의된 바는 없으나, 이용자 내에서 그리고 이용자와 언론인 간에 양질의 기사에 대해 일정 정도 합의된 개념이 존재함을 알 수 있다. 아울러, 정치·시사 이슈에 대한 관여도와 사전 지식을 갖춘 이용자가 기사 품질을 평가할 때에 언론인과 유사한 판단을 보이는 경향이 드러났다.

그렇다면 이상의 논의들이 우리에게 시사하는 바는 무엇일까? 우선 미래의 언론인으로서 잊지 말아야 할 부분은 이용자들이 언론인들과 마찬가지로 어떤 기사가 양질의 기사인지를 인지하고 있다는 점이다. 비록 디지털 뉴스 플랫폼에서 주로 가시화된 이용자들의 반응은 선정적 기사에 대한 높은 조회 수 등이지만, 이러한 반응이 보여 주는 것은 현상의 일부분일 뿐이다. 오락 동기보다 정보추구 동기가 더 크게 발현될 때, 뉴스를 기반으로 중요한 의사결정을 내려야 할 때 양질의 기사에 대한 이용자들의 욕구는 존재한다. 저널리즘 큐레이션과 알고리즘 큐레이션 간의 관계를 네트워크화된 상호작용이라 별도로 명명할 정도로 둘 간의 상호작용이 밀접한데, 그간 그 결과적 산물이 기사 어뷰징 현상처럼 부정적으로 나타난 경우가 많았다. 양질의 저널리즘에 대한 수요가 존재함을 상기하고 저널리즘의 규범적 가치를 실현하는 기사를 생산하기 위해 노력할 필요가 있다.

미래의 디지털 뉴스 플랫폼 종사자로서 고민해야 할 부분은 바로 뉴스 알고리즘을 어떻게 설계하느냐이다. 뉴스 알고리즘은 기사를 선별, 순위화, 배열하는 역할을 수행하는데, 다량의 기사가 생산되는 디지털 뉴스 환경에서는 뉴스 알고리즘의 이러한 기능이 뉴스 생산과 소비에 큰 영향을 미친다. 예컨대, 조회 수를 기반으로 하는 뉴스 알고리즘의 경우, 이미 많은 이용자들이 조회한 기사를 많이 노출시키며 이는 그 기사가 더욱 많은 조회 수를 획득할 수 있는 가능성을 높여 준다. 조회 수는 결과적으로 언론사의 수익과 연결되기에, 언론사들은 조회 수를 많이 유발할 수 있는 기사들을 생산해야 한다는 압박에 놓이게 되고, 특히 수많은 뉴스 매체가 존재하는 디지털 플랫폼상에서의 치열한 경쟁이 이런 압박을 가중시킨다. 통상 조회 수가 높은 기사는 선정적 기사인 경우가 많아서, 조회 수를 주요 요인으로 뉴스 알고리즘을 설계하면 결과적으로 공공담론의 질을 낮추는 데에 일조하게 된다.

양질의 기사가 더 많이 유통되는 디지털 뉴스 환경을 조성하기 위해, 뉴스 알고리즘 설계 시 고려해야 할 요인이 무엇인지를 고민해봐야 한다. 예컨대, 저널리즘 가치를 반영한 기사들이 더 널리 확산될 수 있도록 하는 뉴스 알고리즘을 개발하기 위해 저널리즘 가치를 기계가 이해할 수 있는 언어로 계량화하는 방법을 모색하거나 이용자의 기사 품질 판단을 반영하는 지표를 찾아보는 방안 등이 있을 수 있다.

마지막으로, 뉴스 이용자의 입장에서는 평소 정치·시사 이슈에 대해 관심을 갖고 관련 지식을 함양하는 것이 필요하다. 매일 쏟아지는 기사들 중 어떤 것이 양질의 기사인지 바른 판단을 내릴 수 있어야 해당 기사들을 토대로 바람직한 의사결정을 내릴 수 있다. 극단적인 예로, 만약 대통령선거를 앞두고 후보자에 대한 정보를 구할 때 후보자의 패션 스타일 같은 신변잡기 내용을 다룬 기사가 좋은 기사라고 오판할 경우, 해당 기사를 바탕으로 정한 표심은 사회적으로 바람직하지 않은 결과를 초래할 수 있다. 아울러, 뉴스 이용자이면서 동시에 전파자가 될 수 있음을 인식하여 개인 채널을 통해 공유하는 기사들이 공공담론의 질에 영향을 미칠 수 있다는 점을 상기할 필요가 있다.

참고문헌

정보통신정책연구원(2018. 9. 30.), 인터넷 뉴스/토론 게시판의 댓글·게시글
　　작성자의 인구통계학적 특성, 〈KISDISTAT REPORT〉, 18권, 1～9.
한국언론진흥재단(2021), 《2021 언론수용자조사》, 서울: 한국언론진흥재단.

Arthur, C. (2006), What's the 1% rule?, *The Guardian*, Available at:
　　https://www. theguardian. com/technology/2006/jul/20
Atkin, C. K., Burgoon, J. K., & Burgoon, M. (1983), How journalists
　　perceive the reading audience, *Newspaper Research Journal*, 4 (2), 51
　　～63.
Bakker, P. (2012), Aggregation, content farms and huffinization: The rise
　　of low-pay and no-pay journalism, *Journalism Practice*, 6 (5-6), 627
　　～637.
Boczkowski, P. J., & Mitchelstein, E. (2010), Is there a gap between the
　　news choices of journalists and consumers? A relational and dynamic
　　approach, *The International Journal of Press/Politics*, 15 (4), 420～440.
　　_____ (2015), *The news gap: When the information preferences of the media and
　　the public diverge*, Cambridge, MA: MIT Press.
Boczkowski, P. J., & Peer, L. (2011), The choice gap: The divergent
　　online news preferences of journalists and consumers, *Journal of
　　Communication*, 61 (5), 857～876.
Choi, S. (2021), News gap in a digital news environment: Calibrating
　　editorial importance from user-rated news quality and identifying user
　　characteristics that close the news gap, *New Media & Society*, 23 (12),
　　3677～3701.
Choi, S., & Kim, J. (2017), Online news flow: Temporal/spatial exploi-
　　tation and credibility, *Journalism*, 18 (9), 1184～1205.
Choi, S., Shin, H., & Kang, S. S. (2021), Predicting audience-rated news

quality: Using survey, text mining, and neural network methods, *Digital Journalism*, *9*(1), 84~105.

Costera Meijer, I. (2013), Valuable journalism: A search for quality from the vantage point of the user, *Journalism*, *14*(6), 754~770.

Gearhart, S., & Kang, S. (2014), Social media in television news: The effects of Twitter and Facebook comments on journalism, *Electronic News*, *8*(4), 243~259.

Gladney, G. A. (1996), How editors and readers rank and rate the importance of eighteen traditional standards of newspaper excellence, *Journalism & Mass Communication Quarterly*, *73*(2), 319~331. doi: 10. 1177/107769909607300204

Gladney, G. A., Shapiro, I., & Castaldo, J. (2007), Online editors rate web news quality criteria, *Newspaper Research Journal*, *28*(1), 55~69. doi: 10. 1177/073953290702800105

Johnson, K. G. (1963), Dimensions of judgment of science news stories, *Journalism Quarterly*, *40*(3), 315~322.

Lanham, R. A. (2006), *The economics of attention: Style and substance in the age of information*, Chicago, IL: University of Chicago Press.

Lewis, S. C., & Westlund, O. (2015), Big data and journalism: Epistemology, expertise, economics, and ethics, *Digital Journalism*, *3*(3), 447~466.

Lotan, G. (2014), Networked audiences: Attention and data-informed, K. McBride & T. Rosenstiel(Eds.), *The new ethics of journalism: Principles for the 21st century*, thousand oaks, CA: Sage, 105~122.

Pearson, G. D., & Kosicki, G. M. (2017), How way-finding is challenging gatekeeping in the digital age, *Journalism Studies*, *18*(9), 1087~1105.

Sallot, L. M., Steinfatt, T. M., & Salwen, M. B. (1998), Journalists' and public relations practitioners' news values: Perceptions and cross-perceptions, *Journalism & Mass Communication Quarterly*, *75*(2), 366

~377.

Singer, J. B. (2010), Quality control: Perceived effects of user-generated content on newsroom norms, values and routines, *Journalism practice*, *4*(2), 127~142.

Tenenboim, O., & Cohen, A. A. (2015), What prompts users to click and comment: A longitudinal study of online news, *Journalism*, *16*(2), 198~217.

Thorson, K., & Wells, C. (2016), Curated flows: A framework for mapping media exposure in the digital age, *Communication Theory*, *26*(3), 309 ~328.

Urban, J., & Schweiger, W. (2014), News quality from the recipients' perspective: Investigating recipients' ability to judge the normative quality of news, *Journalism Studies*, *15*(6), 821~840. doi: 10.1080

Urrutia, S., Zalbidea, B., Camacho, I., & Pastor, J. M. (2021), Editors versus audiences facing news: Is this discrepancy also repeated on social news networks?, *Journalism*, *22*(9), 2332~2349.

Welbers, K., Van Atteveldt, W., Kleinnijenhuis, J., Ruigrok, N., & Schaper, J. (2016), News selection criteria in the digital age: Professional norms versus online audience metrics, *Journalism*, *17*(8), 1037~1053. doi: 10.1177

2

저널리즘의 구성

뉴스, 생산, 기술, 데이터

5장

좋은 뉴스의 조건

박재영(고려대)

1. 들어가는 말

뉴스의 구성요소는 누구나 알 만하지만, 최근 뉴스의 형태가 다양해
지면서 새롭게 눈여겨볼 요소들이 생겨났다. 전통적 뉴스에서도 유
념해야 할 구성요소가 있으니 하나씩 검토해 볼 필요가 있다. 뉴스
의 구성요소가 왜 중요한지 알게 되면 뉴스를 더 잘 이해할 수 있으
며 좋은 뉴스를 가려내는 안목도 좋아진다. 이 장에서는 뉴스의 구
성요소를 이해하기 위해 뉴스의 외형적 요소를 먼저 살펴보고 내용
적 요소를 알아본다.

2. 뉴스의 외형적 구성요소

대표적 인쇄매체인 신문기사의 구성요소는 기사의 제목, 본문, 기자 이름, 사진, 사진 설명, 사진기자 이름, 매체 이름 등이다. 여기서 기자 이름과 매체 이름이 필수 구성요소임을 강조한다. 간혹 포털에 기자 이름이 없는 기사가 보이는데, 이는 기사를 책임질 사람이 없음을 뜻하므로 기사 내용을 상당히 조심히 받아들여야 한다. 이름이 낯선, 평소에 자주 접하지 못했던 매체의 기사도 조심해야 한다.

방송뉴스의 구성요소는 뉴스 리포트 제목, 현장영상, 취재원의 육성(싱크sync), 기자 오디오(기사 텍스트), 방송기자 이름, 카메라기자 이름, 방송매체 이름 등이다. 멀티미디어뉴스는 한 사안을 여러 형식으로 보도하는 뉴스인데, 구성요소는 기사의 제목, 본문, 사진, 동영상, 인포그래픽 등이며 인터랙티브interactive 요소를 포함하기도 한다. 멀티미디어뉴스는 기자 여러 명이 오랫동안 제작하므로 대형 언론사도 자주 시도하지 못한다. 그런 만큼 한번 만들면 대작이 나오며 상을 받는 경우가 많다. 1

---

1   멀티미디어뉴스 사례는 이 책 9장에 자세히 소개되어 있다.

3. 뉴스의 내용적 구성요소: 주제와 증거

뉴스의 외형적 요소는 눈에 잘 띄고 이해하기 쉽지만, 뉴스의 내용적 구성요소는 복잡하고 전문적이라서 자세히 들여다보아야 알 수 있다. 우선, 뉴스의 개념, 즉 뉴스란 무엇인지를 생각해 볼 필요가 있다.

뉴스는 새 소식을 알리거나 새 정보를 전달하는 것으로 우리는 알고 있다. 물론 맞는 말이지만, 이 말을 조금 바꾸어서 뉴스는 메시지를 전달하는 것이라고 해도 틀리지 않는다. 나아가, 뉴스는 어떤 주제를 증명하는 글이라고 할 수도 있다. 모든 글에는 주제가 있으며 뉴스도 예외가 아니다. 그렇다면, 기자는 자기가 설정한 주제를 글로 증명하는 사람이다. 주제 증명에는 증거가 필요하다. 즉, 기사는 증거를 수집하여 주제를 증명하는 글이다. 따라서 뉴스의 내용적 구성요소는 주제와 증거라는 두 가지로 귀결된다. 사례를 들어 설명하면 다음과 같다.

뉴스의 대표 사례는 사건·사고 뉴스인데, 예를 들어 역주행 교통사고가 나면 기자는 어떤 정보를 수집할까? 사고의 육하원칙 정보가 제일 중요하므로 기자는 사고가 발생한 날짜와 시간, 장소 및 사고 과정을 알아볼 것이다. 가해 차량과 피해 차량을 확인하고, 가해자와 피해자의 신원도 알아 둔다. 목격자를 찾아서 사고 상황을 들을 것이며 경찰의 조사 내용도 파악할 것이다. 기자가 수집하는 이런 정보들은 역주행 교통사고의 증거들이다. 다시 말해, 역주행 교통사고가 기사 주제라고 한다면, 그와 관련된 정보들은 증거라 할 수 있다.

사건·사고는 기자가 그 발생을 전혀 예측할 수 없는 뉴스 아이템이다. 반면에 기획기사는 기자 자신이 아이템을 준비한다는 점에서 사건·사고 기사와 완전히 다른데, 내용적 구성요소는 똑같다. 예를 들어, 위드 코로나와 관련하여 혼란을 겪는다는 기사를 기획했다면, 기사 주제는 '혼란의 위드 코로나'이다. 기자는 이 아이템을 취재하기 위하여 우선 현장을 둘러볼 텐데, 사람들이 모이는 식당이나 술집, 행사장, 거리 등이 주요 현장이다. 또한, 정부의 위드 코로나 정책과 함께 달라진 규정은 무엇인지 알아보고, 시민들의 반응 및 질병관리청이나 지방자치단체, 보건 전문가의 의견을 들어볼 것이다. 이런 정보들이 바로 '혼란의 위드 코로나'라는 주제를 증빙하는 증거에 해당한다.

4. 증거수집 방법 3가지: 보기, 듣기, 찾기

기자가 하는 일은 결국 증거수집인데, 이를 잘 파악하면 뉴스의 구성요소를 더 잘 이해할 수 있다. 기자가 증거, 즉 정보를 수집하는 방식은 세 가지다. 그것은 바로 보기, 듣기, 찾기다(남재일·이재훈, 2013). 앞에서 예로 들었던 역주행 교통사고에서 가장 먼저 떠오르는 기자의 모습은 현장에서 분주히 움직이는 기자다. 기자는 늘 사건·사고의 현장에 있으며 현장에서 되도록 많이 보려고 한다. 기자는 자기가 눈으로 본 바를 기사에 적는데, 그 부분을 묘사description라고 한다. 아래의 예 ①이 묘사문이다. 하지만, 우리가 기사에서 흔히 보는 문장은 예 ②와 같은 설명문이다.

예 ① 불에 탄 피해 지역으로 들어서자, 길바닥에 유리 조각이 햇빛에 반사되어 얼굴을 똑바로 들고 걸을 수가 없었다. 시체 썩는 냄새는 어제보다 조금 약해졌으나 집들이 무너져 기왓장이 산더미처럼 쌓인 곳에는 악취가 진동하고 파리들이 새까맣게 떼 지어 붙어 있었다. 거리를 정리하고 잔해를 치우던 구호반에는 후속 부대가 보충된 듯했다. 색은 바랬지만 아직 땀과 오물로 얼룩지지 않은 구호복을 입은 사람들이 섞여 있었다.

예 ② 도시는 폭탄의 폭발로 엄청난 피해를 입었다(박재영, 2020: 118쪽에서 재인용).

묘사문은 자기가 본 바를 그대로 글로 옮긴 문장이고, 설명문은 자기가 보거나 수집한 정보를 정리하고 요약한 문장이다. 예 ②에서 기자는 현장의 참상을 '엄청난 피해'로 요약했다. 글의 장르를 불문하고 묘사문은 생생한 전달력, 인상적 기억, 몰입과 감동 면에서 설명문보다 훨씬 우월하다. 따라서 묘사는 단순히 글솜씨 차원이 아니라 정보 전달력 차원에서 긴요하다. 특히, 기사는 무엇을 다루든 모두 현장의 기록이므로 어떠한 기사에서도 묘사는 필수적이다. 그런데도 기사에 묘사문이 별로 없는 것은 기자들이 묘사의 중요성을 모르고, 묘사문을 잘 구사하지 못하기 때문이다. 증거수집 방법으로서 보기의 핵심은 '관찰에 의한 묘사'라 할 수 있다.

두 번째 증거수집 방법인 듣기는 사람을 만나서 그의 말을 귀로 듣는 것, 즉 인터뷰다. 취재원을 인터뷰하여 얻은 말을 언론계에서 '코멘트'라고 한다. 역주행 교통사고가 났을 때, 기자는 경찰에게 사고 개요와 수사 방향을 알아보고 목격자를 수소문하여 사고 상황을 듣는다. 가해자나 피해자와 대화할 수 있다면, 그들에게 사고 과정을 물어보고 답변을 받아 둘 것이다. 이렇게 듣기 방법으로 증거를 수집하는 과정은 인터뷰와 코멘트의 연속이다. 코멘트는 기사에 직접인용이나 간접인용의 형태로 표현되는데, 아래의 예 ③은 직접인용이며 예 ④는 간접인용이다.

예 ③ 우상호 의원은 "정부는 야당을 향한 표적 수사를 멈춰야 한다"라고 말했다.

예 ④ 우상호 의원은 정부는 야당을 향한 표적 수사를 멈춰야 한다고 말했다.

직접인용은 큰따옴표 부호("~")까지 붙여서 사람들의 주목을 유도하므로 취재원의 말 중에서 중요한 말을 담아야 한다. 또한, 취재원의 말을 고치지 않고 그대로 인용해야 한다. 하지만, 비문非文 등은 첨삭할 수 있는데, 이 경우에도 첨삭은 절대로 말의 의미를 훼손

하지 않는 범위 내에서 극도로 엄격히 제한된다. 간접인용은 취재원의 말을 풀어쓴 것이며 큰따옴표가 없으므로 직접인용과 쉽게 구분된다.

대개 기자는 취재원과 '직접' 대화하므로 취재원이 한 말을 모두 직접인용해야 할 것 같지만, 그렇지 않다. 의외로 직접인용과 간접인용을 가르는 기준을 아는 사람은 거의 없다. 정답부터 말하면, 취재원의 말 가운데 의견정보는 직접인용하며, 사실정보는 간접인용한다. 다음의 예⑤는 사실정보이며 예⑥은 의견정보다.

예⑤ 이 도시에는 30층 이상 되는 고층 건물이 500채나 있다.
예⑥ 이 도시에 있는 고층 건물의 절반은 안전진단을 받아야 할 정도로 위험하다.

대개 사실정보는 기자가 다른 데서도 얻을 수 있지만, 의견정보는 해당 취재원에게서만 얻을 수 있다. 의견정보의 중요성이 사실정보보다 더 크므로 독자는 의견정보를 특별히 더 중요하게 받아들여야 한다. 따라서 거기에 큰따옴표 같은 부호를 붙여서 주목도를 높이고자 하는 것이다. 또한, 직접인용은 기자가 취재원의 말을 그대로 옮겼다는 점에서 그 말에 대한 책임을 온전히 취재원이 지도록 하는 효과를 낸다. 의견정보는 아직 검증되지 않은, 개인적 의견인 경우가 많으므로 책임소재를 분명히 할 필요가 있다. 그래서 예⑥은 문장에 취재원(김 의원)을 추가하여 "김 의원은 "이 도시에 있는 고층 건물의 절반은 안전진단을 받아야 할 정도로 위험하다"라고 말했다"라는 직접인용문으로 바꾸어야 한다.

세 번째 증거수집 방법은 찾기이다. 예를 들어, 역주행 교통사고가 특정 구간에서 자주 일어난다면 기자는 그 원인을 조사할 것이다. 사고 이력을 뒤져서 해당 구간의 지형에 이상이 있는지, 차선이나 신호체계에 문제가 있는지 등을 알아보며 전문가에게 자문을 얻고 인터넷 검색으로 자료를 찾아낼 것이다. 이런 찾기 작업은 상당 기간 준비하는 기획형 기사에서 더 광범위하고 심도 있게 수행된다. 기자들이 찾기 방법으로 수집한 증거들은 대개 기사에 설명문으로 표현된다.

요약하면, 기자의 증거수집 방법은 눈으로 관찰한 현장을 묘사하고, 인터뷰하면서 귀로 들은 코멘트를 인용하고, 직접 뒤져서 찾은 자료를 설명하는 것이다. 이 셋을 문장의 종류로 구분하면 각각 묘사문, 인용문, 설명문이다(〈표 5-1〉 참조).

증거수집 방법에서 유의해야 할 점이 있다. 증거를 수집하더라도 어떻게 하느냐에 따라 기사의 증거력이 달라지기 때문이다. 첫 번째 증거수집 방법인 보기의 경우, 기자가 현장을 보는 방법은 다양할 것이다. 기자는 현장에 한 번 가보는 것보다 자주 가야 더 좋으며, 되도록 현장에 오래 머물러야 더 많은 것을 관찰할 수 있다. 기자가 현장에서 본 바를 글로 옮기는 일을 묘사라고 했는데, 이는 말처럼 쉽지 않다. 묘사는 관찰력뿐 아니라 필력도 있어야 가능하다.

듣기 방법에도 유의해야 할 점이 있다. 듣기는 곧 취재원과의 인

표 5-1 **기자의 증거수집 방법 3가지**

	보기	듣기	찾기
수집 대상	눈으로 본 것	귀로 들은 것	뒤져서 찾은 것
수집 방식	관찰	인터뷰	자료조사, 분석
문장 종류	묘사문	인용문	설명문

터뷰이므로 기자가 누구를 만나는지가 관건이다. 기자라면 스스로 다음과 같은 질문을 해봐야 한다. '취재하면서 누구를 만났는가', '얼마나 많은 사람을 만났는가', '한쪽 편의 사람만 만났는가 아니면 여러 편의 사람들을 만났는가', '유력 인사만 만났는가 아니면 일반 시민도 만났는가' 등이다. 기자가 만나는 사람은 결국 기사에 취재 원으로 등장하는데, 취재원은 많고 다양할수록 좋다. 특히 갈등 사 안을 다루는 기사에는 반드시 이해관계가 서로 다른 여러 편의 사람 들이 모두 등장해야 한다.

기자가 만나는 사람을 '취재원'이라 칭하지만, 사안을 중심으로 보면 취재원은 사안의 이해관계자stakeholder이다. 기자는 이해관계자 개념을 최대한 확장해야 많은 당사자의 서로 다른 의견을 기사에 소 개할 수 있다(Kovach & Rosenstiel, 2021/2021). 따라서 독자도 그 부분에 주목하여 기사를 볼 필요가 있다. 예를 들어, 대학 입시의 기본적인 이해관계자는 고3 학생과 학부모, 교사, 입시정책을 다루 는 교육부 및 담당 공무원이지만, 조금만 넓히면 새로운 이해관계자 들이 많이 떠오른다. 고1~고2 학생, 중학생, 학원과 학원 강사, 교 재 출판사 등도 영향을 받을 대상이다. 한국에서 대학 입시가 전국 대부분 가정과 정부의 중대 사안임을 고려하면, 기자는 되도록 많은 이해관계자를 만나서 그들의 의견을 들어 보아야 한다.

취재원을 인터뷰하여 얻은 코멘트를 기사에 인용할 때도 유의해야 한다. 취재원의 말 중에서 어떤 말을 골라서 기사에 옮길지, 그 말을 기사에 얼마나 정확하게 옮길지도 매우 중요하다.

찾기 방법에도 유의해야 할 점이 있다. 예를 들어, 어떤 기관의 자료를 참조했는지, 그 자료는 얼마나 최근의 자료인지, 자료를 기사에 소개하면서 올바르게 해석했는지, 기사에 인용한 자료의 내용이 기사의 맥락과 부합하는지 등에 유의할 필요가 있다.

부연하면, 기사는 특정한 주제를 전달하는 글이며 기사에 포함된 정보는 주제를 증명하는 증거 자료다. 따라서 독자로서 눈여겨보아야 할 대목은 '기사에 얼마나 증거가 많은가?'이다. 증거의 우월성 preponderance of evidence, 즉 기사의 설득력과 신뢰성을 확보하는 데 증거 이상으로 중요한 것은 없다.

5. 뉴스의 제작과정

뉴스의 제작과정은 기자가 현장에서 사건을 접한 이후에 최종적으로 기사를 완성하는 과정을 아우른다. 이 과정은 '뉴스선별 → 게이트키핑 → 취재지시 → 정보수집 → 원고작성 → 원고첨삭'의 6단계로 이루어진다.

제 1단계는 뉴스선별 단계다. 언론사는 주요 현장에 기자를 배치하므로 제일 먼저 뉴스를 선별하는 사람은 현장에 있는 기자다. 기자는 뉴스를 선별할 때, 즉 어떤 사안을 접하고서 그것이 정말 뉴스인지 가늠할 때 몇 가지 뉴스 가치를 고려한다. 사안의 시의성, 저명성, 영향성, 신기성, 갈등성, 근접성, 인간적 흥미 등이 그런 예다. 어떤 사안이 시의적이면서 갈등적이고 저명한 인물이 연관되어 있어서 영향력도 크다면, 매우 큰 뉴스로 보도될 수 있다. 이처럼 뉴스 가치는 사안이 뉴스로 보도될 수 있는 정도를 뜻하는데, 여러 가치가 혼합되어 있으면 뉴스 가치는 급상승한다.

뉴스선별과 관련한 오랜 논쟁거리는 '언론은 수용자가 원하는 뉴스를 제공해야 하는가, 아니면 수용자에게 필요한 뉴스를 제공해야 하는가'이다. 수용자가 원하는 뉴스는 수용자가 알고 싶거나 보고 싶어 하는 뉴스이고, 수용자에게 필요한 뉴스는 수용자가 요구하지 않더라도 기자가 보기에 수용자가 알아 두면 좋겠다고 생각하는 뉴스다. 물론 수용자가 원하는 뉴스는 수용자에게 필요한 뉴스와 상당 부분 겹칠 것이다. 하지만 그렇지 않은 기사도 있다.

일반적으로 사람들은 자극적이고 간명한 뉴스를 가볍게 잘 소비하며 중대하고 복잡한 뉴스는 좀처럼 보지 않는다. 이런 현상은 모바일 환경에서 더 두드러진다. 사람들이 원하는 뉴스를 뉴스선별의 기준으로 삼는다면, 언론은 자극적인 뉴스를 양산하게 될 것이다. 이 불균형을 바로잡아 줄 수 있는 또 다른 기준이 바로 '수용자에게 필요한 뉴스'이다.

제 2단계인 게이트키핑gatekeeping은 뉴스선별이 연쇄적으로 일어나는 과정을 뜻한다(박재영 외, 2016). 현장의 일선기자가 어떤 사안을 접하고서 뉴스 가치가 있다고 판단하면, 직속 선배에게 그것을 보고한다. 보고받은 선배도 그 사안이 보도할 만하다고 판단하면 팀장에게 보고할 것이며 팀장은 차장 기자에게, 차장 기자는 부장에게 보고할 것이다. 대개 사회부장이나 정치부장 같은 부장 선에서 뉴스선별은 종결된다.

전체적으로 이 과정은 상향식이다. 팀장이나 차장, 부장은 현장의 일선기자보다 훨씬 더 경험이 많으므로 사안의 어떤 부분을 집중적으로 취재하고 어떤 부분은 유의해야 하는지를 더 잘 안다. 물론 시시각각 변하는 현장 상황은 일선기자가 가장 많이, 정확하게 알수 있다. 예를 들어, 대형 재난사고가 나면 현장의 일선기자는 뉴스가치가 있는 조각 정보를 수집하여 보고하고, 간부기자들은 그 조각들로 사고의 큰 그림을 맞춰 나간다. 그 과정에서 뉴스가 결정된다. 게이트키핑은 일선기자의 현장 정보와 간부기자의 경험이 결합하여 완성된다고 말할 수 있다.

제 3단계는 취재지시 단계다. 이 단계는 게이트키핑의 역순, 즉 하향식으로 진행된다. 뉴스선별의 결정권자인 부장이 차장이나 팀장에게 그 사안을 오늘의 뉴스로 다루기로 했다고 알려 주고, 차장이나 팀장은 일선기자의 선배기자에게, 선배기자는 일선기자에게 다시 취재지시를 한다. 대개 각 부서에서는 부장이 주재하고 간부기자들이 참여하는 회의를 하므로 부장과 간부기자들은 뉴스선별의 정보를 공유하며, 부장도 국장이 주재하는 편집회의에서 국장의 지시를 받게 된다. 상황이 긴박하면 현장의 일선기자는 보고와 동시에 취재지시를 받게 되므로 보고와 지시가 동시에 이루어진다.

제 4단계인 정보수집과 제 5단계인 원고작성은 대체로 현장에 있는 일선기자의 몫이다. 현장을 취재하는 기자는 앞에서 설명한 증거수집의 세 가지 방법을 활용하여 취재한다. 즉, 현장에서 관찰한 정보와 취재원을 인터뷰하여 얻은 코멘트, 그리고 자료를 조사하거나 분석한 내용을 혼합하여 기사를 작성한다. 보기, 듣기, 찾기의 세 가지 취재 방법을 편의상 구분하여 설명했지만, 실제로는 세 방법이 서로 도움을 주고받으면서 수행된다. 현장에서 관찰한 정보를 토대로 취재원을 인터뷰하거나, 인터뷰로 얻은 코멘트에 기초하여 자료를 뒤지는 식이다. 기자는 그렇게 다각도로 수집한 정보를 늘어놓고 교차검증도 하면서 원고를 작성한다.

제 2단계인 게이트키핑은 상향식이며 제 3단계인 취재지시는 하향식인데, 제 6단계인 원고첨삭은 다시 상향식이다. 일선기자가 작성한 초고는 직속 선배기자에게 전달되어 일차적으로 검수되며, 이어서 팀장, 차장, 부장의 연속적인 필터링 과정을 거치게 된다. 이 과정에서 원고에 포함된 사실 및 사실관계가 재확인되며 표현과 문장도 다듬어진다. 원고는 이렇게 이중삼중으로 걸러진 다음에야 편집 단계로 넘어가서 최종적으로 대중에게 노출된다.

요약하면, 뉴스 제작과정은 '연속 필터링' 과정으로 이루어진다 (〈그림 5-1〉 참조). 어떠한 유형의 콘텐츠도 뉴스만큼 중첩적으로,

그림 5-1 **뉴스 제작의 연속 필터링 과정**

상향식
보고

하향식
취재 지시

상향식
첨삭

엄밀하게 검수되지는 않을 것이다. 요즘이 1인 미디어의 시대라고 하지만, 1인 미디어의 뉴스가 과연 이렇게 엄밀한 과정으로 생산되는지 의문이다. 아무래도 기자가 많고, 취재 경험도 많으며, 전통이 오래된 대형 매체의 뉴스 제작과정이 더 엄밀할 가능성이 크다.

6. 한국 언론의 역사적 특수성과 뉴스의 역할

한국 언론과 해외, 특히 영미권 언론은 상당히 다르다. 한국 최초의 신문은 〈한성순보〉인데, 이 신문은 조선 황실 자금으로 제작된 일종의 관보官報였다. 2 최초의 민간신문인 〈독립신문〉은 제호에서 알 수 있듯이 국가 독립에 이바지하고자 했다. 영미 언론에서 이런 모

---

2 한국 언론의 역사는 정진석 한국외국어대 명예교수가 제작한 '한국 언론과 현대사'(3부작), '역사의 목격자 한국 언론'(10부작) 등의 유튜브 영상에 자료사진과 함께 상세하게 소개되어 있다.

습은 도저히 찾아볼 수 없다. 영미 언론에서 뉴스는 상품, 즉 사람들이 일상생활에 필요하여 구입하는 일반적인 제품이었다. 그에 비해 한국 언론에서 뉴스는 '대의명분의 도구' 역할을 했다. 이런 특성은 한국 언론계 초창기 인사들이 개화 지식인이라는 점과 연관된다. 많은 선각자와 문인, 독립투사들이 언론계에 진출하여 당시 한국 사회의 근대화와 계몽, 독립을 주창했다. 그래서 이들은 언론인이자 애국지사이며 계몽주의자이자 사회운동가였다. 언론계에서는 물론이고 시민들 사이에서도 언론의 비판적 지사주의志士主義가 강조되는 것은 한국 언론의 탄생 배경과 무관치 않다. 하지만, 이런 탄생 배경은 한국 언론에 커다란 그림자를 드리웠다.

언론이 대의명분에 이바지해야 한다는 의식이 강해지면 언론 스스로 과도한 사회적 책임감을 느끼게 되며, 그런 의식은 관찰자에 머물지 않고 사안에 개입하려는 충동으로 이어진다. 요즘 언론계에 파다한 정파성政派性은 바로 이런 역사적 특수성에 기인한다. 언론이 사회와 국가를 위해 의미 있는 일을 해야 한다는 의식이 과도하다 보니 제삼자로 머무는 데 만족하지 않고 일종의 주창자가 되는 데 대해 별다른 거부감을 갖지 않는다. 영미권 언론에 이런 경향성이 전혀 없지는 않지만, 기본적으로 그들은 중립적 관찰자 위치를 유지하려는 속성이 워낙 강하다. 한국 언론은 탄생부터 언론이 가장 경계해야 할 위험지대를 넘나들었다고 말할 수 있다.

7. 뉴스 인식의 변화와 뉴스의 새로운 역할

그간에 뉴스는 '무슨 일이 일어났는가?' 또는 '누가 무슨 말을 했는 가?'에 대한 답을 제공했다고 말할 수 있다. 하지만 요즘에 매체 수 는 폭발적으로 늘었으며 1인 유튜버도 사건의 발생을 기존 언론 못 지않게, 때로는 더 즉각적이고 생생하게 보도한다. 국내외 언론학 계는 이런 미디어 환경 변화와 사람들의 인식 변화를 고려하여 언론 의 새로운 역할을 제시하고 논의해 왔다.

우선, 최근 현장 목격자 역할이 다시 강조되고 있다. 현장 목격은 원래 중요했지만, 디지털 시대에 기자들이 현장에 가기보다 웹이나 앱을 뒤지고 전화 취재에 의존하면서 새롭게 재강조되었다. 예나 지 금이나 현장 목격은 기자를 전문직으로 만드는 결정적 요소다. 독자 로서는 기사를 읽을 때 기자가 현장에 가서 취재했는지를 유심히 살 펴보아야 한다. 현장 취재의 한 증거는 기자가 사건의 장면이나 사 람들의 움직임을 생생하게 표현한 묘사문이다.

새롭게 강조되는 또 다른 역할로 진실확인자 역할을 들 수 있다. 요즘에 유력 인사가 한마디 말만 해도 자극적 제목과 함께 크게 보 도되는데, 사실 그런 뉴스로는 언론이 시민사회에 이바지한다고 말 하기 어렵다. 누가 무슨 말을 했는지가 중요하지 않다는 뜻이 아니 라, 누가 무슨 말을 하든 그 말의 진위를 보도하는 것이 더 중요하다 는 뜻이다. 기자들은 말끝마다 팩트fact라고 하면서 마치 팩트에 목 숨을 거는 것처럼 보이지만, 그 팩트는 '유력 인사가 특정한 말을 했다는 것'뿐이다. 하지만 정작 중요한 것은 '유력 인사가 한 그 말이 얼마나 참인가?'이다. 인물이 어떠한 말을 했다는 것은 사실의 영역이며 그 말의 진위를 가리는 것은 진실의 영역이다. 당연히 기자는 사실에 머물지 말고 진실을 찾아야 한다.

의미부여자 역할도 중요하다. 이는 사건 자체를 알리는 것에 더하여 사건이 지니는 의미를 보도하는 역할이다. 뉴스는 사회의 변화를 알리는 일종의 시그널signal이다. 어떠한 사건이 발생했다면 분명히 그 배경이 있으며 언론은 그것을 파헤칠 의무가 있다. 언론이 이 역할을 잘 수행하면 자연스럽게 맥락 보도라는 목표도 달성할 수 있다. 기사가 사건의 맥락을 제공한다는 것은 더 많이 취재하고, 사실을 추가하고, 시각을 확대하고, 관점을 추가한다는 뜻이다(Kovach & Rosenstiel, 2021/2021). 의미부여자 역할은 주장을 펴거나 설득을 하는 일과 다르며, 사람들에게 무엇을 생각하라고 요구하지도 않는다. 의미부여자로서 기자는 사건을 맥락에 집어넣어서 정보를 지식으로 만드는 사람이라 할 수 있다.

최근에 가장 주목받는 언론의 역할은 교감交感 추구자 역할이다. 사람들의 뉴스 이용 동기를 분석한 몇몇 연구는 사안과 객관적 거리를 두는 '관객자 동기'가 아니라 사안의 맥락을 파악하면서 공감하는 '교감자 동기'가 뉴스 소비에 더 큰 영향을 주고 있음을 발견했다(박재영 외, 2016). 공정성이나 객관성은 저널리즘의 진실 추구를 위한 중요한 가치이지만, 개념이 모호하고 실천적 합의점을 찾기도 쉽지 않다. 이에 비해 공감, 교감, 연민, 정동情動, affect 등의 개념은 사람들에게 훨씬 더 친숙한데도 상대적으로 덜 주목받았다. '좋은 기사'의 조건을 조사한 최근의 한 연구도 젊은이들이 자기가 공감하고 교감할 수 있는 기사에 더 열정적으로 반응한다고 보고했다(박서연, 2022). 요즘의 언론은 이성 중심의 공론장 기능뿐 아니라 공감을 바탕으로 한 감성 공론장 기능도 할 필요가 있다. 결국 기자는 수용자와 정서적 소통을 북돋우는 사람이므로 그들과의 상호교감과 의미 공유를 통해 더 높은 수준의 저널리즘을 달성할 수 있다.

8. 좋은 뉴스의 조건

'좋은 뉴스'에 대해 합의된 정의는 없지만, 국내외 학자들의 주장을 종합하여 다음과 같은 몇 가지 조건을 제시할 수 있다.

1) 제목의 직접인용구

제목에 직접인용구가 있으면 좋은 기사가 될 수 없다. 국내 매체의 앱이나 웹 그리고 포털을 보면 제목에 직접인용구가 있는 기사가 즐비하다(좋은 저널리즘 연구회, 2018: 145~147 참조). 전형적 예는 다음과 같다.

- 국민의당, "야권통합 안 한다"

- 택시 기사 무차별 폭행해 놓고 "만취해 기억 안 나"

반면 영미권 언론사의 경우 어떠한 기사 제목에도 직접인용구가 없다. 이 놀라운 차이가 발생하는 배경은 의외로 간단하다. 영미권 언론사는 기사 제목에 직접인용구를 쓰지 못하도록 하고 있다. 제목의 직접인용구가 심각한 폐해를 낳기 때문이다(좋은 저널리즘 연구회, 2021: 189~200 참조).

제목의 직접인용구는 독자의 시선을 끌려는 선정주의 욕구의 산물이다. 제목에 있는 큰따옴표는 독자에게 시각적 자극을 주어서 기사에 무언가 특별한 내용이 있는 것 같은 착각을 유발한다. '제목 장사'라는 비하적 표현에서도 알 수 있듯이 그런 제목의 기사를 읽어 보면 정작 본문에는 제목에 있는 정보 외에 별다른 내용이 없다. 이처럼 큰따옴표는 제목의 극적 효과를 높이는 강력한 표현 도구인데, 그런 만큼 필연적으로 공정성 시비를 유발한다. 누군가의 말을 제목에서 일방적으로 크게 부각함으로써 해당 사안에 대한 여러 다른 견해를 배제하는 결과로 이어지기 때문이다.

무엇보다도, 제목의 직접인용구는 기자와 언론사가 큰따옴표 뒤에 숨어서 책임을 회피하는 도구로 활용된다. 기자는 직접인용구의 내용이 진실임을 취재하여 입증해야 함에도 그저 취재원이 그 말을 했다는 사실보도에 안주한다. '누가 어떠한 말을 했는가'를 전달하는 선에서 기자의 임무는 그쳐도 된다는 안이한 인식이 이 관행에 녹아 있다. '따옴표 저널리즘', '받아쓰기 저널리즘' 또는 '취재원의 말을 중계하는 보도'란 비판론의 중심에 제목의 직접인용구가 있다.

2) 익명 취재원

기사에 익명 취재원이 있으면 좋은 기사가 될 수 없다. 기사의 생명은 정확성이므로 취재원은 실명으로 보도되어야 한다(좋은 저널리즘 연구회, 2021: 176~181 참조). 기자들은 취재원을 보호하기 위해 어쩔 수 없이 익명을 쓴다고 하지만, 막상 익명으로 보도하면 예기치 않은 더 큰 피해가 발생한다. 예를 들어, 스캔들에 휩싸인 여자 연예인을 'ㄱ 씨'로 보도하면, 초성이 'ㄱ'인 모든 성씨(김, 곽, 가, 감, 강, 고, 구 등)의 사람들이 구설에 오르게 된다. 해당 연예인 1명을 보호하려다 훨씬 더 많은 연예인에게 피해를 주는 결과를 낳는다. 그래서 익명 취재원은 불가피한 상황에서만 제한적으로 허용되어야 한다. 또한, 익명 취재원을 쓸 수밖에 없는 불가피한 상황이더라도 기사에 맨 처음 등장하는 취재원은 실명이어야 한다. 대개 첫 번째 취재원은 기사의 토대가 되는 정보를 제공하는 사람이므로 적어도 그 사람만큼은 실명으로 보도해야 한다.

익명 취재원은 정보의 신뢰도, 나아가 기사 전체의 신뢰도를 떨어트리는 주범이다. 그런데도 국내 신문은 익명 취재원 인용을 남발하고 있다. 한국, 미국, 영국, 일본의 대표 신문들을 비교해 보면, 한국 신문에서 익명 취재원이 가장 많이 발견된다(좋은 저널리즘 연구회, 2018). 익명으로 표현하는 양태도 매우 다양하다. 다음의 예들과 같이 '진정인들', '교사들' 같은 복수의 인물이나 가명, '본지 취재를 종합하면'이라는 표현도 익명 취재원에 해당한다.

- 김모 씨, 박모 씨, A 씨, B 씨, ㄱ 씨, ㄴ 씨, 박 아무개, 김 아무개
- 청와대 핵심관계자, 국토부 고위관계자, 복수의 청와대 관계자
- 고위 당직자, 모 정당 당직자, 민주당 중진의원
- 20년 경력의 한 여성 미술가, 한 지질전문가, 또 다른 전문가
- 진정인들, 교사들
- 홍길동 씨(가명)
- 본지 취재를 종합하면

3) 익명의 직접인용구

익명 취재원은 그의 말이 기사에 인용될 때 더 큰 문제점을 낳는다. 직접인용이든 간접인용이든 인용문은 결국 '누가 무슨 말을 했는가?'인데, 첫 번째 요소인 '누가'는 말을 한 사람, 즉 화자이며 두 번째 요소인 '무슨 말'은 그가 한 말의 내용이다. 다음 예문에서 주어 '이준석'은 화자이며 큰따옴표로 묶인 내용은 그가 한 말이다.

- 이준석 국민의힘 대표는 17일 윤석열 대통령에 대해 "'보수의 노무현' 같이 되고 있다"고 말했다.

저널리즘에서 '누가'에 해당하는 부분을 적시attribution라고 하며 '무슨 말'에 해당하는 부분을 인용quotation이라고 한다. 이 둘 중에 적시가 인용보다 더 중요하다. 저널리즘에서는 소스source가 무엇보다도 중요하기 때문이다. 앞의 예문에서 인용 부분을 누가 말했느냐에 따라 뉴스의 파장은 달라질 수 있다. 만일 화자를 익명으로 보도한다면 더 큰 혼란을 초래할 것이다. 하지만 익명 취재원의 직접인용구는 거의 모든 기사에서 발견될 정도로 만연하다(좋은 저널리즘 연구회, 2018). 전형적 예는 다음과 같다.

- 한 중진의원은 "지금 소송을 벌이겠다는 것은 일부 강경파의 주장일 뿐 당의 공식 입장은 아니다"라고 말했다.
- 인사혁신처 관계자는 10일 "각 대학 총장에게 자율성을 100% 부여하고 있기 때문에 지역인재 전형에 학생을 추천한 전국 128개 대학이 어떤 기준으로 학생들을 추천했는지에 대해선 알지 못한다"고 밝혔다.

방송뉴스에도 익명 취재원 문제가 있다. 방송뉴스에 '블러blur' 또는 '모자이크'란 말이 있는데, 이는 화면 변조나 음성 변조, 즉 사람의 얼굴을 가리거나 음성을 실제와 다르게 바꾼다는 뜻이다. 한국 방송뉴스에서는 블러 사례가 다수 발견되지만, 놀랍게도 미국, 영국, 일본 방송뉴스에서는 전혀 발견되지 않는다(좋은 저널리즘 연구회, 2020: 155~183 참조).

저널리즘의 기본 원칙은 '취재원의 익명 요청을 받아들이지 않는다'이다. 하지만 도저히 취재원을 실명으로 보도할 수 없는 상황이 있다. 취재원의 신원이 밝혀지면 당장 신체적, 경제적 피해를 볼 수 있거나, 취재원의 신원을 가림으로써 더 큰 사회적 이익을 얻을 수 있을 때가 그런 경우다. 또한 내부고발자는 오히려 언론이 나서서 신원을 보호해야 하는데, 이때에도 익명으로 보도할 수밖에 없다. 이런 취재원은 익명 취재원anonymous source과 구분하여 기밀 취재원 confidential source이라고 한다.

4) 부정적 내용을 담은 익명의 직접인용구

익명 취재원의 직접인용구는 종종 부정적 내용을 담기도 한다. 취재원이 자신의 이름을 밝히지 말라고 하면서 어떠한 대상을 공격하거나 비방하는 말을 하고, 기자가 그 말을 그대로 보도하는 경우다. 전형적 예는 다음과 같다.

- 김모 교수는 "위드코로나와 관련하여 국민이 겪는 혼란은 질병관리청의 모호한 의사결정에 기인한다"고 주장했다.
- 서울시교육청 관계자는 "그런 논리라면 지방자치제를 하지 말자는 것과 다름없다"며 "정부가 법으로 누리과정 예산을 의무지출경비로 못 박은 것도 교육감의 예산 편성권을 막은 것"이라고 반박했다.
- 한 면세점 관계자는 "불과 5개월 내에 면세점 수를 확대할 것인데도

기존 면세점들을 탈락시켜 혼란이 커졌다"면서 "특허권을 쥔 정부가 권한을 계속 유지하려 하면서 정치적 고려를 하는 바람에 벌어진 일"이라고 비판했다.

이처럼 공격적이거나 비방적인 말을 익명으로 보도하면 결국 언론은 특정한 인물이나 세력에게 활용당하는 꼴이 된다(좋은 저널리즘 연구회, 2021: 182~188 참조). 따라서 취재원이 상대방을 향해 부정적인 발언을 한다면, 더욱 실명 보도의 원칙을 지켜야 한다.

5) 다수의 취재원

기본적으로 기사에는 여러 사람이 등장해야 좋다. 기자는 타인의 경험을 소개하고 의견을 전달하므로 취재원은 많을수록 좋다(물론 취재원이 한쪽으로 편중되면 안 되는데, 이 부분은 다음에서 설명한다). 이 원칙은 모든 유형의 기사에 적용된다. 인물 기사도 예외가 아니다. 인물 기사는 인물의 이야기라서 기사에 주제 인물만 있어도 된다고 하겠지만, 이는 저널리즘을 오해한 잘못된 생각이다. 정작 인물 기사에서 기자가 해야 할 일은 인물이 하는 말의 진위를 가리는 것이므로 기사에 다른 사람이 등장하여 인물을 검증해야 한다. 즉, 인물의 말을 정확하게 옮기는 것만으로 객관 보도가 달성되지는 않으며 오히려 그의 말을 다른 사람을 통해 재확인하는 것이 객관 보도다. 이를 삼각확인triangulation의 원칙이라고 한다. 이렇게 보면, 기자가 인물과 대담을 하고 문답형으로 적는 인터뷰 기사는 근본적으로 잘 못됐다. 영미권 언론에는 이런 한국식 인터뷰 기사는 없으며 평전 형식으로 인물을 조명하는 프로파일profile 기사가 있다(박재영, 2020: 265∼275 참조).

6) 복합적 관점의 기사

언론은 특정한 사람이나 세력을 편드는 일을 하지 않으므로 반드시 기사에 서로 다른 입장들이 함께 제시되어야 한다. 언론이 다루는 거의 모든 사안이 갈등적임을 상기하면, 이해관계가 서로 다른 당사 자들의 의견, 특히 반대편의 의견을 충분히 보도하는 것은 무엇보다 중요하다. 이처럼 여러 관점이 포함된 기사를 복합적 관점의 기사라 고 한다. 특정한 한 가지 입장이 기사 전체 분량의 3분의 2 이상을 차지하지 않으면서 다른 입장도 충분히 제시되어야 복합적 관점의 기사라 할 수 있다(좋은 저널리즘 연구회, 2018).

7) 주제를 다각도로 증명하는 기사

증거수집의 방법 3가지(보기, 듣기, 찾기)를 두루 사용한 기사가 좋 은 기사다. 다시 말해, 한 가지 방법에만 의존한 기사는 그다지 좋 다고 말하기 어렵다. 기자가 현장을 방문하여 자기의 눈으로 관찰하 고, 사안의 당사자를 만나서 답변을 듣고, 관련 자료를 수집하고 분석하는 일까지 했다면 주제를 다각도로 증명한 기사라 할 수 있다. 또한, 각 방법도 한 번에 그치지 말고 여러 번 수행하면 더 좋다. 예를 들어, 한 현장을 여러 번 방문하면 더 좋으며 비슷한 현장 여러 곳을 방문하면 더 좋다. 자료 찾기도 당사자나 관계자의 개인 문서, 수사기관의 기록, 여타 정부기관의 공문서, 기업의 문서, 전문가의 분석 결과 등 다양할수록 좋다. 한국 기사는 한두 종류의 증거에만 의존하여 작성되지만, 미국 기사는 세 종류 이상의 증거를 활용한 기사가 75%나 되며 다섯 종류의 증거를 활용한 기사도 있다(남재일 ·박재영, 2020). 미국 기사는 다양한 경로로 여러 종류의 증거를 수집하여 주제를 입체적으로 증명한다고 말할 수 있다.

8) 직접인용구의 주관적 술어

직접인용구가 포함된 문장의 술어는 다음의 예 ①에서 '말했다'인데, 이를 예 ②처럼 '해명했다'로 바꾸면 어감이 달라져서 마치 기재부 관계자가 무언가 잘못한 느낌이 든다.

예 ① 기재부 관계자는 "로또 1등 당첨자가 역대 가장 많은 50명이 나온 데 대해 조작 가능성은 전혀 없다"고 말했다.

예 ② 기재부 관계자는 "로또 1등 당첨자가 역대 가장 많은 50명이 나온 데 대해 조작 가능성은 전혀 없다"고 해명했다.

다음의 문장들은 '촉구했다'와 '압박했다'라는 술어 때문에 기자의 주관이 개입됐다는 오해를 살 수 있다.

- 대통령은 "올해는 노동개혁을 반드시 완수하고 현장에 정착시킬 수 있도록 노사의 결단이 있어야 한다"고 촉구했다.
- 임 위원장은 특히 "한국은행이 나서라는 지적에 100% 동의한다"며 한은을 압박했다.

이와 같은 술어를 직접인용구의 주관적 술어라고 하는데, 국내 신문기사에서 무척 다채롭게 발견된다. 다음의 예는 그 일부에 불과하다. 기자들은 이런 변화무쌍한 표현을 필력으로 여기지만, 그것은 무지에서 나온 오해다. 오히려 이런 표현을 쓰지 않아야 좋은 문장의 기사다. 독자는 이런 표현을 보면서 불필요한 추측을 하게 되고, 기사가 주관적이라고 여기게 된다. 직접인용구의 술어로는 '했다', '말했다', '밝혔다', '덧붙였다'의 4개가 제일 좋다. 이들은 가치 중립적 표현이고, 다음의 예들은 가치 개입적 표현이다.

주장했다, 강조했다 / 단언했다, 단정했다, 일축했다 / 지적했다, 꼬집었다, 짚었다, 비판했다, 비난했다, 일침했다 / 설명했다, 해명했다, 반발했다, 항변했다 / 지시했다, 요구했다, 주문했다, 다그쳤다 / 당부했다, 호소했다, 바람을 나타냈다, 하소연했다, 아쉬워했다, 안타까워했다 / 요구했다, 촉구했다, 경고했다, 으름장을 놨다 / 항의했다, 받아쳤다, 반박했다, 반발했다, 맞받았다, 맞대응했다, 맞장구를 쳤다 / 우려했다, 우려를 표명했다 / 인정했다, 반성했다, 의혹을 부인했다, 의아해했다, 의혹을 제기했다 / 토로했다, 귀띔했다, 입을 모았다, 혀를 내둘렀다, 말을 아꼈다, 선을 그었다, 즉답을 피했다, 불쾌감을 표시했다, 목소리를 높였다, 말을 제대로 잇지 못했다 / 자조적인 태도를 보였다, 완화된 어조로 나왔다, 신중한 반응을 보였다, 소리를 지르기도 했다, 강한 불쾌감을 표시했다, 추어올렸다, 한숨을 쉬었다

9) 무주체 피동형 문장의 주관적 술어

저널리즘에서 소스, 즉 말을 한 사람이나 자료의 출처가 제일 중요하다고 앞에서 설명했는데, 피동형 문장이라면 행위의 주체를 알 수 없으므로 좋은 문장이 될 수 없다. 다음의 예 ①에서는 누가 그런 전망을 했는지, 예 ②에서는 누가 그런 지적을 했는지 알 수 없다.

예 ① 윤 장관의 방러는 취임 이후 처음으로 세르게이 라브로프 러시아 외교부 장관과 회담을 갖는 등 대북 압박 외교를 이어갈 것으로 전망된다.

예 ② 그러나 '과거 문제'에는 전력을 쏟아 싸우면서 정작 노동개혁과 경제 활성화법 등 '오늘의 문제'에는 손을 놓고 있다는 지적이 나온다.

이처럼 행위의 주체가 없는 피동형 문장은 국내 신문기사에서 흔히 발견된다. 방송뉴스도 마찬가지다(좋은 저널리즘 연구회, 2020: 263~266 참조). 다음의 예는 그 일부에 불과하다.

알려졌다, 전해졌다, 주장이 나오고 있다, 의혹이 일고 있다, 의문도 제기된다, 전망된다, 관측이 나오고 있다, 예상된다, 추정된다, 우려가 제기되고 있다, 가능성도 거론되고 있다, 관심이 모아지고 있다, 지적이 제기되고 있다, 비판이 나오고 있다, 평가도 나온다

10) 묘사문이 많은 기사

앞에서 기사 문장의 3종류는 묘사문, 인용문, 설명문이라고 했다. 다음 예문에서 ①은 묘사문이며, ②는 인용문이고, ③은 설명문이다. 묘사문이 제일 많고, 그다음으로 인용문이 많으며 설명문은 제일 적은 기사가 좋은 기사다. 하지만 실상은 그 반대로, 인용문이나 설명문이 많으며 묘사문은 거의 없다.

400m 정도 올라가 송 씨와 함께 쓰레기를 수거통에 담아 하산하기 시작한다. (①) 생선뼈, 과일껍질, 먹다 남은 밥, 식빵 썩은 것 등. (①) 이어 한 50대 주부가 수거통을 열어 음식쓰레기를 직접 담아 준다. (①) "저런 고마운 분들도 있어요."(②) 10집 중 9집은 음식물과 일반 쓰레기를 분리해 내어 둔다. (③)

11) 숫자가 적은 기사

숫자의 정보전달력이 상당히 좋을 것 같지만, 실제는 그 반대다. 이는 우리가 기사를 읽은 후에 기사에 포함된 숫자를 기억하지 못하는 것을 봐도 알 수 있다. 기사는 교과서가 아니며 사람들은 기사를 교과서처럼 읽지 않는다. 오히려 숫자는 글 읽기를 방해하는 주범이다. 따라서 되도록 숫자를 적게 쓴 기사가 좋은 기사다. 꼭 숫자가 필요하다면, 인포그래픽으로 처리하면 된다.

12) 독자가 꼽은 그 외의 좋은 기사 조건들

최근 한 조사에서 젊은이들은 기사를 읽고 다음과 같은 느낌을 받았을 때 좋은 기사라고 답했다(박서연, 2022).

- 재미있는 기사
- 술술 읽히는 기사
- 몰입시키는 기사, 흡인력 있는 기사
- 미학적, 문학적 표현과 오감을 자극하는 문장의 기사
- 읽은 후에 기억되는 기사
- 감동을 주는 기사
- 사안에 대해 생각하도록 도와주는 기사
- 지인에게 추천(공유)하고 싶은 기사, 구매하고 싶은 기사

- 뻔하지 않은 기사, 사안을 보는 관점이 관습적이지 않은 기사

참고문헌

남재일 · 박재영(2020), 한 · 미 탐사보도 성격 비교 연구, 〈언론과학연구〉, 20
    권 3호, 5~45.
남재일 · 이재훈(2013), 《저널리즘 글쓰기의 논리》, 파주: 커뮤니케이션북스.
박서연(2022. 6. 21.), '동네 목욕탕 찾고, 마포대교 걷고' 독자들 칭찬 받는 좋
    은 기사는, 〈미디어오늘〉. http://www. mediatoday. co. kr/news
박재영(2020), 《뉴스 스토리: 내러티브 기사의 작법과 효과》, 서울: 이채.
박재영 외 14인(2016), 《저널리즘의 지형: 한국의 기자와 뉴스》, 서울: 이채.
좋은 저널리즘 연구회(2018), 《기사의 품질: 한국 일간지와 해외 유력지 비교
    연구》, 서울: 이화여대 출판문화원.
_____(2020), 《텔레비전 뉴스의 품질: 국내외 방송사의 텔레비전 뉴스 비교
    연구》, 서울: 이화여대 출판문화원.
_____(2021), 《버려야 할 관행, 지켜야 할 원칙: 취재보도 바로 세우기》, 서
    울: 이화여대 출판문화원.

Kovach, B., & Rosenstiel, T. (2021), *The elements of journalism* (4th Ed.),
    New York, NY: Three Rivers Press. 이재경 역(2021), 《저널리즘의
    기본원칙》(4판), 서울: 한국언론진흥재단.

6장

질문의 힘

김사승(숭실대)

1. 들어가는 말: 의사결정을 위한 질문

뉴스 생산의 주체인 저널리스트는 의사결정의 연쇄고리에서 벗어나지 못한다. 이슈를 확정하고 관련 정보를 수집한 다음 다양한 대안들을 평가해 이들 가운데 가장 적합한 것을 선택하기 위해 언제나 의사결정을 해야 한다. 주제에 대한 판단, 팩트 선택의 판단, 팩트를 뉴스스토리에 포함시킬 것인지에 대한 판단 등 모든 취재보도 행동은 의사결정에 의해 이루어진다. 사건의 차별성이나 뉴스스토리의 차별성을 위해서도 저널리스트는 의사결정을 내려야 한다. 그래서 셰리든 번스는 뉴스 생산은 복잡하고 연속적인 의사결정 프로세스 속에서 이루어진다고 주장했다(Burns, 2002). 뉴스 생산은 끊임없는 의사결정의 연속이다. 그리고 다른 의사결정과 달리 저널리즘

의 의사결정은 뉴스 생산 진행 중에 일어나는 프로세스on-going process
이기 때문에 복잡하고 어렵다.

의사결정 프로세스는 무엇보다 정보에 초점을 맞춘다(University
of Massachusetts Dartmouth, 2018). 첫 단계에서는 의사결정의 대
상을 확정한다. 문제의 본질을 정확하게 정의하는 것이 핵심이다.

두 번째 단계는 관련 정보를 수집하는 단계다. 어떤 정보가 필요
하고 어떤 소스가 적합하며 이를 어떻게 확보할 것인지 결정해야 한
다. 어떤 정보는 이미 갖고 있는 내부정보일 수도 있다. 어떤 정보
는 외부에서 수집해야 한다. 적확하고 적합한 정보수집 방법을 결정
해야 한다.

세 번째 단계는 대안을 확정하는 것이다. 역시 정보를 수집하면
서 가능한 대안들을 파악해 낼 수 있다. 대안들을 가려내는 의사결
정을 내리는 단계다. 이 의사결정을 바탕으로 대안 목록을 만들어야
한다.

네 번째 단계는 증거를 평가하는 것이다. 수집한 정보를 문제해
결에 적용할 경우 어떤 결과를 얻을 수 있을지 평가하는 것을 말한
다. 첫 번째 단계에서 확정한 문제를 해결하는 데 필요하고 적합한
지 평가해야 한다. 대안들의 적합도 순위도 판단할 수도 있다.

다섯 번째는 최선의 대안을 선택하는 의사결정이다. 증거들을 평
가하고 나면 가장 적합하다고 판단된 대안을 선택할 수 있다. 하나
의 대안이 아니라 복수의 대안들을 결합해 새로운 대안을 구성할 수
도 있다.

여섯 번째 단계는 대안을 실행으로 옮기는 것이다. 실행과정에서 일어나는 모든 일에 의사결정을 내려야 한다.

일곱 번째는 의사결정의 결과에 대해 사후검토하는 단계다. 검토 역시 평가와 판단의 의사결정을 요구한다. 뉴스 생산이 이 단계들을 모두 거친다고는 할 수 없다. 그러나 그 과정에서 저널리스트는 의사결정 프로세스의 많은 문제들을 겪을 수밖에 없다.

저널리스트는 자신의 내재적 지식에 근거해 의사결정을 내리지 않는다는 점에 주목해야 한다. 연구자들처럼 축적된 체계적 지식이나 정보들을 갖고 있지 않다. 뉴스 생산에 필요한 지식은 외부에서 가져와야 한다. 그렇다고 뉴스 생산의 관행이나 규칙, 관습 등에 의존해 모든 문제의 의사결정을 내릴 수 있는 것도 아니다. 매 순간 일어나는 개별적이고 구체적인 문제를 해결할 수 있는 독자적인 방법을 찾아낸다. 렘쿨과 피터스가 저널리즘을 문제해결을 위한 의사결정 프로그램이라고 주장한 것도 저널리스트의 이런 속성을 지적한 것이다(Lehmkuhl & Peters, 2016).

저널리스트의 의사결정 프로그램은 독특한 지식생성 프로세스를 통해 이루어진다. 그것은 바로 질문이다. 예를 들어 데이터 저널리스트의 질문을 보자. 이 데이터를 신뢰할 수 있는지, 시각화가 데이터를 이해하는 데 도움을 주는지, 시각화가 기대한 대로 이루어졌는지, 데이터에 모든 질문에 대한 답이 있는지, 데이터에 공익과 부합하는 스토리가 있는지 등의 질문과 이에 대한 대답을 바탕으로 뉴스 생산이 진행된다. 질문을 통해 관련 정보들을 평가하고 걸러내고 조직화한다. 그 전에 질문에 대해서 숙고한다. 이렇게 함으로써 의사결정의 근거로 내밀 수 있는 가장 만족할 만한 답을 얻어 낸다. 질문이 없다면 저널리스트의 의사결정도 뉴스 생산 프로세스도 없다.

말하자면 뉴스 생산은 일련의 질문들로 구성된 프로세스다. 질문은 취재보도 과정에서 끊임없이 생겨나는 문제를 해결하기 위해 반드시 요구된다. 뉴스스토리는 질문이라는 의사결정 프로그램에 의해 미리 정해진 일종의 자동화된 관행의 결과물이라고 할 수 있다. 취재원으로부터 뉴스 자원을 확보하는 방법은 질문이 전부다. 저널리스트는 어떤 문제든 해결의 의사결정에 필요한 정보를 얻어 낼 수 있는 적합한 질문을 던질 수 있어야 한다. 저널리스트는 질문을 통해 사건을 다룬다. 저널리즘은 곧 질문이다.

이 장은 뉴스 생산이 본질적으로 저널리스트의 질문을 바탕으로 진행되는 프로세스라는 인식에서 출발한다. 뉴스 생산과 관련된 저널리스트의 질문에 대한 이해를 연구목적으로 삼는다. 이를 위해 질문의 목표, 질문의 역량, 질문의 전략, 그리고 질문의 구체적 실천인 인터뷰의 의미와 기법 등을 분석하고자 한다.

2. 질문의 목표

저널리스트가 행하는 질문의 목적은 분명하다. 뉴스지식을 생성하는 것이다. 지식 생성은 정보 확보를 겨냥한 질문에서 시작한다. 질문은 빠진 정보, 필요한 정보 등 취재목적에 부합하는 정보를 수집하는 데 초점을 맞춘다. 정보 확보를 위한 질문은 저널리스트뿐만 아니라 연구자를 비롯해 정보 확보를 목적으로 하는 모든 사람들이 갖추어야 하는 필수 역량이다. 질문의 종류와 조건이 다를 뿐이다.

그런데 어떤 질문자나 한계를 갖고 있다. 연구자는 방법론의 한계를, 저널리스트는 생산조건의 제약을 안고 질문에 임한다. 연구자는 연구환경이나 조건의 제약을 내세워 특정한 질문은 아예 질문의 영역에서 밀어낸다. 저널리스트 역시 마감시간, 생산관행 등의 제약을 핑계로 질문이 제한될 수밖에 없음을 강변한다. 이들은 한계를 고백함으로써 질문의 부실함에 대한 비판을 방어하고자 한다.

좋은 질문을 하자면 질문 준비를 단단히 해야 한다. 즉, 사전지식이 충분해야 한다. 연구자들의 질문을 보자. 연구자들은 정해진 연구주제와 관련된 질문을 사전에 구성한다. 기존 연구에 대한 분석을 바탕으로 질문을 만든다. 질문에서 얻은 답을 분석할 때는 질문과 체계적으로 연결할 수 있어 분석은 논리적이고 치밀할 수밖에 없다. 그러나 저널리스트는 사전지식이 전혀 없는 상황에서도 질문해야 한다. 사전에 관련 정보를 확보할 조사의 여유가 없는 상태에서도 질문해야 한다.

이는 연구자의 질문 등 다른 질문들과 대비되는 가장 큰 특징이다. 영미 언론의 일반과제기자general assignment reporter는 이런 상황에서 취재한다. 일반과제기자란 과제 데스크assignment desk가 그날 취재 과제를 부여하기 전에 머릿속에 특정한 사건이나 이슈에 대한 사전 이해가 없는 기자를 말한다. 어제 화재사고를 취재했지만 오늘은 록 밴드의 공연을 취재할 수도 있다. 취재대상 사건에 대한 사전지식은 물론 조사할 여유도 없는 상황에서 질문해야 한다.

이런 경우 무엇보다 중요한 덕목은 듣기이다. 듣기는 우선 이해에 초점을 맞추지만 궁극적으로는 다름, 특히 정상분포를 벗어난 사람에 대한 듣기를 목표로 삼아야 한다(Craig, 2016). 듣기에서 가장 주의해야 할 점은 기존의 프레임에 우겨넣는 식으로 접근하는 것이다. 사전지식이 없기 때문에 기존의 프레임에 의존해서 들으려고 하기 쉽다. 이는 다름에 대한 이해를 포기하는 것이나 마찬가지다. 다름에 대한 이해는 사건이 갖고 있는 특수성뿐만 아니라 사건과 공동체 간의 관련성을 파악할 수 있는 핵심적 의미를 찾도록 해준다. 다름의 듣기를 통해 공동체의 커뮤니케이션 또는 공동체를 대상으로 하는 커뮤니케이션을 위한 자원을 확보할 수 있다. 때문에 듣기는 고품질 뉴스와 동의어라고 할 수 있다. 듣기는 저널리스트가 사건과 관련된 공동체의 가치에 대해 성찰할 수 있게 해준다. 저널리스트는 이런 성찰을 축적하면서 좋은 질문을 만들어 낼 수 있다.

그러나 정보 확보만으로 질문의 목적이 완전히 성취되는 것은 아니다. 확보된 정보는 뉴스지식으로 전환될 수 있도록 지식간편화 작업lean work을 거쳐야 한다. 지식간편화는 수집한 정보를 뉴스 내용에 부합하도록 정제하는 과정을 말한다. 팩트 사이의 인과관계를 구축해 정보를 조정하고 정제해야 사건을 구성해 낼 수 있다. 사건의 의미를 적시하기 위해서는 사건요소들을 개념화하고 추상화해야 하는데, 이는 지식간편화 작업을 거쳐 이루어진다.

피커드의 논리는 간명하다. 뉴스 생산은 본질적으로 지식의 간편화 작업이고 이 역시 질문을 통해 진행된다(Picard, 2006). 지식간편화를 위한 질문은 정보 확보보다 더 높은 수준의 질문 목적이다. 지식간편화를 위한 질문을 통해 저널리스트의 질문 역량을 가늠할 수 있을 것이다. 피커드의 지식간편화 논리를 좀 더 살펴보자. 이는 세 가지 차원으로 진행된다.

첫째, 자원적합도를 위한 간편화다. 이는 생산에 투입되는 자원인 정보의 적합도를 높이기 위한 간편화를 말한다. 뉴스 생산에 투입되는 정보자원은 무작위로 존재한다. 사건적합도 또는 뉴스적합도가 낮은 정보자원을 걸러내야 한다. 그러나 뉴스에 적합한 정보는 언제나 희소하다. 정확한 정보자원을 확보하는 것은 희소자원을 확보하는 것이나 마찬가지다. 따라서 지식간편화는 자원개연성 또는 자원무작위성 속에서 자원희소성을 추구하는 것이라고 할 수 있다. 질문은 자원희소성을 극복하는 방법인 것이다.

둘째, 주제 중심 간편화다. 뉴스는 특정한 주제를 중심으로 구성된다. 리드는 뉴스가 필요로 하는 정보자원들의 초점이다. 때문에 사건적합도와 뉴스적합도의 관문을 통과한 정보자원들은 뉴스초점을 중심으로 맥락에 따라 다시 간편화되어야 한다. 이때 제시되는 질문은 맥락을 파악하는 데 집중한다.

셋째, 지식 전환을 위한 간편화다. 이는 저널리스트가 갖고 있는 암묵지의 지식을 명시지로 바꾸는 것을 말한다. 뉴스지식은 저널리스트가 갖고 있는 암묵지를 명시적인 현상인 사건에 투사하면서 의미를 끌어내는 것이라고 할 수 있다. 수용자가 뉴스를 이해할 수 있어야 지식전환이 이루어진다. 지식전환을 위한 질문은 수용자 이해도에 초점을 맞추어야 한다. 요컨대 질문의 역량은 정보희소성을 해결하고 이를 주제에 맞게 간편화하고 수용자와 상호작용할 수 있도록 지식전환을 효율적으로 해내는 것이라고 할 수 있다.

이처럼 저널리스트의 질문은 궁극적으로 지식간편화를 목표로 진행된다. 이는 저널리스트의 취재보도 활동이 지식노동이기 때문에 요구되는 불가피한 과정이다. 스톤의 지적처럼 지식간편화는 저널리스트의 지식노동에 집중해 뉴스 생산의 노동생산성과 비용경쟁력을 높일 수 있는 효율적 생산전략이다(Stone, 2012). 원칙적으로 저널리스트는 관련 정보를 수집할 때 그 범위를 한정해서는 안 된다. 대신 무작위로 수집된 정보를 사건관련성에 맞게 가려낸다.

더 중요한 것은 뉴스스토리에 투입할 때 이 정보들을 개념화하고 추상화하는 조정작업이다. 저널리스트의 지식노동은 개념화와 추상화 같은 지식간편화 작업에서 그 가치가 드러난다(Stone, 2012). 저널리스트의 질문 역량은 지식간편화를 위한 질문을 통해 구현되는 것이다.

3. 질문 역량

질문 역량을 파악하기 위해 저널리트의 지식노동 속성을 좀 더 자세히 살펴보자. 뉴스 생산은 끊임없이 새로운 정보와 지식을 다룬다는 점에서 저널리스트의 노동은 전형적인 지식노동의 속성을 보여 준다(Pyöriä, 2005). 지식노동의 본질은 정보를 관리하는 것이다. 이는 단순히 정보를 생산자원으로 활용해 지식을 생산하는 것뿐만 아니라 지식에 근거해 노동한다는 것을 의미한다. 저널리스트는 사건과 관련된 정보를 수집하기도 하지만 이들의 뉴스 생산활동 자체가 지식에 기반을 둔다. 즉, 지식을 대상으로 노동하지만 동시에 지식을 생산역량으로 삼는다. 전자는 정보를 생산에 적용하는 경우를 말하고, 후자는 정보를 창의적으로 이용해 새로운 상품을 개발하는 것을 말한다.

저널리스트가 정보를 다루는 방식은 독특하다. 메이는 지식노동은 정보를 처리하는 능력과 정보들을 추상화할 줄 아는 일련의 능력에 기반을 둔다고 이해했다(May, 2005). 스톤이 지적한 지식간편화를 위한 정보조정 능력은 바로 추상화 능력이다(Stone, 2012). 정보의 추상화 능력은 지식노동의 핵심이다. 메이는 이를 위해 노동에 대해 전략적으로 사고하고 문제를 심층적으로 해결할 수 있는 역량이 반드시 필요하다고 강조했다(May, 2005). 지식노동이 요구하는 역량들은 저널리스트의 뉴스 생산활동에 필요한 역량들과 일치한다. 지식노동의 역량을 좀 더 구체적으로 살펴보자.

첫째, 데이븐포트와 파이외리애가 지적한 것처럼 지식노동은 프로세스 지향적process-oriented이다(Davenport, 2005; Pyöriä, 2005). 데이븐포트는 지식노동은 지식 발견하기, 지식 생성하기, 지식 패키징하기, 지식 분배하기, 지식 적용하기 등 다양한 단계의 프로세스로 구성된다고 설명했다. 이런 지식노동들은 뉴스거리 찾기, 뉴스 정보 수집하기, 뉴스 정보 선택하기, 뉴스스토리 구성하기, 뉴스스토리 배포하기 등으로 이어지는 뉴스 생산 프로세스와 거의 일치한다(Burns, 2002). 지식노동이 프로세스라는 것은 지식노동의 실체와 의미가 지식노동의 결과가 아니라 그 프로세스에 있다는 것을 의미한다. 메이가 말한 것처럼 뉴스 생산 역시 정보를 개념화하고 추상화하는 프로세스가 중요하다(May, 2005). 뉴스스토리는 정보추상화 프로세스의 결과물이기 때문이다.

둘째, 기본적으로 지식노동은 지식노동자의 개인적 판단과 전문성에 근거한다. 데이븐포트의 지적처럼 지식노동자는 자신의 노동에 대한 통제력을 갖고 있다(Davenport, 2005). 이는 프로페셔널 저널리스트가 자율성 기반의 자기통제력을 갖고 있다는 것과 같은 의미다. 저널리스트의 정보추상화 역량은 개별 저널리스트의 판단과 전문성에 근거한다. 따라서 정보추상화 역량은 저널리스트의 프로페셔널리즘을 가늠하는 기준으로 볼 수 있다.

셋째, 지식노동은 관행적 활동도 있지만 동시에 창의적 활동으로 구성되기도 한다(Ramirez & Steudel, 2008). 이 역시 저널리즘 관행에 대한 강조와 저널리스트의 창의적 접근의 중요성과 맥을 같이한

표 6-1 **지식노동 정의들**

지식노동 정의의 초점	연구자
본질적 과업은 정보를 관리하는 것	Drucker, 1969
노동이 지식을 다루는 데 기반을 둔다 노동의 내용에 대한 심도 있는 이해 지식이 생산결과물을 구성하는 주요 구성요소 협력생산	Iivari & Linger, 1999
지식을 다루는 방법을 프로세스 기반의 관점에서 이해	Davenport, 2005/ Pyöriä, 2005
본질적으로 역동적 지식 프로세스와 프로세스 사이의 연결의 비가시성 디자인 활동과 탐색이 포함	Staats, Brunner & Upton, 2011

출처: Kropsu-Vehkapera and Isoherranen, 2018: 431 참조.

다. 저널리즘 프로페셔널리즘은 생산 관행을 통해 구축된다. 나아가 저널리스트 노동의 가치는 취재보도의 독창성에 따라 평가된다.

넷째는 지식노동의 조직적 속성이다. 지식노동자의 노동은 다른 지식노동자의 노동과 협력생산을 하여 지식을 집중시킨다는 것을 말한다. 이는 두 가지 요소에 초점을 맞춘다(Kropsu-Vehkapera & Isoherranen, 2018). 하나는 높은 수준의 전문가들을 필요로 한다는 점이다. 다른 하나는 이들 사이의 협력생산을 효율적으로 구성할 수 있는 조직력이 중요하다는 것이다. 뉴스 역시 프로페셔널 저널리스트들의 협력생산에 의한 조직적 생산의 결과물이다. 뉴스 생산은 현장 취재기자의 뉴스수집과 부서장과 편집영역에 의한 뉴스처리가 결합되어 이루어진다. 뉴스 생산의 지식집중적 조직생산은 다양한 수준에서의 간주관적間主觀的 협력생산으로 나타난다. 생산활동에서 지식의 역할, 생산결과물의 주요 구성요소로서의 지식, 지식을 다루는 프로세스 등 다양한 지식노동의 속성들이 뉴스 생산에 그대로 반영되는 것이다. 〈표 6-1〉의 지식노동에 대한 정의들은 저널리스트의 지식노동을 이해할 수 있는 기준들을 잘 보여 준다고 할 수 있다.

디지털 테크놀로지, 데이터, 알고리즘의 등장으로 뉴스가 다루어야 할 정보와 지식의 양이 폭증하고 있다. 그만큼 저널리스트 지식노동의 중요성이 커지고 있다고 할 수 있다. 앞서 지적한 것처럼 저널리스트의 지식노동은 그 방식을 정형화하기 어려운 암묵지에 의해 작동된다. 저널리스트의 지식노동 조건은 결코 간단하지 않다.

4. 질문의 전략

저널리스트의 질문은 무작위적인 궁금증 해결이 아니므로 전략적으로 접근해야 한다. 질문을 위한 전제조건이 충족되어야 하고 사전지식도 중요하다. 질문을 통해 흥미로운 팩트를 수집해야 한다. 목적에 맞게 명확하게 질문을 표현함으로써 예기치 않은 대답을 얻을 수도 있다. 모두 전략적 접근을 요구한다. 보다 중요한 이유는 질문을 통해 현상에 대한 추론을 끌어내야 한다는 것이다. 질문을 통한 추론은 현상을 완전하게 설명하지 못하고 제한된 설명만 제공한다. 이는 질문과 답이 오가는 질문의 커뮤니케이션이 역동적일 수밖에 없음을 의미한다.

저널리스트는 다양한 수준에서 전략적으로 질문에 접근할 수 있다. 가장 간단한 수준의 질문전략은 'wh-' 질문이다. 크로스와 롤로프센은 이를 네 가지 유형으로 나누었다(Cross & Roelofsen, 2020).

첫 번째 유형은 '긴가 아닌가' 질문whether-question이다. '존스는 스페인에 사는가'와 같은 질문이다. 이 질문의 대답은 '그렇다'와 '아니다'밖에 없다. 질문에 대한 직접 대답만 가능하다. 폐쇄형 질문이며 질문의 유형도 제한적이다.

두 번째 유형은 '어느 것' 질문which-questions이다. '2013년에 선출된 추기경은 누구인가', '누가 JR을 쐈나' 등의 질문이다. 이는 '긴가 아닌가' 질문과 달리 직접 대답의 수가 제한되지 않는다. '긴가 아닌가' 질문과 '어느 것' 질문은 기초 질문에 속한다.

세 번째 유형은 '왜' 질문why-question이다. 개방형 질문으로서 설명을 요구한다. 이 유형의 대표적 질문은 과학적 질문이다. '왜 지구는 태양의 궤도를 도는가'와 같은 질문이다.

네 번째 유형은 내재된 질문embedded question이다. 간접질문indirect questions이라고도 한다. '존은 누가 메리와 이야기했는지 안다'는 식의 질문이다. 주로 'wh-' 요소를 갖고 있는 서술문declarative sentence으로 나타난다.

또 다른 질문전략은 외곽에서 핵심으로 접근하는 것이다. 낮은 수준에서 높은 수준으로 질문의 수준을 점증시키는 전략이다. 휴스턴 등이 제시한 탐사보도 프로세스를 보자. 이들은 탐사보도를 위한 질문을 세 범주로 나누어 접근했다. 간접자료에서 시작해 직접자료로, 이어 인간소스로 이동하면서 외곽에서 시작해 문제의 본질로 접근한다(Huston et al. , 2002).

먼저 간접자료에 대한 질문이다. 이미 게재된 뉴스나 출판물 등에서 관련 정보들을 찾아내기 위한 질문을 만드는 것이다. 사건과 관련된 기본 정보를 구할 수 있다. 이미 답이 나와 있다고 볼 수 있지만 저널리스트는 반드시 이를 독자적으로 검증해야 한다.

다음은 직접 관련자료에 대한 질문이다. 간접자료에 대한 질문의 답을 통해 직접 관련자료들에 대한 질문을 구성할 수 있다.

마지막 질문의 대상은 사람이다. 휴스턴 등은 모든 질문은 궁극적으로 사람을 향해 간다고 주장했다(Huston et al. , 2002). 간접자료와 직접자료에 대한 질문은 인간소스에 대한 질문을 위한 사전작업이라고 본다. 이에 대한 대답을 근거로 누구한테 질문해야 하는지, 적합한 질문이 무엇인지, 질문을 할 수 있는 사람이 누구인지 등의 질문전략을 구성할 수 있다. 때문에 사람을 대상으로 하는 질문은 간접자료와 직접자료에 대한 질문과 대답이 충분히 축적된 다음에 진행해야 한다.

이처럼 저널리스트의 질문은 사람만을 대상으로 하는 것이 아니다. 다양한 관련 문헌들을 다룰 때도 질문을 통해 접근해야 한다. 셰리든 번스 역시 의사결정을 위한 질문은 간접자료, 직접자료, 인간소스는 물론 자신이 가진 기존 정보에 대한 질문까지 포함한다고 지적했다(Burns, 2002).

휴스턴 등의 질문전략은 질문 대상에 초점을 맞춘 것이다(Huston

et al., 2002). 이와 달리 질문자인 저널리스트의 상황에 맞는 질문을 구성하는 것도 중요하다. 셰리든 번스가 제시한 질문들이 그렇다 (Burns, 2002).

첫째, 저널리스트가 사전지식을 갖고 있는 경우의 질문이다. 앞서 말했듯이 '이미 알고 있는 지식은 어떤 것이냐'는 자신에 대한 질문을 말한다. 그는 저널리스트의 질문은 자신의 앎에 대한 질문, 즉 자문에서 시작해야 한다고 강조했다.

둘째, 저널리스트가 사전지식을 갖고 있지 못하고 문제에 대한 사전조사를 하지 못한 상황에서의 질문이다. 순수하게 앎의 확보를 위해 제기하는 질문이다.

셋째, 탐침probe 질문이다. 후속질문follow up question이라고 부르기도 한다. 질문 결과를 바탕으로 관련 질문을 제시하는 전략이다.

저널리스트는 모든 문제에 대해 이런 질문전략을 적절하게 혼합할 수 있어야 한다. 사전지식이 전무한 상태에서 시작해서 사전조사를 통해 관련 지식을 축적하고 이어 질문이 진행되면서 후속질문을 제기하는 식으로 질문을 체계적으로 진행할 수 있다.

5. 인터뷰의 의미

저널리스트의 질문은 궁극적으로 사람에게로 향한다. 바로 인터뷰
다. 카펜터 등이 지적한 것처럼 인터뷰에 대한 이론적 논의나 인터
뷰 전문가로서 저널리스트가 갖추어야 하는 역량에 대한 연구는 거
의 없지만 저널리즘 현장에서는 인터뷰의 중요성을 점점 크게 인식
하고 있다(Carpenter et al., 2018). 앞서 본 것처럼 질문의 대상은
문서, 조직이나 기관, 사람 등을 모두 포괄하지만 그 가운데 사람을
대상으로 하는 인터뷰가 질문의 핵심이다. 인터뷰는 저널리스트 질
문의 정점이다. 인터뷰는 정보수집 방법인 동시에 최종 뉴스 생산물
이다. 저널리스트는 인적 취재원을 확보해 이들과 인터뷰라는 독특
한 방식으로 상호작용하면서 정보를 확보하는 것으로 그 역량을 평
가받는다(Rosenstiel et al., 2015).

인터뷰의 등장은 저널리즘의 성격을 변화시켰다. 1830년대 등장
한 근대 신문은 사건을 바라보는 관점views보다 일어난 일을 전달하
는 뉴스보도news reporting에 초점을 맞추었다. 저널리스트는 정부나
법정에서 일어나는 일과 사람을 관찰하고 이를 마치 속기사처럼 단
순히 전달하고자 했다(Schudson, 1994). 때문에 뉴스수집 능력을
중요시했다.

인터뷰는 19세기 후반 미국 언론에서 시작됐다. 초기엔 인위적이
고 공적 인물에 대한 공격적 접근법이라는 비난을 받았다(Schudson,
1994). 그러나 20세기 들어 프로페셔널 저널리즘이 성장하고 저널리

즘의 위상이 강화되면서 인터뷰는 보편화되었다. 특히 시어도어 루스벨트, 우드로 윌슨, 프랭클린 루스벨트 대통령이 기자회견을 제도화하면서 인터뷰의 중요성은 커져 갔다. 주요 정치의제에 대한 공중의 지지를 확보하기 위한 수단으로 정치인들이 인터뷰를 이용하기 시작하면서 취재보도 방법의 핵심으로 자리 잡은 것이다.

텔레비전의 등장은 인터뷰의 확산에 결정적 영향을 미쳤다. 인터뷰는 저널리스트에게 접근권을 부여하는 것이었다. 이때부터 공적 인물이 인터뷰를 회피할 경우 비난을 피할 수 없게 됐다. 인터뷰 회피는 뭔가를 숨기려는 것으로 받아들여졌다. 저널리스트들은 대통령 기자회견에서도 직설적 질문, 특정 문제를 중심으로 한 집중 질문, 그리고 주장적 질문들을 제시했다(Clayman & Heritage, 2002).

방송 인터뷰는 공적 인물에 대해 보다 공격적으로 변해 갔다. 질문의 공손함은 사라졌다. 공격적 질문일수록 수용자의 신뢰를 더 강화할 수 있다고 여겨졌다. 인터뷰 대상자에 대한 압박이 점점 강해졌다. 저널리스트들은 인터뷰를 공적 신뢰성을 확보할 수 있는 강력한 도구로 믿게 된 것이다. 물론 정치인 등 공적 인물들도 얼버무림이나 회피 등 정교한 전술을 개발해 이에 대응하기 시작했다(Jones, 1992).

인터뷰는 뉴스의 성격도 바꾸어 놓았다. 클레이먼은 인터뷰의 등장으로 뉴스는 사건을 전달하는 데 초점을 맞춘 뉴스보도에서 사건의 이야기성을 강조하는 뉴스스토리로 변했다고 지적했다(Clayman, 2008). 공적 인물이 질문에 대답해야 하는 인터뷰는 하나의 규범이

되었다. 인터뷰를 통해 저널리스트는 사회문제를 이해하고 해석하는 능동적 위상을 확보할 수 있게 되었다(Carpenter et al., 2018). 이는 저널리스트가 정치적·사회적 의제에 영향을 미칠 수 있는 가설을 구성하는 권력, 즉 의제에 주관적으로 개입할 수 있는 권력을 갖게 되었음을 의미한다. 인터뷰를 통해 저널리스트는 해석적 역할을 보다 강화할 수 있게 된 것이다. 인터뷰는 저널리스트에게 독특한 성격의 질문권력을 가져다준 것이다.

인터뷰의 중요성이 커지면서 인터뷰 커뮤니케이션이나 인터뷰 대상자와의 관계방식 등에 대한 관심이 높아 갔다. 인터뷰는 취재원을 대상으로 하는 일련의 질문과 대답으로 구성되는 상호작용이다. 인터뷰에 거부감을 갖고 있거나 반대로 지나치게 적극적일 수도 있는 취재원이 대답할 수 있는 효율적 상호작용이 필요하다. 답변의 의미는 물론 분위기, 흐름 등을 동시에 포착해 내야 한다. 저널리스트는 취재원이 제공한 정보의 의도성을 파악하고 해석해야 한다. 특정한 부분을 골라내 뉴스에 그대로 인용하기도 해야 한다. 방송뉴스의 경우 인터뷰 인용은 뉴스구성의 핵심을 차지한다.

질문하는 방법, 대답을 듣는 태도, 비언어적 반응 등 인터뷰 동안에 일어나는 모든 요소들은 정보의 가치를 갖고 있다. 이를 해결하고 대처하는 방법들은 인터뷰 내용에 영향을 미칠 수밖에 없다. 때문에 질문 역량뿐만 아니라 저널리스트의 커뮤니케이션 역량이 중요한 것이다. 인터뷰가 진행되는 짧은 시간에 저널리스트가 구축하는 취재원과의 상호작용은 저널리스트만의 커뮤니케이션 역량을 드러낸다. 커뮤니케이션 역량 덕분에 뉴스스토리의 설득력과 신뢰성을 확보할 수 있다. 이를 통해 공동의 인식을 만들어 내고 친밀성을 구축할 수 있으며 나아가 인터뷰 질문의 전략적 목적을 달성할 수 있다.

그런데 인터뷰 커뮤니케이션에서 저널리스트와 취재원은 동등한 입장에서 상호작용하는 것이 아니다. 인터뷰는 통상적인 대화가 아닌 독특한 커뮤니케이션이다. 취재원의 발언이 70~80%를 차지하는 일방적 대화다. 저널리스트는 주로 듣고 커뮤니케이션을 지속시키는 수준에서 개입한다. 저널리스트는 묻고 취재원은 대답하고 이에 대해 저널리스트가 다시 묻는 독특한 교환방식이다(Schudson, 1994). 이는 저널리스트가 인터뷰 이슈나 주제에 대해 취재원에 비해 제한된 지식을 갖고 있기 때문에 일어나는 현상이다. 그러나 저널리스트는 취재원이 내놓은 정보의 정확성을 확인해야 한다. 취재원의 대답에 의존하거나 그냥 받아들여서는 안 된다. 이런 점에서 보면 인터뷰는 저널리스트가 질문권력을 행사하는 장만은 아니다. 다양한 제약조건을 극복해야 하는 과업이다.

이는 저널리스트가 중립과 공격이라는 두 가지 상반된 입장에서 인터뷰에 임해야 한다는 것을 의미한다. 질문하는 것에서 그치고 명백한 동의나 부정을 표현해서는 안 된다. 동시에 공격적이어야 한다. 클레이먼은 공격적 질문을 강조했다(Clayman, 2008). 공적 인물이 인터뷰를 자신의 홍보로 이용하지 못하도록 하기 위해서도 공격적 질문이 필요하다. 질문의 대답에 대한 대안적 관점을 제시하고 도전하는 등의 공격적 입장을 취할 수 있어야 한다. 취재원이 제시할 수 있는 대답의 범위를 좁혀 가는 질문을 제시하고, 질문을 특정한 대답으로 이어 가도록 몰아가고, 취재원이 반박하기 어려운 전제를 내놓아야 한다. 이런 공격적 질문을 하기 위해 질문하기 전에 사전진술을 이용하는 것이 효과적이다. 사전진술은 인터뷰의 배경지식을 수용자에게 제공하기 위한 것이라고 설명한 뒤 제시하면 된다.

6. 인터뷰 기법

저널리스트 인터뷰의 기본적 기법들은 경찰 심문이나 교육현장에서 이용하는 인터뷰 기법(Harro-Loit & Ugur, 2017), 환자와 의사의 커뮤니케이션, 사회과학자의 심층 인터뷰 등에 적용되는 커뮤니케이션 역량(Carpenter et al., 2018)과 크게 다르지 않다. 이들 영역에서 주로 논의되는 인터뷰 역량 가운데 저널리즘에 적용할 수 있는 역량은 정확성, 공감, 듣기, 조정, 상호작용 관리, 비언어적 태도, 유연성 등을 꼽을 수 있다.

첫째, 정보정확성이다. 이는 취재원의 말을 단순히 전달해서는 안 된다는 것을 의미한다. 취재원의 발언뿐만 아니라 비언어적 표현에 깔린 정보도 파악해야 한다. 취재원은 왜곡하거나 특정한 부분만 대답하는 식으로 질문을 회피하려고 할 수 있다. 인터뷰를 통해 공중의 인식을 조작하려고 하기도 한다. 이런 기만적 대답을 포착할 수 있어야 하고, 그 증거를 추출해 낼 수 있는 전략적 질문을 할 줄 알아야 한다. 때문에 정보정확성은 필수적 팩트를 수집하고 사건을 바라보는 관점을 얻어 낼 수 있는 능력에 따라 달라진다. 저널리스트의 정보추출 능력이 정보정확성을 가른다고 볼 수 있다.

둘째, 공감 능력이다. 이는 취재원의 특정한 감정에 호기심을 보여 주는 것을 말한다. 더 많은 이야기를 하고 이야기를 진전시키도록 취재원의 감정에 맞추어 인터뷰를 진행해야 한다. 마치 환자를 대하는 의사의 태도와 같다. 공감하는 의사의 진료는 환자의 걱정을 줄여 주면서 병에 대처하는 능력을 향상시킨다.

셋째, 듣기다. 취재원의 발언과 태도의 중요한 부분을 감지하고 처리하고 반응하는 것을 말한다. 취재원과 의미 있는 상호작용을 하기 위해 필수적인 조건이다. 듣기를 통해 정확한 정보를 얻고 인터뷰의 맥락을 정확하게 짚어 낼 수 있다. 제대로 듣지 못하면 대답의 핵심을 파악하지 못한다. 더 중요한 것은 듣기는 인터뷰를 보다 효율적으로 진행할 수 있게 해준다는 점이다. 듣기를 통해 취재원과의 상호작용에 필요한 디테일한 요소들을 회상할 수도 있다. 취재원은 자신이 적합한 대답을 하는지 여부에 대한 신호를 인터뷰이에게서 찾으려고 하는데, 듣기는 그런 신호를 보내 주는 역할을 한다. 취재원의 답변에 집중한다는 것을 보여 줌으로써 취재원이 정확한 대답을 하도록 하고 그 연장선에서 저널리스트는 계속 질문할 수 있다.

넷째, 정확한 발음이다. 자신의 생각을 정확한 발음으로 표현해 질문을 정확하게 이해시켜야 오해를 방지할 수 있다. 정확한 용어를 구사하는 것도 포함된다. 은어나 복잡한 용어를 배제함으로써 질문의 의미를 혼란스럽게 받아들이지 않도록 해야 한다. 이는 대화의 흐름을 유지하고, 취재원의 적극적 참여를 유도하며, 취재원이 보다 정확한 정보를 제공하도록 하는 데 영향을 미친다. 듣기와 마찬가지로 취재원과의 정확한 의사소통을 구성하는 데 필요한, 중요한 역량이다.

다섯째, 취재원과의 상호작용을 효율적으로 유지하는 것이다. 취재원과의 라포르rapport를 형성하는 것을 말한다. 인터뷰도 일종의 대화다. 저널리스트와 취재원 사이의 상호작용이 원활하게 이루어질 수 있도록 신축성을 유지해야 한다. 민감한 질문에 대답하기 불편해하는 취재원의 경우 질문순서를 효율적으로 배치함으로써 편하게 대답할 수 있도록 해주어야 한다. 그러나 대화를 지배하려고 해서는 안 된다. 전체 대화를 조절하는 선을 넘어서면 안 된다. 동시에 필요한 정보를 얻기 위해 취재원을 통제하고 인터뷰 시간도 관리할 수 있어야 한다. 그래야 전체 인터뷰의 톤과 흐름, 방향을 유지할 수 있다.

여섯째, 비언어적 태도에 대한 세심한 관찰이다. 인터뷰에는 제스처와 같은 비언어적 행위들이 많이 드러난다. 특정한 맥락에서 취재원이 행한 비언어적 행동은 무언의 발언과 같다. 이를 이해하고 해석해 인터뷰와 연결시킬 수 있어야 한다. 특히 인터뷰를 해석하고 분석할 때 비언어적 표현에서 의미를 포착해 적용할 수 있다.

일곱째, 유연한 매너다. 저널리스트가 인터뷰의 전개와 변화에 민감하게 반응하고 취재원이 인터뷰에 적응할 수 있도록 해주는 것을 말한다. 취재원은 익숙지 않은 단어를 사용할 수도 있고 제한된 지식으로 대답할 수도 있다. 저널리스트는 자칫 대답에 대해 오해할 수도 있다. 이럴 경우 저널리스트는 취재원이 더 많은 정보를 제공할 수 있도록 유연한 매너로 둘 사이의 상호작용을 보다 강화해야 한다. 그래야 취재원이 저널리스트를 신뢰할 수 있다.

이런 역량은 저널리스트뿐만 아니라 모든 인터뷰이가 가져야 하는 역량들이라고 할 수 있다. 저널리스트에게만 적용되고 동시에 저널리스트가 반드시 갖추어야 하는 인터뷰 역량도 있다. 카펜터 등은 현직 저널리스트들 대상의 심층 인터뷰를 통해 새로운 인터뷰 역량을 추출했다(Carpenter et al. , 2018).

첫째, 검증 역량이다. 저널리스트는 취재원에게 정보에 대해 책임감 있게 발언할 것을 요구해야 한다. 정보의 타당성과 정확성을 확신할 수 있도록 취재원이 정보정확성에 책임을 지도록 하는 것이다. 물론 저널리스트는 인터뷰가 끝난 뒤 인터뷰에서 확보한 정보를 독자적으로 검증해야 한다. 특히 팩트는 반드시 독자적 검증을 거쳐야 한다. 이를 바탕으로 해석과 주장을 구체적으로 제시할 수 있다. 뉴스스토리에 인터뷰 내용을 인용할 때는 반드시 이중체크 등을 통해 정확성을 검증해야 한다.

둘째, 사전조사다. 저널리스트는 인터뷰에 제시할 구체적 질문을 구성하기 위해 반드시 사전조사를 해야 한다. 취재원은 저널리스트가 조사를 바탕으로 제시하는 질문에 대해 긍정적 반응을 보인다.

질문은 물론 저널리스트에 대해 편안함과 신뢰를 느낀다. 사전조사는 저널리스트가 충분한 인터뷰 역량을 갖고 있음을 보여 주는 필수적 절차다.

셋째, 자기표출self-presentation이다. 저널리스트가 취재원에게 프로페셔널로서 자신의 자질을 의도적으로 드러내는 것을 말한다. 이는 조사와 함께 취재원에게 자신의 역량에 대해 긍정적 평가를 확인받는 일종의 과시적 기법이다. 취재원이 저널리스트에게 긍정적 인식을 갖도록 저널리스트는 자신에 관한 정보를 전략적으로 선택하고 드러낼 수 있어야 한다. 저널리스트의 이런 자신감은 취재원의 긴장을 풀어 줄 수 있다.

넷째, 판단이다. 인터뷰에서 사건을 판단할 수 있는 근거나 기준을 확보하는 것을 말한다. 인터뷰를 통해 확보한 정보 가운데 뉴스에 포함할 수 있는 정보가 어떤 것인지 판단해야 한다. 저널리스트는 취재원으로부터 인용할 만한 정보와 흥미로운 스토리라인을 만들 수 있는 반응과 대답을 끌어낼 수 있어야 한다. 다시 말해, 주제에 대한 자신의 이해를 뒷받침해 줄 정보를 끄집어낼 수 있는 질문을 구성할 줄 알아야 한다.

다섯째, 관찰이다. 취재원의 비언어적 반응을 관찰하고 인터뷰 현장의 환경을 관찰하는 것을 말한다. 이런 요소들은 언어적 대답을 보완하고 강화해 주는 역할을 한다. 여기서 취재원의 답변을 해석할 수 있는 근거를 찾을 수도 있다.

여섯째, 개방적 자세다. 취재원의 대답을 즉각적으로 판단하지 않고 기다리는 태도를 말한다. 취재원이 저널리스트의 생각과 반대되는 대답을 했을 때도 판단을 미룰 수 있어야 한다. 그래야 취재원이 더 많은 정보를 계속 내놓고 여기서 새로운 정보를 얻어 낼 수 있다. 개방적 태도는 저널리스트의 가치와 다른 정보들을 꾸준히 들음으로써 취재원이 제공하는 정보의 의미를 왜곡하거나 오해하는 실수를 방지하도록 해준다. 취재원의 대답에 평가적 피드백을 보낼 경우 취재원은 표현을 스스로 통제하고 나아가 대답을 수정할 수도 있다. 이렇게 되면 제대로 된 정보를 얻지 못하게 된다. 때문에 저널리스트는 편향되지 않은 질문을 제시하고 평가유보적인 반응을 보여야 한다. 나아가 사건에 대한 취재원의 해석을 받아들일 수 있어야 한다.

7. 나오는 말

저널리즘에서 질문은 중요한 위치를 차지한다. 수많은 저널리즘의 덕목을 현실화하는 실천 방법이기 때문이다. 많은 저널리즘의 의미는 개념적 당위성에도 불구하고 현실에서 그대로 구현되지 않는다. 실천은 이것들은 전혀 다른 방식으로 다루기 때문이다. 저널리즘의 가치들은 뉴스 생산을 통해 실천되어야 비로소 의미를 가질 수 있다. 그렇기에 저널리즘의 실천은 중요한 의미를 갖는다.

아바에 따르면 실천은 사회적으로 인식되고 관행화되고 내재화된 것으로서, 사회현상을 묘사하고 세계를 이해할 수 있도록 하는 사회적 행위다(Ahva, 2016). 즉, 실천은 세 가지 조건을 필요로 한다. 첫째, 실천이 사회적으로 인식되려면 사람들 사이에서 확인가능하고 수행가능한 행동의 형식을 갖추어야 한다. 둘째, 관행으로서 실천은 정기성을 갖고 반복가능해야 한다. 이는 실천이 집단적으로 공유된 특정한 방법임을 의미한다. 셋째, 실천은 구체성을 띠어야 한다. 행동, 구체적 물질성, 담론적 성찰 등으로 구성되어야 한다는 것이다.

사람들은 저널리즘의 질문, 특히 인터뷰 질문을 뉴스 생산의 중요한 방법으로 인식하고 있다. 질문은 또 관행으로 구축되어 있어 모든 저널리스트가 이를 뉴스 생산에 적용한다. 인터뷰는 실체적 상호작용의 담론이다. 다시 말해 질문 또는 인터뷰는 개념으로만 주장되는 저널리즘의 가치와 역할을 현실화하는 중요한 실천인 것이다.

질문은 단순한 무지의 해결을 위한 것이 아니다. 실천으로서 질문은 새로움, 맥락, 관련성을 구체적으로 드러내기 때문에 중요하다. 사건은 언제나 애매하고 불확실하다. 적어도 저널리스트의 질문이 이를 두드리기 전까지는 그렇다. 저널리스트는 이런 애매함에 숨겨진 가치를 끄집어내고 판단한다(Lehmkuhl & Peters, 2016). 불확실성에 대한 가치판단도 내린다. 질문의 이유로 제시했던 의사결정은 사건을 둘러싼 애매함과 불확실성에 대한 의사결정이다. 불확실성과 애매함이 다양한 모습을 띠는 만큼 이에 대응할 수 있는 효율적인 의사결정 프로세스가 필요하다. 질문이 이를 작동시킨다.

의사결정의 매 순간 필요한 정보를 제공해 주기 때문이다. 문제의 분류와 확정, 관련 정보 수집과 평가를 위한 답을 질문을 통해 얻을 수 있다. 또 정보를 문제해결에 적용할 경우에 대한 평가, 가장 정확한 대답의 선택, 정보 적용의 결과에 대한 평가까지 질문을 거쳐 얻게 된다. 저널리스트의 질문은 저널리즘의 거의 전부라고 보는 것이 맞다.

참고문헌

Ahva, L. (2016), Practice theory for journalism studies: Operationalizing the concept of practice for the study of participation, *Journalism Studies*, *18*(12), 1523~1541. https://doi.org/10.1080

Burns, S. L. (2002), *Understanding journalism*, London: Sage.

Carpenter, S., Cepak, A., & Peng, Z. (2018), An exploration of the complexity of journalistic interviewing competencies, *Journalism Studies*, *19*(15), 2283~2303. https://doi.org/10.1080

Clayman, S. E. (2008), Interview as journalism form, *The international encyclopedia of communication*. https://doi.org/10.1002.

Clayman, S. E., & Heritage, J. (2002), Questioning presidents: Journalistic deference and adversarialness in the press conferences of U.S. Presidential Eisenhower and Reagan, *Journal of Communication*, *52*, 749~775.

Craig, G. (2016), Reclaiming slowness in journalism: Critique, complexity and difference, *Journalism practice*, *10*(4), 461~475.

Cross, C., & Roelofsen, F. (2020), Questions, *The Stanford encyclopedia of philosophy* (Fall 2020 Edition), Edward N. Zalta (Ed.). https://plato. stanford. edu/archives/fall2020/entries/questions/

Davenport, T. H. (2005), *Thinking for a living: How to get better performances and results from knowledge workers*, Boston, MA: Harvard Business School Press.

Harro-Loit, H., & Ugur, K. (2017), Training methods of listening-based journalistic questioning, *Journalism Practice*. DOI: 10. 1080/17512786. 2017. 1356687

Huston, B., Bruzzese, L., & Weinberg, S. (2002), *The investigative reporter's handbook*, New York: Bedford/St. Martin's.

Jones, B. (1992), Broadcasters, politicians, and the political interview, In B. Johes & L. Robins (Eds.), *Two decades in British politics*, 53~77, Manchester: Manchester University Press.

Kropsu-Vehkapera, H., & Isoherranen, V. (2018), Lean approach in knowledge work, *Journal of Industrial Engineering and Management*, *11*(3), 429~444.

Lehmkuhl, M., & Peters, H. P. (2016), Constructing (un-) certainty: An exploration of journalistic decision-making in the reporting of neuroscience, *Public Understanding of Science*, *25*(8), 909~926.

May, M. (2005), Lean thinking for knowledge work, *Quality Progress*, *38*(6), 33~40.

Picard, R. (2006), Journalism, value creation and the future of news organizations, *Shorenstein Fellow Research Paper Series*, Joan Shorenstein Center.

Pyöriä, P. (2005), The concept of knowledge work revisited, *Journal of Knowledge Management*, *9*(3), 116~127. https://doi. org/10. 1108/ 13673270510602818.

Ramirez, Y. W., & Steudel, H. J. (2008), Measuring knowledge work: The knowledge work quantification framework, *Journal of Intellectual Capital*, *9*(4), 564~584. https://doi. org/10. 1108.

Rosenstiel, T., Ivancin, M., Loker, K., Lacy, S., Sonderman, J., & Yaeger, K. (2015), *Facing change: The needs, attitudes and experiences of people in the media*, American Press Institute. https://www.american-pressinstitute.org/publications/reports/surveyresearch/api-journalists-survey/

Schudson, M. (1994), Question authority: A history of the news interview in American journalism, 1830s~1930s, *Media, Culture and Society*, *16*, 565~587.

Stone, K. B. (2012), Four decades of lean: A systematic literature review, *International Journal of Lean Six Sigma*, *3*(2), 112~132.

University of Massachusetts Dartmouth (2018), *7 steps to effective decision making*. https://www.umassd.edu/media

7장

저널리즘의 처널리즘

뉴스의 몰개성화 문제

허만섭(강릉원주대)

1. 들어가는 말

뉴스는 '뉴스 가치에 의해 선택된 사실'이다. 혹은 '세상에서 발생한 사건을 바탕으로 보도의 틀에 맞게 재구성된 이야기'라 일컬어지기도 한다(윤영철, 2009). 이렇게 뉴스는 수동태로 규정되는 피조물이다. 반대로 기자는 뉴스를 자율적으로 만드는 사람이다.

수백여 명의 기자가 모인 대형 신문사는 매일 인지능력의 한도 안에 들어온 수만 개의 사건, 사실 중에서 수백 개의 기삿거리를 스스로 선별한다. 선택된 소스sources를 재료로 기사라는 완성품을 빚어내는 데에도 자율성autonomy이 작용한다(Stephens, 2006). 자율성은 언론인이 스스로 기술과 가치를 적용해 보도하고 평가하는 특성이다(Kristinsson, 2014).

예를 들어, 수십 년간 헤어져 살던 남북 이산가족이 2018년 8월 금강산에서 상봉해 2박 3일을 함께 보냈다. 마지막 날 이들은 오전 10시부터 오후 1시까지의 작별 상봉을 끝으로 다시 만날 기약도 없이 헤어져야 했다. 여러 취재기자는 이 작별 상봉의 시작부터 끝까지 주요 장면을 시간의 흐름에 따라 병렬식으로 보도했다. 반면, 일부 기자는 작별 상봉 3시간 중 2시간 50분을 버렸다. "10분 후 작별 상봉이 종료됩니다"라는 안내방송이 나온 이후의 '마지막 10분'만을 뉴스에 주로 담았다. 이 뉴스에선 사랑하는 혈육과의 영원한 이별이 임박했을 때의 초조함, 비탄, 절망이 극적으로 전해졌다.

이렇게 같은 사건이 기삿거리로 선택되더라도 그것을 다루는 기자가 누군가에 따라 뉴스의 강조점, 내용, 문체, 느낌이 달라진다. 뉴스 가치를 판단하고 사건을 선택하고 그것을 보도의 틀에 집어넣고 뉴스라는 한 편의 이야기로 재구성하는 데엔 기자의 능동성이 개입하기 마련이고 개입해야 한다는 뜻이다.

이런 측면에서 미국 컬럼비아대 저널리즘 스쿨 교수인 새뮤얼 프리드먼은 기자를 고대 이집트 신화에 나오는 토트Thoth에 비유한다(Freedman, 2011). 기록의 신神 토트가 죽은 사람의 죄를 심판하는 과정에 참여하듯이, 기자도 자신이 기록하는 기사 안에선 사건과 등장인물을 평가하고 심판하는 절대적 재량권을 행사한다는 것이다.

우리나라 기자들은 권력, 부富, 인기를 가진 취재원과도 소통해 왔다. 자신의 취재력과 제작능력을 바탕으로 뉴스를 만들어 일정 정도 대중적 영향력을 행사했고 여론의 형성에 관여했다. 그래서 언론은 '제4부'로도 불렸다. 몇몇 보도는 권력의 일탈을 견제하거나 시민의 이익을 증진하는 데 도움이 됐다. 이런 장면을 보면서 적지 않은 젊은이는 언론인이 되기 위해 신문방송학과로 진학하거나 까다로운 언론사 입사시험을 준비했다.

그러나 최근 기자직을 전문직주의professionalism 직군으로 보이게 하는 직업적 자율성은 점점 위축되는 듯하다(박진우·송현주, 2012; Beam, Weaver, & Brownlee, 2004). 기사를 작성하는 일이 누구나 할 수 있는 단순 작업이라면, 기자 업무의 상당 부분이 이런 작업으로 이뤄진다면, 기자직의 능동성은 위축되고 그 직업적 가치는 하락할 수밖에 없다. 가짜뉴스fake news 이슈가 서양에서 전해졌고, 기레기(기자와 쓰레기의 합성어) 논란이 발생했다(서상호·최원주·강지화, 2015; Angie, 2017). 이 두 논란은 기자직의 공공성에 주로 타격을 줬다. 자율성의 위축은 기자의 정체성 자체를 건드린다는 점에서 이 논란보다 더 심각하다.

이 장은 국내 보도에서 자율성과 능동성의 위축을 처널리즘churnalism 개념 틀로 다룬다. 이희성은 여러 기자가 자판의 Ctrl + C와 Ctrl + V로 보도자료 등을 거의 그대로 복사하여 붙여 넣은 기사를 동시에 양산하는 현상으로 처널리즘을 묘사한다(이희성, 2020: 61). 이 장은 이 현상이 우리나라 취재현장에서 어떠한 양상으로 전개되는지, 이로 인해 뉴스의 몰개성화de-individuation가 어느 정도 촉진되는지, 기자의 자율성이 어느 정도 침식될 수 있는지 살펴본다.

이 장의 내용은 특히 언론학도와 언론사 지망생, 젊은 언론인에게 중요하게 느껴질 수 있다. 언론인이 되면 실제로 맞닥뜨릴 가능성이 큰 현실적 문제를 제시하기 때문이다. 기자의 자율성이 충분히 녹아 있는 탐사보도는 여전히 우리 주변에서 관찰되고 있다. 이와 관련해, '우리나라 기자들은 기사를 자율적으로 취재, 보도하는 업무와 처널리즘에 가깝게 보도하는 업무를 함께 수행하고 있다'라는 것으로 가정된다. 또 '온라인 전용 기사일수록, 소규모 매체 기사일수록 처널리즘에 더 가까워진다'라고도 추정된다.

2. 처널리즘과 보도자료 보도

2010년대 영국 신문사와 방송사는 같은 보도자료를 인용하는 뉴스를 자주 내보냈다. 자연히 뉴스 내용이 서로 비슷해졌다. 이러한 양상이 뉴스 제작의 관례로 자리 잡을 조짐을 보이자 BBC 기자 와심 자키르Waseem Zakir는 이를 처널리즘churnalism이라 명명한다.

'churn out'(대량으로 찍어내다)과 'journalism'(저널리즘)을 합성한 이 용어는 공장 기계가 빠른 속도로 똑같은 공산품을 대량으로 찍어내듯이, 미디어가 같은 자료를 참고해 차별화되지 않는 뉴스를 쏟아내는 현상을 가리킨다(Harcup, 2014: 53). 이후 처널리즘은 여러 나라에서 벌어지는 뉴스의 획일화 현상을 설명하는 개념으로 가끔 사용됐다.

'박문각'의 《시사상식사전》에 따르면, 처널리즘은 "기자가 독자적으로 취재 활동을 해 정보를 취합하는 대신, 보도자료나 홍보자료를 재구성해 기사를 쓰는 것"으로 이해된다. 이 설명에서 나타나듯이 처널리즘은 보도자료 보도와 긴밀히 연관된다.

정부, 지자체, 공공기관, 기업 등 공신력 있는 기관이 홍보 목적으로 배포하는 보도자료는 정보의 신뢰도가 높고 뉴스 취재의 편의를 제공한다. 보도자료 보도는 '최소한의 취재 노력만으로도 양질의 뉴스를 마감 시간 내에 완성한다'라는 저널리즘의 최소 노력 법칙에 해당할 수 있다(Schudson, 2011).

문제는 보도자료 보도의 빈도와 보도자료 의존 정도가 과도하다는 데 있다. 주류 언론이든 지역 매체든 인터넷신문이든 출입처 보도자료에 주로 의존해 보도하는 모습이 일상화되어 있다고 한다(양재규, 2017). 출입처는 언론사가 자사 기자를 상시로 보내 뉴스거리를 커버하게 하는 주요 기관이다. 출입처는 내부 기자실에 등록된 여러 매체 기자에게 보도자료를 배포하고 관련된 취재에 응한다. 최근 보도자료는 기자실과 온라인에 동시에 공개된다. 국내 언론이 보도자료, SNS 게시물 등 출입처의 공개자료에 주로 의존해 보도하는 기사는 전체 기사의 40~90%에 이른다고 여겨진다.

처널리즘은 보도자료 보도의 어두운 면을 비판하는 의미로 자주 사용된다. 오세욱(2021)은 "특정 기관이 내놓은 자료 하나가 수백, 수천 건씩 기사화되기도 한다. 기사 내용은 거의 같다. 그런데 처널리즘이라 비판받는 기자들은 '사실을 전달했을 뿐'이라고 반박한다"라고 했다.

처널리즘은 "인터넷 공간에서의 뉴스 생산의 문제점을 지적하고 자체 생산 기사의 필요성을 설명하는 데 필요한 이론적 토대"를 준다고 한다(김춘식·이강형, 2021: 163). 이 논의에 따르면, 온라인 전용 미디어에서 보도는 처널리즘 방식으로 손쉽게 제작되고, 자체 생산 기사의 기준도 낮은 편이다.

가장 큰 문제는 기자가 하나의 보도자료에만 의존해 한 편의 기사를 쓰는 점이다. 그러다 보니 여러 매체의 기사 내용이 서로 같아진다. 한 연구에서 삼성전자 보도자료와 이를 보도한 4개 중앙일간지 기사 간 문장 유사도를 분석했다. 이 일간지들의 인터넷 자회사들이 작성한 온라인 기사와 보도자료 간 문장 일치도는 평균 50~70%였다(이희성, 2020). 모母 회사는 보도자료의 11~39%를 기사화했다. 비슷한 사례는 자주 발견된다. 2022년 5월 25일에 나온 "코로나 시기 영유아 600명 발달상태 첫 조사"라는 서울시 보도자료의 첫 문단은 다음과 같다.

　　□ 서울시가 대한소아청소년정신의학과와 함께 전국 최초로 코로나 시기를 겪은 영유아 600명을 대상으로 발달 실태조사에 나선다. 실태조사 후 관련 후속 지원책도 마련한다는 계획이다.

다음은 이 보도자료를 토대로 같은 날 작성된 A 인터넷신문의 기사 첫 문단이다. 이 신문은 네이버의 언론제휴사 중 가장 높은 CP Content Provider 단계에 있다. 서울시 보도자료와 다른 내용은 굵은 글씨체 부분이다.

서울시가 대한소아청소년정신의학과와 함께 전국 최초로 코로나 시기를 겪은 영유아 600명을 대상으로 발달 실태조사에 나선다고 **24일 밝혔다.** 실태조사 후 관련 후속 지원책도 마련한다는 계획이다.

보도자료의 첫 문단과 이 매체 기사의 첫 문단이 거의 똑같다. 기사에서 달라진 점은 '□' 모양의 약물을 제거하고, "고 24일 밝혔다"라는 7개 글자를 첨가한 것뿐이다. 보도자료가 기사로 전환되는 데엔 몇 번의 키보드 두드림만 필요할 뿐이다.

이 보도자료 속 "서울시가 ~에 나선다"라는 문장은 시의 활동계획을 단정적으로 표현한다. 반면, 기사 속 "서울시가 ~에 나선다고 24일 밝혔다"라는 문장은 배포기관의 활동계획 발표를 제삼자 관점에서 전달하는 느낌을 준다.

그러니까 보도자료를 기사화할 때 '배포기관의 활동(계획)'을 '배포기관의 활동(계획) 발표를 전하는 방식'으로 고치면 되는 것이다. 이를 위해 "밝혔다" 같은 동사를 쓴다. 이렇게 하면 자동으로 보도자료의 단언적 문장은 기사 형태의 전언 문장으로 변한다. 기사에 시의성을 부여하기 위해 시점(24일)을 추가한다.

기자의 최소노동만으로 보도자료를 한 편의 기사로 재빨리 탈바꿈시키는 양상은 국내 언론계 전체에 만연하다. 같은 보도자료의 2~4번째 문단은 다음과 같다.

□ 코로나19 시기에 영유아기를 보내는 아이들은 전반적인 상호작용과 사회활동이 부족하기 때문에 언어, 정서, 인지, 사회성 등 모든 분야에 걸쳐 발달이 지연될 환경에 처해 있다.

○ 이순형 자문단장(서울대 아동가족학과 명예교수)과 신의진 위원(연세대 의과대학 교수) 등으로 구성된 서울시보육특별자문단은 지난 2월 제1차 자문회의 시 "코로나19의 가장 큰 피해자는 바로 영유아"라며 오세훈 시장에게 서울시 차원의 대책 마련이 필요하다고 건의한 바 있다.

□ 이에 서울시는 지난 4월 19일(화) 대한소아청소년정신의학회(김붕년 이사장)와 업무협약을 체결하고 코로나 시대에 태어나 포스트코로나 환경 속에서 자라는 영유아들의 건강한 성장을 위해 전문적이고 체계적인 조사와 지원을 본격적으로 시작하기로 했다.

A 신문의 두 번째 문단은 다음과 같으며, 굵은 글씨체 부분은 보도자료와 다른 내용이다.

코로나19 시기에 영유아기를 보내는 아이들은 전반적인 상호작용과 사회활동이 부족하기 때문에 언어, 정서, 인지, 사회성 등 모든 분야에 걸쳐 발달이 지연될 환경에 처해 있다. 이에 서울시는 **지난달 19일 대한소아청소년정신의학회와 업무협약**을 체결하고 코로나 시대에 태어나 포스트코로나 환경 속에서 자라는 영유아들의 건강한 성장을 위해 전문적이고 체계적인 조사와 지원을 본격적으로 시작하기로 했다.

기사의 이 두 번째 문단은 보도자료의 두 번째 문단("코로나19 시기에 ~처해 있다")을 한 글자도 다르지 않게 그대로 옮겼다. 이어 보도자료의 세 번째 문단을 통째로 생략하고 보도자료의 네 번째 문단("이에 ~시작하기로 했다")을 이어 붙인 것이다. 달라진 표현은 보도자료의 "지난 4월 19일(화) 대한소아청소년정신의학회(김붕년 이사장)" 부분이 "지난달 19일 대한소아청소년정신의학회"로 축약된 것이 전부다.

3. 몰개성적 문체

국내 뉴스의 몰沒개성화는 한 편의 보도자료만을 취재원으로 삼아 보도하는 데서 시작된다. 보도자료 보도의 몰개성화는 어느 정도 패턴화되어 있다. 앞서 언급했듯이, 기사의 첫 문장은 "시가 ~에 나선다"라는 보도자료의 단정적 표현을 "시가 ~에 나선다고 밝혔다"라는 발표-전언 형식으로 바꾼다. 기사의 이후 문장들은 보도자료의 단정적 표현을 그대로 옮겨 쓴다. 기사의 첫 문장을 발표-전언 형식으로 쓰면 이후 기사 문장을 단정적 표현으로 쓰더라도 전언 형식으로 이해될 것으로 기자가 기대하기 때문이다. 이로 인해 보도자료를 기사체로 고칠 부분이 줄어들게 된다. A 신문 기사의 마지막 문장은 다음과 같이 실명 취재원을 인터뷰해 그 증언을 큰따옴표로 인용했다.

김선순 서울시 여성가족정책실장은 "해외에서 코로나가 영유아의 발달에 미치는 영향에 대한 연구 결과를 내놓고 있으나 한국에서는 아직 공공 주도의 본격적인 실태조사가 이루어지지 않고 있다"며 "코로나19 팬데믹 시기에 영유아기를 보내고 있는 우리 아이들이 앞으로 건강하고 행복하게 자라날 수 있도록 체계적으로 실태 조사를 실시하고 관련 후속 지원책을 마련할 예정"이라고 말했다.

독자들은 이 기사 단락을 읽을 때 '기자가 취재원인 김선순 실장을 대면이나 전화로 인터뷰해 김 실장의 증언을 보도한 것'이라고 생각하게 된다. 그러나 실명 취재원 진술을 담은 이 단락도 시 보도자료 내용을 그대로 옮긴 것이다.

이 단락 속 김 실장의 발언은 길고 중복되어 뉴스 가치가 낮은 편이다. 기자는 좀 더 압축적으로 발언 내용을 처리하는 게 좋았을 것이다. 그러나 이 기사는 보도자료에 있는 김 실장의 발언 전체를 그대로 옮겼다.

이 사례에서 알 수 있듯이, 보도자료에 실명 증언이 있으면, 기자는 마치 자기가 직접 증언자를 만나 청취한 것처럼 증언을 기사에 표현한다. 이러한 양상은 관례가 된 지 오래다. 기자는 실명 증언의 추가로 기사의 신빙성과 충실도를 높인다. 역으로, 출입처는 보도자료의 매체 게재율을 높이는 데 도움이 되니 보도자료에 한두 개의 실명 증언을 수록한다. 결국, 보도자료 속 실명 증언은 기자의 게으른 취재와 보도자료 의존을 더 조장한다.

출입처는 보도자료 내용에 반하는 의견을 보도자료에 수록하지 않는다. 보도자료에 담긴 정책으로 인해 이익을 침해받는 진영의 목소리도 담지 않는다. 따라서 한 편의 보도자료만을 근거로 작성된 기사는 비록 실명 증언을 수록하더라도 오직 하나의 관점과 하나의 이해당사자만을 노출하게 된다.

많은 매체가 앞서 사례로 든 서울시 보도자료를 기사화했는데, 그중 대다수 기사는 A 신문의 기사처럼 보도자료를 그대로 옮겨 쓰거나 단락 순서 등 일부 부분만 재구성했다. 처널리즘에 입각한 이러한 보도자료 보도는 몇 가지 특징적 문체를 갖는다.

첫째, 보도자료 보도는 해당 보도자료를 배포한 기관이나 그 기관에 소속된 사람을 주어로 세워 문장을 구성한다. 기관을 주어로 쓸 땐 기관을 의인화한다(예: "서울시는 ~라고 말했다").

둘째, 보도자료 보도는 추상적, 관념적 단어나 긴 명사구(절)를 좀처럼 주어로 쓰지 않는다. 예를 들어 "조직적 정보원이 제공하는 정보는 사건과 관련해 조직의 유리한 관점을 담고 있다"라는 학술적 문장은 '조직적 정보원이 제공하는 정보'라는 관념적 단어들로 된 명사절을 주어로 쓴다. 이런 문체는 보도자료 보도에선 별로 사용되지 않는다.

셋째, 보도자료 보도는 첫 문단이나 두 번째 문단 내에서 행위 주체(누가), 시점(언제), 장소(어디에서), 주요 사건 내용(무엇을 했다)을 전달한다. 가장 중요한 내용을 글의 앞머리에 먼저 끌어오는 역피라미드 스트레이트형 문체를 자주 구사하는 것이다. 다른 육하

원칙인 '어떻게'와 '왜'는 글의 중후반부에 다룬다. 마찬가지로, 새로운 사실이나 사실적 계획을 먼저 쓰고, 그 사실에 관한 이유, 절차, 배경, 반응을 뒤에 쓴다.

넷째, 보도자료 보도는 앞 단락에서 보도자료의 단정적 표현을 발표-전언 표현으로 바꾼다. 이후엔 보도자료의 단정적 표현을 그대로 인용하기도 한다.

다섯째, 보도자료 보도는 신빙성을 높이기 위해 한두 개의 실명 증언과 수치를 추가한다. 이러한 증언과 수치는 대체로 보도자료에 수록되어 있다.

보도자료 보도의 이러한 문체적 특성에 따르면, 보도자료 보도와 보도자료는 내용상 상당히 유사할 수밖에 없다. 보도자료는 매우 간단한 작업만으로도 기사로 전환된다. 다르게 생각하면, 보도자료를 잘 쓰는 홍보담당자는 기자처럼 보도자료 보도를 잘 하게 되고, 그 역도 가능하다. 두 글쓰기 작업은 서로 잘 호환된다.

국내 보도가 출입기관 보도자료에 심하게 의존해 몰개성화되어 감을 보여 주는 연구가 있다. 팬데믹 시기에 〈한겨레〉와 미국 〈뉴욕타임스〉의 교육 기사 150건을 비교한 이 분석에 따르면, 〈한겨레〉 교육 기사들은 평균적으로 교육당국의 보도자료와 그 자료 속 당국자의 증언만을 유일 취재원으로 사용했고 보도자료에 반하는 이해당사자 의견은 거의 싣지 않았다(허만섭·박재영, 2022). 〈뉴욕타임스〉 기사는 〈한겨레〉 기사보다 7.5배 많은 투명 취재원, 2.3배 많은 관점, 2.6배 많은 이해당사자를 제공했다. 이를 통해 〈뉴욕타임스〉교육 기사는 보도자료 인용 비중을 대폭 줄인 대신 코로나19로 학교가 폐쇄된 상황에서 학생, 학부모, 시민들의 삶의 변화상을 구체적으로 전했다.

국내 다른 주류 매체의 보도 경향성도 〈한겨레〉와 별로 다르지 않다. 출입기관 보도자료에 경도된 보도는 '뉴스는 시민들을 최우선 관심 대상으로 두어야 하고 이들의 이익만을 대변해야 한다'라는 저널리즘의 기본 원칙에서 이탈해 있다. 어느 하나 손볼 데 없는 매끈한 문장으로 기사의 최소 구성요건을 채워 주는 보도자료는 오히려 저널리즘을 위축시킨다(이서현·진명지·최낙진, 2020: 4). 만연한 보도자료 보도는 뉴스의 개성, 심층성, 흥미를 반감시킨다. 지식상품으로서의 뉴스는 매력이 점점 떨어진다. 뉴스는 소비되지만 존중되지 못한다.

포털로 보내는 기사의 할당량을 매일 채워야 하는 국내 언론 생태계하에서, 언론사는 보도자료에 의존하지 않고는 기사 건수와 분량을 확보하기 어렵다. 저널리즘은 '당국의 보도자료를 복사해 붙이다시피 하는 보도는 보도가 아니다'라고 말한다. 그러나 이런 보도는 다수 기자의 일상 업무가 되었다. 공동체의 관행이 된 일을 혁파하는 것은 쉬운 일이 아니다.

보도자료 보도는 이직과 관련된 현상도 일으킨다. 기자가 보도자료 작성 등을 수행하는 기업이나 정부, 공공기관의 홍보담당자로 옮기는 일이 잦다. 보도자료는 점점 기사체와 닮아 가기에 업무 유사성이 높다. 2010년대 이후 언론계의 매출은 감소하지만 대기업은 그 반대이니, 옮기는 기자들이 많아진다. 그러나 기자의 홍보 분야 이직은 새로운 현상은 아니다.

여러 인터넷신문이나 중소 언론사에선 '보도자료를 신속히 기사로 바꿔 자사 홈페이지와 포털에 보내는 기사 건수를 늘리는 일'이 기자의 중요 업무가 되었다. 인터넷신문 메인화면에 매일 올라오는 수십 건의 기사 중 상당수는 처널리즘 과정으로 생산된다.

네이버 CP 등급에 해당하는 매체에서도 취재기자들은 독자적으로 취재하는 기사와는 별개로 매일 3~6건의 기사를 인터넷에 올려야 한다. 마감시간 제약상 보도자료 등에 절대적으로 의존해 기사를 작성할 수밖에 없다.

4. SNS 게시물 보도

최근 보도자료를 일부 대체하는 소스는 유명 인사나 주요 기관이 페이스북, 트위터, 유튜브, 블로그에 올리는 게시물이다. 뉴스 빅데이터를 분석하는 한국언론진흥재단 '빅카인즈'에 따르면, 2010년 1월부터 2022년 4월까지 정치권이 페이스북에 올린 게시물을 인용한 국내 언론 보도량은 7만 3,263건이었으며, 이는 계속 증가하는 추세다(〈그림 7-1〉 참고).

이러한 게시물은 공중을 향한 홍보가 목적이므로 보도자료와 성격이 별로 다르지 않다. 기자들은 보도자료를 거의 그대로 인용하듯

그림 7-1 정치권 페이스북 게시물을 인용한 국내 보도량(2010.1~2022.4)

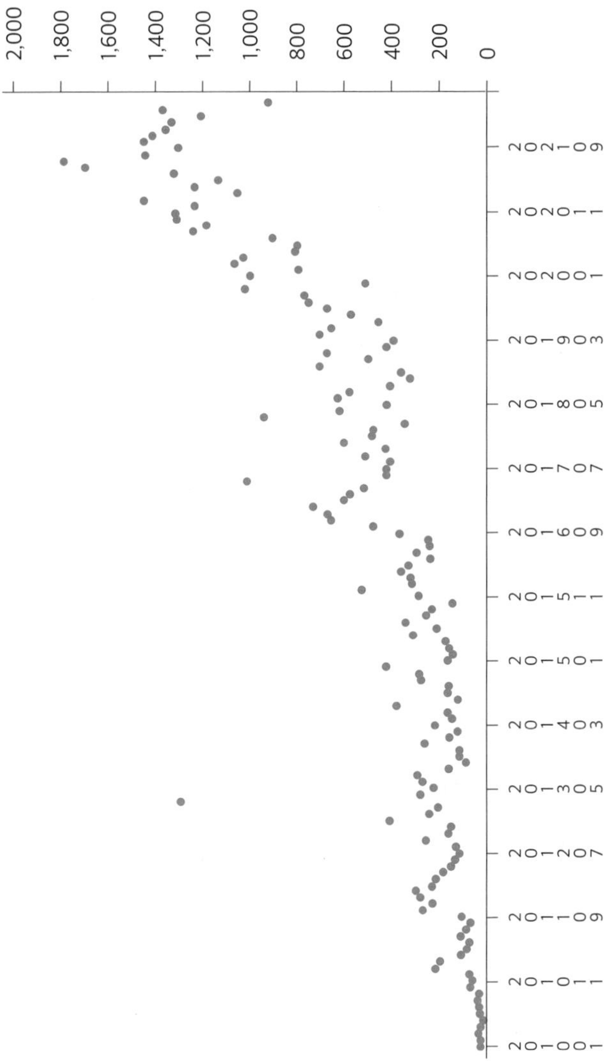

이, SNS 게시물도 기사체로 약간만 바꿔 인용하는 편이다. 그러나 SNS 게시물 보도는 보도자료 보도보다는 공이 더 들어간다. 보도자료와 달리 SNS 게시물은 문체가 기사와 다르고 분량이 적어 기사를 채우기 힘든 경우가 많기 때문이다.

그러나 게시물을 인용하는 보도도 도식화된 문체로 구성되는 편이다. 기사에 큰따옴표를 사용해 게시물을 원문 그대로 인용한다. 그리고 게시물이 올라오게 된 사회적, 정치적 맥락을 설명하고, 이 게시물에 대한 반응을 전하면 되는 것이다. 진중권 전 동양대 교수는 2022년 5월 21일 페이스북에 '더불어지킨당'이라는 핵심어로 다음과 같은 8줄짜리 게시물을 올렸다.

조국 지키기
문재인 지키기
이재명 지키기
최강욱 지키기
'지키자'가 민주당의 유일한 정치 어젠다
아예 당명을 더불어지킨당으로 바꿔라
애초에 지켜야 할 짓을 하지 말았어야지. 대체 뭣들 하는 짓인지 ….

이 게시물은 모 경제지에 기사화됐다. 다음의 이 기사 첫 단락을 보면, 진중권의 게시물 내용을 거의 그대로 큰따옴표 속에 인용한다. 그리고 이 게시물이 올라오게 된 정치적 맥락을 설명하고 다른 정치인의 반응을 전한다.

조국 전 법무부 장관의 아들에게 허위 인턴 경력 확인서를 써준 혐의로 최근 2심 재판에서도 유죄 판결을 받은 최강욱 더불어민주당 의원 등을 옹호하고 있는 민주당 인사들에 대해 진중권 전 동양대 교수가 "아예 당명을 '더불어지킨당'으로 바꾸라"고 비판했다. 민주당을 탈당한 금태섭 전 의원도 '좋아요'를 눌러 공감을 표했다.

보도자료나 SNS 게시물을 인용하는 보도는 급증하고 있으며, 이러한 보도는 특정 패턴에 따라 도식적으로 작성된다. 2000년대까지만 해도 주요 출입처엔 유력 언론사의 기자만 등록했고 이 기자들만이 기관의 보도자료를 기사화했다. 최근 포털의 영향력이 커지고 인터넷, 모바일에서 기사 소비가 급증하면서 보도자료와 SNS 게시물을 활용해 온라인용 기사 건수를 늘리는 양상이 언론계에 광범위하게 퍼지고 있다. 이에 따라 중소 매체를 중심으로 기자직 진입장벽은 낮아지고 있다.

물론, 10여 년 전부터 시민기자가 등장했고 시민이 직접 시사 콘텐츠를 제작, 유통하는 수용자 참여audience participation가 활성화되어 왔다(허만섭·박재영, 2019). 그런데 최근 차별적으로 나타나는 현상은 하나의 보도자료나 SNS 게시물을 인용해 보도하는 단순 업무를 주로 하는 기자들이 등장한다는 점이다.

포털사이트 다음과 검색 제휴를 맺은 B 인터넷신문의 C(56) 대표는 "보도자료와 SNS 게시물을 기사로 바꾸는 작업만 하는 기자들을 채용해 오고 있다"라면서 다음과 같이 설명한다.

내가 운영하는 인터넷신문은 경제 분야 뉴스를 주로 다루며 기자 1명이 하루에 기사 50건을 올린다. 거의 전부 보도자료와 SNS 게시물, 타사 기사를 단순 인용한 기사라고 보면 된다. 특히, 보도자료의 일부 문장만 기사체로 바꿔 보도하는 경우가 많다. 이러는 이유는 기사 게재 건수가 많으면 일단 포털이나 광고주와의 협상에 유리하기 때문이다. 또, 다른 매체 기사와 내용상 차이가 없더라도 조회 수가 많이 나오기도 한다. 광고주가 배포한 보도자료는 거의 모두 기사화한다. 이런 기사는 쉽게 쓸 수 있으므로 연봉 3천만 원에 이런 보도를 전담하는 기자를 채용하는 편이다.

5. 타 매체 기사 인용 보도

보도자료와 SNS 게시물을 인용하는 보도보다 더 난도가 높은 보도는 타 매체 기사를 인용하는 보도다. 원 보도의 주 내용을 거의 그대로 가져다 쓰면서 베낀 티를 덜 내는 것이 포인트다. 저작권 시비에 휘말리지 않을 요령도 필요하다. 이런 점에서 보도자료, 게시물 보도보다 더 어려운 것이다. 그러나 기자가 독자적으로 취재해 작성하는 기사보다는 훨씬 쓰기 수월하다. 타 매체 기사 인용 보도도 국내 언론계에 관행화되어 있다.

다음은 D 매체의 단독보도를 인용한 E 인터넷신문의 보도 앞부분이다. E 신문은 구독자 수가 많고 잘 알려진 매체다.

이재명 더불어민주당 후보 부인 김혜경 씨의 법인카드 유용 등을 폭로했던 전직 경기도 7급 공무원이 법인카드 유용 정황 10건을 추가로 언론에 공개했다. 그는 지난 9월 김 씨의 기자회견 직후 "그 많은 양의 음식은 누가 먹었는지를 기자들을 대신해 되묻고 싶다"라며 추가폭로를 예고한 바 있다. (중략) 그가 공개한 영수증 10장의 건당 결제·취소액은 7만 9천원~12만 원이었다. 결제처 10곳 가운데 7곳은 이 후보 자택 인근의 성남시 소재 식당들로, 경기도청에서 30km 안팎 떨어진 장소들이다. 업종은 베트남음식점, 한우전문점, 초밥전문점, 복어전문점, 백숙전문점, 중식당 등이었다.

그는 이들 거래에 대해 "내 개인 카드로 이 후보 집에 가져다줄 음식을 일단 먼저 결제했고, 나중에 법인카드 사용 가능 일시에 다시 해당 식당을 방문해 개인 결제를 취소하고 도청 법인카드로 재결제한 것"이라고 주장했다. 문제는 이들 법인카드 유용에 경기도청 산하 국실 예산이 동원된 정황이 발견된다는 점이다.

E 신문 기사의 앞부분은 D 매체 기사를 인용하면서 D 매체의 실명 대신 "언론"이라고만 썼다. 이어, E 신문은 주요 사실 및 증언을 D 매체 기사를 통해 인지했음에도 자신이 직접 취재한 듯 해당 사실

과 증언을 단정적으로 썼다. 기사의 굵은 글씨 부분은 D 매체의 기사에는 없는 내용으로, 사실관계의 맥락을 해설하는 정도다.

이 지점에 국내 언론인이 자주 쓰는 일본어 속어인 '우라카이'(타 매체 기사를 일부만 대충 바꾸거나 조합해 자기 기사처럼 내는 행위) 기술이 들어 있다. 즉, 타 매체 기사를 인용 보도할 때 새롭고 흥미로운 사실은 자신이 직접 취재한 듯한 표현으로 상세히 쓴다. 지엽적 맥락 해설을 중간중간에 써서 베긴 티를 덜 내고 저작권 문제를 비껴간다. 원 보도와 E 신문의 인용 보도는 별 시차 없이 포털에 보내졌고, E 신문 보도는 높은 조회 수를 올렸다.

이처럼 오리지널 기사와 '우라카이'를 한 기사는 비슷한 시간대에 포털에 오른다. 조회 수 경쟁에서 별 차이가 없게 될 수 있다. 나아가 자극적 제목을 붙인 인용 기사가 원 기사를 대신해 포털 메인화면에 올라 훨씬 많은 조회 수와 광고 수익을 올리기도 한다.

포털 제휴사인 F 인터넷신문의 G(55) 대표는 보도 수준을 보도자료 보도, SNS 게시물 보도, 타 매체 기사 보도, 직접 취재한 보도 등 4단계로 나눈다. 가장 높은 단계인 직접 취재한 보도조차 도식적으로 구성될 때가 많다고 말한다.

일반인은 보도자료를 기사로 바꾸지 못한다. 보도자료를 조금 고쳐 기사화하는 데에도 뉴스 지식과 기술이 필요하다. 그러나 조금만 연습하면 할 수 있다. 정치권의 SNS 게시물을 기사화하기 위해선 전후의 정치적 맥락을 알아야 하고 소송이나 편파성 시비에 휘말리지 않게 해야 한다. 기자가 직접 써야 하는 문장도 늘어나므로 상대적으로 더 어렵다. 타사 기사를 인용하는 기사는 베껴 쓰는 기사 중에는 가장 난도가 높다. 온라인 기사에서 이 세 유형의 비중이 높다. 기자가 발제, 자료·증언 수집, 기사 구성을 독자적으로 수행한 기사는 가장 높은 수준의 기사다. 이런 기사는 전체 기사의 10%도 안 된다. 이런 기사조차 발품을 열심히 팔았다는 느낌이 덜하고 도식적으로 구성된 것으로 보일 때가 많다.

중앙일간지 기자 출신인 H(48) 씨는 2022년 하반기 정치 전문 인터넷신문 창간을 준비하고 있다. 그는 '정치권과 관가 관련 타사 보도를 실시간 기사화하는 작업'을 인공지능AI에 맡길 계획이라 한다.

창간 멤버가 될 컴퓨터 프로그래머가 머신러닝 등의 기술을 활용해 최소한의 표현 교정만으로 타사 기사를 인용 보도하는 프로그램을 개발했다. 현재 상용화를 시험하고 있다. 계획대로 되면, 기자의 손을 거치지 않고도 하루 수백 건의 인용 기사를 생산해 보도할 수 있다.

한 편의 보도자료나 SNS 게시물만으로 한 편의 기사를 뚝딱 만들고 남의 기사를 과감히 베끼는 행위의 누적은 '뉴스 다양성의 파괴'로 연결된다. 이러한 처널리즘 현상은 포털 중심 언론 생태계portal-centered news media ecosystem에서 발원한 것일 수 있다. "포털 검색어에 따라 나오는 기사는 여러 건이지만 내용이나 품질에 차이가 없다.

베낀 기사, 급히 쓴 티가 역력한 기사에 길을 잃는다"(이준웅, 2015: 1), "포털 가두리 양식장 안에서 클릭 전쟁과 속보 경쟁으로 언론 생태계가 망가지고 있다"(진민정, 2021: 45)라는 진단이 나온다. 언론 생태계에서 뉴스의 몰개성화는 다음과 같은 과정으로 전개된다(손영준·허만섭, 2021).

① 네이버, 다음-카카오 등 전국단위 포털이 뉴스 유통을 장악한다.
② 언론사는 포털의 기사공급 제휴사가 된다.
③ 포털은 내용이 충실한 보도보다는 빨리 전송된 보도를 초기화면에 올린다.
④ 언론사는 포털 초기화면에 기사를 자주 노출시켜 수익을 늘리려고 한다.
⑤ 언론사는 온라인 기사 출고량을 늘리고 기사제작 시간을 단축한다.
⑥ 기자는 보도자료 보도, SNS 게시물 보도, 타 매체 기사 보도에 많은 시간을 할애한다.
⑦ 거의 같은 내용의 보도가 동 시간대에 쏟아진다.
⑧ 기자는 자율적, 능동적 취재, 보도에 투입하는 시간을 줄인다.

포털 중심 생태계에서의 뉴스의 획일화와 품질 저하는 한국만의 일은 아니다. 회사결정론corporational determination에 따르면, 미디어 디지털화는 구글, 페이스북 같은 소수 거대 디지털 회사가 정보유통 알고리즘을 임의로 결정해 그 알고리즘으로 타 미디어를 편입하는 과정이다(Natale, Bory, & Balbi, 2019). 전통 뉴스 미디어의 위기는 디지털 환경 전체를 지배하려는 플랫폼의 통합지향성과 자신의 배타적 자치권을 유지하려는 뉴스 미디어의 경계지향성 간 충돌이 근본적 원인이다.

국내 언론사는 이제 네이버와 다음-카카오의 독점적 뉴스 유통권을 인정한다. 대신 자사 뉴스가 플랫폼의 초기화면에 자주 걸리기를 희망한다. 팬데믹 후 언론사의 플랫폼 의존은 더 심화하고 있다. 각 언론사의 뉴스룸에는 '포털에 기사를 빨리 보내야 메인화면에 걸린다'라는 믿음이 광범위하게 퍼져 있다. 이로 인한 속보 경쟁으로 처널리즘이 횡행하고 몰개성적 기사가 양산된다.

2021년 5월 26일 삼성언론재단이 후원한 기자들의 비대면 공부모임에 주요 포털의 I 임원이 초빙되어 온라인으로 강연했다. 네이버 CP인 J 매체에 근무하는 젊은 K 기자와 I 임원은 질의응답을 나눴다. 보도자료를 베껴 쓴 기사가 포털의 메인화면에 자주 오르는 문제였다.

K 기자 나는 출입처에서 보도자료를 받으면 사실에 맞는지를 검증하고 여러 이해당사자를 별도로 취재해 보도한다. 그러나 어떤 기자들은 보도자료의 글자 몇 개만 고쳐 그대로 기사로 내보낸다. 내가 쓴 기사가 내용상 훨씬 충실한데, 보도자료만 베껴서 서둘러 보낸 기사가 주로 그 포털의 메인에 걸리는 것 같더라. 기사를 메인 화면에 '픽'하는 기준이 무엇인가?

I 임원   (우리에게) 먼저 보낸 기사를 픽하는 경우가 있다. 다양한 로
        직이 있다.

I 임원의 "다양한 로직"이라는 대답에 따르면, 플랫폼이 뉴스와
정보유통의 알고리즘을 임의로 결정하는 회사결정론은 실제로 작동
하는 셈이다. 또, "먼저 보낸 기사를 픽하는 경우가 있다"라는 답변
을 보면, '포털에 기사를 빨리 보내야 메인화면에 걸린다'라는 믿음
도 사실에 부합한다고 할 수 있다.

6. 나오는 말

이 장은 '우리나라 언론 보도가 얼마나 서로 닮아 있는가?'에 대해
설명한다. 결론적으로 말하면, 형식과 내용에 관한 국내 뉴스의 큰
특징 중 하나는 몰개성화로 나타난다. 많은 기사는 일정한 관행적
패턴으로 구성되고, 적은 노력으로만 작성되며, 독창성과 깊이가
느껴지지 않는다. 미디어의 디지털화가 진행될수록 기자의 자율성
위축은 오히려 심해지는 듯하다.
    처널리즘churnalism으로 명명되는 뉴스의 몰개성화 결과는 보도자
료 보도, SNS 게시물 보도, 그리고 타 매체 기사 보도라는 세 차원
으로 나타난다. 특정인이나 기관이 내놓은 자료 하나가 수백, 수천
건씩 기사화되기도 하는 점이 조명된다. 이어, 이 세 유형의 보도가

지닌 전형적 문체가 세밀히 제시된다. 이러한 점은 문체의 측면에서 언론학도가 국내 뉴스를 이해하는 데에 부분적으로나마 도움이 될 수 있다.

또 포털 중심의 뉴스 유통, 언론-포털 기사공급 제휴, 포털의 회사결정론과 언론사 속보 경쟁, 온라인 기사 출고량 확대, 기사 제작 시간 단축, 베끼기 보도 양산, 자율적 취재·보도 감소, 뉴스 몰개성화라는 연쇄적 사슬이 설명된다. 처널리즘의 발생과 포털 중심 미디어 생태계가 연결되어 파악될 수 있다.

생태계는 일부 개체의 노력만으로 바뀌지 않는 거대한 시스템이므로, 해법이나 대안이 쉽사리 제시되기도 어렵다. 예를 들어, 정치권 일부는 현재와 같은 포털의 뉴스 편집을 법률로 제거하는 방안도 고려한다. 그러나 언론사의 태도는 미묘하다. 자사 기사의 포털 노출을 통해 창출되는 수익을 놓치고 싶지 않은 듯하다. '광고 유치에 도움이 되는 네이버 CP 제휴사 프리미엄을 계속 유지하고 싶다'라는 분위기도 느껴진다. 디지털 포털 플랫폼은 저널리즘을 서서히 연약하게 만들고 있다. 언론사는 이 플랫폼 체제에 어느 정도 길들어 자생력을 잃고 있는 것이 아닌가 하는 느낌이 들기도 한다.

많은 기자는 일과시간에 자신에게 부과되는 온라인 기사 할당량을 채운 뒤 '진짜 기삿거리'를 찾기 위해 나선다. 주 52시간제 이후에도 기자의 노동 강도는 여전히 강하다. 그런데도 뉴스에 대한 수용자의 신뢰와 만족은 갈수록 낮아진다. 서로 비슷한 뉴스만 매일 모바일 공간에 수북이 쌓여 간다. 뉴스라는 지식상품의 경쟁력은 블로거에 의해, 페이스북 운영자에 의해, 유튜버에 의해 점점 침식된다. 이러한 현실을 극복하기 위해선 기자가 매일 기사의 양도 늘리고 질도 높여야 하는데, 이것이 그리 지속가능해 보이지 않는다.

심지어 적지 않은 기자는 '보도자료를 베껴 쓴 자기 기사'가 '오랫동안 공을 들여 자율적으로 취재한 또 다른 자기 기사'보다 포털에서 훨씬 높은 조회 수를 기록하는 것을 경험한다. '이건 뭐지?' 하는 생각이 든다. 여러 언론사는 기사 조회 수 등을 기자의 인사고과 자료로 활용한다. 이러한 저널리즘과 현실의 불일치 경험이 누적되면 언론 전문직인 기자의 정체성은 흔들리게 된다.

'우리나라 기자들은 기사를 자율적으로 취재·보도하는 업무와 처널리즘에 가깝게 보도하는 업무를 함께 수행하고 있다'라는 가정, '온라인 전용 기사일수록, 소규모 매체 기사일수록 처널리즘에 더 가까워진다'라는 가정은 힘을 얻는다.

"백악관 출입기자 여러분, 백악관이 여러분에게 보도자료를 보내 줍니다. 그대로 기사로 씁니다. 맨 아래 자기 이름을 붙입니다. 철자가 틀린 건 없는지는 검토하세요. 그리고 일찍 퇴근해 저녁의 삶을 즐깁니다."

백악관 기자단 파티에서 코미디언 스티븐 콜베어가 기자의 일상을 촌평한 말인데, 남의 일처럼 들리지 않는다.

참고문헌

김춘식·이강형 (2021), 인터넷신문의 '자체 생산 기사' 개념 정의 및 측정, 〈커뮤니케이션이론〉, 17권 3호, 163~214.

박진우·송현주 (2012), 저널리스트 전문직에 대한 인식의 변화: 전문직 노동과 직업 전망에 대한 위기의식, 〈한국언론정보학보〉, 57호, 49~68.

서상호·최원주·강지화 (2015), 세월호 참사 보도로 촉발된 '기레기' 논란에 대한 언론 보도 수용자의 인식에 관한 연구, 〈주관성연구: Q방법론 및 이론〉, 31권 31호, 55~74.

손영준·허만섭 (2021), 신공화주의 논의를 통해 재상상하는 표현의 자유: 비지배자유와 균형된 미디어 개념을 중심으로, 〈미디어와 인격권〉, 7권 3호, 149~186.

양재규 (2017), 범죄 수사 관련 보도자료 기사화(일명 '수사기관 처널리즘')의 법적 문제점, 〈미디어와 인격권〉, 3권 1호, 179~210.

오세욱 (2021. 11. 11.), 저널리즘과 처널리즘 한 끗 차이가 크네, 〈시사인〉, Retrieved 1/12/22 from sisain. co. kr/news/articleView

윤영철 (2009), 《뉴스의 이해: 저널리즘의 이론과 실제》, 서울: 연세대 출판부.

이서현·진명지·최낙진 (2020), 지방정부의 보도자료는 언론 보도에 어떻게 활용되었나? 제주지역 '코로나19' 관련 주요 이슈를 중심으로, 〈홍보학연구〉, 24권 6호, 1~32.

이준웅 (2015. 7.), 〈포털 뉴스 생태계의 비극〉, 한국언론학회 세미나, 서울: 한국언론학회.

이희성 (2020), Ctrl+C, Ctrl+V, 국내 온·오프라인 신문의 처널리즘 분석: 카피킬러를 이용한 보도자료와의 문장 일치도 분석을 중심으로, 〈사회과학연구〉, 27권 4호, 61~79.

진민정 (2021), 언론 생태계 망가뜨린 포털 클릭 전쟁, 〈관훈저널〉, 63권 3호, 45~51.

허만섭·박재영 (2019), 디지털시대 언론 전문직주의의 위기와 변화, 〈언론과학연구〉, 19권 4호, 254~290.

Angie, H. (2017), The media's definition of fake news vs. Donald Trump's, *First Amendment Law Review*, *16*, 121~128.

Beam, R. A., Weaver, D. H., & Brownlee, B. J. (2004), Changes in professionalism of U. S. journalists in the turbulent twenty-first century, *J&MC Quarterly*, *86*(2), 227~298.

Freedman, S. G. (2011), *Letters to a young journalist: Art of mentoring*, New York: Basic Books.

Harcup, T. (2014), *A dictionary of journalism*, Oxford: Oxford University Press.

Kristinsson, S. (2014), The essence of professionalism, In C. M. Branson & S. J. Gross(Eds.), *Handbook of ethical educational leadership*, 11~13, New York: Routledge.

Natale, S., Bory, P., & Balbi, G. (2019), The rise of corporational determination: Digital media corporations and narratives of media change, *Critical Studies in Media Communication*, *36*(4), 323~338.

Schudson, M. (2011), *The sociology of news*, New York: W. W. Norton & Company.

Stephens, M. (2006), *A history of news* (3rd Ed), Oxford: Oxford University Press.

8장

PD저널리즘의 역사

김정수(국민대)

1. 들어가는 말

저널리즘은 현재와 과거의 정보를 제공하고 의제를 설정하며 권력을 감시하는 역할을 한다. 저널리즘의 정보제공과 환경감시, 즉 보도의 핵심은 '어떤 것을 전달하는가'와 '어떻게 전달하는가'로 구분해 고찰해 볼 수 있다(김우룡, 2000: 98). '어떤 것을 전달하는가'를 사회적 이슈라고 할 때, '어떻게 전달하는가'는 리포트의 방법이나 형식을 의미한다. 한국 사회에서는 기자들이 취재하는 뉴스와 다른 방식으로 제작하는 〈추적 60분〉, 〈PD수첩〉과 같은 탐사보도물을 PD저널리즘 프로그램으로 분류하고 있다.

특히 〈추적 60분〉은 TV 방송사 시사교양 PD들이 권력층의 부정부패와 사회의 구조적 문제를 고발하고 노동자와 장애인 등 사회적 약자의 아픔을 대변하고자 한 시사 프로그램으로, 뉴스의 객관적, 가치중립적 보도가 갖는 한계를 보완하기 위해 탄생했다. 그동안 "검찰개혁", "대통령 탄핵", "광우병 사태", "촛불시위", "긴급점검-기도원", "한국판 몬도가네-몸에 좋다면 뭐든지" 등 주요 이슈를 다루며 우리 사회의 워치독watch dog 역할을 수행했다.

이 장에서는 탐사보도 프로그램이자 우리나라 최초의 PD저널리즘 프로그램이란 평가를 받는 KBS 〈추적 60분〉의 탄생과 제작 과정을 통해 한국 사회의 PD저널리즘은 어떻게 발전했고, 기존 뉴스의 제작기법과는 어떤 차이가 있었으며, 우리 사회에 어떤 영향을 주었는지 살펴보기로 한다.

2. 탐사보도 프로그램으로서의 PD저널리즘

1) 탐사보도 프로그램의 의미

탐사보도 프로그램은 사회에서 일어나는 여러 이슈 중 시청자들이 상세히 알고 싶어 하는 정보, 저널리스트가 알리고 싶은 내용 등을 심층 취재해 방송함으로써 시청자들의 궁금증을 해소해 주고 문제해결을 촉구하는 프로그램이다. 프로테스 등은 탐사보도 프로그램을 "시청자들에게 사회의식을 인식시켜 줌으로써 사회적 분노를 유발하는 격분 저널리즘the journalism of outrage"이라고 정의하였고(Protes et al., 1991: 4~7), 닐 코플은 "표면 아래 묻혀 있는 사실들을 겉으로 드러나도록 해서 만든 기사이며, 팩트 자체가 스스로 결론을 형성할 때까지 결과를 예측하지 않는 과학적 취재과정"이라고 하였다(Neal Cople, 1964: 15~23; 김우룡, 2000에서 재인용). 차배근 또한 탐사보도를 "부정부패와 비리, 사건에 대한 피상적인 보도가 아니라 그 사건의 내막을 깊숙이 파헤쳐서 진위를 가려내는 보도"라고 했다(차배근, 1986: 10).

2) 탐사보도 프로그램의 발상지 미국

탐사보도 프로그램은 〈수정헌법〉 제 1조1에 의해 언론의 자유가 보장된 미국에서 시작됐다. 18세기 말부터 탐사보도 형식의 기사가 나온 미국에서는 크루세이드 저널리즘,2 머크레이킹 저널리즘3 시대를 거쳐 1970년대 베트남 전쟁을 계기로 탐사보도물의 비약적 발

---

1 "의회는 종교를 만들거나, 자유로운 종교 활동을 금지하거나, 발언의 자유를 저해하거나, 출판의 자유, 평화로운 집회의 권리, 그리고 정부에 탄원할 수 있는 권리를 제한하는 어떠한 법률도 만들 수 없다"〔앤서니 루이스 저, 박지웅·이지은 역 (2010), 《우리가 싫어하는 생각을 위한 자유: 미국 수정헌법 1조의 역사》, 278~287, 간장〕.
2 공공의 이익과 사회정의를 실현한다는 명분으로 정부 관리나 정치인의 부정부패를 캐는 저널리즘의 형태를 일컫는 말이다.
3 Muckraking은 존 번연의 《천로역정》에 있는 "the man with muck-rake에서 유래했는데(팽원순, 1984: 139), 사회의 치부를 마치 오물 긁어내듯 까발린다고 하여 붙여진 이름이다.

전이 이뤄졌다. 〈뉴욕타임스〉는 미 정부가 베트남전 당시 자국에 불리한 내용을 감추고 국민을 속여 온 국방성 비밀문서Pentagon Paper를 특종 보도했고 〈워싱턴포스트〉는 워터게이트 사건을 폭로해 현직 대통령의 사임을 이끌었다. 미 정부는 〈뉴욕타임스〉의 보도에 대해 국가안보를 이유로 출판금지 가처분 신청을 제기했으나 미 대법원은 "국가안보라는 모호한 개념으로 〈수정헌법〉상의 언론 자유를 막을 수 없다"며 이를 기각해 국가안보와 국민의 알 권리 사이의 오랜 논쟁에 종지부를 찍으면서 탐사보도가 활성화되는 계기가 됐다(김우룡, 2000: 102~103).

3) 우리나라의 탐사보도 프로그램과 PD저널리즘

(1) 탐사보도 프로그램의 맹아기

우리나라에서 처음 탐사보도 형식을 갖춘 방송 프로그램은 TBC의 〈카메라의 눈〉(1964)이다. 매주 1회 15분 분량의 프로그램이었는데, 사회고발 아이템보다는 미담이나 정책홍보성 내용이 많았다. 〈카메라의 눈〉시작 1년 후인 1965년 "국영방송 시절 KBS도 비슷한 포맷의 〈카메라 초점〉을 방송했지만, 정책홍보 내용을 주로 다루다가 중단됐고, MBC도 같은 시기 〈MBC리포트〉(1965)를 시작했지만 미담, 화제성 내용이 대부분이어서 탐사보도 프로그램으로 보기에는 한계가 있었다"(조연하, 1982: 56). 1970년대에 들어서 MBC의 〈카메라 출동〉과 TBC의 〈인간만세〉가 탐사보도 프로그램의 명맥을 유지했지만, 이전 프로그램들과 마찬가지로 시사고발 보다는 미담과 화제성 아이템, 정책홍보가 주를 이뤘다(편일평, 1984). 이처럼 1960~1970년대 탐사보도 맹아기에 나온 프로그램 들은 사회 이슈에 대한 고발보다는 미담이나 정책홍보 내용이 대부 분이어서 본격 탐사보도물로 보기에는 한계가 있었다.

(2) 탐사보도 프로그램의 시작, 〈추적 60분〉

〈추적 60분〉이 방송을 시작한 1980년대 초는 유신정권이 무너지고 민주화 바람이 불면서 부정부패를 타파하라는 비난 여론이 높던 시 기였다. 당시 5공화국 정부는 사회정화 운동을 벌였고 언론도 이에 발맞춰 심층고발 프로그램들을 연이어 내놓았다(KBS, 1983; 이민 웅, 1996; 조항제, 1997). 이때 나타난 프로그램들이 KBS의 〈뉴스 파노라마〉, MBC의 〈카메라 출동〉 그리고 KBS TV본부의 시사교 양PD들이 주도해서 만든 〈추적 60분〉이다. 〈추적 60분〉은 "한국 판 몬도가네-몸에 좋다면 뭐든지", "긴급점검-기도원", "시계, 고급 일수록 가짜가 많다" 등의 고발성 아이템을 방송해 화제를 불러일으 켰다.

특히 1983년 3월 13일 방송한 "긴급점검-심야지대"는 당시 뉴스 와 드라마를 모두 제치고 시청률 1위를 기록하기도 했다(장윤택, 1991). 안광식은 "〈추적 60분〉이 우리나라 최초의 사회고발 프로그 램으로서 드라마나 오락 프로그램보다 시청률이 높게 나온 것은 그 동안 시청자들이 얼마나 심층적이고 진솔한 사회고발 뉴스에 목말라 있었는지를 방증하는 것"이라고 밝혔다(안광식, 1984).

(3) PD저널리즘 프로그램으로 발전

PD저널리즘은 "시사보도는 기자가 만드는 뉴스나 시사 다큐멘터리"
라는 공식을 무너뜨리고 시사교양 프로그램을 제작하던 PD들이 저
널리스트로서 활동을 하면서 생긴 용어이다(고희일, 2008). 학계에
서는 PD들이 제작하는 시사 프로그램이 사회의 문제점을 파헤치고
시스템 개혁을 표방하므로 탐사보도 프로그램으로 분류하며 기자들
이 만드는 뉴스와 구분하기 위해 'PD저널리즘'이라 부르고 있다(강
형철, 2002; 김연식 외, 2005; 원용진, 2006; 고희일, 2008). 〈추적 60
분〉 외에 MBC의 〈PD수첩〉, SBS의 〈그것이 알고 싶다〉 등이 이
범주에 속한다.

기자들이 만드는 뉴스가 객관적이고 가치중립적인 '전달자'의 태
도를 취하는 데 비해 PD저널리즘 프로그램은 아이템의 선택과 취재
방향에 제작자의 의도가 깊숙이 들어가는 '주창자'의 입장을 취한다
(김연식 외, 2005; 원용진, 2006; 고희일, 2008; 김연식, 2008; Luther,
1971). 서구에서도 취재자의 역할을 '전달자'와 '주창자'로 구분하는
연구가 많은데 '전달자'는 객관적이고 가치중립적인 정보 전달을 책
무로 생각했다. 반면 '주창자'는 단순한 정보 전달만으로는 언론인
의 역할을 했다고 할 수 없으며, 사안의 배경과 핵심을 파악해 사회
변화와 개혁을 촉구해야 한다고 했다(Janowitz, 1975; Shudson,
1989; Rosen, 1993; Thornton, 1995).

그렇다면 PD들은 왜 당시 뉴스의 오랜 관행이었던 '객관적 관찰자'로서의 역할을 거부하고 '사회개혁자' 입장인 주창자의 역할을 택하게 되었을까? 그리고 지금은 당연한 것으로 여기는 PD 리포트 방식이나 스튜디오 구성, 영상내러티브 우선의 제작기법은 어떻게 정립됐고, 그것이 우리나라 TV 프로그램의 발전에 끼친 영향은 무엇일까? 〈추적 60분〉의 탄생과 제작 과정을 통해 이를 알아본다.

3. 〈추적 60분〉의 탄생과 제작 과정

〈추적 60분〉을 비롯한 방송 프로그램 제작을 위해서는 프로그램 기획, 아이템 선정, 자료조사, 촬영, 편집 그리고 원고작성 등의 여러 단계를 거친다. 새로운 프로그램이 탄생하면 제작진은 단계별로 숱한 시행착오를 거치면서 프로세스를 진화시키는데, 이렇게 정립시킨 제작기법에 관한 연구는 문화연구의 미시사적 분석 중 하나로 미디어 생산자 연구에 속한다. 프로그램의 탄생과 제작 과정을 당시 제작진을 통해 알아보는 연구이므로 심층 인터뷰를 기본으로 하되 프로그램 동영상, 제작후기, 신문기사를 보조자료로 활용했다. 프로그램 제작 책임자인 PD들이 핵심이지만 당시 상황을 입체적으로 파악하기 위해 카메라맨과 작가 등 스태프진도 만났다. 그리고 프로그램의 론칭은 편성실과 최고경영진의 결정이 필요한 일이어서 당시 편성실무자와 최고경영자 인터뷰도 진행했다(〈표 8-1〉 참조).

표 8-1 **심층 인터뷰 대상자**

ID	당시 나이	입사년도	담당업무	제작경력
A	40대	1976년	PD	7년 차
B	30대	1981년	PD	2년 차
C	30대	1981년	PD	2년 차
D	30대	1977년	PD	6년 차
E	30대	1977년	PD	6년 차
F	30대	1981년	기자 (후에 PD로 전직)	2년 차
G	30대	1978년	카메라맨	5년 차
H	30대	1981년	카메라맨	2년 차
I	20대	1982년	스크립터 (구성작가)	1년 차
J	20대	1982년	스크립터 (구성작가)	1년 차
K	60대	1980년	최고경영진	
L	40대	1973년	편성실 담당자	10년 차
M	30대	1982년	KBS 보도국 기자	2년 차
N	30대	1980년	일간지 기자	

1) 본격 탐사보도 프로그램의 탄생, 〈추적 60분〉

(1) 〈추적 60분〉의 시작

〈추적 60분〉은 1983년 KBS 봄 개편 시 편성된 신설 프로그램이
다. 매주 일요일 밤 8시 40분~9시 40분까지 60분간 방송된 〈추적
60분〉은 "우리 주위에 산재한 현대사회의 각종 문제를 심층취재하
는 프로그램으로서 특히 영상으로 문제점을 추적하는 기획 프로그
램"이었다. 4

---

4   KBS(1983), "부서별 주요 업무 실적"(기획제작국), 《KBS연지》 1983, 107쪽.

1983년 2월경 부장께서 최고경영진을 뵙고 나오셔서 새 프로그램을 해야 하는데 '당신이 팀장을 맡아 달라'고 했습니다. 첫 방송이 2월 27일인데 그때부터 단 10일의 시간밖에 없었죠. 지금 같으면 죽었다 깨도 안 되는 시간인데, 부랴부랴 기획안 작성하고 아이템 찾고 했는데 그때 부장이 갖다 준 게 최고경영진이 건네준 테이프 하나였습니다. '이거처럼 만들어라'라는 주문이 있었고요. 테이프의 내용은 〈이것이 바로 그것〉이라고 하는 일본 민방의 정보 프로그램이었습니다. 부제는 '라면의 원조는 누구인가?'였구요. 라면의 원조를 알아내기 위해 남녀 리포터가 전국 방방곡곡을 찾아다니며 라면의 종류, 라면 공장, 라면 파는 식당, 라면을 즐기는 사람 등을 탐방하는 형식의 프로그램이었습니다.　　　　　　　　　　　　　　　　　　　　　　　　— A (PD)

텔레비전이 왜 우리 사회에 존재하는지에 대한 근본적인 물음이 있습니다. 백과사전까지는 아니지만 모든 일에는 원인과 결과가 존재하는데 그것을 시시콜콜하게 분석해서 보여 주는 게 TV가 할 일이 아닌가 하는 생각을 한 겁니다. 지금 같으면 '김정은이 핵 개발은 왜 했는지, 어느 정도 수준에 왔는지, 그가 원하는 건 뭔지', '이렇게 해서 우리가 내놓을 수 있는 것, 미국이 줄 수 있는 것' 이런 걸 다 테이블에 놓고 분석해서 인사이트를 주는 프로그램이 필요하지 않나 하는 생각을 했던 겁니다.　　　　　　　　　　　　　　　　　　　　　— K (최고경영진)

미국에서는 베트남전 기밀문서와 워터게이트 사건 폭로 이후 백악관, 국무성 등 권력의 비리를 추적하는 프로그램들이 등장했고 그 선두에 CBS의 ⟨*60 minutes*⟩가 있었다. 이슈를 입체적으로 취재하고 부정부패와 비리를 제대로 파헤치려면 1분 30초 내외의 뉴스와 달리 긴 시간 동안 세밀하게 추적하는 프로그램이 필요하다는 의미로 타이틀은 ⟨추적 60분⟩으로 결정됐다.

(2) 가치중립적 뉴스에 대한 PD들의 대안 모색

당시 방송뉴스는 '땡전 뉴스'라고 하여 대통령 동정이 톱뉴스로 선정되는 등 국민이 보고 싶어 하는 것보다는 정치권이나 대기업 등 권력자 중심의 뉴스가 많았고, 이슈의 이면에 대한 심층취재가 아닌 팩트 위주의 가치중립적 보도를 하고 있었다. PD들은 방송이 국내외 주요 이슈에 대한 심층분석과 고발, 그리고 권력에 대한 감시 역할을 해야 한다고 생각했다.

사실 고발 프로그램이 TV에서 할 수 있는 중요한 유형입니다. 그런데 보도국 기자들이 출입처에 나가 백화점식 뉴스를 내보내고 있었어요. 그런데 PD들은 데스크의 통제를 덜 받잖아요. 그리고 PD들은 원래 위보다는 시청자를 먼저 떠올리는 경향이 있거든요. 시청자들이 무엇을 원하고 뭘 필요로 하는지에 늘 생각이 가 있거든요. 그래서 ⟨추적 60분⟩ 같은 프로그램이 생긴 겁니다.　　　　　　　　　　　— A (PD)

당시 뉴스의 주도권이 신문에서 방송으로 넘어오는 시기여서 어떤 매

체가 더 영향력이 있는지가 최대 관심사였는데 그 척도가 9시 뉴스여
서 보도국의 전 인력은 뉴스 제작에 매진했습니다. 그래도 인력이 모
자라서 저도 365일 내내 하루 15시간 이상 취재해야 했고요. 새벽에
경찰서 출근해서 밤새 발생한 사건, 사고를 회사로 넘기고 밤 10시 넘
어서야 겨우 퇴근하는 그런 생활이었으니까요.   — M (보도본부 기자)

　뉴스에서는 '객관주의'라는 저널리즘의 오랜 원칙 때문에 출입처
에서 나오는 보도자료에 의존해 팩트 위주의 보도를 하던 시기였다.
아이템당 1분 30초의 짧은 방송시간 안에 심층보도를 하기에는 물
리적 한계도 있었다. PD들은 가치중립적 객관주의 보도는 권력층
의 비리나 구조적 문제를 캐는 데 한계가 있으며 이를 제대로 하기
위해서는 사안을 긴 호흡으로 심층분석하는 프로그램이 필요하다고
생각했고 그래서 나온 프로그램이 바로 〈추적 60분〉이었다.

(3) 민주화 이후 시민들의 목소리 분출

1980년대 초 유신정권이 무너지고 사회 각계의 민주화 열망이 폭발
하던 시절, 정치적 급변상황과 대형사건을 겪으며 시청자들은 왜 이
런 일이 발생했고, 과정과 결과는 어떠했는지 정보에 목말라 했다.
그러나 10·26 사태나 광주 민주화운동의 전말을 미 〈타임〉지나
VOA*Voice of America* 등 외국 언론을 통해서 겨우 접할 수 있던 상황에
서 국민들은 사회 시스템 개선과 권력의 부정부패 타파를 외쳤다.

1970~1980년대는 한마디로 법은 있어도 법보다 권력, 그리고 주먹이 앞서던 그런 시대였습니다. 법치는 이름만 있을 뿐 사실은 권력에 의한 인치가 주도하는 시대였죠. 우리 사회 어디든 잠재돼 있는 게 부정이며 부패였으니까요. 아, 이건 아닌데 … 하면서도 아무도 나서지 않고, 우리나라 전체가 모순덩어리 같은 시대, 그곳이 어디든 카메라를 들이대면 다 프로그램이 되던 그 시절에 나온 프로그램이 〈추적 60분〉이었습니다.   ─E (PD)

사회의 구조적 문제를 제대로 알리려면 권력을 감시하는 파수꾼 역할을 해야 했고, 이슈 자체만 알리는 '전달자' 입장보다는 사안의 이면을 파헤쳐 고발하는 '주창자' 입장을 취할 필요가 있다는 것이 당시 PD들의 생각이었다. 새롭게 개발된 기동성 좋은 ENG카메라[5]를 들고 PD들이 현장을 파고든 프로그램이 바로 〈추적 60분〉이었다.

2) 〈추적 60분〉이 정립한 제작기법

(1) PD저널리즘의 시작, PD리포트

〈추적 60분〉 탄생 후 첫 방송이었던 "한국의 할리우드-충무로 영화가"는 영화의 중심지 충무로 일대를 조명하는 프로그램이었다. 할

5　Electronic News Gathering 카메라의 약자. 카메라와 렌즈, 녹화기가 일체형이라 기동성이 뛰어나고 조명 없이도 촬영이 가능한 현장 밀착형 카메라를 말한다.

리우드 영화와 우리 영화의 제작기법을 비교하면서 충무로 영화인들의 애환도 함께 담기로 했다. 기존 다큐멘터리와 달리 프로그램의 리얼리티를 살리려면 누군가 현장을 뛰며 리포트를 해야 하는데 여러 논의 끝에 PD가 직접 하는 것이 좋겠다는 의견이 나왔다.

> PD가 해야죠. 현장을 가서 보고 취재한 사람이 하는 게 맞는다는 겁니다. 외국에선 이미 PD가 그 일을 합니다. 그건 프로그램을 위해섭니다. 취재한 사람이 스튜디오에서 찍어 온 화면을 보면서 자신 있게 확신을 갖고 말해야 시청자가 따라오거든요.　　　　　　　─ K (최고경영진)

하지만 카메라 뒤에서 연출을 담당하던 PD들은 한사코 출연을 마다했고 첫 방송을 다큐멘터리 형식으로 제작했다. 그런데 방송 후 혹독한 비판이 쏟아져 나왔다. 첫 방송이고 사실적인 모습을 보여준다는 취지로 생방송으로 진행했는데 VCR이 작동이 안 돼 영상송출이 제대로 안 됐고 또 현장을 찍은 영상도 밀착취재가 아닌 연출된 화면 위주여서 현장을 제대로 못 살린 데다 현장에 리포터가 없으니 리얼리티가 떨어진다는 평가였다.

> 첫 방송 직전 담당부장이 PD들 보고 출연하라고 했는데 당시 PD 4명이 입을 맞췄어요. 우린 출연 못 한다. PD가 왜 출연을 해야 하나. 우린 연출하는 사람이지 출연하는 사람이 아니다. 그건 리포터가 하는 것이다. 이러면서 거부한 거죠. 그런데 월요일에 출근해 보니 우리가

할 말이 없게 됐습니다. 개편 때 1TV에서 같이 첫 방송을 한 〈사랑방 중계〉는 MC도 화제가 되고 대박을 쳤는데, 우리는 죽을 쑤다시피 했거든요. 그렇게 되니 이제 PD가 출연하겠다, 안 하겠다 이럴 상황이 아니게 된 거죠.　　　　　　　　　　　　　　　　　　　　— E (PD)

두 번째 아이템 "한국판 몬도가네 - 몸에 좋다면 뭐든지"부터 PD리포트가 의무화됐다. 기동성이 뛰어난 ENG카메라는 뱀의 쓸개를 술에 타 마시거나 사슴피를 흡입하는 장면, 카메라를 보고 도망치는 사람들까지 리얼하게 포착했다. 게다가 PD가 현장을 뛰며 인터뷰하고 스튜디오에 나와 목격자로서 멘트를 하니 반응은 폭발적이었다. 미국의 탐사보도 프로그램들이 그랬듯이 시청률과 사회고발이란 두 마리 토끼를 다 잡았다.

현장을 뛰는 PD들이 화면에 나오면서 구성이 심플하게 정리가 되었어요. 현장에서 보고, 느끼고, 추적하면서 의문점을 물어보고 하는 형식이었습니다. 방송 다음 날 출근하는데 버스에서 수군수군하는데 "야, 어제 봤어?"란 소리가 들려서 들어 보니 우리 프로그램 얘기더라구요. 사무실에 도착했는데 동료들이 주욱 일어나면서 "야 온다" 하면서 일을 낸 친구가 온다는 그런 환영 하는 분위기 … 대박이 난 거예요. 나중에 들었는데 시청률이 50%를 넘겼고 점유율도 70%가 넘었다고 합니다.　　　　　　　　　　　　　　　　　　　　— A (PD)

PD가 취재현장과 스튜디오에서 리포트를 하는 것은 PD의 역할 영역이 연출자에서 저널리스트로 넓어지는 것을 의미했다. PD저널리즘이 시작된 것이다. 이렇게 시작된 PD리포트는 〈PD수첩〉, 〈그것이 알고 싶다〉 등 타 방송사 PD저널리즘 프로그램에서 그대로 도입해 지금까지도 활용하고 있다.

(2) 프로듀서/디렉터 시스템 구축

세 번째 방송 "긴급점검-심야지대"는 통행금지 해제 1년이 지난 시점에서 점차 퇴폐로 치닫는 서울의 대표적인 심야지대 몇 곳을 집중점검하는 아이템이었다. 이때부터 지금까지 없던 새로운 시스템이 도입됐다. 미국 등 선진 방송사에서 활용하는 '프로듀서/디렉터 시스템'이 그것이다.

> 첫 아이템이 '충무로 영화가'였는데 PD 여럿이 나눠 취재하고 나중에 합본해서 완성하는 거였는데 팀장이든 누구든 한 사람이 전체를 컨트롤해야 하는데 그게 안 돼서 프로그램이 망가진 경험이 있었습니다. 한 PD가 꼭지를 아주 잘 만들었는데 그걸 자기 고집대로 15분짜리 기승전결이 있는 다큐를 만든 겁니다. 그때 느낀 것이 아 … 이거는 민주적으로 할 게 아니다. PD들 의견 다 존중하지 말고 제작팀 전체를 통제하고 지휘할 필요가 있겠다란 생각을 하게 된 겁니다. — A (PD)

이전까지 방송 프로그램은 PD6 1인이 프로듀서 겸 디렉터로서

자신의 프로그램에 대해 거의 배타적인 권한과 책임을 지는 '감독
-director' 시스템이었다. '프로듀서/디렉터 시스템'은 PD를 프로그
램 전체의 기획과 구성을 책임지는 프로듀서와 현장취재를 담당하
는 디렉터 둘로 나눠 프로듀서가 디렉터들이 취재하는 내용을 통합
조정하는 시스템으로, 프로그램의 지휘체계가 명쾌해지는 장점이
있다. 기획자이자 책임자인 프로듀서는 수시로 현장의 디렉터들을
체크하며 보완취재, 추가취재를 지시하고, 편집 시 중복되는 내용
은 삭제하거나 수정을 요구하는 등 팩트체크와 게이트키핑이 동시
에 가능한 시스템이다.

〈추적 60분〉에서 정립시킨 프로듀서 시스템은 이후 탐사보도 프
로그램은 물론 교양, 예능 프로그램으로 확대돼 그동안 PD 혼자 방
송의 모든 것을 책임지던 우리나라 방송 제작시스템의 틀을 바꾸는
역할을 했다.

(3) 영상내러티브 강화를 위한 작가 시스템 도입

제작을 총괄하는 '프로듀서 시스템'에 이어 '작가 시스템'도 구축했
고, TV의 탐사보도 프로그램은 글보다 영상내러티브7가 우선이라

---

6 PD는 Producer and Director의 약어. 우리나라는 PD가 프로듀서와 디렉터의 역
   할을 모두 하지만 외국은 이를 분리해 역할에 따른 권한과 책임이 다르다. 지금은
   우리나라도 심층취재다큐, 시사다큐의 경우 프로듀서 시스템을 적용해 제작하고
   있다.
7 프로그램의 서사방식 중 하나로 프로그램 구성을 글이 아닌 영상의 흐름대로 전개

는 원칙도 세워졌다. 당시 편집은 필름을 현상, 인화한 후 필요 없는 컷을 가위로 잘라내는 방식이었다. PD가 원고를 써서 편집자에게 넘기면 원고에 맞춰 영상을 그 위에 얹는 편집이었다. 방송뉴스처럼 원고 위에 영상이 따라가는 기사 중심의 제작 시스템이었다.

그런데 ENG카메라로 촬영하면서부터 PD들이 직접 편집을 하게 됐다. 현상과 인화가 필요 없고 가위로 잘라내는 수동 방식이 아닌 자동 편집이어서 낮에 촬영한 테이프를 회사 복귀 후 바로 편집할 수 있게 된 것이다. PD들은 시퀀스별로 영상내러티브를 정하고 이에 맞춰 편집한 후 편집본을 작가에게 넘긴다. 작가는 편집의도와 시퀀스별 내용을 PD로부터 듣고 이를 정리해서 원고를 완성시킨다. 영상내러티브에 따라 편집을 먼저 하고 나중에 글을 쓰는 방식으로 영상편집 단계에서 원고의 내용과 길이가 결정되는 영상내러티브 우선 제작 시스템이다. 이것은 현재 각 방송사에서 프로그램을 제작하는 하나의 매뉴얼처럼 돼 있는데, 이 프로세스가 〈추적 60분〉을 제작하면서 정착되었다.

대학 졸업 후 〈11시에 만납시다〉란 프로그램을 도와드리고 있었는데 1회 "충무로 사람들" 할 때 때 팀장님이 부르셨어요. MC가 ○○○ 아나운서인데 오프닝하고 클로징 멘트8를 써보라 하셨어요. PD들에게

하는 것을 말한다.

8   오프닝(opening)은 프로그램이 시작될 때 MC가 하는 말이고, 클로징(closing)은 프로그램 종료 시 하는 말이다.

쓰라고 했더니 다들 본인들 찍어 온 거 쓰느라 바빠서 누구 하나 시킬 사람이 없었나 봐요. 그때는 PD들이 직접 글을 썼거든요. 그리고 나서 다음 아이템 할 때는 PD들이 찍어 오는 거 받아서 프리뷰를 했는데 그러다 보니 편집을 같이 하는 경우가 많았어요. 그리고 글도 편집하면서 거의 동시에 같이 썼던 거 같아요. 시간이 없으니까. … 어떨 땐 녹화시간 다 됐는데 편집이 늦게 끝나서 스튜디오 바닥에 엎드려 원고를 쓰고 MC나 출연한 PD에게 넘겨 준 적도 있고요.　　　　― J (구성작가)

편집할 때는 같이 밤을 꼬박 새웁니다. 대개 PD들이 편집할 때 작가들은 원고 쓸 자료를 모으고 프리뷰 녹취록 보면서 준비하는데 어떤 작가는 아예 옆에 앉아 같이 편집하기도 했어요. 편집하면서 여기엔 어떤 멘트가 필요해서 영상 붙인 거라고 말해 주고, 작가는 그걸 메모해서 원고 쓸 때 활용하고 그랬죠.　　　　― A (PD)

기사를 먼저 쓰고 기사 위에 영상을 얹어서 편집하는 방송뉴스와 반대로 영상편집을 먼저 하면 장소나 시퀀스 단위로 편집할 수 있고, 임팩트 있는 영상을 충분히 보여 주는 구성이 가능해서 글이 중심이 되는 활자매체와 달리 영상 중심의 현장성이 강화된다. 〈추적 60분〉은 영상을 편집하고 편집된 영상에 원고가 뒤따르도록 하는 방식을 택함으로써 TV매체는 글보다 영상내러티브가 우선이라는 원칙을 만들어 냈다.

(4) 탐사보도 프로그램의 핵심은 '현장'

탐사보도 프로그램이 시청자들에게 어필하기 위해서는 강력한 임장감臨場感을 주어야 한다. 생생하고 리얼한 현장을 포착하려면 카메라가 현장에 최대한 접근해서 취재원의 얼굴, 행동, 손끝의 떨림 하나하나까지 그대로 잡아내야 한다. 기자들이 취재하는 뉴스가 출입처에서 받은 보도자료를 바탕으로 글을 쓰고 글에 맞는 거리 풍경, 은행 내부 등의 스케치 영상으로 배경화면을 채우는 것과는 근본적으로 다른 접근방식이다.

> 기자들의 고발 취재는 어떤 현상을 주로 찍습니다. 택시가 심야시간에는 요금을 두 배로 받고 이런 것들. … 다시 말해 불특정 다수를 고발하는 식입니다. 그런데 〈추적 60분〉은 특정한 장소, 사무실, 식당 이런 데를 찾아가고 당신이 불법을 저지른 게 맞지? 이렇게 추궁하니까 지금까지 뉴스와는 전혀 다른 고발물이 나온 거 같아요. 뉴스라는 건 항상 불특정 다수를 대상으로 취재하는데 추적팀은 어느 한곳에 집중해서 취재합니다. 여길 갔는데 A가 나오더라, 그런데 B가 없어서 저기를 갔더니 C가 나오더라. 이런 스토리를 갖고 취재를 하는 방식인 거죠. 그게 우리와 달랐습니다. —F (보도국 기자)

출입처에서 나온 보도자료가 아닌 사회적 관심사를 기사화하려면 현장에 달려가 사실을 확인하고 기사를 써야 하는데 데일리 뉴스의 속성상 시간이 부족했다. 그래서 기자들은 이슈가 터지면 출입처 대변인에게 사실 확인을 하고, 이후 현장 밑그림을 찍거나 자료영상을 찾아 편집한다. 현장에 가기보다는 사실 확인을 먼저 하는 방식이다. 반면 PD들은 사건이 발생하면 현장으로 먼저 달려간다. 현장에서 목격자, 관계자들의 증언을 들은 후 관할 구청이나 시청, 경찰서 등에 사실 확인을 하는 방식이다. 당시 도입된 일본 소니 사의 ENG 카메라는 현장을 적확하게 포착할 수 있는 최적의 장비였다.

필름카메라로는 심야시간대의 밤문화는 찍지 못했습니다. 조명 없이는 아예 화면이 안 나오거든요. 어두운 골목길, 나이트클럽의 구석진 곳에서 몰래카메라를 해야 하는데 그게 안 됐던 거죠. 근데 ENG카메라가 나오면서 그게 가능해졌습니다. 필름은 어두워지면 노출을 아무리 올려도 사람이든 장소든 찍히지가 않는데 ENG카메라는 게인gain (감도) 을 올리면 노이즈가 생기긴 하지만 형체는 나오거든요. 그렇게 찍은 겁니다. 〈추적60분〉은 어떡하든 현장을 잡아내야 했으니까요.

—H (촬영감독)

그러던 어느 날 회사에서 팀장인 프로듀서의 눈을 사로잡은 영상이 발견됐다. 디렉터들이 나이트클럽에서 찍어 온 블랙 화면이었다. 화면은 시커먼데 그 안에서 몸싸움 소리, 퍽퍽 주먹질 소리가 흘러나왔고, 현장에서 쫓고 쫓기고 소리 지르는 음성이 고스란히 담겨 있었다.

현장에서 촬영하려면 카메라 파워 켜고, 화이트밸런스9 맞추고, 오디
오 수음상태 보는 데 10~15초 걸립니다. 현장에서는 그 시간이면 모
든 상황이 끝나 버리는 경우가 부지기수예요. 다 도망가 버리고 없는
게 비일비재죠. 근데 PD가 찍어 온 거 보니까 피사체는 안 보이고 화
면은 깜깜한데 야, 임마 하면서 때리고 치고 하는 소리가 들리는 겁니
다. 그걸 보면서 이거다 … 이게 진짜 영상이다. 그때까지 방송에서
고정관념으로 알고 있던 밝고 흔들리지 않는 화면만 영상이 아니고 시
커멓고 불안정한 화면이라도 현장상황이 들어 있기만 하면 그게 프로
그램을 위해 중요하다는 생각을 하게 됐습니다.   ─ A (PD)

  탐사보도 프로그램의 한 부류인 〈추적 60분〉은 방송에서 현장이
중요하다는 것을 강조한 사실상 첫 프로그램이었다. 그때까지 방송
영상은 영화처럼 아름답고 안정된 영상, 미학적으로 구도가 잘 잡힌
영상이 최고라고 생각했다. 인물 다큐든 뉴스든 삼각대를 놓고 좌우
구도를 잘 잡아 찍어야 한다고 생각했다. 〈추적 60분〉은 이런 생각
에서 벗어나 현장의 리얼리티를 살리고 현장을 잘 포착한 화면이 좋
은 영상이란 인식을 정립시켰다. 이때부터 방송은 현장의 리얼리티
가 살아 있다면 화면이 흔들리고 구도가 좀 떨어져도 크게 문제가
되지 않았다. 조명을 못 켜서 화면에 지직거림이 생겨도 상관이 없

---

9 촬영할 때 주변이 붉은빛 혹은 푸른빛을 띠지 않도록 조명의 종류에 따라 카메라 렌즈
   의 색온도를 맞추는 것을 의미하는 방송용어이다.

었고, 심지어 화면에 아무것도 안 보이는 블랙 화면도 방송에 쓸 수 있다는 선례를 남겼다.

4. 초창기 〈추적 60분〉을 통해 살펴본 PD저널리즘의 역할

1) 사회적 약자 속으로

〈추적 60분〉은 사회적으로 가치 있고 중요한 현장을 찍어야만 방송이 되는 것이 아니며, 평범한 사람들의 일상과 사회적 약자들의 아픔도 충분히 의미 있고 관심을 가질 필요가 있다는 것을 보여 준 최초의 프로그램이었다. 미군부대 인근 사창가를 고발한 "인신매매의 현장"을 비롯해 "어느 전과자의 고백", "긴급점검-기도원" 등의 아이템이 바로 그런 프로그램들이었다. 특히 '기도원' 아이템은 방송 후 사회적 약자의 인권에 대한 전 국민적 공분을 불러일으킨 방송으로 우리나라 탐사보도 역사에 길이 남을 작품으로 회자되고 있다.

'기도원'은 정신질환자를 수용해서 관리하는 사설 기관을 일컫는 말이다. 사회복지 관련 법에 기도원은 일정한 운동시설을 갖추고 간호사도 의무적으로 배치하는 등 필요한 관리를 하도록 규정하고 있지만 현실은 환자들에게 먹을 것도 제대로 주지 않고 보호가 아닌 사실상의 감금을 하고 있다는 민원이 〈추적 60분〉에 접수됐다.

병실에 들어갔는데 중증환자 몇 명의 양쪽 팔을 움직이지 못하게 묶어 놓은 걸 봤습니다. 그래서 그걸 찍었는데 찍으면서 환자들이 너무 없는 게 이상하다는 생각이 들었어요. 그런데 병실 옆에 계단이 있더라구요. 그래서 여기는 본사에서 함께 간 카메라맨에게 부탁하고 저는 계단을 따라 광주총국에서 지원 나온 카메라맨하고 옥상에 올라갔는데, 세상에 … 환자들이 다 거기에 모여 있더라구요. 그리고 관리자들이 그분들을 몽둥이로 때리고, 치고, 난리가 났어요. 비는 오고 … 그걸 우리 카메라맨이 다 찍은 거죠. 나중에 병실에서 인터뷰를 했는데 여기 어떻게 오시게 됐냐고 물었더니 술 많이 마신다고 쉬었다가 오라고 해서 온 거라고 하더라구요. 그러면서 발을 꼭 잡아요. 제 발을 꼭 잡고는 우시는 거예요. 거기 있기 싫다고. 조금이라도 말 안 들으면 때리고 굶기고 그래서 많이 죽어 나갔다고 합니다. 전 이 아이템 취재하면서 이런 생각이 들었어요. 이분들도 최소한의 인권이 있고, 권리가 있는데 어찌 이런 일이 … 이런 생각이 들었습니다.   — D (PD)

우리 사회의 아픈 어둠이었죠. 실은 그런 데가 있다는 걸 다 압니다. 알 만한 사람들은 다 알면서 우리 사회나 국가가 방치한 거나 마찬가집니다. 문명사회에서 결코 이런 일이 있어서는 안 된다는 걸 처음으로 국민들이 느끼게 방송한 겁니다. 그런데 전 이 프로그램 하면서 이건 나쁜 기도원 원장 한 사람의 문제가 아니라는 것, 이건 사회 시스템 문제다 … 이런 생각을 하게 됐습니다. 〈추적 60분〉 취재하면서 아이템 하나하나마다 깊숙이 들어가 보면 이게 따로 떨어져 있는 문제가 아니

고 사회구조 전반에 다 연결된 문제란 생각이 들었습니다. 한 곳이 썩
었으니 그거만 도려내면 되는 게 아니고 사회구조 전체에 얽혀 있는 문
제란 생각이 들었습니다.   — E (PD)

방송이 나가자 사설 기도원의 참혹한 실상을 본 시청자들의 충격
과 공포, 그리고 분노의 목소리가 터져 나왔다. 밥도 제대로 안 주
고 쇠사슬에 묶인 채 칸막이 방에 감금된 중증 환자들, 심지어 화장
실에 갈 때도 발에 쇠사슬이 묶인 채 어기적어기적 걸어가는 젊은
장애인의 모습과 툭하면 몽둥이로 얻어맞아 머리가 깨지고 살이 문
드러진 노인의 처참한 모습을 보며 많은 시청자가 함께 분노하고,
함께 눈물을 흘렸다.

신문들도 〈추적 60분〉의 '기도원' 취재를 대서특필했다. "피골이
상접한 환자의 참상, 한정된 방에 과밀인원 수용, 비위생적 환경,
도대체 이런 지옥의 세계가 있나"라고 분통을 터뜨렸으며, "수용환
자의 참상에 대해 보사부는 할 말 있느냐", "중요 정책적 차원에서
기도원의 개선책을 시급히 마련해 줄 것과 강력한 행정권을 발동하
여 시정할 것을 바란다"라며 정부의 대책을 촉구했다. 10

---

10 〈동아일보〉(1983. 7. 29.), "'기도원' 비리에 큰 충격".
   〈중앙일보〉(1983. 8. 10.), "기도원의 불법 비리 철저히 파헤쳐야".
   〈중앙일보〉(1983. 8. 9.), "전국 111개 기도원 전면 수사 치안본부 20명 연행".

2) 법과 제도의 개선

초창기 〈추적 60분〉은 1980년대 한국 사회의 구조적 문제점을 고발하고 개선을 촉구하는 등 탐사 프로그램의 역할이 무엇인지 보여 주었다. 충격적 현장을 고발해 법 개정을 유도하고 제도를 바꿨다. "한국판 몬도가네-몸에 좋다면 뭐든지"에서 뱀의 피부에 기생충이 득실대는 영상을 보고 보신補身 문화가 사그라졌고 사대문 안 뱀탕집 영업이 금지됐다.[11] "긴급점검-기도원"의 비인간적 실상이 드러나자 정부는 몇 년간 미뤄 왔던 정신질환자 치료 병상을 늘리고, 이듬해에는 〈정신건강 증진법〉을 제정했다.[12]

사람을 쇠사슬에 묶어 놓고 방치해 놓은 상황, 이런 게 화면을 통해 고발되니까 더 이상 이 문제를 가정에 맡겨 두거나 미인가 시설에 보내 동물 수준의 대우를 받는 일만은 막아야겠다는 자성 같은 게 생긴 거 같아요.   — B (PD)

"잃어버린 아이들"(1986. 2. 2.) 아이템 방송 후에는 여러 기관으로 나뉘어 업무에 혼선을 빚던 미아찾기 창구 단일화가 이뤄졌다. 182

---

11 〈경향신문〉(1984. 3. 6.), "찬사와 비난, 추적 60분 방영 1년의 공과".
12 보건사회부(1995. 4.), "정신 보건정책과 전달체계의 현황". 정신건강 증진법의 형성과정에 KBS 〈추적 60분〉 보도를 법 제정의 주요한 요인으로 명기.

신고센터, 동방아동복지회, 리더스다이제스트, 베비라 등 그동안 미아찾기 운동을 벌여 온 단체와 가족 대표들이 만나 '한국 인명구조 봉사단'을 발족시켜 미아찾기 업무 시스템을 정비한 것이다. 13

3) 우리나라 PD저널리즘 프로그램 정착에 기여

〈추적 60분〉은 우리나라 탐사보도 프로그램의 발전에도 기여했다. 1986년 5월 〈추적 60분〉 종영 이후 〈뉴스비전 동서남북〉, 〈기동취재의 현장〉, 〈시사투나잇〉 등이 PD들이 현장을 고발하는 PD저널리즘 프로그램의 바통을 이어 갔고, MBC 〈PD수첩〉, SBS 〈그것이 알고 싶다〉 등 타 방송사의 탐사보도 프로그램의 탄생에도 영향을 주었다(〈표 8-2〉 참고).

〈추적 60분〉은 9시 뉴스 등 매일 뉴스에 온 힘을 기울이던 보도국 기자들에게도 자극을 주었다. 탐사보도는 등한시하고 뉴스에만 집중하다 보면 이 장르가 모두 PD들에게 넘어갈 수도 있다는 위기감을 느끼게 한 것이다. 이후 MBC에서는 〈시사매거진 2580〉, SBS에서는 〈뉴스추적〉, 그리고 KBS에서는 〈취재파일 4321〉, 〈시사기획 창〉 등 기자들이 뉴스 외에 정규 프로그램으로 탐사보도물을 제작하게 됐다.

---

13 〈경향신문〉(1986. 3. 17.), "미아 찾아주기 창구 일원화".

표 8-2 〈추적 60분〉의 제작기법이 타 프로그램에 끼친 영향

〈추적 60분〉(KBS)	〈PD수첩〉(MBC)	〈그것이 알고 싶다〉(SBS)
프로듀서 시스템	활용	활용
작가 시스템	활용	활용
PD 현장 취재 및 리포트	활용	활용
PD 스튜디오 출연	활용	

4) 인권침해 및 선정성 논란

다양한 현장을 고발하며 성과도 있었지만 논란도 적지 않았다. 초상
권 문제와 선정성 논란 등이 그것이다. 초상권은 과거 우리나라에서
는 개념조차 잘 알려지지 않은 생소한 이슈였다. 그런데 역설적으로
〈추적 60분〉 방송을 통해 사회문제화되고 대책 마련이 빠르게 진
행됐다. 〈추적 60분〉 팀이 "긴급점검-심야지대"(1983. 3. 13.)를 취
재하던 어느 날, 20대 여성 한 명이 평생 돌이킬 수 없는 날벼락을
맞았다. 당시 카메라는 야간 통행금지 해제 1년을 맞이하여 심야시
간대 서울의 밤을 취재하고 있었다.

늦은 밤 모 나이트클럽에서 춤추고 노는 여성의 인터뷰를 방송했습니
다. 이 여성은 카메라 앞에서 당당했습니다. '내 생일인데 친구들끼리
모여서 춤을 추고 있다. 뭐 문제 있나' 이런 유의 대답을 하는 겁니다.
와, 참 당당한 여성이구나 싶어서 방송에 냈는데 방송이 나간 후 문제
가 생긴 겁니다. 방송 다음 날 그 여성에게서 전화가 왔는데 자신이 파
혼을 당했다는 겁니다. 시댁 어른들이 방송을 보고, 저런 며느리를 어

찌 우리 집에 들이냐며 노발대발했다는 거예요. 우린 사실 그 여성을
해코지할 의도가 전혀 없었고 자기 생각이 뚜렷한 여성이라 생각해 방
송에 낸 건데 뜻밖의 결과가 나온 거죠. 정말 미안했고, 정말 쥐구멍
이라도 들어가고 싶은 그런 일이 있었습니다.   ― A (PD)

당시 〈추적 60분〉은 물론 다른 프로그램도 초상권이나 인권침해
문제로 고발을 당하거나 제재를 받은 적은 없었다. 이 문제가 우리
나라에서 크게 문제가 안 되던 시기였다. 주요 출연자의 증언을 듣
거나 고발할 때 내용검증을 철저히 하고 촬영을 거부할 경우 모자이
크만 잘 해주면 큰 문제가 없다는 인식이 팽배한 때였다. 하지만 이
방송 이후 고발 프로그램은 주요 출연자뿐 아니라 공공장소에서 불
특정 다수가 카메라에 잡혔을 때의 초상권 문제, 그리고 본인이 인
터뷰했지만 방송 이후 예상치 못한 파장이 생겼을 때의 책임소재는
어떻게 처리해야 하는지 논의가 필요하다는 과제를 남겼다.

5) 일반화의 오류

하루 종일 쇠사슬에 묶인 채 사실상 감금생활을 하고, 툭하면 몽둥
이찜질을 당하던 기도원의 실상을 방송해 전 국민을 충격에 빠뜨린
"긴급점검-기도원"(1983. 7. 24.) 아이템에도 취재진이 간과한 문제
점이 있었다. 기도원에는 정신질환이 있는 노모를 이웃의 눈총 때문
에 어쩔 수 없이 모셔 온 경우도 있고, 선의로 사회봉사를 하는 착한

기도원도 있다. 그런데 〈추적 60분〉에서 다룬 기도원들은 온통 좋지 않은 사례 위주였다.

현장영상이 너무 강했어요. 매 맞고 피 터진 영상 위주로 방송이 되다 보니 에이 나쁜 놈, 불효자식 … 이렇게 인식이 돼버린 겁니다. 물론 방송 후 보건복지부가 예산도 배정하고, 법 제정도 서두르는 등 효과도 있었지만 악덕 기도원과 그렇지 않은 기도원을 구분했어야 했고, 또 불가피하게 기도원에 보낼 수밖에 없었던 가족과 멀쩡한 노인을 부양하기 싫어 강제 입소시킨 불효자는 구별되게 취재했어야 했는데 그게 제대로 안 된 거죠.　　　　　　　　　　　　　　　　— A (PD)

기도원의 다양한 모습을 보여 준 후 일탈된 기도원의 문제가 무엇인지 대안을 제시해야 하는데 문제 있는 현장 몇 군데를 취재한 후 기도원 전체가 다 그런 것처럼 묘사한 것이 문제였다. 한두 개의 현장을 보여 주고 마치 전체가 그런 것처럼 보도하는 일반화의 오류는 탐사보도 프로그램이 반드시 풀어야 할 과제로 남게 됐다.

5. 나오는 말

〈추적 60분〉은 아직 우리 사회에 본격적인 탐사보도 프로그램이 없던 1980년대 초반, KBS TV본부의 시사교양 PD들이 부정부패와 비리, 잘못된 세태를 고발하며 사회변화를 촉구한 탐사보도 프로그램이었다. 카메라 뒤에서 출연자를 상대로 연출만 하던 PD들이 현장을 뛰며 리포트를 시작해 PD저널리즘이 시작됐다는 것을 알렸고, 프로듀서와 디렉터로 역할을 나누는 프로듀서 시스템을 도입해 프로그램의 완성도를 높였다. 또 방송 프로그램은 글보다 영상내러티브가 우선이라는 원칙을 만들어 현장을 충분히 보여 주는 영상구성을 통해 뉴스와는 확실히 차별화되는 스토리텔링을 구사했다. 그리고 방송을 통해 부정부패를 고발해 실질적 처벌로 이어지도록 했고 사회적 약자를 위한 법과 제도의 개선도 이뤄냈다. 〈추적 60분〉이 정립한 제작기법은 한국 사회 PD저널리즘 프로그램의 취재와 제작 시스템 발전에 있어서 하나의 전범 역할도 했다.

하지만 PD들이 현장을 뛰면서 보여 준 '정의의 구현자', '현장의 목격자'란 역할에 치중한 나머지 현장 위주 취재가 갖는 일반화의 오류, 인권침해와 선정적 보도의 폐해 등 한국 사회 탐사보도 프로그램이 풀어야 할 과제도 함께 남겼다.

참고문헌

1. 역사자료

방송사편찬위원회(1997), 《한국방송 70년사》, 서울: 한국방송협회.

KBS(1983), 발간사 및 부서별 업무계획, 《KBS연지》 1983, 2~3, 107~108.

2. 단행본

김사승(2013), 객관주의 저널리즘, 《현대저널리즘》, 커뮤니케이션북스, 19~
21.

김우룡(2000), 시사고발 프로그램이 중요한 까닭은 무엇인가, 《PD수첩과 프
로듀서 저널리즘》, 나남, 97~119.

김진웅(2000), 시사고발 프로그램의 발달과정, 《PD수첩과 프로듀서 저널리
즘》, 나남, 160.

원용진(2006), PD 저널리즘의 가치, 방송저널리즘 내 두 저널리즘 비교, 《신
화의 추락, 국익의 유령》, 한나래, 317~340.

이민웅(2006), 현대방송저널리즘의 변화와 발전, 《방송 저널리즘과 공정성 위
기》, 지식산업사, 40~46.

3. 연구자료

강형철(2002), 저널리즘: 〈PD수첩〉 500회에 돌아본 PD저널리즘의 과제, 〈신
문과 방송〉, 379호, 99~102.

고희일(2008), PD저널리즘과 기자저널리즘의 비교연구: KBS의 〈추적 60분〉
과 〈취재파일 4321〉을 중심으로, 성균관대 박사학위논문, 9~14.

김귀옥(2006), 한국 구술사 연구현황, 쟁점과 과제, 〈사회와 역사〉, 71권,
313~348.

김연식·조성호(2008), PD 저널리즘의 기원과 발전에 관한 연구, 〈언론과학
연구〉, 8권 2호, 149~176.

김연식(2011), 방송저널리스트의 PD 저널리즘 인식 연구, 〈언론과학연구〉, 1
권 2호, 69~96.

남재일(2004), 한국신문의 객관주의 아비투스: 형식적 사실주의의 전략적 의
례를 중심으로, 고려대 박사학위논문, 106~111.

문종대(2001), 1990년대 저널리즘 연구, 〈한국언론학보〉, 45-특별호, 99~127.

박재영(2005), 공정성의 실천적 의미, 〈한국언론학보〉, 49권 2호, 167~195.

손영준(2004), 미디어 이용이 보수 진보적 의견에 미치는 영향, 〈한국언론학
보〉, 48권 2호, 240~266.

안광식(1984), 사회고발 프로그램의 개발과 과제, 〈방송연구〉, 봄호, 98~99.

양성수(2004), 국내방송 탐사보도 프로그램의 주제 유형 변화에 대한 연구:
〈추적 60분〉을 중심으로, 고려대 석사학위논문, 23~29.

장윤택(1991), 제작현장에서 본 TV 사회고발 프로그램, 《TV의 사회고발 프로
그램》, 한국언론연구원, 157~190.

전용길(1991), 사실과 진실을 향한 1,230일, 〈방송시대〉, 창간호, 110~113.

조연하(1982), 텔레비전 보도다큐멘터리에 관한 비교연구, 이화여자대학교 석
사학위논문, 54~57.

차배근(1986), 폭로저널리즘의 정기능과 역기능, 〈언론중재〉, 겨울호, 10~11.

팽원순(1986), 사회고발 저널리즘의 역사적 고찰, 〈방송연구〉, 봄호, 118~
125.

편일평(1984), 탐사진단 프로그램의 현황과 과제: MBC TV 〈레이더11〉을 중
심으로, 〈방송연구〉, 봄호, 118~125.

Altschull, J. H. (1984), *Agents of power: The role of the news media in human
affairs*, New York: Longman, 25~49.

Aucoin, J. L. (1995), The remengence of American investigative, journalism
1960~1975, *Journalism History*, 3(1), 3~16.

Janowitz, M. (1975), Professional models in journalism: The gatekeeper and
the advocate, *Journalism Quarterly*, 52(4), 618~626.

Luther, A. H. (1971), Proponents of objectivity debate, *Editor & Publisher*,
54~55.

Schiller, D. (1981), *Objectivity and the news*, Philadelphia: University of
Pennsylvania Press, 32~40.

Protess, D. L., Cook, F. L., Doppelt, J. C., Ettema, J. S., Gordon, M. T., Leff, D. R., & Miller. (1991), *The journalism of outrage*, New York: Guilford, 4~7.

Thornton, B. (1995), Muckraking journalists and their readers: Perceptions of professionalism, *Journalism History*, *21*(1), 29~58.

Tuchman, G. (1973), Making news by doing work: Routinizing the unexpected, *American Journal of Sociology*, *79*(1), 110~113.

9장

멀티미디어 저널리즘

이샘물(〈동아일보〉)

1. 들어가는 말

태풍이 강타해 정전이 된 수해 지역을 온라인에 보도한다고 가정해
보자. 대부분은 기사 중간에 사진이 병기된 기사를 떠올릴 것이다.
그런데 푸에르토리코에 허리케인이 휩쓸어 오랜 정전이 이어질 당
시, 〈워싱턴포스트〉는 수해 현장을 다룬 기사를 색다르게 보도했다
(Hernández et al. , 2017). 첫 화면은 영상이 꽉 채운다. 영상 속에서
는 캄캄한 교실에서 한 여성이 창문을 하나둘씩 열기 시작한다. 스크
롤할 때마다 배경에서 또 다른 영상들이 하나씩 재생된다. 공중에서
촬영한 수해 현장, 물에 잠긴 마을, 캄캄한 집에서 커피를 내리거나
시냇물을 길어 사용하는 주민 등이 담겨 있다. 지역을 설명하는 부분
에서는 그래픽을 입힌 지도가 배경에 등장한다. 현장을 생생하게 관

찰하면서 전반적인 상황을 쉽게 이해할 수 있다.

〈워싱턴포스트〉 기사는 기존 디지털 기사의 문법을 완전히 벗어 났다. 사진이나 영상, 그래픽 등은 더 이상 텍스트 안에 보조적으로 삽입되는 '부속물'이 아니다. 시각적 요소들은 기사에서 중추적 역 할을 하며 독자적으로 구성됐고 텍스트와는 보완적 방식으로 조합 됐다. 이렇게 여러 종류의 미디어를 조합해 보도하는 모델을 '멀티 미디어 기사'라고 부른다. 오늘날 전 세계 주요 언론사들은 전통적 형식을 벗어나 멀티미디어 보도를 선보이고 있다.

각각의 미디어는 서로 다른 잠재력이 있다. 사진은 인물의 표정 을 깊이 있게 전하며 눈길이 머물도록 할 수 있고, 영상은 현장의 움 직임을 생동감 있게 담아낼 수 있다. 오디오는 목소리에 담긴 감정 을 세밀하게 전할 수 있고, 그래픽은 복잡한 정보를 직관적으로 전 달할 수 있으며, 텍스트는 오감으로 인지할 수 없는 영역까지 매력 적으로 표현하는 감칠맛이 있다. 이 같은 강점을 최적의 방식으로 조합했을 때 기사의 전달력과 독자의 몰입을 극대화할 수 있다.

기사의 전달방식이 한정돼 있을 때는 형식이 내용물을 규정했다. 신문이나 텔레비전으로 매체가 한정될 때는 신문이나 텔레비전 보 도에 적합한 방식으로 내용물을 제작했다는 것이다. 디지털에서는 형식이 내용물을 규정할 필요가 없고, 규정해서도 안 된다. 형식이 고정돼 있지 않을뿐더러 잠재력 역시 무한하기 때문이다. 신문에는 정적인 텍스트나 이미지만 담을 수 있었지만 디지털에서는 오디오 나 영상, 인터랙티브한 요소도 담을 수 있다. 형식이 자유롭다면 내용물이 형식을 결정해야 한다. 내용물을 가장 잘 표현할 수 있는 형식을 '채택'해야 한다.

정해진 형식에 따른 취재보도가 '기성품 제작'이라면, 멀티미디어 보도는 '맞춤형 제작'이라고 할 수 있다. 후자의 제작자는 미디어의 특성과 취재 소재를 감안해 내용물에 가장 적합한 형식을 고안하고 선택해야 한다. 표정을 통해 내면을 깊이 있게 드러낼 수 있는 취재원이 주요 인물로 등장한다면 사진을 고려할 수 있을 것이고, 목소리를 통해 울림을 줄 수 있다면 오디오를 활용할 수 있을 것이다. 하나의 단면에 담기지 않는 넓은 지형을 조명해야 한다면 드론 사진이나 영상이 적합할 수 있다. 취재 소재를 어떤 미디어를 활용해 보도해야 전달력을 극대화할 수 있을지를 '진단'하고 고안한 뒤 내용물의 종류와 구성을 설계하고 조합해야 한다.

2. 멀티미디어 저널리즘의 본질

텍스트 위주의 기사에 익숙해진 사람들이 흔히 하는 오해가 있다. 바로 멀티미디어 보도가 다양한 미디어를 그저 '활용하는 것'을 의미한다는 것이다. 기존과 같은 형식의 텍스트 기사에 사진뿐 아니라 영상도 넣거나, 그래픽을 많이 가미하는 게 멀티미디어 보도라고 생각하는 것이다. 미디어의 종류나 양만 늘리면 화려하지만 난잡하고, 볼거리는 많지만 몰입감은 떨어지기 쉽다. 그저 부속물을 추가하는 것은 멀티미디어 보도의 본질이라고 할 수 없다.

멀티미디어 저널리즘을 이해하려면 여러 미디어를 활용해 기사의 전달력을 높인다는 '본질'을 이해해야 한다. 보도에 활용하는 미디어는 2개일 수도 있고, 5개일 수도 있다. 중요한 것은 활용하는 미디어의 종류나 개수 자체가 아니라, 여러 미디어를 활용해 독자의 이해를 효과적으로 돕는다는 본질이다. 전달 수단이라는 '껍데기'가 아닌, 알맹이인 '소재'가 관건이다. 멀티미디어 보도를 하려면 기사는 어떤 형식이어야 하고 사진은 어디에 넣어야 한다는 관념을 탈피하고, '소재를 가장 잘 전달할 수 있는 미디어'를 찾아 유연하게 활용해야 한다.

국내에서 멀티미디어 보도는 '인터랙티브'라는 이름으로 더 많이 회자된다. 다채로운 시각물을 클릭하거나 스크롤하며 경험하는 형태의 보도인데, 멀티미디어 보도가 인터랙티브와 동일어라고 보긴 어렵다. 인터랙티브는 웹에서 이용자와 상호작용하는 기능적 측면을 의미하지만, 멀티미디어는 인터랙티브한 요소뿐 아니라 다양한 면모를 포괄하기 때문이다. 달리 말해 인터랙티브 기사는 멀티미디어 보도의 한 축을 담당하지만, 멀티미디어 보도가 반드시 인터랙티브한 것은 아니다. 인터랙티브라는 기능적 요소는 하나의 옵션일 뿐이다.

기사의 전달력을 높이려면 다양한 미디어의 잠재력을 파악하고 있을 뿐 아니라, 취재 소재를 구현하는 최적의 방법이 무엇인지에 대해 '진단'을 잘해야 한다. 진단은 근본적인 지점에서 출발한다. 그

것을 왜 취재하는가? 독자가 무엇을 이해하길 원하는가? 그에 대한
답에서 출발할 때 진단은 수월해진다. 전하고자 하는 핵심이 무엇인
지가 명확할 때 판단이 용이할 것이다.

3. 소재의 적합성

주요 언론사들은 대부분 멀티미디어 기사를 제작하고 있지만, 대부
분의 기사를 멀티미디어로 제작하진 않는다. 모든 취재 소재가 멀티
미디어 보도에 적합하진 않기 때문이다. 뉴스에는 여러 종류가 있으
며, 제각기 고유의 역할을 하며 서로 다른 가치를 발휘한다. 중대한
사건사고가 발생해 속보를 전한다고 해보자. 사람들은 사건의 피해
규모가 어떠하며 현재 어떤 상황인지부터 알고 싶어 할 것이다. 간
결한 텍스트 기사가 신속한 상황파악에 최적일 수 있다.
 멀티미디어 보도는 모든 소재에 채택해야 하는 전제가 아니라,
'그렇게 제작해야만 전달력이 최적화되는' 소재에만 고려해야 한다.
기성품에 적합한 물품이 있고, 맞춤형으로 제작해야만 하는 물품이
있는 것과 매한가지다. 그렇다면 어떤 소재에 적합한가? 중요한 부
분은 소재의 '다면성'과 '복잡성'이다. 다양한 미디어를 조합한다는
것은 취재 소재가 하나의 미디어로는 온전히 담아내기 어려운 다면
성을 갖고 있다는 것을 시사한다. 여러 미디어로 담아냈을 때 효과
적이려면 여러 면모를 담고 있어야 한다. 텍스트로 설명하기만 해도

충분히 핵심이 전달될 수 있다면 굳이 다른 미디어를 조합할 필요가 없을 것이다. 어떤 부분은 정적인 이미지로, 어떤 부분은 영상이나 인터랙티브한 형태로 전하는 게 효과적이라면 조합을 고려해야 할 것이다.

멀티미디어 보도를 한다면 제작의 타임라인도 고려해야 한다. 멀티미디어 기사는 텍스트 위주의 기사에 비해 많은 자원을 요구한다. 기획과 구성을 할 시간도 필요하고, 취재의 수단에 따라 취재에도 상대적으로 많은 시간이 걸릴 수 있다. 텍스트 작성을 넘어서 웹페이지를 디자인하고 개발하는 데에도 시간이 소요된다. 언론사들이 경험과 노하우를 축적하면서 제작 효율을 높이기 위해 노력하고 있지만, 절대적인 시간이 일정 부분 필요함은 부인할 수 없다.

신속한 보도가 필요한 이슈에 멀티미디어는 '대체재'라기보다는 '보완재'로 작용할 수밖에 없다. 이를테면 중요하고 복잡한 건축물에서 거대한 화재가 발생했을 때 독자들은 우선 피해 규모와 진화 상황을 알고 싶어 할 것이다. 그렇다면 텍스트로만 된 기사와 같이 가장 효율적인 방식으로 빠르게 보도한 뒤 멀티미디어를 활용해 추후 심층적인 이해를 더할 수 있을 것이다. 이때 보완재도 충분한 가치를 더할 수 있다. 독자들이 기존에 충분히 이해하지 못했던 지점을 참신하고 깊이 있게 조명한다면 보도 시점에 관계없이 가치를 발휘한다. 궁극적으로 독자가 두고두고 기억하는 기사는 그런 기사다. 대부분의 독자는 기사가 '언제' 보도됐는지는 기억하지 않는다. 깊은 인상을 받은 기사는 그것이 '탁월했다는 것'만 기억한다.

4. 취재의 접근법

멀티미디어 저널리즘은 단순히 포장이나 전달방식의 영역이 아니라, 취재보도에서 '접근법'을 달리하는 것을 의미한다. 보도 방식에 따라 취재 자체도 달라질 수 있다는 것이다.

도널드 트럼프 전 미국 대통령 지지자들의 의회의사당 난입 사태와 같은 동시다발적인 현장을 예시로 들어 보자. 제각기 경험한 장소나 시간대에 따라 증언이 달라진다. 어느 한 곳을 조명하는 것은 자칫 '코끼리 다리 만지기' 같을 수 있다. 〈프로퍼블리카〉는 해당 사안을 수많은 영상을 통해 입체적으로 구현했다(Groeger et al., 2021). 참가자들이 소셜미디어서비스 팔러Parler에 전체 공개로 올린 영상 수천 개를 리뷰한 뒤 뉴스 가치가 있다고 판단되는 500여 개를 선별해 재구성한 것이다. 기사는 하루 동안 촬영된 영상을 분 단위로 정리하는 한편 의사당 안과 밖, 워싱턴 D. C. 주변 등 세 가지 장소별로 나눠서 볼 수 있도록 했다.

〈프로퍼블리카〉와 같은 기사를 기획한다고 생각해 보자. 소셜미디어에 업로드된 영상을 시간과 공간별로 재구성해 보여 주자는 구상을 한다면 취재도 그에 걸맞게 해야 한다. 사람들을 섭외해 인터뷰하는 대신, 소셜미디어에 있는 영상을 수집하고 시간대와 장소를 정확하게 분류해 내야 한다. 현장에 가는 대신 정보의 수집과 분류에 더 많은 시간을 써야 할 수도 있다. 보도에 대한 접근법과 기획에 따라 취재 방법이나 기자의 역할이 달라질 수 있다는 것이다.

기사에 대한 접근법에 따라 취재가 달라지는 경우는 비일비재하다. 〈뉴욕타임스〉는 미국 미니애폴리스에서 경찰관에 의해 살해당한 흑인 조지 플로이드의 사례를 바탕으로, 경찰의 권력 남용과 그로 인한 피해를 다룬 적이 있다(Baker et al., 2020). 화면을 여는 순간 새카만 검정색이 배경화면을 채우고 하얀색 멘트들이 하나씩 뜨기 시작한다. 내용은 대체로 "제발, 숨을 쉴 수가 없어요"와 같은 호소와 그를 둘러싼 대화들이다. 이전에 유사한 상황을 겪은 사람들의 기록을 모아 당시 대화를 구성했다. 이 같은 도입부로 기사를 시작하려면 취재 단계에서부터 조지 플로이드를 넘어서 유사 사례의 사건 기록과 대화 내용을 확보해야 한다.

멀티미디어 기사를 제작한다면 취재에 돌입하기 전에 '기획' 과정을 동반해야 한다. 어떻게 기획하느냐에 따라 취재 방식이 완전히 달라지기 때문이다. 기자는 현장에 가야 할 수도 있고, 현장에 가는 대신 자료를 수집해야 할 수도 있다. 현장에서는 수첩만 들어야 할 수도 있고, 카메라를 들어야 할 수도 있다. 자료를 수집한다면 영상을 수집해야 할 수도 있고 공문서 자료를 확보해야 할 수도 있다. 취재와 제작이 노 젓기라면, 기획은 배의 방향성을 잡는 것과도 같다. 기획이 면밀할수록 보도는 효과적이다. 똑똑한 기획이 결과의 성공을 좌우할 것이다.

5. 기획 방법

멀티미디어 기사를 기획하는 것은 전통적인 기자 이상의 역할을 요구한다. 기사를 '몇 자 분량으로' '어떻게' 쓸지를 넘어서 취재 소재를 '무슨 미디어를 조합해 어떻게 구현하는 게 최적의 전달방법인지'를 고민해야 한다. 이것은 글을 쓰는 기자writer 역할을 넘어서 전체적인 제작을 기획하는 디렉터director 역할에 가깝다. 혼자서도 할 수 있는 콘텐츠content 생산을 넘어서 여러 제작자와 협업해야 하는 프로젝트project에 가까운 작업이다.

전체 구성을 고안하기 전에 글부터 생각한다면 기획은 실패할 것이다. 글은 소재를 전달하는 방법 중 하나일 뿐이다. 글을 전제하면 형식에 대한 상상력은 제약받을 수밖에 없다. 진정한 의미에서 멀티미디어 보도를 하고자 한다면 '접근법'부터 달라져야 한다. 기존에 봐온 텍스트 기사 형식을 접어 두고, 백지에서 생각해 보자. 취재소재를 통해 전하고자 하는 것은 무엇인가? 그것을 전하려면 무엇을 활용하는 게 효과적인가? 취재를 통해 보도의 재료를 확보하면 그것을 어떻게 구성해야 성공적일 것인가? 전체 구성의 큰 그림을 고안해야 한다.

코로나19로 인해 숨진 사람들의 슬픔을 조명한다고 생각해 보자. 어떻게 기획할 것인가? NPR은 미국 전역에서 코로나19로 인해 숨진 사람의 스토리 225개를 발굴하고, 가까운 사람들이 당사자에 대해 회상하는 짤막한 이야기들을 수집했다(Kelly et al., 2021). 페이지를 스크롤할 때마다 숨진 이들의 간단한 이름과 나이가 나오고, 생전에 살았던 곳이 지도에서 조명되는 한편, 가족이나 지인이 당사자에 대해 회상하는 소소한 기억들이 떠오른다. 기사 텍스트부터 생각했다면 절대로 이 같은 포맷이 나올 수 없었을 것이다. 수많은 사람의 인적 사항과 주변인의 회상 멘트로만 구성되는 글은 없기 때문이다. 반면 '코로나19로 인한 수많은 사망자의 아픔을 조명한다'는 보도의 핵심부터 떠올린다면 얘기가 달라진다. '된장국을 끓이겠다'고 생각하고 재료를 요리하는 것과, 된장을 가장 맛있게 활용하는 음식이 무엇일지 구상한 뒤 재료를 모아 요리하는 것의 차이다. 후자로 접근했을 때 참신한 요리를 할 가능성이 높다.

6. 기획력을 키우는 방법

같은 식재료도 누구의 손에 있느냐에 따라 일품요리가 될 수도 있고, 그저 그런 음식에 그칠 수도 있다. 취재 소재 역시 마찬가지다. 어떻게 기획하느냐에 따라 따분한 기사에 그칠 수도 있고, 독자의 마음을 사로잡고 깊은 인상을 남길 수도 있다. 기획력을 키워야 하는 이유다.

좋은 기획을 하기 위한 첫걸음은 '기사의 소비'에 대한 개념을 명확히 규정하는 것이다. 디지털 공간에서는 기사를 단순히 '읽기'의 대상으로 생각해서는 안 된다. 사람들은 디지털 공간에서 콘텐츠를 읽는 것을 넘어서 '경험'한다. 읽기는 눈의 영역이지만, 경험은 다양한 감각적 요소를 동반하는 것이다. 복잡다단한 세상에서 텍스트만으로 독자의 몰입을 극대화하는 데에는 한계가 있다. 전체적인 경험을 설계해 독자를 또 다른 세계로 안내할 수 있어야 한다.

창의적 결과물은 대개 의도적인 노력과 경험의 산물이다. 책을 많이 읽은 사람이 글을 잘 쓰기에 용이하고, 다양한 음식을 먹어 본 사람이 요리를 잘하기가 수월한 것과 매한가지다. 기획력을 키우기 위해서는 소재를 표현하는 제작 모델을 폭넓게 살펴봐야 한다. 벤치마킹할 만한 모델들을 찾아보고, 디지털에서의 다양한 구현 방식에 대해 학습하고 탐구해야 한다.

인간은 기존에 보고 듣고 길들여진 방식대로 생각하는 습성이 있다. 참신한 포맷을 구상하려고 함에도 불구하고 천편일률적인 기사를 무의식적으로 생각하는 것도 그런 까닭이다. 사고의 폭을 넓히려면 '다른 형식'을 최대한 많이, 자주 습득해야 한다. 여러 사례를 섭렵할수록 향후 제작에 참고할 수 있는 후보군도 넓어진다. 다양한 포맷의 웹페이지건 애니메이션이건 영화를 포함한 동영상 콘텐츠건 상관없다. 무엇이든 많이 보고 견문을 넓혀야 한다. 여러 콘텐츠를 보다 보면 스토리를 어떻게 새롭게 접근해 남다르게 풀어내는지, 어떻게 궁금증을 고조시키는지, 어떻게 마무리해 깊은 여운을 남기는지 등 여러 방면에서 참고할 지점이 있을 것이다.

기획 단계에서 경계해야 하는 것은 '새로움의 덫'이다. 참신한 포맷을 탐구해 설계하다 보면 색다른 형식 자체에 얽매이기 쉽다. 형식은 내용을 전달하기 위한 수단이지, 목적 자체가 아니다. 주객이 전도되지 않도록 새로움 자체에 천착하는 것을 경계해야 한다. 그러기 위한 좋은 방법은 기획 결과물을 객관화하는 것이다. 자신이 아닌 제삼자가 해당 소재를 그와 같이 기획했더라도 관심을 갖고 흥미롭게 소비할 수 있을지를 냉정히 점검해 보면 도움이 될 것이다.

기획의 형식이 소재의 전달을 돕는다는 전제하에, 창의적 요소를 활용하면 도움이 된다. 인간은 단일한 시각물을 반복해서 보는 것보다는 새로운 대상을 마주했을 때 집중을 유지하기 쉽기 때문이다. 여러 미디어와 디지털의 잠재력을 효과적으로 활용한다면 이용자의 눈길을 끌고 호기심을 불러일으키기에 유리할 것이다. 상점에 비유하자면, 이왕이면 쇼윈도와 쇼핑의 루트에 배치할 수 있는 볼거리가 다채롭게 설계됐을 때 고객의 발걸음을 끌기 용이하다.

7. 내용물의 구성과 전개

기획에 대한 콘셉트를 도출했다면 기사에 삽입할 미디어 요소를 조합해야 한다. 아무리 문장력이 좋아도 문단의 구성이 매끄럽지 않으면 전체 글이 엉성해 보이듯이, 멀티미디어 기사 역시 기획의 콘셉트가 좋더라도 구성이 면밀하지 않으면 전달력과 몰입감은 반감될 수 있다. 단순히 시간의 흐름대로 서술하는 것이 스토리의 좋은 구성이라고 할 수 없듯이, 정보를 순서대로 나열하는 것은 적절하지 않다. 구성에는 분명한 의도와 정교한 전략이 따라야 한다.

구성을 잘하려면 인간의 뇌가 작동하는 메커니즘을 고려해야 한다. 뇌는 호기심에 의해 주도된다. 흥미로운 정보나 시각물이 없으면 눈길이 가기 쉽지 않다. 따라서 기사의 첫 페이지는 시각적으로 매력적이어야 한다. 좋은 제목은 중요하지만, 텍스트만으로는 충분치 않다. 흥미로운 시각물을 통해 소재를 드러내면서도 독자의 시선이 머물 수 있게 해야 한다. 궁금해하든 신기해하든, 독자들의 눈길과 관심을 유도할 '티저'의 요소가 무엇인지 고민해야 한다.

독자들이 기사의 첫 문장을 읽은 뒤 그 다음 문장을 읽는 것은 전개가 궁금해서다. 그 다음 문장을 읽는 것 역시 뒤이어 이어질 이야기가 궁금해서다. 멀티미디어 기사도 마찬가지다. 독자가 다음 페이지로 넘어가도록 유도해야 한다. 최종 목표는 페이지의 마지막까지 도달하도록 하는 것이다. 기사의 모든 부분은 독자와 만나야 비로소 존재 가치를 발휘하기 때문이다.

텍스트 기사에서 흔히 회자되는 것이 '역피라미드 구조'다. 가장 중요한 정보를 제일 먼저 제시하고 덜 중요한 정보일수록 하단에 배치해 정보를 핵심부터 효율적으로 전달하는 것이다. 신문 지면에서 여러 기사의 핵심을 파악하며 기사를 넘겨 볼 때, 또는 긴급한 사건 사고에 대한 개요를 빠르고 신속하게 소비할 때 효과적인 구조다. 하지만 멀티미디어 기사에서 이 방식은 작동하지 않는다. 디지털 기사는 스크롤이나 클릭 등의 방식을 통해 페이지를 넘기면서 소비한다. 핵심이 모조리 서두에 제시돼 더 이상 궁금할 게 없다면 독자는 다음 페이지로 이동할 유인을 느끼지 못한다. 기사의 모든 부분은 '다음 부분을 읽도록 한다'는 동일한 지점을 향해야 한다. 기사의 설계에는 항상 '다음'으로 유인하는 호기심의 포인트가 있어야 한다.

〈동아일보〉가 멀티미디어 기사로 보도한 '증발' 시리즈는 구성의 묘를 발휘해 독자의 호기심을 유도한다. 1회 기사의 첫 화면을 열면 의기소침해 보이는 남자의 일러스트와 함께 "증발을 택하다: 죽은 줄 알았던 동생이 살아 돌아왔다"는 타이틀이 등장한다(이호재 외, 2020). 무슨 사연이 있기에 동생이 죽은 줄 알았고 살아 돌아왔는지 궁금해진다. 스크롤을 내리면 호기심을 자아내는 일러스트와 문장이 몇 줄 더 등장한다. 기사는 총 4부로 쪼개지는데, 하나의 파트가 끝나면 눈길을 사로잡는 사진과 함께 다음 파트에 대한 궁금증을 자아내는 부제副題가 등장한다. 독자 입장에서는 곧장 모든 것을 알려주지 않아 아쉬울 수 있다. 그럼에도 불구하고 기사를 소비했다면 성공이다. 드라마도 긴장감이 최고조에 이른 순간에 한 회를 마무리해 시청자들의 원성을 듣지만, 그럼으로 인해 다음 편으로의 시청을 이끌어 내듯이 말이다.

멀티미디어 기사를 잘 구성했다면 독자가 맨 마지막에 이르렀을 때 영화의 엔딩 크레딧과 유사한 제작자 명단을 마주할 것이다. 기사를 읽을수록 다음 부분이 궁금해 페이지를 넘기다가, '누가 어떻게 제작했을지'가 궁금해질 무렵 제작자 명단을 마주하고 끝난다면 성공이다.

8. 보도 전 점검할 사항

멀티미디어 보도를 기획하고 구성했다면, 내용물을 채워 넣으며 제작할 단계다. 이때 반드시 점검해야 할 부분이 있다. 취재 내용이 차별화된 수준으로 깊이가 있느냐는 것이다. 아무리 다양한 미디어를 활용하고 효과를 삽입한들, 궁극적인 힘은 내용물에서 나온다. 취재의 깊이가 얕거나 전하고자 하는 메시지가 불분명하다면 접근법과 구성을 아무리 잘 설계해도 전달력이 떨어질 것이다. 복잡다단하고 다면적인 이슈를 다룬다는 것 자체만으로 깊이가 동반되는 것은 아니다. 무엇이 콘텐츠의 저력으로 작용하는지를 살피며 내용의 깊이를 점검해야 한다.

멀티미디어 기사는 일상적인 영역이 아닌, 상당한 자원의 투자가 필요한 특수한 영역이다. 제작에 투입되는 인원만 해도 통상적인 수준을 벗어난다. 포맷에 따라 제작자 규모가 다르지만, 혼자 제작하거나 하루 만에 배출할 수 있는 기사는 거의 없다. 펜기자와 사진기자 외에 동영상 제작자, 그래픽 기자, 디자이너, 개발자 등 수많은 직군이 협업해야 하는 경우도 많다. 전반적인 품질을 점검하며 그것이 왜 수많은 자원을 투입할 가치가 있는지를 입증해야 한다.

기사를 제작했다면, 보도 전까지 이용자 테스트를 충분히 실시해야 한다. 이용자 테스트는 두 가지로 나뉜다. 내용에 대한 정성적인 점검과 페이지에 대한 기술적인 점검이다.

누구나 자신이 제작하거나 관여한 결과물은 좀처럼 객관적으로 보지 못한다. 글이 재미있게 읽히는지, 작품이 흥미롭게 보이는지에 대한 제삼자적 시각을 잃기 쉽다. 멀티미디어 기사에서 이런 점이 특히나 두드러진다. 제작 기간이 길기 때문이다. 제작자들이 취재와 제작에 많은 시간을 투입한 까닭에 결과물에 대해 갖는 애착은 높아지고 객관성은 잃기 쉽다. 그렇기 때문에 '취재한 것을 기사에서 최대한 많이 활용하고자 하는' 오류를 범한다. 현장을 자주 오가며 사진이나 영상을 많이 찍었을 때 그것을 가급적이면 기사에 많이 넣고자 하는 것이다. 현장에 밀접했던 까닭에 대상에 애착을 갖게 되고, 결과물의 활용도를 높이고자 하는 동기가 작용하기도 한다. 그것을 여과 없이 수용하면 기사가 조악해지고 몰입감이 떨어진다.

디지털 기사는 직관적으로 명확하게 내용에 대한 이해를 도우면서 몰입을 유도해야 한다. 흥미로운 현장을 여러 미디어를 활용해 많이 포착했다고 하더라도 과하게 담으면 소비의 질을 떨어뜨릴 수 있다. 때로는 아깝게 느껴져도 덜어낼 부분은 과감하게 덜어 내야 한다. 취재현장과 가까웠던 기자일수록 이 부분을 힘들어한다. 기존에 기획안을 본 적이 없는 사람에게 시제품을 보여 주고, 소비를 어떻게 느끼며 어느 지점에서 이탈하는지 관찰해야 한다.

제작자는 모든 판단에서 '독자의 소비'를 우선시해야 한다. 또 기자의 시각과 독자의 시각이 상당히 다를 수 있음을 염두에 둬야 한다. 현장을 자주 오가며 모든 맥락을 파악한 기자는 작은 부분만 봐도 많은 배경을 떠올릴 수 있지만, 독자들은 충분하고 친절한 설명 없이는 내용을 기자의 기대만큼 이해하지 못하는 경우가 많다. 직접 취재한 기자는 다른 배경 정보와 함께 콘텐츠를 인식하지만, 독자들은 직관적으로 와 닿는 대로 받아들이기 때문이다. 제작자의 의도대로 인식되지 않는 지점이 있다면 오인의 소지를 과감히 덜어 내야 한다. 최종 결과물이 나오기 전까지 제삼자에게 시제품을 보여 주며 적절성을 점검하는 과정이 필요한 이유다.

내용물을 점검했다면, 기술적인 테스트를 실시해야 한다. 새로운 방식으로 기획한 콘텐츠일수록 인터페이스가 기존에 흔히 보지 못한 형태일 가능성이 높다. 어떻게 스크롤하거나 클릭하고 이동하면서 콘텐츠를 소비해야 할지 버튼이나 아이콘 표시를 통해 직관적으로 알려 주지 않으면 상당수의 경우 혼란이 발생한다. 부수적인 설명 요소를 생략한 끝에 심미성을 높였는데 그로 인해 이용자가 소비하는 방법을 헷갈려 한다면 결국엔 잘못된 결정을 한 것이다.

독자들은 때때로 제작자가 기대한 대로 움직이지 않는다. 이를 항상 염두에 두고 이용자 테스트를 많이 거쳐야 시행착오를 줄일 수 있다. 제작 단계마다 제작에 참여하지 않는 제삼자들에게 시제품을 보여 주고, 어떻게 소비하는지 관찰해야 한다. 이때 기사를 통해 무엇을 이끌어 내기를 원하는지도 생각해야 한다. 핵심이 잘 전달되는지, 제작자가 중요하게 생각한 부분이 인상 깊게 전달됐는지, 주변인의 부탁에 따른 테스트가 아닌 실제 상황이라도 주의 깊게 소비할 것인지 등을 살펴야 한다. 다각도로 점검할수록 결과물의 발전에 도움이 될 것이다.

멀티미디어 기사는 기밀에 대한 단독 특종을 위한 것이 아니다.

사전에 쉬쉬하며 감출 필요가 없다. 대부분의 경우 투명한 공유로 인해 얻을 것은 많고 잃을 것은 거의 없다. 오히려 공유하고 테스트 하지 않음으로 인해 얻을 것은 없고 잃는 것은 많다.

9. 멀티미디어 보도의 목표

멀티미디어 기사를 제작해 보면 그것이 보통의 기사보다 제작과정이 훨씬 복잡함을 절감할 것이다. 취재와 기사 작성을 넘어서 기획, 디자인, 개발, 이용자 테스트까지 동반되기 때문이다. 기사는 내용물의 구성이나 배치, 색깔과 크기까지 아무것도 전제된 것이 없다. 이용자 인터페이스UI와 이용자 경험UX을 무無에서 설계해 내야 한다. 이때 디자인과 개발의 디테일은 기사의 소비와 밀접하게 결부되어 있다. 직접 해당 분야를 담당하든 전문성을 지닌 제삼자와 협업하든, 최소한의 리터러시를 가져야 한다. 성공적인 협업은 성공적인 제작에 필수적이기 때문이다. 통상 디자인과 개발의 수정은 텍스트를 고치는 것보다 훨씬 복잡하고 방대한 작업을 요구한다. 각 단계별로 어떻게 작업해야 효율적이고 효과적인지 알아야 협업이 용이해진다. 다방면에 걸친 역량은 업무 프로세스 습득을 넘어서 기획과 구성에도 도움이 된다.

누군가는 '기사 하나를 제작하는 데 왜 그렇게 많은 공력을 쏟아야 하느냐'라고 생각할지 모르지만, 멀티미디어 기사의 저력은 바로 거기에 있다. 누구나 쉽게 보도할 수 없다는 '진입 장벽'이 존재한다는 것은 아무나 따라할 수 없는 수준의 차별성을 갖출 수 있다는 것이기도 하다. 명품은 제작에 공수가 많이 들고 대량 생산할 수 없다. 그렇기에 특별하고, 그 덕분에 주목을 받는다. 멀티미디어 기사도 마찬가지다. 일상적으로 선보이거나 대량으로 배출할 수 없는 '리미티드 에디션'이기에 눈에 띄고 두드러진다. 주요 언론사들은 보도 이후에도 자사의 멀티미디어 기사를 모아서 별도로 소개하고 있다. 〈뉴욕타임스〉는 "The Year in Visual Stories and Graphics"라는 이름으로, 〈월스트리트저널〉은 "The Year in Graphics"라는 이름으로, 〈프로퍼블리카〉는 "Year in Visual Journalism"이라는 이름으로 그해의 멀티미디어 보도를 큐레이션한다. 별도로 모아 볼 가치가 있을 정도의 기사라는 자신감의 표현이기도 하다.

주요 언론사들은 왜 막대한 자원을 투자하면서 멀티미디어 기사를 제작하는가? 시중에 판매되는 제품처럼 즉각적인 매출을 달성하기 위함은 아니다. 대개 멀티미디어 기사는 소비의 편이성을 위해 광고가 붙지 않거나, 광고가 붙더라도 다른 기사에 비해 현저하게 적다. 비용 대비 수익만 생각한다면 제작의 가성비 측면에서는 가장 떨어지는 보도 모델일 수 있다. 그럼에도 불구하고 언론사들이 멀티미디어 보도를 위해 지속적으로 자원을 투자하는 것은 그것이 즉각적인 경제적 가치로 환산되지 않는 무형의 가치를 더 크게 창출하기 때문이다.

수익을 창출하는 것은 중요하지만, 세상 모든 것이 당장의 수익을 창출하기 위해 존재하는 것은 아니다. 이윤을 창출하는 회사에도 영업 부서처럼 돈을 버는 조직이 있는 동시에, 마케팅 부서처럼 돈을 쓰는 조직이 있다. 후자는 즉각적인 매출을 발생시키는 것보다는 비용을 지출해서라도 브랜드 가치를 높이는 것에 집중한다. 그것이 장기적 성장에 중요한 역할을 하기 때문이다. 멀티미디어 기사도 마찬가지다. 자원을 지출하더라도 그로 인해 다른 방식으로는 불가능한 수준으로 독자에게 깊은 인상을 남기고 신뢰를 얻는다면 충분한 별개의 가치가 있다.

지속적으로 성장하는 조직은 당장의 이윤만 추구하지 않는다. 브랜드와 신뢰를 쌓기 위해 마케팅과 같은 즉각적인 매출 이외의 분야에서 이니셔티브initiative를 실천한다. 멀티미디어 보도는 돈을 버는 수단이라기보다는 브랜드 가치를 바탕으로 장기적인 경쟁력을 강화하기 위한 방안이다. 본연의 영역에서 압도적인 결과물로 독자의 마음속 깊이 도달한다면 파장은 굉장할 것이다. 그렇게 쌓은 브랜드 가치가 충성 독자를 형성하고 인재를 유치해 미래의 기반이 된다.

10. 멀티미디어 보도의 영향

멀티미디어 보도는 왜 언론사의 브랜드 가치를 높이는가? 형식적인 외양이 화려해서가 아니라, 언론사가 수행하는 업의 본질적인 부분을 강화하고 분명하게 드러내기 때문이다.

언론사가 가진 업의 본질은 '저널리즘의 구현'이다. 회사의 근간이 된 매체의 종류가 무엇이든 간에 업의 본질은 신문이나 텔레비전, 라디오라는 매체 자체가 아니다. 신문사는 신문지를 만드는 회사가 아니라 신문을 통해 저널리즘을 구현하는 회사였다는 것이다. 보도의 수단은 시대에 따라 쇠락하거나 흥할지언정 본질은 변하지 않는다. 어느 매체든 그 본질을 공유하기에 각자의 전통적 영역을 뛰어넘어 다양한 미디어를 조합해 멀티미디어 보도를 하는 것이다.

뉴스의 본질은 변하지 않지만 본질을 제외한 모든 것은 변할 수 있다. 과거에는 저널리즘의 구현 수단인 매체 간 경계가 뚜렷했지만 오늘날 디지털 공간에서는 그 경계가 허물어지고 있다. 독자들이 너도나도 스마트폰과 PC를 통해 디지털에서 정보를 습득하기 때문이다. 게다가 디지털에서의 정보 공급에는 윤전기나 방송시설과 같은 거대 인프라가 필요한 것도 아니다. 그곳에서 저널리즘을 가장 잘 구현할 수 있는 방법을 채택하지 않을 이유가 없다.

해외 언론계에서는 기존 업무영역을 벗어난 제작을 흔히 엿볼 수 있다. 라디오 방송국인 NPR은 해안가 도시의 해수면 상승 이슈를 다룬 멀티미디어 기사를 선보였다(Sommer, 2021). 해안가 도시를 드론으로 촬영한 영상이 첫 화면에 등장하고, 스크롤하면 그래픽으로 특정 지역을 표시한 지도가 움직이고 확대된다. 기사 형식만 보면 라디오 매체가 제작한 것으로 보이지 않는다. 신문사로 출발한 〈샌프란시스코 크로니클〉은 에이즈 환자 이슈를 심층적으로 다뤘는데, 이를 다큐멘터리로 제작해 주요 영화 페스티벌에 출품했다

(Brethauer & Hussin, 2016). 이처럼 전통적인 매체 영역을 벗어난 보도 사례는 정말로 많다.

멀티미디어 보도는 새로운 업무 역할과 조직을 요구한다. 언론사는 동영상 제작자나 디자이너, 개발자 등을 적극 채용하고, 뉴스룸에 끌어들이고 있다. 오늘날 멀티미디어 기사의 바이라인을 보면 기자뿐 아니라 다양한 제작 구성원들이 영화의 엔딩 크레딧처럼 각자의 역할과 함께 등장한다. 예컨대 〈샌프란시스코 크로니클〉이 캘리포니아 화재를 다룬 기사의 바이라인에는 펜기자, 사진기자, 동영상기자, 사진 편집자, 영상 및 오디오 편집자, 그래픽 아티스트, 예술 디렉터, 개발자 등이 등장한다(Johnson, 2018).

흔히들 '신문기자'냐 '방송기자'냐를 이야기한다. 이제는 그런 구분이 의미 없는 시대가 왔다. 본질은 신문이나 방송이라는 수단이 아닌 저널리즘이며, 기자가 작성한 기사는 전통 매체를 넘어서 디지털 공간에서 구현되고 때때로 더 많이 읽히기 때문이다. 기자라는 직무에 '매체'를 수식어로 붙이는 시대는 지났다. 실제로 오늘날 미국에서는 신문기자나 방송기자라는 말을 거의 쓰지 않는다. 펜기자 Writer, 사진기자Photographer, 동영상 제작자Videographer와 같이 직무에 따른 수식어를 붙이는 경우가 더 많다. 여러 미디어를 아우르며 제작하는 '멀티미디어 저널리스트'라는 명칭도 생겨났다. 매체에 따른 규정을 벗어나야 하는 시대가 왔다.

11. 작품으로서의 기사

독자나 시청자들이 언론사를 통해서만 뉴스를 접할 수 있는 시대는 지났다. 사람들은 원한다면 인터넷에서 정보를 직접 확인할 수 있다. 유명인은 기자에게 이야기하는 대신 SNS에서 대중과 직접 소통한다. 게다가 독자들은 뉴스 외에도 즐길 것이 많다. 각종 플랫폼에는 재미있고 흥미로우며 인사이트를 주는 콘텐츠가 넘쳐 난다. 언론사의 경쟁사는 더 이상 언론사가 아니다. 독자의 눈동자와 마음을 사로잡는 모든 콘텐츠와 서비스에 주의를 기울여야 한다.

기자는 때때로 독자의 소비를 기정사실화하고 기대한다. 하지만 얼마나 많은 독자가 기사를 읽지 않으며, 소비하지 않음에 아쉬움조차 느끼지 않는지를 알아야 한다. 특정한 이슈가 중요하거나 그것을 열심히 취재했다는 것과 독자가 읽어야 하는 이유는 완전히 별개다. 상품도 제작자가 피땀 흘려 만들었다는 점과 소비자의 구매 결정이 별개인 것처럼 말이다.

제작자는 스스로의 작품을 객관화할 수 있어야 한다. 자신이 아닌 제삼자가 제작한 기사였어도 그것을 소비했을 것인가? 그것이 공급자로서 잘못된 가정을 바탕으로 하진 않았는가? 사안의 중요성이나 기자의 노력을 넘어 이용자 관점에서 기사를 점검해야 한다. 콘텐츠 경쟁이 치열할수록 이용자에게 전하는 가치가 확실해야 한다. 단순한 내용의 전달이 아닌 콘텐츠의 깊이와 만듦새가 뛰어난 '작품'으로서의 기사를 제작하고, 소비를 이끌어 낼 수 있어야 한다.

뉴스는 대단한 잠재력을 가지고 있다. 세상에는 재미있는 소설이 넘쳐나지만 실화는 때때로 그 어떤 허구보다 강력한 관심을 유발하고 영향력을 이끌어 낸다. 같은 내용이라도 그것이 허구이냐 현실이냐에 따라 사람들의 공감과 판단이 달라진다. 촘촘하게 파헤친 진실의 힘은 강력해서 사람들이 단순히 내용을 이해하는 것을 넘어서 추가적인 행동을 하도록 움직일 수 있다. 물론 그 잠재력이 단순히 뉴스라는 이유만으로 발휘되지는 않는다. 아무리 대단한 진실이라도 전달방식에 따라 스쳐가고 그치거나 얼마 지나지 않아 잊힐 수 있다. 멀티미디어 보도는 뉴스의 잠재력이 최대한 발휘할 수 있도록 전달방식을 업그레이드하기 위한 수단이다.

기사 중에는 '읽고 잊어버리는 기사'가 있고, '한 번 읽으면 잊히지 않는 기사'가 있다. 기억에 남는 기사 중에는 '기사만 기억나는 기사'가 있고, '어느 언론사의 어느 기자가 썼는지 기억나는 기사'가 있다. 기자들이 매일같이 수많은 기사를 쓰고 있지만, 시간이 흘러도 기억되는 기사는 굉장히 적다. 오래도록 많은 기사를 생산했음에도 불구하고 독자의 가슴과 머리에 남지 않고 사라진다면 브랜드 가치의 관점에서는 실패한 것이다. 대부분의 사람들은 '인생 영화'의 감독을 기억하고, '인생 책'의 저자를 기억한다. 기사라고 해서 그러지 못하리란 법이 없다.

일상적으로 생산하는 뉴스가 깊이 있게 소비되고 기억에 남기는 쉽지 않다. 콘텐츠 경쟁에서 우위를 점하려면 기사를 넘어서 '작품'을 배출한다는 생각으로 제작에 임해야 한다. 단순히 기사를 제작한다고 생각하면 지금까지 봐온 기사보다 참신하고 공을 들였으면 괜찮아 보일 것이다. 하지만 '작품'을 제작한다고 생각하면 다른 유수의 작품과 비교하게 될 것이다. 뛰어난 결과물을 연상시키는 작품을 염두에 둘 때, 비로소 작품으로서의 기사가 배출될 것이다.

멀티미디어 보도는 차원이 다른 깊이와 차별화된 접근법을 통해 독자에게 각인되는 '작품으로서의 기사'를 추구한다. 저널리즘을 충실히 구현하면서도 한번 접하면 잊히지 않고 누가 제작했는지 궁금해지면서 오래도록 기억에 남는 기사, 그것이야말로 추구하고 목표로 하는 지점이다. 정교한 기획과 입체적인 구성요소를 가미한다면 충분히 매력적인 작품이 될 수 있다.

12. 나오는 말

미국의 저널리즘 스쿨에서 종종 회자되는 이야기가 있다. 기자들이 마주한 두 가지 어려움이 있는데 '누구도 당신의 기사를 읽으려 하지 않는다는 것'과 '누구도 당신의 기사에 돈을 지불하려 하지 않는다는 점'이 그것이다. 웬만큼 잘 쓴 기사라도 평범한 독자들은 상당히 무관심하며, 돈을 지불할 의사는 더더욱 없다. 이런 까닭에 '좋은 기사를 쓰는 것만 생각하고, 사람들이 그것을 어떻게 소비하는지를 알지 못하는 것'이야말로 저널리즘 스쿨을 졸업하는 사람이 마주하는 최악의 결과로 회자된다. 이것은 한국에도 마찬가지로 해당되는 말이다.

콘텐츠의 세계는 이용자에 대한 소구력에 따라 명확하게 승부가 갈리는 냉정한 곳이다. 아무리 유명한 회사가 만든 콘텐츠라도 이용자의 호응을 얻지 않으면 흥행에 실패한다. 이런 까닭에 모든 콘텐츠는 독자와 시청자에게 친화적인 방식으로 진화를 거듭해 왔다. 작법을 발달시키든 영상미를 강화하든 인터랙티브한 기술을 적용하든, 독자의 흥미와 몰입을 끌어올리기 위한 방법을 찾아 온 것이다. 멀티미디어 기사도 그 연장선상에서 취재 소재를 가장 강렬하게 전달하기 위한 여정의 결과물이다. 콘텐츠가 범람하는 환경 속에서 경쟁우위를 유지하면서 저널리즘 고유의 가치를 인상 깊고 강렬하게 전달하고 존재의 의미를 각인하려는 노력이다.

디지털 플랫폼에는 기사보다 흥미롭고 재미있으며 정보도 잘 전달하는 콘텐츠가 많다. 모든 멀티미디어 기사가 그 자체만으로 콘텐츠적 측면에서 경쟁 우위에 있다고 보기는 어렵지만, 한 가지만큼은 확실하다. 기사의 품질을 높이기 위해 아무것도 시도하지 않는다면 더더욱 설 자리가 없을 것이라는 점이다. 미래에는 기사가 어떠한 형태이고 무슨 콘텐츠가 각광을 받을지 알 수 없지만, 무엇이든 탐색하고 시도해야 한 발자국 앞으로 나아갈 수 있을 것이다.

멀티미디어 기사의 구상에는 '창작의 고통'이라 할 만한 기획의 과정과 구성의 치열함이 동반된다. 텍스트 기사를 설계하는 것보다 훨씬 입체적인 접근법과 다채로운 미디어가 고려된다. 즉각 혹은 매번 압도적인 결과물을 내놓지는 못하더라도, 제작자는 그 과정을 통해 기사의 경쟁력을 높이기 위한 역량을 업그레이드하게 된다. 관습화된 업무방식을 벗어나 기사를 새롭게 구상하는 과정을 통해 경쟁력 있는 작품을 내놓을 수 있는 역량과 경험을 다지게 된다.

멀티미디어 기사의 미래는 결과물로서의 형식 못지않게 제작과정에도 있다. 앞으로 미디어 환경은 어떻게 바뀔지 모르고, 독자들이 어디서 어떤 유형의 콘텐츠를 소비하길 선호할지는 모른다. 분명한 것은 다양한 레퍼런스를 학습하고 최적의 전달방식을 고민하며 무에서 유를 창조하는 제작자의 앞날은 밝다는 것이다. 끊임없는 연구개발R&D을 통해 경험을 축적한 기업들은 그것이 시행착오로 기록되든 미래의 먹거리로 판명되든 언젠가 돌파구를 찾는다. 기사의 경쟁력을 강화하기 위한 연구개발을 촉진하고 결과물을 업그레이드하는 멀티미디어 기사 역시 그 여정에 있는 제작자와 언론사를 한 차원 발전된 길로 안내할 것이다.

참고문헌

이호재·김기윤·사지원·유성열 (2020), 증발을 택하다, 〈동아일보〉. Retrieved from https://original.donga.com/2020/lost1

Baker, M., Valentino-DeVries, J., Fernandez, M., & LaForgia, M. (2020), Three words. 70 cases. The tragic history of 'I Can't Breathe', *The New York Times*. Retrieved from https://www.nytimes.com/interactive/2020/06/28/us/i-cant-breathe-police-arrest

Brethauer, E., & Hussin, T. (2016), Last men standing, *San Francisco Chronicle*. Retrieved from https://projects. sfchronicle. com/2016/living-with-aids/documentary/

Groeger, L., Kao, J., Shaw, A., Syed, M., & Eliahou, M. (2021), What Parler saw during the attack on the capitol, *Propublica*. Retrieved from https://projects. propublica. org/parler-capitol-videos

Hernández, A., Leaming, W., & Murphy, Z. (2017), Life without power, *The Washington Post*. Retrieved from https://www. washingtonpost. com/graphics/2017/national/puerto-rico-life-without-power

Johnson, L. (2018), 150 minutes of hell, *San Francisco Chronicle*. Retrieved from https://projects. sfchronicle. com/2018/carr-fire-tornado

Kelly, C., Rosenberg, C., & Talbot, R. (2021), Enduring loss, NPR. Retrieved from https://apps. npr. org/memorial-interactive

Sommer, L. (2021), Who will pay to protect tech giants from rising seas?, NPR. Retrieved from https://apps. npr. org/sea-level-rise-silicon-valley

10장
데이터 저널리즘

오대영(가천대)

1. 데이터 저널리즘의 기본 개념

데이터 저널리즘은 데이터를 분석한 내용을 토대로 뉴스를 만들어
보도하는 저널리즘이다. 전통적인 저널리즘의 뉴스 정보원은 사람,
사건, 자료 등이지만, 데이터 저널리즘의 정보원은 데이터이다. 전
통적인 저널리즘은 사건과 사고에 대한 관찰, 타인의 정보, 텍스트,
사진, 영상 등에 대한 해석을 토대로 하지만, 데이터 저널리즘은 자
료에 대한 사회과학적 접근과 수량적 분석을 중시한다.

데이터 자체는 특별한 의미가 없는 객관적 사실에 불과하다. 그런
데 데이터를 가공하면 다양한 정보를 캐널 수 있다. 의미 없는 데이
터에서 유용한 정보와 지식을 창출하는 과정은 4단계 계층구조인
'DIKW 피라미드Date, Information, Knowledge, Wisdom Hierarchy'로 간단하게

설명할 수 있다(한국데이터진흥원, 2017: 14~16). 의미 없는 데이터를 가공하거나 데이터 간의 연관관계를 분석하면 데이터 속에 숨겨진 다양한 정보information를 알 수 있다. 이 정보들 속에서 유의미한 정보를 분류하고, 여기에 개인적 경험을 결합하면 지식knowledge을 구할 수 있다. 지식에 다양한 아이디어가 결합되면 특정 사실을 근거로 추론과 추정이 가능한 지혜wisdom 단계에 이르게 된다(〈그림 10-1〉 참조).

예를 들어, 학생 100명을 대상으로 학업 성적, 가정 경제력, 부모 학력을 조사했다. 조사 자료는 데이터이다. 데이터는 숫자가 나열된 객관적 사실에 불과하며, 숫자 자체에는 특별한 의미가 없다. 그런데 100명의 자료에서 성적 평균, 가정 경제력 평균, 부모 학력 분포 등을 구할 수 있다. 이 새로운 사실은 정보가 된다. 정보를 토대로 가정 경제력과 부모 학력이 학생 성적에 영향을 준다는 사실을

그림 10-1 **DIKW 피라미드**

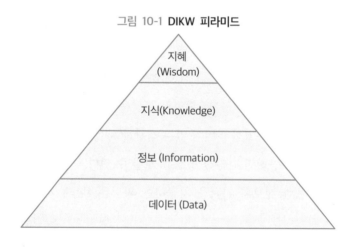

밝혀내면 이는 지식이 된다. 이를 토대로 경제적 격차가 지식 격차를 확대한다는 생각을 하고, 이를 해소하기 위한 방법을 강구한다면 지혜가 된다. 이 조사에서 밝혀진 정보, 지식, 지혜를 토대로 뉴스를 만들어 보도하면 데이터 저널리즘이 된다.

2. 데이터 저널리즘의 발전 역사

역사적으로 데이터 분석은 숫자나 자료 속에 숨겨진 새로운 사실을 밝혀내서 인류 발전에 크게 기여해 왔다. 간호학도는 간호사가 되기 전에 간호사로서의 윤리와 간호 원칙을 담은 내용을 맹세하는 '나이팅게일 선서'를 한다. '나이팅게일 선서'는 현대 간호학과 병원, 의료 개혁 선구자로서 인류 봉사에 앞장서 '백의의 천사'로 널리 알려진 플로렌스 나이팅게일(1820~1910)의 숭고한 정신을 기리기 위해 만들어졌다.

그런데 나이팅게일이 병원과 의료 발전에 크게 기여할 수 있었던 것은 뛰어난 데이터 분석 전문가였기 때문이다. 그녀는 1854년 영국이 프랑스 등과 함께 러시아를 상대로 싸운 크림전쟁에서 부상당한 영국군을 간호하기 위해 터키의 영국군 야전병원에서 자원해 일했다. 그녀는 그곳에서 전쟁에서 당한 부상보다 야전병원의 불결한 위생시설에서 감염된 질병으로 죽는 군인이 더 많다는 사실을 발견했다. 어릴 때부터 통계분석과 도식화에 관심을 갖고 공부를 한 그녀는 세계에서 처음으로 월별로 사망자 수와 사망 원인, 병원 청결 상태 등을 기록한 의무기록표를 만들고 분석했다. 그 결과 6개월 만에 영국군 부상자의 사망률이 크게 줄었다. 그녀는 이 사실을 영국 정부에 보고할 때 밋밋한 숫자 자료가 아니라 누구나 한눈에 알 수 있는 시각 자료로 만들어 제시했다(〈그림 10-2〉참조). 사망 원인을 질병, 전투, 기타로 구분하고, 통계를 파이 형태로 그린 '장미 도표'라는 그림은 영국 정부에 큰 충격을 주었다. 영국 정부는 즉시 병원 위생 개혁에 나섰다. 그녀는 이런 노력으로 1859년에는 영국 왕립통계협회 회원이 됐고, 1874년에는 미국 통계학회 명예회원으로

그림 10-2 **나이팅게일이 그린 '장미 도표'**

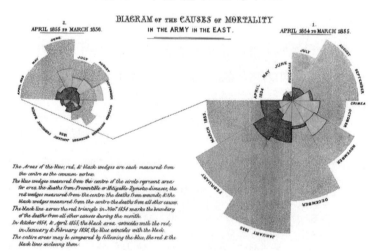

출처: Nightingale, F.(1858), *Mortality of the British Army*. http://bit.ly/mortality-army
오른쪽 그림은 '1854년 4월~1855년 3월'의 사망자 통계이며, 왼쪽 그림은 '1855년 4월~1856년 3월'의 사망자 통계. 가장 바깥 부분이 질병, 가장 밝은 부분이 부상, 가장 어두운 부분이 기타 이유를 뜻하는데 점차 질병이 많이 줄었음을 알 수 있다.

추대되었다.

언론에서의 데이터 저널리즘은 이보다 약간 앞선 1800년대 초반에 등장했다. 영국의 유력 신문인 〈가디언〉은 1821년 맨체스터의 각 학교에 등록된 학생 숫자와 출석자 수 등을 조사해서 등록금을 내지 않고 교육을 받는 학생 수가 정부 발표보다 훨씬 많다는 사실을 밝혀냈다. 이후 20세기 중반에 컴퓨터가 활용되면서 데이터 저널리즘은 본격적으로 시작되었다.

1967년 미국 디트로이트시에서 대규모 폭동이 발생했다. 이 사건은 2017년 영화 〈디트로이트〉로 제작될 정도로 유명한 사건이었다. 당시 폭동에 대해 고교 중퇴자와 남부 출신 흑인 이주자들의 사회 불만이 주요 원인이라는 것이 사회의 일반적인 인식이었다. 그런데 학자였던 필립 마이어Philip Meyer가 폭동에 참가한 사람들의 인종, 출신 지역, 학력, 참가 이유 등을 설문조사한 뒤 냉장고 크기의 IBM 대형 컴퓨터로 분석해 보니 일반적인 사회 인식과 너무 달랐다. 지금은 간단하게 할 수 있는 설문조사와 통계분석이지만, 당시로서는 매우 획기적인 시도였다. 마이어는 이를 통해서 일자리 부족과 혼잡한 주거환경, 경찰의 야만성 등이 폭동의 주요 이유라는 사실을 알아냈다. 폭동 참가자 중에는 대졸자와 고교 중퇴자가 거의 같은 비율이어서 대졸자가 고졸자나 고교 중퇴자만큼 폭동에 참여할 가능성이 높다는 것도 밝혀냈다. 이 결과는 경제와 교육 조건이 폭동 성향과 관련이 있다는 기존 이론과 남부 출신 이민자 관련 다른 연구를 모두 반박하는 내용이었다(Howard, 2014: 32).

마이어는 이 분석으로 미국에서 가장 저명한 언론상인 퓰리처상을 받았으며, 데이터 저널리즘의 선구자가 되었다. 마이어는 1973년 사회과학의 정량분석 기법을 뉴스 취재와 제작에 적용시켜 객관성과 정확성을 높인 보도 방식에 대해 기술한 책인 《정밀 저널리즘 *The precision journalism*》을 출간하였다. 그는 객관적 진실을 추구하는 저널리즘의 목표를 이루기 위해서는 문학적 기법 대신 데이터 수집과 분석이라는 과학적 기법이 중요하다고 강조하였다(함형건, 2015: 33~34).

컴퓨터로 데이터를 분석하는 기사제작 방식은 '컴퓨터 활용 보도 CAR: Computer Assisted Reporting'로 불린다. 컴퓨터 활용 보도는 1970년대에 꽃을 피운 탐사보도에서 활용되기 시작하면서 저널리즘 발전과 공익에 많은 기여를 하였다. 1980년대 빌 데드만은 은행 대출 데이터를 분석해서 만든 "돈의 색깔"이라는 기사에서 주요 금융기관의 대출정책에 시스템적으로 인종차별이 있다는 것을 폭로하였다. 1990년대 초 스티브 도이그는 허리케인으로 인해 발생한 피해 유형을 분석해서 피해 원인이 결함 있는 도시 개발정책과 개발업자들에게 있다는 사실을 밝혀냈다. 컴퓨터 활용 보도가 늘면서 저명한 저널리즘 상을 수상하는 기자들도 많아졌다(Gray, Bounegru, & Chanmbers, 2012/2015: 29).

미국의 유력지인 〈워싱턴포스트〉는 지난 170년간 지구 온도를 추적한 미국 항공우주국NASA, 미국 해양대기청NOAA 등의 데이터 세트 4개를 분석해서 지구 표면의 10%는 2도 이상 뜨거워져 극심한 기후변화가 벌어지고 있다는 사실을 발견했다. 그리고 2019년 8월부터 2020년 8월까지 1년 동안 13회에 걸쳐 이들 지역에 대한 탐사 기사 시리즈 "2℃: 한계를 넘다2℃: Beyond the limit"를 보도했다. 아울러 기후변화 실태를 한눈에 이해할 수 있는 인포그래픽도 만들었다(〈그림 10-3〉 참조). 이 기사의 핵심은 데이터 분석이었다. 〈워싱턴포스트〉는 이 시리즈로 2020년 퓰리처상을 수상했다(〈단비뉴스〉, 2021. 7. 30.).

한국의 뉴스타파, 영국의 〈가디언〉과 BBC 방송, 프랑스의 〈르몽드〉, 호주의 ABC, 일본의 〈아사히신문〉 등 전 세계 100여 개 언론사들은 2016년 4월 3일 일제히 세계 여러 국가의 전·현직 지도자들과 정치인, 유명 인사들의 조세 회피 의혹을 폭로한 기사 "파나마 페이퍼스Panama papers"를 보도하였다. 독일 신문인 〈쥐트도이체 차

그림 10-3 산업화 이전에 비해 2도 이상 온도가
상승한 지역을 표시한 그래프

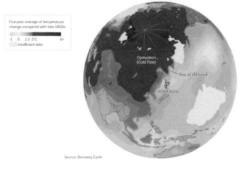

출처: 〈단비뉴스〉(2021.7.30.)에서 발췌.

이퉁〉이 입수한 파나마 법률회사 모색 폰세카Mossack Fonseca & Co. 의
1977~2015년 내부 자료를 공동분석한 내용이었다. 2.6TB 분량의
이 자료에는 세계 각국의 정치인과 유명인들의 조세회피에 관련된
방대한 데이터가 들어 있었다. 〈쥐트도이체 차이퉁〉은 국제탐사보
도언론인협회ICIJ에 도움을 요청했고, 세계 100여 개 언론사가 협력
해서 데이터를 분석하고 공동보도함으로써 탐사보도와 데이터 저널
리즘의 위력을 세계에 알렸다. 데이터 저널리즘이 탐사보도 취재에
서 중요한 기법에서 자리 잡으면서 미국 탐사보도협회, 아시아 탐사
보도협회 등 국제적인 탐사보도 기관들의 행사에서는 데이터 분석
기법에 대한 교육이 확대되고 있다(김태형, 2015; 최경영, 2015).

3. 데이터 저널리즘의 특징과 역할

데이터 저널리즘은 컴퓨터 활용 보도CAR에 뿌리를 두고 있다. 컴퓨
터 활용 보도와 데이터 저널리즘은 모두 수량적 자료를 사회과학적
방식으로 분석한다. 그러나 컴퓨터 활용 보도는 뉴스를 지원하는 수
단으로 데이터를 활용하는 반면, 데이터 저널리즘은 데이터를 분석
해 별도 뉴스를 만드는 것을 목적으로 한다는 점에서 다르다(Gray,
Bounegru, & Chanmbers, 2012/2015: 32). 또 데이터 저널리즘은 개
별 사건을 관찰하기보다는 다양한 데이터를 분석해서 전반적 경향이
나 변화를 알아내는 것을 중시한다. 그래서 사건 실체에 대한 정보가

매우 부족한 취재 초기 과정에서 데이터 분석은 아무 의미도 없는 데이터 속에서 유용한 정보를 찾아내 새롭게 사회적 실체를 구성하고, 의미 있는 뉴스를 만드는 역할을 한다(이정훈, 2016: 4~18).

데이터 저널리즘의 매우 중요한 특징은 시각화이다. 시각화는 뉴스 내용을 문자 대신에 그래프, 그림, 표 등으로 전달하는 것이다. 기존 저널리즘에서도 시각화 자료는 통계와 숫자 내용을 알기 쉽게 전달하기 위한 보조 수단으로 많이 이용되어 왔다. 그러나 데이터 저널리즘에서는 시각화 자료가 기사의 보완 수단이 아니라 별도의 중요한 기사이다. 데이터 저널리즘에서 시각화 뉴스는 그래프, 차트, 뉴스 애플리케이션, 상호작용형 정보interactive information 등의 방식으로 많이 전달된다. 뉴스 애플리케이션, 상호작용형 정보는 컴퓨터 활용 보도에는 없던 시각화 유형이다. 상호작용형 정보 그래프나 표는 컴퓨터를 이용해 복잡하고 어려운 대량의 자료를 분석하고 한눈에 알기 쉽게 정리해서 전달한다는 장점이 있다(이정훈, 2016: 72~75).

2011년 8월 영국 런던 토트넘에서 20대 흑인이 경찰의 총격으로 사망하는 사건이 일어났다. 유족들과 지역 주민들은 경찰이 과잉 대응을 했다면서 항의 시위를 벌이면서 경찰과 충돌했다. 시위는 점차 폭동으로 변했고, 런던 곳곳으로, 이어서 전국의 많은 도시로 확산되었다. 영국의 유력지인 〈가디언〉은 런던 폭동 기간 중에 트위터에 올라온 글 260여만 건을 분석해서 폭동과 관련된 소문을 7가지 유형으로 분류했다. 그리고 상호작용형 그래프를 이용해서 시간대

별로 소문이 확산되는 상황을 도형으로 표현해서 전달하였다. 영국 정부는 폭동의 원인에 대해 "붕괴한 도덕"과 "범죄 집단의 소행" 때문이라고 주장했지만, 〈가디언〉은 트위터 내용을 분석해서 "경찰에 대한 시민의 불신과 반감이 폭동의 주된 원인"이라고 반박했다(김진희 · 임종섭, 2016).

데이터 저널리즘은 데이터 분석을 통해 과거에는 쉽게 알 수 없었던 정보를 창출하고 저널리즘의 객관성을 강화시켰다. 저널리즘의 중요한 역할은 사회의 권력층과 정부를 감시하는 것이지만, 사실 기자가 힘 있는 권력가나 거대한 정부의 은폐된 잘못이나 비밀을 찾아내서 뉴스로 만드는 데는 많은 비용이 든다. 그런데 데이터 저널리즘은 정보와 뉴스 생산 비용을 낮췄다. 이로 인해 디지털 스토리텔링과 탐사보도에서 새로운 기법으로 자리 잡았다(Felle, 2016).

1990년대부터는 미국 신문들의 탐사보도에서 데이터 활용이 일반화되었다(Parasie & Dagiral, 2012). 데이터 분석에 기반한 비영리 독립언론이 증가하면서 데이터 저널리즘은 빠르게 발전하였고, 탐사보도의 저변도 확대되었다(Hamilton, 2016: 32~33). 비영리 독립언론사인 〈프로퍼블리카〉는 2013년 미국 의료보험이 적용된 의사 16만여 명의 처방전 11억 건가량을 1년 동안 분석해서 913명이 의약품을 과다하게 처방해서 연간 3억 달러의 세금이 낭비됐고, 의사들이 제약회사로부터 리베이트를 받은 사실을 밝혀냈다(김진희 · 임종섭, 2016).

4. 데이터 분석 방법

1) 디지털 스토리텔링

데이터 저널리즘의 핵심은 데이터를 분석하고 정보를 캐내서 수용자들의 관심을 끄는 뉴스를 만드는 것이다. 데이터를 분석해서 뉴스로 만드는 과정에서도 전통적인 저널리즘의 뉴스 가치news value 기준이 적용된다. 뉴스 가치는 기자와 언론이 매일 벌어지는 수많은 사건들 중에서 뉴스로 만들기 위해 사건을 선택하는 기준이다. 뉴스 가치는 기자와 언론이 뉴스로 선택한 사건에서 강조하고 싶은 부분을 정하는 기준도 된다(O'Neill & Harcup, 2008/2016).

뉴스 가치는 저널리즘의 매우 중요한 효과인 의제와 프레임 설정에도 직접적인 영향을 준다. 뉴스에서 의제는 '사람들의 주목을 끄는 중요한 이슈'이다. 언론의 의제설정 이론은 '미디어가 특정 이슈에 관해 중요하다고 보도하면 수용자도 중요하다고 생각하게 된다'는 것이다. 프레임 이론은 언론이 특정 사건을 구성하는 다양한 모습 가운데 한 모습을 선택해 강조하고 다른 모습은 배제함으로써 사회 현실을 재구성하는 것이다.

데이터 저널리즘에서도 데이터 속에 숨겨진 정보에서 의제를 설정하고, 다양한 사실을 특정 프레임으로 재구성하기 위해서는 우선은 뉴스 가치라는 프리즘을 통해서 뉴스의 방향을 정해야 한다. 뉴스 가치를 기준으로 데이터에서 사람들의 관심과 흥미를 끌 만한 소재를 찾아내고, 보충 취재를 해서 이야기를 만들어 가는 디지털 스토리텔링을 전개하는 것이다. 기자와 언론이 중시하는 뉴스 가치는 정치, 경제, 사회, 국제, 문화 등 분야에 따라 달라질 수 있다. 정치 분야에서는 권력다툼이 중요한 이슈이어서 갈등적 내용이 중요한 뉴스가 되지만, 경제 분야에서는 경제적 가치 창출이 중요한 이슈가 된다. 그러나 보도 분야에 관계없이 모든 뉴스에서 중시되는 일반적 뉴스 가치가 있다. 시의성, 근접성, 저명성, 영향성, 인간적 흥미, 갈등성, 유용성, 신기성, 일탈성, 선정성 등이 그것이다 (오대영, 2019: 54~65).

(1) 시의성

최신 정보를 중시하는 것이다. 처음 발생한 사건의 후속 내용을 전달하는 속보도 시의성 측면에서 중요하다. 데이터 분석에서도 시의적인 내용을 전달하면 중요한 뉴스가 된다. 선거 때마다 언론이 유권자들을 설문조사해서 보도하는 후보자 지지율 기사는 대표적 데이터 저널리즘이다.

(2) 일탈성

일탈은 사회적 규범에서 벗어난 것을 의미한다. 뉴스에서 일탈성은 도덕과 규범에 어긋나는 일, 사회 질서와 안전을 위협하는 일을 뜻한다. 저널리즘의 중요한 사회적 역할은 사회 안전을 지키는 것이므로 일탈성은 매우 중요한 뉴스 가치이다. 데이터 저널리즘에서도 일탈성은 매우 중요한 뉴스 가치이다. 국제탐사보도언론인협회ICIJ와 전 세계 100여 개 언론사가 공동보도한 "파나마 페이퍼스" 기사가 대표적 사례이다.

(3) 갈등성

사회의 갈등은 평온을 깨고 변화를 가져올 수 있다는 점에서 뉴스 가치가 된다. 데이터 저널리즘에서도 조직이나 개인 간 갈등에 관한 데이터 분석은 좋은 뉴스 소재이다. 국가 간, 기업 간 갈등 관련 내용을 데이터로 분석한 기사도 좋은 사례다.

(4) 근접성

수용자는 자신과 관련 있다고 생각할수록 뉴스에 관심을 갖는다. 근접성은 기본적으로 지리적 개념이지만, 정치적, 경제적, 문화적, 심리적 측면에서 가깝다고 느껴지는 것도 근접성이다. 미국이 한국과 지리적으로는 매우 멀지만 한국 뉴스에서 가장 많이 보도되는 이유는 미국과 한국이 정치, 경제, 문화적으로 매우 밀접한 관계에 있기 때문이다. 데이터 저널리즘에서도 뉴스를 전달하려는 수용자와 근접성이 높은 데이터를 분석하는 것이 뉴스 전달 효과를 높인다.

(5) 저명성

사람들은 이름이 널리 알려졌거나 사회적 영향력이 큰 정치인, 연예인, 스포츠 선수 등과 같은 유명 인사들에 대해서는 개인적 내용부터 공적 활동까지 많은 관심을 갖는다. 저명성에는 유명한 건물, 물건, 장소 등도 해당된다. 데이터 저널리즘에서는 텍스트를 분석하는 방법으로 대통령 또는 유명 유적지에 대한 뉴스 빅데이터 분석을 해서 뉴스를 만드는 방법이 있다.

(6) 영향성

영향성은 사람들의 삶에 영향을 주는 정도를 의미한다. 이슈의 영향을 받는 대상이 많고, 영향력이 크고, 영향을 주는 시간이 길고, 직접적인 영향을 줄수록 뉴스 가치가 커진다. 데이터 분석에서도 사회에 미치는 영향이 큰 내용일수록 뉴스가 커진다. 의료, 노동 등 다양한 분야의 여러 정부기관이 매년 국민을 대상으로 설문조사를 하고 데이터 분석 결과를 발표하는 것도 조사 내용이 사회에 많은 영향을 주기 때문이다.

(7) 진기성

비정상적이고 흔치 않은 사건이 발생했을 경우이다. 저널리즘에는 '개가 사람을 물면 뉴스가 되지 않지만, 사람이 개를 물면 뉴스가 된다'는 말이 있다. 개가 사람을 무는 것은 일상적인 일이지만, 사람이 개를 무는 것은 비정상적인 일이기 때문이다. 흔치 않은 사건도 뉴스가 된다. 최초로 발생한 사건, 최고 혹은 최저 기록으로 기네스북에 오른 사건이 대표적이다. 데이터 저널리즘에서도 데이터 분석으로 밝혀낸 최고, 최저, 최초 등 새로운 사실은 좋은 뉴스가 된다.

(8) 인간적 흥미

희노애락과 같은 인간의 감정을 자극하는 내용에 관한 것이다. 사람들은 타인의 삶과 이야기에 많은 관심을 갖고 있기 때문에 인생 이야기는 중요한 뉴스 가치가 있다. 인간적 흥미는 저명성과 달리 평범한 사람들의 이야기를 대상으로 한다. 데이터 저널리즘에서도 데이터 속에 숨겨진 사람들의 삶에 관한 정보를 발굴하면 수용자의 흥미를 끄는 뉴스를 만들 수 있다.

(9)선정성

수용자의 도덕적, 심미적 감성을 자극하여 실제보다 흥미롭고 중대한 것처럼 윤색하여 보도하는 것을 의미한다. 선정성은 크게 폭력성과 외설성에 관한 것으로 구성된다. 데이터 저널리즘에서도 선정적 내용에 관한 데이터를 분석해서 뉴스를 만들 수 있다. 수용자의 감성을 자극하는 선정적 뉴스뿐만 아니라 폭력성과 외설성을 경고하는 뉴스도 가능하다.

2) 디지털 리터러시

리터러시literacy는 문자로 된 자료에서 지식과 정보를 획득하고 이해할 수 있는 능력이다. 문해력文解力이라고도 한다. 디지털 리터러시는 다양한 디지털 미디어와 디지털 정보를 이해하고 평가할 수 있는 능력이다. 데이터 저널리즘에서는 데이터를 정확하게 이용하고 분석할 수 있는 디지털 리터러시가 필요하다. 데이터를 잘못 분석하면 중대한 오류를 일으켜서 사회에 많은 폐해를 줄 수 있다.

선거 때가 되면 언론이나 조사기관이 유권자의 후보 지지율을 조사한 보도가 많아진다. 이 보도는 선거에 많은 영향을 주기 때문에 조사와 분석은 정확하고 과학적으로 이루어져야 한다. 그러나 과거에는 여론조사 보도의 기본 원칙에서 벗어난 보도가 적지 않았다. 통계적으로는 지지율의 차이가 없는데도 "오차범위 내에서 1, 2위를 차지했다"는 식으로 마치 차이가 있는 것처럼 보도하는 경우가 대표적이다(김춘식, 2010). 2016년 4월에 실시된 제20대 국회의원 선거 때는 여론조사 보도원칙에 어긋난 보도 행태가 더욱 심해져 사회적으로 중대한 문제가 되었다. 그래서 2017년 대통령선거를 앞두고 언론계에서는 한국신문협회, 한국기자협회, 한국방송협회, 한국신문방송편집인협회, 한국인터넷신문협회 등 5개 대표단체가 올바른 선거여론조사 보도방식을 제정하여 '선거여론조사 보도준칙'을 만들기까지 했다.

데이터를 분석해서 뉴스를 만들 때 가장 중요한 리터러시 역량은 통계 지식이다. 통계는 수량 데이터에서 새로운 사실을 찾아내는 학문이다. 데이터를 분석할 때 통계 지식이 없으면 심각한 오류를 범할 수 있다. 예를 들어 시험에서 남학생 50명의 평균은 87.2점, 여학생 50명의 평균은 87.5점이라고 하자. 외견상으로는 여학생의 평균이 0.3점 높다. 이 점수만 보고 여학생의 성적이 남학생보다 높다고 단정해서 보도하면 안 된다. 통계적으로는 실질적 차이가 없을 수도 있기 때문이다. 통계적으로 차이가 없으면 남학생과 여학생의 평균 점수는 차이가 있다고 할 수 없는 것이다.[1] 앞서 "오차범위 내에서 1, 2위를 차지했다"는 보도가 잘못된 이유도 오차범위 내에 있다는 것은 실질적으로 차이가 없다는 것을 의미하는데 "1, 2위를 차지했다"고 써서 마치 차이가 있는 것처럼 보도했기 때문이다.

대표적인 통계분석 방법에는 기술통계descriptive statistics와 추론통계 inferential statistics가 있다. 기술통계는 평균, 최솟값, 최댓값, 중앙값 등 데이터의 특징을 알려 주는 값들을 구하는 방식이다. 추론통계는 변수 간의 관계를 분석해서 변수 간 인과관계나 새로운 사실관계를 추측하는 방식이다. 대표적 추론통계에는 평균차이 검정, 교차분석 검정, 상관관계 분석, 회귀분석 등이 있다. 평균차이 검정은 집단별로 평균의 차이가 실제로 있는지를 분석한다. 교차분석 검정은 범주형 변수로 구성된 집단들의 관련성과 독립성을 알아본다. 상관관계 분석은 변수들이 서로 관계를 맺고 있는지를 알아본다. 회귀분석은 변수들의 인과관계, 영향을 주고받는 정도를 추론한다(오대영,

---

1 통계적으로 차이가 있는지 여부는 유의수준(significance probability)으로 결정된다. 유의수준은 '오류를 범할 확률'을 의미한다. 통계값의 유의수준이 통상 허용되는 범위에 있으면 오류 가능성을 무시하고 차이가 있다고 할 수 있다. 그러나 유의수준이 허용범위 이상이면 차이가 없는 것으로 본다. 허용범위는 0.001(0.1%), 0.01(1%), 0.05(5%) 등 세 종류가 있다. 사회과학에서는 통상 0.05를 기준으로 한다. 여기서도 남학생과 여학생 평균 통계결과의 유의수준이 0.05보다 작으면 여학생 평균이 남학생 평균보다 높다고 인정할 수 있다. 그러나 유의수준이 0.05 이상이면 남학생과 여학생 평균의 차이는 있다고 할 수 없다.

2021: 172~175).

5. 데이터 구하기

1) 설문조사

직접 데이터를 만들어서 분석할 수 있다. 설문조사가 대표적이다. 영국 BBC 방송은 영국인 16만여 명을 설문조사한 후 프랑스 사회학자 피에르 부르디외의 이론에 따라 계층을 7개 유형으로 분류해서 사회계층의 새 모델을 제시했다(김진희·임종섭, 2016).

2) 공공데이터

미국 등 G8 정상들은 2013년 각국 정부의 공공데이터 개방을 확대하기 위한 국제협약을 체결하고 5개 원칙으로 이루어진 〈오픈 데이터 헌장G8 Open Data Charter and Technical Annex〉을 발표했다. 5개 원칙은 "공공데이터를 개방한다, 데이터의 품질과 양을 중요시한다, 모두가 사용할 수 있다, 거버넌스 개선을 위해 데이터를 개방한다, 혁신을 위해 데이터를 개방한다"이다.

  G8 정상들이 이 같이 결정한 것은 공공부문의 풍부한 데이터가 공개되어 민간이 이용하면 정부의 투명성과 신뢰도가 향상되고 수

많은 부가가치와 새로운 자산이 창출되는 등 장점이 많다고 판단했기 때문이다. 이후 세계적으로 정부의 데이터 공개가 일반화되면서 이제는 공공데이터가 넘치는 세상이 되었다.

우리나라도 2013년 〈공공데이터의 제공 및 이용 활성화에 관한 법률〉을 제정하고 공공데이터 포털을 구축하는 등 데이터 공개정책을 적극 시행하고 있다. 공공데이터 포털은 무료로 정부와 공공기관의 데이터를 파일데이터, 오픈API 등 다양한 형태로 일반에게 제공하고 있다. 그 밖에 통계청의 국가통계포털 등 공공데이터를 공개하는 다양한 전문 사이트가 있다. 정부와 공공기관은 기관 홈페이지에서 자체 생산한 데이터를 공개하고 있다. 한국행정연구원, 한국노

유용한 공공데이터 사이트
- **공공데이터포털** (https://www.data.go.kr/)
  행정안전부가 정부기관 공공데이터 제공
- **국가통계포털** (http://kosis.kr/index/index.do)
  통계청이 국가통계 공개
- **한국노동패널** (https://www.kli.re.kr/klips/index.do)
  한국노동연구원이 매년 국민을 대상으로 경제활동과 노동활동을
  조사하여 설문 데이터 공개
- **한국복지패널** (https://www.koweps.re.kr)
  한국보건사회연구원과 서울대학교 사회복지연구소가 매년 국민을
  대상으로 생활실태와 복지실태를 조사해서 데이터 공개
- **한국의료패널** (https://www.khp.re.kr:444/)
  한국보건사회연구원과 국민건강보험공단이 매년 국민을 대상으로
  보건의료 실태를 조사해서 데이터 공개

동연구원, 한국보건사회연구원 등 국가 연구소들은 매년 국민을 설문조사한 원본 파일을 무료로 공개하고 있다. 국민은 이런 사이트에서 무료로 공공데이터를 다운받아 분석하고 가공해서 보고서를 만들거나 뉴스를 제작할 수 있다.

3) 정보공개제도

정부에 자료 제공을 요청하는 정보공개제도를 활용하면 공개되지 않은 데이터도 구할 수 있다. 정보공개제도는 공공기관이 보유, 관리하는 정보를 국민에게 적극 공개해서 국민의 알 권리를 보장하고, 국민의 국정참여와 국정운영의 투명성을 확보하기 위해 많은 국가에서 시행하는 제도이다(행정안전부, 2021: 3). 우리나라의 정보공개제도는 〈공공기관의 정보공개에 관한 법률〉에 따라 1998년부터 시행되었다. 세계에서 13번째였고, 아시아에서는 처음이었다.

행정안전부의 〈2021 정보공개 연차보고서〉에 따르면 2020년에는 136만 7,166건의 정보공개 청구가 접수되어 1998년의 2만 6,338건 대비 약 52배 증가했다. 2020년에 접수된 정보공개 청구를 기관별로 보면 지방자치단체 71만 372건(52%), 중앙행정기관 44만 3,807건(32%), 공공기관 16만 3,037건(12%), 교육청 4만 9,950건(4%) 이다.

정보공개 청구는 직접출석, 우편, 팩스, 정보통신망 등 다양한 방법으로 할 수 있다. 이 중 온라인 청구가 지속적으로 증가해서

2020년에는 전체 청구의 약 82%를 차지했다. 전체 청구의 99.5% 가 법령상 처리기한인 20일 이내에 처리되었으며, 매년 정보공개 청구 건의 약 95%는 공개되고 있다. 그러나 다른 법률로 비공개가 규정된 정보, 국방 등 중대한 국가이익을 침해하는 정보, 국민의 생명 등 공익을 침해하는 정보, 재판 관련 정보, 공정한 업무수행에 지장을 주는 정보, 개인정보, 영업상 비밀침해 정보 등은 공개되지 않는다.

탐사보도를 잘하는 언론사나 기자들은 정보공개제도를 잘 활용한다. KBS 데이터 저널리즘팀은 2014년 지방자치단체들에 〈식품위생법〉 위반으로 행정처분한 내역을 알려 달라는 정보공개 청구를 해서 받은 자료를 토대로 취재해서 보도했다(김태형, 2016).

6. 데이터 저널리즘 사례

데이터는 형태에 따라 크게 정형과 비정형 데이터로 구분된다. 정형 데이터는 엑셀과 같이 일정한 형식에 맞춰 정리된 데이터이다. 대부분의 공공데이터는 정형 데이터이다. 비정형 데이터는 문서, SNS 글, 이미지, 영상 등과 같이 정해진 형태가 없는 데이터이다.

1) 정형 데이터

〈중앙일보〉의 "탈탈 털어보자 우리 동네 의회 살림"은 2018년 지방선거를 앞두고 유권자들의 후보자 선택에 도움을 주기 위해 전국 기초의회의 돈 씀씀이 데이터를 분석해서 동네별로 검색해서 볼 수 있게 만든 디지털 콘텐츠다.[2] 이 사이트에서는 기초의회 의원의 의정활동비, 수당, 업무추진비 등을 상세하게 알 수 있다. 이 콘텐츠는 2018년 제1회 한국 데이터저널리즘 어워드에서 '올해의 데이터저널리즘' 대상을 받았다(〈그림 10-4〉 참조).

2020년 제3회 한국 데이터저널리즘 어워드에서 '올해의 데이터 기반 탐사보도상'을 수상한 KBS의 "조세정의 2부작 〈고액체납 보고서〉·〈조세포탈 보고서〉"는 고액체납자와 조세포탈범에 대한 자료를 심층분석해서 고발한 기사이다.[3] 2004년부터 16년 동안 고액체납자 명단에 오른 3만 8천여 명에 관한 웹페이지 자료 1,900쪽과 2015년부터 2019년까지 공개된 조세포탈범 176명의 판결문 500개 이상을 분석했다(〈그림 10-5〉 참조).

데이터 분석은 자체 뉴스 콘텐츠 제작에 어려움이 많은 지역 언론의 뉴스 제작에 큰 도움이 될 수 있다. 지역 언론사는 행정자치부 등 정부기관이나 지역자치단체에서 제공하는 지역 관련 데이터를 분석

---

2 https://www.joongang.co.kr/digitalspecial/298

3 http://datajournalismawards.kr/portfolio/2020investigation/

하면 의미 있고 재미있는 뉴스를 쉽게 만들 수 있다. 경기도 지역신문 〈중부일보〉가 2021년 11월 5일 보도한 "[빅데이터로 본 경기] 코로나 아이러니 … 음식점 개업 지난해 '최다' … 폐업 가장 많은 지

그림 10-4 〈중앙일보〉 "탈탈 털어보자 우리 동네 의회 살림"

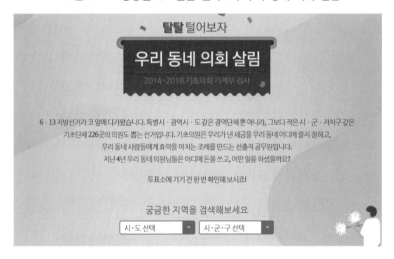

그림 10-5 "조세정의 2부작 〈고액체납 보고서〉·〈조세포탈 보고서〉"

그림 10-6 [빅데이터로 본 경기] ①

[빅데이터로 본 경기] 코로나 아이러니…음식점 개업 지난해 '최다'… 폐업 가장 많은 지역은 부천

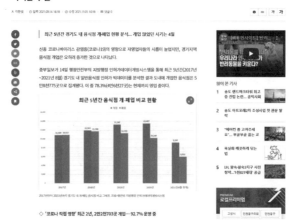

◇ '코로나 직접 영향' 최근 2년, 2만2천703곳 개업… 92.7% 운영 중

그림 10-7 [빅데이터로 본 경기] ②

[빅데이터로 본 경기·인천] 지역내 음식 노포 5천302곳… 유지 비결은 '사명감·맛·품질'

30년 이상 된 음식점 경기 4천111곳 인천 1천91곳

326

역은 부천"4 기사와 11월 7일에 보도한 "［빅데이터로 본 경기·인천］ 지역 내 음식 노포 5천 302곳 ⋯ 유지 비결은 사명감·맛·품질"5 기사는 경기도와 인천 지역에서 인허가를 받은 음식점 관련 데이터를 분석해서 만든 기사다(〈그림 10-6〉, 〈그림 10-7〉 참조). 인허가와 폐업일 등 관련 데이터를 분석해서 주요 음식별로 가장 오래된 음식점을 찾아내고 직접 찾아가 영업 비결 등 흥미로운 이야기를 발굴한 후, 음식점 사진, 그림, 지도, 도표 등 다양한 시각화 자료와 함께 보도해 디지털 스토리텔링의 참맛을 보여 주었다.

2) 비정형 데이터

데이터 저널리즘에서 비정형 데이터 분석은 텍스트 마이닝text mining 방법으로 수행된다. 특정 이슈에 대한 언론의 뉴스와 수용자들의 댓글, 수용자들이 SNS에서 쓴 글을 컴퓨터로 찾아서 모은 후에 분석하는 경우이다. 그러나 이렇게 하기 위해서는 기자 수집·분석 기술을 갖추고 있어야 하므로 모든 사람들이 할 수 있는 것은 아니다.

한국언론진흥재단이 운영하는 뉴스 빅데이터 분석 시스템 빅카인즈6를 이용하면 컴퓨터 활용기술이 없는 사람들도 쉽게 특정 이슈에 대한 뉴스 빅데이터 분석을 할 수 있다. 한국언론진흥재단은 1990

---

4 http://www.joongboo.com/news/articleView.html?idxno=363503447
5 http://www.joongboo.com/news/articleView.html?idxno=363510446
6 www.bigkinds.or.kr

년부터 국내 54개 신문과 방송에서 수집한 약 7천만 건의 뉴스 데이터베이스를 구축하고 있다. 누구든지 빅카인즈가 제공하는 분석 툴을 이용해서 특정 이슈에 대한 보도 기사량 추이, 주요 인물·장소·기관·키워드 분석 등 다양한 뉴스 빅데이터 분석을 할 수 있다.

예를 들어, 2022년 5월 1일부터 14일까지 2주 동안 국내 54개 언론사에 보도된 코로나 뉴스를 검색하면 1만 9,542건의 기사가 검색된다. 이 기사들을 분석하면 2주간의 보도 추이, 관계도, 연관어 등을 알 수 있다. 이를 토대로 코로나에 관해 2주간 보도된 뉴스 내용 분석을 할 수 있다. 국내에서는 코로나 사태가 진정되고 있는 반면 중국과 북한에서는 코로나 사태가 여전해서 국제사회에서 우려하고 있는 것을 알 수 있다(〈그림 10-8〉 참조).

언론사들도 빅카인즈로 뉴스를 발굴해 보도하고 있다. 〈의학신문〉은 빅카인즈로 2021년 의료기기 분야에서 가장 많이 언급된 키워드를 분석한 후에 "2021년에는 코로나19를 극복하기 위한 각종 움직임들이 활발했고, 헬스케어 기술과 접목이 많은 인공지능AI을 비롯해 전시회와 지역 클러스터 등 의료기기 산업 전반 발전에 필요한 다양한 요소들이 많았던 것으로 확인되었다"고 보도했다(〈의학신문〉, 2021. 12. 22.).

빅카인즈의 장점은 대용량 뉴스 데이터를 매우 빠른 시간 내에 수집해서 새로운 분석을 할 수 있다는 점이다. 장기간에 걸친 시계열 분석이 대표적이다. 박대민(2016)은 8개 전국 신문이 1990~2015년 정치면과 사회면에 보도한 기사 약 100만 건을 빅카인즈에서 수

그림 10-8 **빅카인즈**

기사 검색

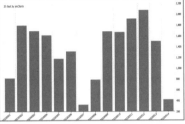

보도량 추이

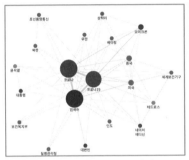

주요 기관, 인물, 키워드 관계도

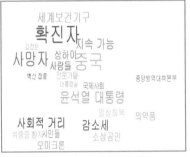

주요 키워드 연관 관계

집한 후 매체별로 정보원과 주제의 시계열적 변화를 살펴보았다. 뉴스 빅데이터 분석 방법 사회나 경제 상황을 분석하고 미래를 예측하는 지표를 개발하기도 한다. 이금희(2017)는 빅카인즈에 축적된 뉴스 기사 데이터베이스에서 호황 및 불황 관련 키워드들의 월별 뉴스 기사 수를 추출하고 이들을 바탕으로 BSI 방식으로 빅카인즈 뉴스 경기 지수를 개발하였다.

과거에는 기업을 평가할 때 주로 재무지표를 기준으로 했지만, 이제는 세계적으로 비재무적인 요소인 ESG가 중요해졌다. ESG는

Environment(환경), Social(사회), Governance(지배구조)의 머리 글자를 합친 말이다. 기업이 지속적으로 성장하기 위해서는 친환경 경영, 사회적 책임경영, 지배구조 개선 등 비재무적인 요소가 중요 하다는 철학을 담고 있다. ESG는 금융기관이 기업에 투자할 때 평 가하는 주요 요소가 되었다. 저자는 2021년 국내 언론들이 ESG와 관련해서 보도한 기사들을 빅카인즈에서 검색해서 텍스트마이닝 방 식으로 한국 사회와 주요 기업의 ESG실태를 평가하는 K-ESG뉴스 지수를 개발했다. 저자가 2021년에 개발한 'KL^{Korean Language} ESG 평가 사전 데이터베이스'에 기초해서 뉴스에 담긴 ESG실태를 분석 하는 방식이다. ESG 전문 인터넷매체인 〈ESG경제〉가 매주 이 내 용과 그래프 뉴스를 토대로 '주간 ESG 브리핑'이라는 뉴스를 제작해 서 보도하고 있다(〈ESG경제〉, 2022. 7. 12., 〈그림 10-9〉 참조).

빅카인즈는 검색된 뉴스들의 제목, 기사 시작 부분 등 메타 정보 를 담은 데이터를 제공한다. 컴퓨터의 텍스트 마이닝 방법으로 이 데이터들을 추가로 분석하면 한층 심층적인 내용을 찾아낼 수 있다.

저자는 통계분석 프로그램인 R을 이용해서 앞에서 검색한 코로나 기사들에 대해 토픽분석을 해보았다. 토픽분석은 텍스트 내 키워드 의 빈도를 통계적으로 분석해서 전체 텍스트를 대표하는 잠재적 주 제를 분석하는 방법이다(김태종·박상옥, 2018). 주요 프레임을 분 석하는 것과 같다. 2022년 5월 1일부터 14일까지 2주 동안 국내 54 개 언론사에 보도된 19,542건의 코로나 기사에는 '활발해진 지역 행 사, 국제 경제와 코로나 현황, 정부의 소상공인 경제 지원, 한국의

그림 10-9 뉴스 분석으로 만든 K-ESG뉴스 지수 활용 보도

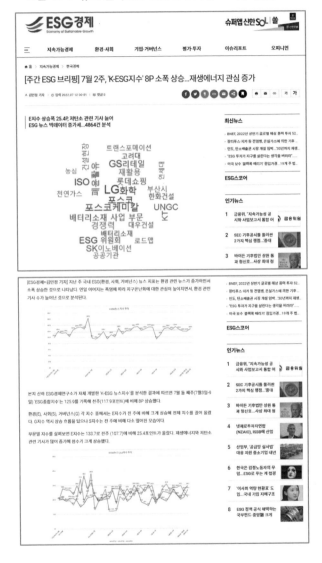

그림 10-10 2022.5.1.~5.14 코로나 관련 주요 기사 토픽

	Topic.1	Topic.2	Topic.3	Topic.4
1	진행	미국	정부	확진자
2	지역	한국	윤석열	방역
3	행사	세계	대통령	거리
4	개최	시장	상황	해제
5	대상	기업	소상공인	발생
6	운영	기록	회의	사회
7	사업	증가	국민	확산
8	어린이	중국	지원	신규
9	지원	최대	정책	회복
10	제공	시간	경제	마스크

코로나 기사에 등장한 4개 토픽   4개 토픽의 그래프

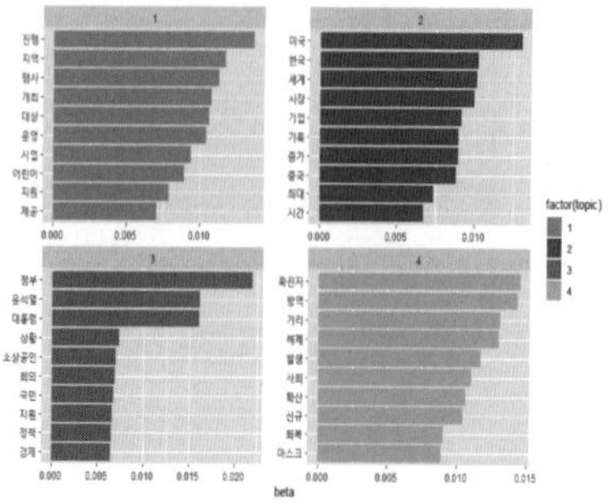

코로나 현황' 등 4개의 토픽이 있는 것으로 분석되었다(〈그림 10-1
0〉 참조).

참고문헌

김진희·임종섭(2016), 데이터 뉴스의 특성과 개념 정의에 대한 연구: 2012년
부터 2015년 국제 데이터 저널리즘 시상식의 수상 콘텐츠를 중심으로,
〈커뮤니케이션 이론〉, 12권 2호, 47~88.

김춘식(2010), 선거 저널리즘, 김춘식 외, 《저널리즘의 이해》, 파주: 한울아
카데미, 195~227.

김태종·박상옥(2018), 뉴스 빅데이터를 활용한 지역평생교육 토픽 분석: '03
~'18년 지역매체 기사를 중심으로, 〈사이버커뮤니케이션학보〉, 35권 4
호, 37~102.

김태형(2015), 이제는 세계 탐사기자들의 공용어: 아시아 탐사보도 총회 참관

기, 〈방송기자〉, 22권, 40~41.

김태형(2016), 정보공개청구의 다른 이름, '데이터 공개해주세요', 〈방송기자〉, 29권, 46~47.

박대민(2016), 장기 시계열 내용 분석을 위한 뉴스 빅데이터 분석의 활용 가능성: 100만 건 기사의 정보원과 주제로 본 신문 26년, 〈한국언론학보〉, 60권 5호, 353~407.

오대영(2019), 《저널리즘 이론과 현장》, 파주: 나남.

_____(2021), 《R을 이용한 공공데이터 분석》, 서울: 한나래출판사.

이긍희(2017), 뉴스 빅데이터를 이용한 경기 판단: 빅카인즈 뉴스 경기지수의 개발, 〈통계연구〉, 22권 2호, 67~94.

이정훈(2016), 《컴퓨테이셔널 저널리즘, 새로운 뉴스 제작 기술》, 서울: 커뮤니케이션북스.

최경영(2015), 2015 IRE전미탐사보도협회 총회를 참관하고, 〈방송기자〉, 25호, 42~43.

한국데이터진흥원(2017), 《데이터 분석 전문가 가이드》.

함형건(2015), 《데이터분석과 저널리즘》, 서울: 컴원미디어.

행정자치부(2021), 〈2021 정보공개 연차보고서〉.

Felle, T. (2016), Digital watchdogs? Data reporting and the news media's traditional 'fourth estate' function, *Journalism*, 17(1), 85~96.

Gray, J., Bounegru, L., & Chanmbers, L. (2012), *Data journalism handbook*, 정동우 역(2015), 《데이터 저널리즘》, 서울: 커뮤니케이션북스.

Hamilton, J. T. (2016), *Democracy's Detectives*, Cambridge: Harvard University Press.

Howard, A. B. (2014), *The art and science of data-driven journalism*, 김익현 역(2015), 〈데이터 저널리즘〉, 서울: 한국언론진흥재단.

Nightingale, F. (1858), *Mortality of the British Army*, http://bit.ly/mortality-army

O'Neill, D., & Harcup, T. (2008), 뉴스가치와 선택성, In Wahl-Jorgensen,

K., & Hanitzsch, T. (Eds.), *The handbook of journalism studies*, 저널리즘연구소 역(2016), 《저널리즘 핸드북》, 서울: 새물결출판사, 353~380.

Parasie, S., & Dagiral, E. (2012), Data-driven journalism and the public good: "Computer-assisted-reporters" and "programmer-journalists" in Chicago, *New Media & Society*, *15*(6), 853~871.

〈단비뉴스〉(2021. 7. 30.), 뜨거운 지구에서 저널리즘의 미래를 찾다.

　　http://www.danbinews.com/news/articleView.html?idxno=14711

〈의학신문〉(2021. 12. 22.), '빅데이터'로 본 올해 의료기기 분야 키워드는?.

　　http://www.bosa.co.kr/news/articleView.html?idxno=2164650

〈중부일보〉(2021. 11. 5.), 〔빅데이터로 본 경기〕 코로나 아이러니 ⋯ 음식점 개업 지난해 '최다' ⋯ 폐업 가장 많은 지역은 부천.

　　http://www.joongboo.com/news/articleView.html?idxno=363503447

〈중부일보〉(2021. 11. 7.), 〔빅데이터로 본 경기·인천〕 지역 내 음식 노포 5천 302곳 ⋯ 유지 비결은 '사명감·맛·품질'.

　　http://www.joongboo.com/news/articleView.html?idxno=363510446

〈중앙일보〉(2018. 12. 17.), '탈탈 털어보자', 한국 데이터저널리즘 어워즈 대상.

　　https://www.joongang.co.kr/digitalspecial/298

〈ESG경제〉(2022. 7. 12.), 〔주간 ESG 브리핑〕 7월 2주, 'K-ESG지수' 8P 소폭 상승 ⋯ 재생에너지 관심 증가.

　　http://www.esgeconomy.com/news/articleView.html?idxno=2343

한국 데이터저널리즘 어워드 http://datajournalismawards.kr/

11장

저널리스트와 프로그래밍

뉴스 제작을 위한 R 기초 활용법

임종섭(서강대)

1. 들어가는 말

최근 R, 파이썬 등 대중적인 프로그래밍 언어로 소셜미디어 게시글, 댓글, 기사 등 텍스트를 대규모로 수집해 분석하는 일명 'computational approach'가 국내외 관련 업계와 학계에서 인기를 끌고 있다. 저자는 이런 흐름에 주목해 언론인 지망생, 대학원생, 현직 언론인 등을 주 대상으로 신문기사, 방송기사 등 뉴스를 제작할 때 프로그래밍 관점을 접목하는 기초 방법을 소개하고자 한다. 특히, 이론적 개념에 치중하기보다는 프로그래밍 언어인 R을 이해하고 이를 뉴스 제작에 적용할 때 고려할 부분을 다룬다. 현장기자나 부서장 등 현직 언론인은 취재과정에서 입수하는 계량자료나 보도자료 등에서 의미 있는 내용을 발견할 때 이를 적용할 수 있다. 예비 언론인은 프로그래밍 관점을 익히는 과정에 이 글이 제시하는 내용을 응용해 코드 짜기에 관한 이해와 실력을 높일 수 있다. 이 글이 프로그래밍 언어에 쉽게 접근하고 이를 바탕으로 다양한 기삿거리를 발굴하는 데에 활용되기를 희망한다.

2. 문서화된 자료의 홍수

우리 주변에는 다양한 형태의 텍스트나 기록된 문서가 넘쳐 난다. 한국어, 영어 또는 다른 외국어로 기록된 언어 집합체가 텍스트 또는 문서이며, 이 속에는 의미, 프레임, 의제, 주제, 감정 등 알아두면 도움이 되는 유용한 개념들이 있다. 독자들이 매일 사용하는 스마트폰 문자, 카카오톡 메시지, 밴드, 페이스북, 트위터 게시글, 블로그 글, 기사 댓글, 기사 본문뿐만 아니라 대통령 연설문, 정치 후보자 공약집, 정부나 국회의 정책자료와 보도자료까지 텍스트에 해당하는 예는 쉽게 볼 수 있다. 특히 취재기자는 출입처에서 보도자료를 메일로 받으며, 이 보도자료는 출입처 홈페이지에도 공개돼 일반인도 접근할 수 있다.

이들 텍스트 자료는 잘 다루면 흥미로운 기삿거리나 정보를 찾을 수 있으며, 기자에게는 추가 취재의 발판이 될 수 있다. 또한, 언론학 전공자는 수업 과제와 관련한 결과물로도 활용할 수 있다. 이처럼 문서 형태로 존재하는 자료에서 특정한 유형이나 주제, 감정, 의

제 등을 추출하는 기법은 텍스트 마이닝text mining이라고 한다. 이 기법은 기본적으로 질적 연구의 분석 절차를 따르며, 분석 과정은 반복적이다(Yu, Jannasch-Pennell, & DiGangi, 2011). 이 기법은 연구자가 수작업으로 진행하지 않고 R 등 프로그래밍 언어에 관련 패키지를 설치해 진행하기 때문에 신속성과 효율성이 장점이다.

이 글은 R을 전혀 모르지만 코딩에 관심 있는 언론인, 예비 언론인, 또는 일반인까지 대상으로 하며, R에 관한 기본 지식과 코딩 짜기에서 일어나는 오류, 텍스트 분석의 예 등을 실제 코드와 함께 다룬다. '코드'라는 다소 생소한 개념을 이해하려면 R 실행화면에 숫자, 문자, 부호 등을 직접 입력해 보면 좋다. 이때 예상하지 못한 문제나 오류가 일어나며, 이를 파악하면서 진행하다 보면, 어느새 취재과정에 프로그래밍 관점을 적용하는 모습을 발견할 것이다.

3. 일부러 실수하라

우리는 '실수해서는 안 돼', '실수는 실패' 등 실수 강박증에 시달리는 모습을 일상에서 본다. 학교나 직장, 심지어 가정에서조차 같은 실수를 반복하면 질책, 비난, 낮은 인성 평가 등 불이익을 주고 '실수' 자체를 금기시하는 경향이 있다. 이러다 보니 경쟁 구도에서 동일한 실수를 반복하지 않으려고 변명이나 거짓말, 또는 책임 전가 등 부정적 성향이나 태도를 드러낸다. 이런 분위기는 실수로부터 창의적이며 창발적인 시각이나 해석이 발현할 가능성을 아예 차단할 수 있다.

코딩을 제대로 배우고 숙달하려면 이런 실수 강박증에서 과감히, 아니 자유롭게 벗어나야 한다. 오히려 많은 실수를, 또는 같은 실수를 반복하면서 코드의 의미와 코딩의 참맛을 깨달을 수 있다. 예를 들어, R이 이해하지 못하는 방식으로 '1var <- (11, 12, 13)'라고 입력하면, 'Error: unexpected symbol in "1var"'라는 오류가 뜬다. 또는 'var <- (11, 12, 13)'라고 하면, 'Error: unexpected ',' in "var <- (11,"'라는 다른 오류가 나타난다.

컴퓨터 자판의 'enter'를 아무리 눌러도 이 코드는 같은 오류를 반복할 뿐이다. 첫 번째 코드에서 숫자를 변수 이름 맨 앞에 쓸 수 없으므로 오류가 일어났으며, 두 번째 코드에서는 3개 숫자를 'c'라는 병합 함수로 묶지 않았기 때문에 문제가 발생했다. 'var <- c(11, 12, 13)'라고 입력하면 R은 이 코드를 다시 보여 주고 'var'라는 객체를 만들고 이에 연결된 3개 숫자 값을 제시한다.

언뜻 단순한 코드라도 약간의 실수를 하면 이처럼 오류가 일어나는 만큼, 일부러 실수하는 유연한 태도가 프로그래밍 언어를 배우는 데에 도움이 된다. 저자는 기자나 언론학 전공자 등이 R을 사용하다가 경험하는 대표적 오류를 중심으로 R에 관한 프로그래밍 관점을 다룬다. 이 글에 소개한 코드를 독자가 자신의 노트북이나 PC에 입력할 때 윈도우나 맥 등 사용 환경이 달라 추가로 오류가 발생할 수도 있다. 당황하지 말고, 천천히 오류가 왜 일어났는지를 따져 보는 여유를 가지면 좋다. 당장 오류를 해결하지 못하더라도 이를 고민하는 과정에서 코드와 프로그래밍이라는 개념을 자신의 관점에서 서서히 파악할 수 있다. 이 점에서 오류가 의미하는 내용을 이해하고 해법을 찾는 단계를 반복해 연습하는 자세가 상당히 중요하다.

4. R의 개념과 특성

1) R이란?

R은 통계학자가 통계학자들을 위해 만든 프로그래밍 언어라고 할 수 있다. 뉴질랜드 오클랜드^{Auckland}대학 통계학과 교수인 로스 이아카 Ross Ihaka와 로버츠 젠틀맨Robert Gentleman이 1996년에 학술지에 "R: A language for data analysis and graphics"라는 논문을 발표하며 R 이 세상에 등장했다(Ihaka & Gentleman, 1996). 이들은 'Scheme'과 'S'라는 프로그래밍 언어를 토대로 R을 개발했는데, 이들의 이름 첫 글자가 모두 R이다. 인터넷에 공개된 이 논문은 함수function, 환경 environment 등 R을 사용할 때 중요한 프로그래밍 개념을 비교적 쉽게 설명해 관심 있는 독자는 읽어 보기를 권한다.

〈그림 11-1〉의 캡처 화면에서 중앙을 보면, 'R Script'와 'Text file'이라는 부분을 볼 수 있다. 'R Script'가 코드를 입력하는 공간이며, 'Text file'은 메모장이나 한컴오피스 한글처럼 기록하는 공간이다. 취재기자는 두 번째 공간에 취재하면서 얻은 정보나 취재원 특

성, 연락처 등을 입력해 저장했다가 필요하면 언제든지 꺼내 볼 수 있다. R을 사용하려면 RGui와 RStudio라는 2개 프로그램을 R을 관리하는 사이트에서 내려받아 자신의 컴퓨터에 설치하면 된다. 이 과정을 살펴본다.

그림 11-1 **RStudio의 실행 화면**

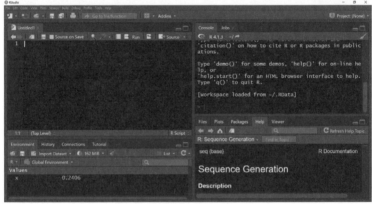

2) R 설치하기

R은 RGui와 RStudio로 구성된다. 우선 RGui는 기본적인 R이며, RStudio에는 앞의 예시화면처럼 4개 창이 있다. 상호작용이 좋아, 저자도 RStudio를 주로 쓴다.

(1) RGui 설치하기

① 먼저 CRAN 인터넷 주소에 접속한다(https://cran.r-project.org/mirrors.html). CRAN은 'Comprehensive R Archive Network'의 약자이며 R의 개념과 사용법, 관련 분석 패키지 등을 제공하고 R의 프로그래밍 구조를 관리하는 단체이다.

② 이 웹사이트는 국가별로 R을 내려받는 접속 홈페이지를 보여 주는데, 이 중에서 'Korea'에 있는 5개 사이트 중 하나를 자유롭게 택하면 된다.

Korea
https://ftp.harukasan.org/CRAN/   Information and Database Systems Laboratory, Pukyong National University
https://cran.yu.ac.kr/   Yeungnam University
https://cran.seoul.go.kr/   Bigdata Campus, Seoul Metropolitan Government
http://healthstat.snu.ac.kr/CRAN/   Graduate School of Public Health, Seoul National University, Seoul
https://cran.biodisk.org/   The Genome Institute of UNIST (Ulsan National Institute of Science and Technology)

③ 접속 홈페이지를 누르면 컴퓨터 운영체계에 따라 내려받는 링크가 나온다.

The Comprehensive R Archive Network

Download and Install R

Precompiled binary distributions of the base system and contributed packages, **Windows and Mac** users most likely want one of these versions of R:

- Download R for Linux (Debian, Fedora/Redhat, Ubuntu)
- Download R for macOS
- Download R for Windows

R is part of many Linux distributions, you should check with your Linux package management system in addition to the link above.

④ 세 번째 링크를 선택하면 다음과 같은 화면이 나타난다.

R for Windows

Subdirectories:

base   Binaries for base distribution. This is what you want to **install R for the first time**.
contrib   Binaries of contributed CRAN packages (for R >= 3.4.x).
old contrib   Binaries of contributed CRAN packages for outdated versions of R (for R < 3.4.x).
Rtools   Tools to build R and R packages. This is what you want to build your own packages on Windows, or to build R itself.

Please do not submit binaries to CRAN. Package developers might want to contact Uwe Ligges directly in case of questions / suggestions related to Windows binaries.

You may also want to read the R FAQ and R for Windows FAQ.

Note: CRAN does some checks on these binaries for viruses, but cannot give guarantees. Use the normal precautions with downloaded executables.

⑤ 이 링크는 다시 설치 링크로 이어진다.

R-4.2.0 for Windows

Download R-4.2.0 for Windows (79 megabytes, 64 bit)
README on the Windows binary distribution
New features in this version

⑥ 이 링크를 눌러 최신 버전의 R을 자신의 컴퓨터에 설치해 실행한다. 이 과정에서 'Message translation'이라는 부분이 나오는데, 이를 선택하지 않으면 R 화면에 뜨는 메시지는 한국어가 아닌 영어로 나타난다.

(2) RStudio 설치하기

① RStudio 내려받기 주소에 접속한다(https://www.rstudio.com/products/rstudio/download/).

② 'RStudio Desktop Open Soure License FREE'라는 항목을 내려받는다.

	RStudio Desktop	RStudio Desktop Pro	RStudio Server	RStudio Workbench❶
	Open Source License	Commercial License	Open Source License	Commercial License
	Free	**$995**	**Free**	**$4,975**
		/year		/year
				(5 Named Users)
	DOWNLOAD	BUY	DOWNLOAD	BUY
	Learn more	Learn more	Learn more	Evaluation | Learn more
Integrated Tools for R	✓	✓	✓	✓
Priority Support		✓		✓
Access via Web Browser			✓	✓
RStudio Professional Drivers		✓		✓

주의할 점으로, RGui가 먼저 설치되어야 RStudio가 작동된다. 자, 이제 R이 제공하는 흥미로운 분석과 시각화 등을 코드로 직접 경험할 수 있다. 프로그래밍 언어의 사용자 환경graphical user interface 유형은 RStudio뿐만 아니라 R-commander, Deducer 등 다양한 만큼, 독자는 이들도 체험해 보면 좋다. R로 분석 코드를 작성하는 프로그래밍 기술을 익히려면 최소한 1년 이상 매일 R을 사용하는 경

험이 필요하다(Galili, 2015).

또한, R로 자료를 불러와 분석하려면, 인터넷에 연결되어야 한다는 점을 기억할 필요가 있다. 예를 들어, 텍스트 마이닝에 쓰는 'tm' 패키지를 설치하려고 다음 코드를 RStudio의 스크립트script 화면에 입력하면, 다음과 같은 오류가 뜬다. 7

```
install.packages("tm")
```

```
Warning in install.packages :
unable to access index for repository https://cran.rstudio.com/src/
contrib:
cannot open URL 'https://cran.rstudio.com/src/contrib/ PACKAGES'
Installing package into 'C:/Users/limj/Documents/R/win-library/4.2'
(as 'lib' is unspecified)
Warning in install.packages :
unable to access index for repository https://cran.rstudio.com/src/
contrib:
cannot open URL 'https://cran.rstudio.com/src/contrib/ PACKAGES'
Warning in install.packages :
package 'tm' is not available (for R version 4.2.0)
Warning in install.packages :
unable to access index for repository https://cran.rstudio.com/bin/
windows/contrib/3.5:
cannot open URL 'https://cran.rstudio.com/bin/windows/contrib/4.2/
PACKAGES'
```

---

7 RStudio는 스크립트(script), 콘솔(Console), 환경|기록|연결(Environment|History|Connects), 파일|시각화|패키지|도움말|보기(Files|Plots|Packages|Help|Viewer) 4개로 구성된다.

이 경고문은 'tm'이라는 패키지가 없으며, 저장소 주소에 접근할 수 없고, 패키지 주소를 열 수 없다는 내용을 비교적 친절하게 설명한다. 이는 인터넷이 연결되지 않은 상태에서 설치 코드를 실행해 일어난 현상이다. 인터넷을 연결한 뒤에 설치 코드를 실행하면 다음과 같은 설명문이 뜬다.

```
Installing package into 'C:/Users/limj/Documents/R/win- library/4.2'
(as 'lib' is unspecified)
trying   URL   'https://cran.rstudio.com/bin/windows/contrib/4.2/tm_0.7-4.
zip'
Content type 'application/zip' length 1363037 bytes (1.3 MB)
downloaded 1.3 MB

package 'tm' successfully unpacked and MD5 sums checked
The downloaded binary packages are in
C:₩Users₩Public₩Documents₩ESTsoft₩CreatorTemp₩RtmpULXvW7
₩downloaded_packages
```

세 번째 문장은 'tm' 패키지가 설치된 자세한 위치를 보여 준다. 이 패키지를 자신의 컴퓨터에 설치한 뒤에 어느 곳에 패키지가 있는지를 확인해 보기를 바란다.

3) R과 파이썬은 다른가?

R과 쌍벽을 이루는 대중적인 프로그래밍 언어는 '파이썬Python'이다. 이름이 독특하지만 뱀의 의미는 아니다. 파이썬은 반 로셈Van Rossem 이 1991년 개발한 프로그래밍 언어로, 배우기가 쉽고 다양한 목적으로 활용할 수 있는 게 장점이다(Theuwissen, 2015). 반면에 R은 통계학자들이 동료들을 위해 내놓은 언어로, 통계와 프로그래밍 언어에 대한 지식이 필요해 학습곡선이 가파르다.

R과 파이썬은 컴퓨터공학을 모르더라도 코드를 습득할 수 있는 객체 중심 언어object-oriented language이며, 작업환경이나 작동방식이 비슷해 상호호환이 가능하다. 데이터 분석과정에서 문장부호, 의미 없는 단어 등 불용어를 삭제하는 전처리preprocessing에는 파이썬을 사용하고, 이후 통계분석에는 R을 활용하는 게 효율적이다(Wayner, 2017). 따라서 R과 파이썬을 함께 배워서 분석 결과를 비교하면, 결과를 교차검증하는 이점과 함께 프로그래밍 언어와 코딩의 세계를 이해하는 데 큰 도움이 된다.

5. 운영체계(매킨토시와 윈도우)에 따른
   패키지 설치와 자바 오류

1) 패키지 설치 오류

특정 패키지를 설치하려고 할 때 다음과 같은 오류가 자주 발생하는
데, 해결책은 원인에 따라 다양하다.

```
Warning in install.packages:
package 'XXXXX' is not available (for R version 4.2.0)
```

(1) 패키지 이름이 맞는가?

```
install.packages("purr")
Warning in install.packages:
package 'purr' is not available (for R version 4.2.0)
```

패키지의 정확한 이름은 'purr'가 아니라 'purrr'이다. 다음 코드로
다시 실행하면 purrr 패키지가 작업 환경에 설치되는 것을 알 수 있
다. R 환경에서는 정말 작은 부분이 오류를 일으킨다.

```
install.packages("purrr")
```

(2) CRAN 사이트에 해당 패키지가 공개되어 있는가?

어떤 경우에는 CRAN에 패키지가 공개되지 않을 수 있다. github (https://github. com)에 패키지가 공개될 수 있어서 github 사이트에서 해당 패키지를 검색해 설치 코드를 실행하면 대부분 문제는 해결된다. github (https://github. com/tidyverse/purrr)에서 'purrr' 패키지를 검색해 보면 설치 코드가 친절하게 제공돼 있다.

(3) 방화벽으로 패키지 사이트에 접근이 차단되었나?

방화벽으로 특정 패키지 사이트에 접근하지 못할 때 방화벽을 해제하면 된다. 순서는 다음과 같다.

RStudio의 상단에서
- Tools → Global Options → Packages라는 항목으로 이동해 "Use Internet Explorer library/proxy for HTTP"라는 옵션이 선택되어 있으면 이를 해제한다[unmarked]. 이후 RStudio를 종료한 뒤에 다시 연다.

아래 코드로 해당 패키지를 설치한다.
- install.packages('package_name', dependencies = TRUE, repos ="http://cran.rstudio.com/")

(4) CRAN의 다른 설치 사이트(mirror)를 선택하라.

RStudio에서 :
- Tools→ Global Options→ General→ Default working directory → Browse를 선택해 설치 사이트를 지역(local)이나 CRAN(global)으로 바꾼다.

(5) 윈도우 운영체계에서 다음 코드로 호스트 이름, IP 주소,

　　포트 숫자를 설정한다.

> http_proxy=http://the host name or host IP address: port number/를 파
> 악한 뒤에 이 주소를 아래 'C:₩Program Files₩ RStudio...'에 붙인다.
> "C:₩Program Files₩RStudio₩bin₩rstudio.exe" http_proxy=http://
> host name:port number/

(6) 패키지 설치 코드 앞에 아래 코드를 먼저 입력한다.

> options(repos ="https://cran.rstudio.com/")

(7) 패키지를 설치했는데도 그러한 패키지가 없다면

　　다음 코드를 입력한다.

> options(install.packages.check.source = "no")

6. 텍스트 데이터 읽기

이 글에서 말하는 데이터는 수치로 된 자료보다는 기사, 댓글, 블로
그 게시글 등 문서 형태다. 문서 파일은 R로 분석하는 데이터 중에
가장 흔한 양식 중 하나다. 문서 파일은 보통 메모장처럼 '.txt'라는
텍스트 파일로 저장된다. 이 텍스트 파일을 RStudio로 불러올 때 다

음과 같은 경고가 종종 뜬다.

```
warnings( )
Warning messages:
1:   In   FUN(X[[i]],   ...):   incomplete   final   line   found   on
'gov_BH_20171022_001.txt'
```

이는 'gov_BH_20171022_001. txt' 파일의 마지막 줄이 지정되지
않은 상태에서 저장돼 어느 곳이 최종 줄인지를 모르겠다는 뜻이다.
마우스 커서를 마지막 줄에 놓고 저장하면 문제가 해결되며, 텍스트
마이닝 과정에서 이를 무시해도 분석에는 지장이 없다.

문서 파일이 하나일 수도 있고 여러 개일 수 있다. 파일이 하나이
면, 문서 파일 이름을 다음 코드처럼 입력하면 RStudio 환경에 간단
하게 불러올 수 있다.

```
path <- "C:\\Users\\limj\\Desktop"
setwd(path)
getwd( )
readLines("story.txt", n = -1L)
help("readLines")
```

위에 처음 3개 코드는 불러올 문서 파일이 있는 폴더의 위치를 지
정한 뒤에 RStudio 환경에 가져온다. 만약에 파일이 다른 폴더에 있
다면 해당 폴더의 위치로 바꿔 주면 된다. 주의할 점은 다음과 같은
오류가 간혹 일어나기 때문에 setwd( ), getwd( ) 코드를 화면에 가

장 먼저 입력해야 한다.

```
cannot change working directory
```

n = -1L에서 n은 문서에서 읽어 오는 줄의 최대치를 말하는데, -1L은 문서 마지막 줄까지 읽어 오라는 의미다. help("readLines") 코드는 이 함수의 정의와 세부 코드의 뜻을 담은 설명 화면을 보여 주는데, 처음 사용하는 함수를 이해하는 데 많은 도움이 된다.

만약에 작업 폴더에 읽어 올 문서 파일이 여러 개이며, 특히 관련 없는 문서 파일이 함께 있다면, 원하는 파일만 불러와야 한다. 예를 들어, 문서 파일에 'story. txt', 'story2. txt'가 다른 문서와 섞여 있는 상황에서, 이들 파일만 읽어 오는 코드는 다음과 같다.

```
message <- list.files(pattern = "s.*.txt")
```

'list. files'라는 함수가 여러 개의 파일을 동시에 불러오며 pattern = "s. *. txt"라는 코드는 텍스트 파일 이름이 s로 시작하는 모든 파일을 불러오는 정규식regular expression을 담고 있다. 상당히 많은 R 코드가 정규식을 사용하는 만큼, 이 정규식에 숙달하는 일은 R 코드를 작성하고 이해하는 데에 큰 도움이 된다.

s. *. txt에 정규식에 들어 있는데, 자세히 보면 '.'와 '*'가 그것이다. '.'은 문서에 존재하는 개별 문자character를 뜻하며, '*'는 별표 앞

에 있는 표현(여기서는 s. 를 말함)과 0번 이상 일치하는 모든 표현을 뜻한다. 이 정규식은 파일 이름이 s로 시작하는 모든 txt파일을 의미한다.

다음 단계로 message로 지정된 파일들에서 개별 문서를 읽어 오려면 몇 가지 코드를 조합해야 한다. 개별 문서를 불러오기 때문에 앞서 얘기한 readLines 함수를 사용하지만, 문제는 이 함수는 여러 개 문서를 동시에 읽어 올 수 없다는 점이다.

```
s <- unlist(unname(sapply(message, readLines)))
```

이때 등장하는 함수가 sapply인데, 이 함수는 'apply'라는 함수 계열의 하나이다. s는 simple의 약자로, 처리한 결과를 벡터vector 형태로 제시한다. R이 처리하는 데이터 구조는 벡터, 리스트list, 행렬matrix, 데이터 프레임data frame, 어레이array로 구분된다. 벡터는 일명 원자 벡터atomic vector로 불리기도 하는데, 같은 성격의 데이터로만 구성된 가장 기본이 되는 데이터 구조다. 예를 들어, 벡터는 논리 TRUE, FALSE나 숫자, 문자처럼 동일한 유형으로만 구성된 형태이며, typeof( )로 데이터의 유형을 파악할 수 있다.

sapply는 message의 각 문서에 readLines라는 함수를 적용한다는 의미이며, unname 함수는 문서 파일에 이름이 있으면 이를 제거하며, 이 결과가 리스트 형태이어서 unlist 함수로 이를 벡터 형태로 바꿔 준다.

7. 문서 간 유사도

프레임이나 주제, 의제를 기사, 댓글 등 텍스트에서 발견할 때 쓰는 방법으로 군집분석이 있다. 군집분석은 텍스트 마이닝의 하나로 별도의 배경지식이 없이 데이터에서 직접 흥미로운 구조나 군집을 발견한다(Pons-Porrata, Berlanga-Llavori, & Ruiz-Shulcloper, 2007). 군집분석은 분할 군집 알고리즘partitional clustering algorithm과 위계적 군집 알고리즘hierachical clustering algorithm으로 나뉜다. 또한, 기사에서 최종 주제를 추출할 때 1단계에는 하위 주제subtopic가 존재하며, 2단계에는 주제 혼합체composite topics, 3단계에는 최종 주제topic가 자리한다(Pons-Porrata et al., 2007). 단계별로 진행하면서 최종 주제를 추출한다.

군집분석을 할 때 자주 쓰는 개념으로 코사인 유사도cosine similarity가 있는데, 가령 2개의 보도자료가 얼마나 유사한지 판별할 수 있다. 동일한 주제에 묶이는 단어 간에 유사도는 높다. lsa 패키지는 'cosine' 함수로 이를 계산한다. 이 함수는 2개 벡터 간의 유사도나 행렬의 모든 열에 있는 벡터 간의 유사도를 계산하는데, 행렬은 문서단어행렬document term matrix이 될 수 있다(Wild, 2015). 문서단어행렬에서 행row은 단어이며 열column은 문서로 구성된다.

RStudio의 스크립트 화면에 'cosine'이라고 입력하면, 이 함수의 코드가 나타난다.

cosine

```
function (x, y = NULL)
{
    if (is.matrix(x) && is.null(y)) {
        co = array(0, c(ncol(x), ncol(x)))
        f = colnames(x)
        dimnames(co) = list(f, f)
        for (i in 2:ncol(x)) {
            for (j in 1:(i - 1)) {
                co[i, j] = cosine(x[, i], x[, j])
            }
        }
        co = co + t(co)
        diag(co) = 1
        return(as.matrix(co))
    }
    else if (is.vector(x) && is.vector(y)) {
      return(crossprod(x, y)/sqrt(crossprod(x) * crossprod(y)))
    }
    else if (is.vector(x) && is.matrix(y)) {
        co = vector(mode = "numeric", length = ncol(y))
        names(co) = colnames(y)
        for (i in 1:ncol(y)) {
            co[i] = cosine(x, y[, i])
        }
        return(co)
    }
    else {
        stop("argument mismatch. Either one matrix or two vectors
needed as input.")
    }
}
```

굵게 표시된 부분은 x와 y가 벡터일 때 코사인 공식을 보여 준다. R 코드에 통계적 공식과 논리가 담겨 있음을 알 수 있는 대목이다. lsa 패키지를 장착해 vec1과 vec2라는 2개의 벡터를 만들어 이들 간에 코사인 유사도를 계산해 본다.

```
vec1 <- c(1, 1, 1, 0, 0, 0, 0, 0, 0, 0, 0, 0)
vec2 <- c(0, 0, 1, 1, 1, 1, 1, 0, 1, 0, 0, 0)
cosine(vec1, vec2)

      [,1]
[1,] 0.2357
```

코사인 유사도 값이 0.2357인 것을 알 수 있다. 이 값을 소수점 둘째 자리까지 표시하고 싶을 때 다음 코드를 쓰면 된다.

```
round(cosine(vec1, vec2), digits = 2)
      [,1]
[1,] 0.24
```

코사인 유사도 값이 '0.24'로 나타나는데, 'round' 함수는 통계치를 'digits ='를 활용해 소수점 자리를 지정해 보여 주는 유용한 함수다. vec1과 vec2에 각각 속한 12개 값 중에 (1, 1), (0, 0), (0, 0), (0, 0), (0, 0) 5개 값이 같으며 나머지 7개 값은 다르다. 동일한 값이 많을수록 코사인 유사도 값은 커지며, 그만큼 두 벡터가 서로 유사하다는 얘기다. 기자들이 다루는 보도자료나 정책 문건에서 중요한 단어를 추출해 이 단어들의 빈도로 구성된 벡터를 만든 다음에 이를 같은 방식으로 비교하면, 해당 텍스트가 비슷한지를 판별할 수 있다.

8. 나오는 말

이 글은 언론인과 예비 언론인 등이 취재과정에서 R을 사용할 때 필요한 기본 개념과 절차 등을 다루었다. R을 설치하는 방식, R을 사용할 때 일어나는 오류 해결, 텍스트를 R로 불러오기, 문서 간 유사도 측정 등은 실제 데이터를 입수하고 분석할 때 기본 정보로 도움을 줄 것이다. 언론인은 이 글에 나온 내용과 코드를 출발점으로 삼아 다양한 취재 정보를 파악하고 분석할 때 R 기법을 많이 적용하고 발전시킬 수 있다.

　이 과정에서 같은 코드를 입력해도 자신이 쓰는 노트북이나 PC 환경에 따라 예상치 못한 오류가 늘 일어날 수 있다. 또는 쉼표나 마침표 등 문장부호 생략, 소문자와 대문자 혼용, 객체 이름에 오탈자 등으로 오류가 발생하기도 한다. 객체 중심 언어인 R은 자체 논리에 맞지 않는 방식으로 코드 화면R Script에 숫자와 로마자, 알파벳으로 구성된 코드를 입력하면 바로 오류 메시지를 보내고 작동을 멈춘다. 이럴 때 여유를 갖고 어디서 문제가 생겼는지를 천천히 들여다보는 유연함이 정말 중요하다. 이를 무시하고 컴퓨터 자판을 반복해 두드리거나 문제가 있는 코드를 반복해 실행하는 일은 시간을 낭비하는 행위다.

천천히 문제의 원인을 찾아 가면서 R에 깔린 논리 또는 알고리즘을 익히는 자세를 시작부터 끝까지 유지하는 끈기도 중요하다. 이런 자세와 노력으로 1년 정도 R을 매일 사용한다면, 중급 정도의 상당한 이해와 지식을 자신도 놀랄 정도로 얻을 수 있다.

이 글이 다룬 R 기법은 초보자 수준에 맞춘 만큼, 중급 이상의 실력을 원하는 독자는 *Advanced R* (Wickham, 2019) 이나 R-bloggers (https://www.r-bloggers.com/) 등 여러 좋은 교재를 참고하기를 바란다. 이 여정에 이 글이 작은 디딤돌이 될 수 있기를 바란다.

참고문헌

Galili, T. (2015), Tutorials for learning R. Retrieved from https://www.r-bloggers.com/how-to-learn-r-2/

Ihaka, R., & Gentleman, R. (1996), R: A language for data analysis and graphics, *Journal of Computational and Graphical Statistics*, 5(3), 299~314.

Pons-Porrata, A., Berlanga-Llavori, R., & Ruiz-Shulcloper, J. (2007), Topic discovery based on text mining techniques, *Information Processing & Management*, 43(3), 752~768.

Theuwissen, M. (2015), R vs Python for data science: The winner is. KDnuggets. Retrieved from http://www.kdnuggets.com/2015/05/r-vs-python-data-science.html

Wayner, P. (2017), Python vs. R: The battle for data scientist mind share.

InfoWorld.　Retrieved　from　https://www. infoworld. com/article/
3187550/data-science/python-vs-r-the-battle-for-data-scientist-mind-
share. html

Wickham,　H. (2019),　*Advanced R* (2nd ed.),　NY: CRC Press.

Wild,　F. (2015),　lsa: Latent Semantic Analysis,　R package version 0. 73. 1.
https://CRAN. R-project. org/package=lsa

Yu,　C.　H. ,　Jannasch-Pennell,　A. ,　&　DiGangi,　S. (2011),　Compatibility
between text mining and qualitative research in the perspectives of
grounded theory,　content analysis,　and reliability,　*Qualitative Report*,
16(3),　730~744.

3

저널리즘과 사회

수용자, 지역, 법과 윤리, 민주주의

12장

뉴스 리터러시의 재발견

이정훈(대진대)

1. 들어가는 말: 새로운 뉴스 리터러시의 필요성

뉴스 리터러시news literacy 혹은 '뉴스 읽기 능력'은 저널리즘에서 오랫동안 거론된 주제 중 하나이지만 핵심적인 주제로 인식되지는 않았다. 학문적 연구뿐만 아니라 실무적 차원에서도 뉴스 제작과 뉴스의 영향력에 관한 논의가 중요하게 다루어졌고 뉴스 이용에 대한 논의는 부차적인 문제이거나 교양 차원의 이슈 정도로 인식되어 왔다. 하지만 최근 뉴스 생태계에서 일어난 역학 변화로 인해 뉴스 리터러시는 뉴스 이용과정에서 요구되는 단순한 기초역량 이상의 의미로 격상되고 있다. 뉴스의 정의나 범위에 대한 이용자들의 결정권이 확대되고 있는 뉴스 생태계에서 뉴스 리터러시는 이러한 변화를 설명할 수 있는 핵심적인 개념 중 하나라고 할 수 있다.

뉴스 리터러시는 오랫동안 지식인의 소양 정도로 인식되기도 했지만 최근에는 현실적 유용성에 대한 인식이 커지면서 새롭게 주목받고 있다. 대통령선거, 전쟁, 경제 위기 등 중요한 정치적, 사회적 이슈가 있는 시기뿐만 아니라 일상에서도 중요한 결정을 내리는 과정에서 뉴스는 필요한 정보를 제공하는 정보원 역할을 수행한다. 그래서 뉴스를 이해하고 해석하는 역량은 특정한 사람에게 특정한 시기에만 필요한 한정적 역량이 아니라 항상 현실적 가치를 가진 인지적 역량 중 하나라고 할 수 있다. 뉴스 리터러시는 뉴스를 통해서 복합적인 사회적 현실을 이해할 수 있도록 신뢰할 수 있는 뉴스를 판별하고 스스로 선택할 수 있는 역량을 의미한다.

뉴스 리터러시는 특정한 역량을 의미하는 고정된 개념이라기보다 변화하는 뉴스 생태계에서 대처할 수 있도록 진화하는 역량을 의미한다. 뉴스과잉 환경에서 뉴스의 종류나 범위가 다양해지고 있고 가짜뉴스의 폐해가 본격화되고 있다. 공론장을 운영하면서 사회적 담론에 참여할 수 있는 뉴스를 규정하고 평가하는 주체는 전통적으로는 소수의 게이트키퍼로 한정되었지만 집단지성의 형태로 일반 뉴스 이용자들의 영향이 뚜렷해지고 있다. 사람들은 뉴스 매체의 명성이나 권위에 의존하지 않고 자신만의 기준으로 소셜미디어 채널이나 특정 커뮤니티 등 다양한 채널을 통해서 새로운 소식이나 정보를 접하고 이용하는 것을 더 이상 주저하지 않는다. 급변하는 뉴스 생태계에 대처하기 위해서는 기존 논의되었던 뉴스 이용 역량뿐만 아니라 신뢰할 만한 뉴스를 선별하고 비판적으로 활용할 수 있는 새로운 역량들이 요구된다.

뉴스 리터러시는 뉴스 이용에 필요한 기본 역량을 규정하는 이론적 틀뿐만 아니라 최근 뉴스 생태계의 역학관계를 이해할 수 있는 핵심적 도구가 될 수 있다. 뉴스는 사회적 현실에 대한 해결책을 제시하기도 하지만 공적 담론장을 오염시키는 부정적 존재일 수도 있다. 이런 차이는 전반적으로 어떤 뉴스가 주로 선택되고 어떤 관점이 대체로 배제되는지에 따라 달라질 수 있는데, 이러한 집단적 선택은 뉴스 생태계의 역학관계에도 직·간접적인 영향을 미치게 된다. 따라서 적절한 뉴스 이용과 비판적 활용에 대한 논의들은 뉴스 리터러시 교육의 규범적 측면뿐만 아니라 저널리즘의 전반적인 흐름이나 언론의 지향점 등 뉴스 생태계의 변화에 대해서 보다 다각적인 통찰력이나 대안을 제시할 수 있는 요소가 될 수 있다.

2. 설득 메시지로서의 뉴스

뉴스는 형이상학적 진리를 전달하는 것이 아니라 사람들이 현실을 파악하는 데 유용한 기능적 사실functional fact을 전달하는 미디어 콘텐츠이다(Vraga, Tully, Maksl, Craft, & Ashley, 2021). 공동체 사회 운영에 필요한 핵심 정보를 전달하는 뉴스는 사회적 실체를 설명하고 사회적 논의를 제안하면서 사회적 정체성을 확립하는 사회적 기능을 수행하는 것으로 인식되어 왔다. 전통적으로 언론은 사회적 권위를 획득해 왔고 고유한 직업적 전문성도 인정받았다. 이러한 과정에서 뉴스는 전통 주류 매체legacy media에 의해 제공되는 일정한 형태의 콘텐츠로 사회적으로 규정되었다. 하지만 최근 소셜미디어가 주도하는 디지털 다매체 환경에서는 뉴스의 사회적 역할이나 정체성에 대한 사회적 공감이 약해지고 뉴스에 대한 사회적 인식도 전반적으로 다양해졌다. 전반적으로 뉴스로 받아들여지는 콘텐츠의 종류와 형식이 다양해지고 이질적인 것으로 나타나고 있다. 하지만 이러한 변화에도 불구하고 사회적 실체에 대한 사회적 불확실성entropy을 감소시키는 뉴스의 역할에 대한 공중의 기대는 여전하다고 할 수 있다.

저널리즘에서 사회적 공기公器로서 뉴스를 논할 때 경성뉴스hard news 개념을 중심으로 정의하거나 평가하는 것이 일반적이다. 뉴스 가치news value에 따라 보도할 이슈를 선택하고 공식적 정보원을 통해 수집된 사실과 정보를 토대로 객관적 보도원칙을 적용해서 보도하게 된다. 이를 통해 뉴스는 여론형성이나 의제설정 등 다양한 사회적 영향력을 수행해 왔다. 한편, 언론은 중요한 사회적 이슈뿐만 아니라 개인적 욕구나 사적인 취향 등을 충족시킬 수 있는 다양한 소식이나 정보 또한 제공했는데, 이러한 소식들은 연성뉴스soft news의 형태로 주로 제공되었다.

연성뉴스는 경성뉴스와는 다른 뉴스 가치들이 적용되면서 전통적인 뉴스가 아닌 부차적 지위를 가지는 경우도 많았다. 연성뉴스는 공적 기준이나 사회적 영향보다는 개인적 흥미, 관심, 이해관계 등을 반영하는 경향이 강하고 형식이나 이야기 구성 방식도 다양하게 나타날 수 있다. 최근 소셜미디어나 커뮤니티를 통한 이야기나 보도들은 연성뉴스의 형태를 지향하게 되고, 이러한 뉴스들의 사회적 영향력과 상업적 성공으로 인해 다양한 형태의 뉴스들이 보다 자연스럽게 받아들여지게 되었다. 뉴스 생태계에서 개인의 취향을 강조하는 연성뉴스의 영향력 확대는 자연스럽게 필터 버블filter bubble 현상을 강화하면서 뉴스의 전반적 소비 형태와 뉴스에 대한 사회적 인식이나 이미지에도 변화를 가져오게 된다.

다양하고 개인화된 연성뉴스가 주도하는 뉴스 생태계에서 언론은 다수의 공중을 주된 대상으로 하기보다는 특정한 사회계층, 경제적 계급, 혹은 라이프스타일 등으로 구분되는 특정한 대상을 세밀하게 선택하고, 선택된 대상에 최적화된 내용과 방식으로 뉴스를 생산하고 제공하게 된다. 언론은 더 이상 공적 이슈를 보도하면서 사회적 관심을 불러일으키고 공동체를 통합하는 역할을 수행하는 것에 주력하기보다는, 세분화된 그룹이나 집단의 욕구와 필요를 충족시키는 내용을 제공하면서 해당 집단이나 그룹의 정체성을 강화하는 기능을 수행하는 경향이 뚜렷해지고 있다. 전통적 뉴스에 대한 관심이나 이용은 지속적으로 감소하는 경향이지만 특정한 이슈나 주제에 특화된 뉴스에 대한 평가와 사회적 관심은 특정한 집단을 중심으로 높게 나타나고 있다. 따라서 뉴스는 공중을 대상으로 하는 통합적 스토리텔링보다는 차별화할 수 있고 전문성과 고유한 정체성을 반영하면서 특정 대상만을 소구할 수 있는 설득적 스토리텔링의 강화를 지향하는 것으로 나타나고 있다.

전통적 경성뉴스도 객관적인 사실을 무미건조하게 나열하는 사회적 게시판 역할만이 아니라 공중을 설득하면서 사회적 영향력을 발휘하는 역할을 수행한다. 언론은 다양한 사회적 이슈나 사건, 사고 중 자신들이 판단하기에 중요하다고 생각하는 것을 선택하여 집중적으로 보도하고 기사를 구성하는 과정에서 특정한 프레임이나 관점을 제시하는 스토리텔링을 하게 된다. 언론은 자신들이 선택한 관점이나 프레임을 사람들에게 설득력 있게 제시하고 사람들의 동의나 지지를 얻기 위해서 다양하게 노력하게 된다. 즉, 객관적 저널리즘도 완벽한 진공 상태에서 사실들을 무미건조하게 나열하는 것이 아니라 특정한 프레임이나 관점을 적용한 스토리텔링을 구성하고 이를 사람들이 받아들이도록 설득함으로써 사회적 영향력을 발휘하게 된다.

소셜미디어와 디지털 매체가 주도하는 공론장에서 뉴스의 설득적 성격이 보다 뚜렷해지고 있다. 특히 다양한 커뮤니티나 소셜미디어에 의해 공유되며 확산되는 사실이나 정보는 이른바 '주창 저널리즘 journalism of assertion'적 특성을 갖게 된다(Kovach & Rosenstiel, 2014). 사회적 이슈에 대한 보편적 목소리를 추구하기보다는 특정한 관점이나 가치관을 가진 이용자를 대상으로 하는 스토리텔링을 지향하고 있다. 정치적 소구력을 강조하면서 루머나 편향적인 주장을 전달하는 사례도 많이 지적되고 있지만 주류 언론에서 다루지 않는 정보원이나 소외되거나 배제된 주장을 전달하면서 오히려 사회적 영향력을 강화하고 있다. 특히 전통 주류 매체legacy media들이 이러한 스토리텔링을 역으로 인용하는 사례가 늘어나면서 대안적 목소리로 인정받는 경우도 증가하고 있다. 따라서 소셜미디어와 커뮤니티에서 공유되는 주장이나 정보는 전통적인 뉴스와 보완적 위상을 획득하면서 사회적 영향력을 확대하고 있다.

최근 공론장에서 정보나 이야기가 부족하기보다는 오히려 과잉이라고 할 수 있지만 사람들은 오히려 사회적 실체를 파악하기 힘들어하는 모순적 상황이 발생하고 있다. 다양한 매체의 등장에 따른 전통 주류 매체의 약화와 편향적 가짜뉴스의 확대 등이 원인이 될 수있다. 하지만 특정한 주제나 이슈에 특화된 언론 매체뿐만 아니라 자신들의 주장이나 관점을 표현하는 집단이나 주체의 증가는 사회적 실체를 파악하는 데 긍정적 영향을 미칠 수도 있다. 또한 정보 과잉 시대에 대처할 수 있도록 다양한 정보나 지식을 검색하고 활용할 수 있는 기본적인 기술적·사회적 환경도 확립되고 있다. 이런 점에서 현재 뉴스 생태계의 문제점만을 강조하고 부정적으로만 평가하는 접근은 적절하지 않다.

사회 구성원들이 공식적인 스토리텔링을 공감하고 공유하던 시대와는 뚜렷하게 구분되는 최근 뉴스 생태계에서는 다양하지만 파편적이고 불안정적인 주장들을 포함한 뉴스를 토대로 사회적 현실을 파악해야 한다. 뉴스과잉 환경에서 쏟아지는 수많은 뉴스를 무분별하게 추종하거나 자신이 선호하는 뉴스만을 편향적으로 소비하는 것은 비효율적일 뿐만 아니라 상당히 위험한 접근방법이라고 할 수 있다. 궁극적으로는 뉴스 생태계를 구성하는 다양한 뉴스가 서로 다른 목적을 달성하기 위해서 만들어진 설득적 메시지라는 성격을 이해하고 이러한 뉴스를 비판적으로 처리할 수 있는 체계적인 접근법이 요구되고 있다.

3. 뉴스 리터러시에 대한 주요 관점들

뉴스 리터러시는 '뉴스news'와 '리터러시literacy'라는 두 단어의 결합으로 구성된 개념으로 뉴스에 대한 '문해력'이라고 간단히 정의할 수 있다. 하지만 뉴스 리터러시는 미디어 리터러시처럼 일종의 상위 개념umbrella concept으로서 적용되는 맥락에 따라 여러 가지 의미로 사용되고 있다. 뉴스 리터러시는 뉴스를 해석하는 역량 이외에도 다양한 매체를 통해 뉴스를 선택하고 이용하는 기술적 능력을 의미하기도 하고, 뉴스를 부교재로 활용하는 다양한 교육과정을 의미하기도 한다. 또한 뉴스 리터러시를 구성하는 역량들도 뉴스 리터러시의 목표 대상이나 관점에 따라 다양하게 선정될 수 있다.

1) 미디어 리터러시

미디어 리터러시media literacy에 대한 정의는 디지털 다매체 환경을 반영하면서 다양하게 제시되고 있지만 필요에 따라 매체를 통해서 콘텐츠를 적절하게 이용할 수 있고 해당 미디어 콘텐츠를 이해하고 해석할 수 있는 능력이라고 간단하게 정의될 수 있다(Potter, 2004). 각 매체를 적절하게 이용하고 활용하기 위해서는 영상, 활자, 음성, 디지털 신호 등 매체별 기술적 특징뿐만 아니라 메시지 구성형태와 메시지 작성방식 등 매체마다 가지고 있는 독특한 언어체계나 사회적 소통방식도 이해할 수 있어야 한다. 또한 미디어 콘텐츠에 표현된 다양한 상징체계의 복합적 의미를 파악하고 매체 언어에 내포된 사회적 의미를 해석할 수 있는 능력이 요구된다(이정춘, 2004). 미디어 리터러시는 다양한 형태의 미디어 콘텐츠를 이용하고 처리할 수 있는 커뮤니케이션 능력과 미디어 효과, 미디어 산업, 미디어 특성 등에 대한 지식뿐만 아니라 미디어 이용에 대한 인식이나 태도 등의 요소로 구성된다고 정의할 수 있다(Potter, 2004).

뉴스 리터러시 개념은 개념화 논의 초기부터 미디어 리터러시의 하부 개념이거나 특수한 형태의 미디어 리터러시로 인식되는 경향이 있었다. 미디어 리터러시는 미디어의 부정적 영향을 최대한 방어하고 미디어를 적극적으로 활용하는 적극적인 시민active citizen을 만들어 내는 것을 궁극적 목표로 제시하면서 관련된 교육 프로그램을 제안하고 있다. 뉴스 리터러시의 개념화는 미디어 리터러시의 이론적 틀과 다양한 교육 방법에 대한 개념들을 적용하면서 뉴스 콘텐츠에 적합한 이론과 개념을 체계화하는 과정이라고 할 수 있다. 《신문 읽기의 혁명》(손석춘, 2003)으로 대표되는 '행간을 읽는 뉴스 읽기'는 미디어 리터러시의 이론적 틀을 적용한 뉴스 읽기 교육이라고 할 수 있다. 이러한 뉴스 교육들은 신문, 방송, 인터넷 등의 매체의 기술적 특성, 저널리즘의 산업적 특성, 뉴스 콘텐츠의 구성이나 제작의 메시지 서술방식 등에 대한 이해의 중요성을 강조하면서 뉴스에 대한 단순한 사전적 해석을 넘어서 뉴스에 내포된 의미를 파악하는 뉴스 읽기의 중요성을 설명하였다.

미디어 리터러시는 언론에 관련된 다양한 시민운동의 이론적 근거를 제시하는데, 미디어의 사회적 영향력과 시민 교육의 채널로서의 가치에 주목한다. 이러한 맥락에서 뉴스 리터러시는 사회적 공기로서의 언론의 역할을 강조하면서 뉴스 제작과정에 대한 규범적 평가 혹은 윤리적 비판에 필요한 이론적 근거를 제안하고 있다. 뉴스 리터러시는 뉴스의 사전적 의미를 해석하는 것을 넘어서 뉴스 제작기술craftsmanship을 평가하면서 전반적인 보도의 문제점이나 개선점을 제안하는 활동이라고 할 수 있다. 뉴스를 통해서 사회적 현실을 파악하는 과정에서 문제나 장애를 초래할 수 있는 뉴스 제작과정의 문제점이나 보도과정에서 관용적으로 사용된 상징체계를 통해서 이루어지는 편향이나 왜곡의 문제점에 주목하게 된다.

미디어의 적절한 이용과 활용 능력을 강조하는 미디어 교육의 전통을 이어받은 뉴스 교육은 뉴스의 독특한 특성에 크게 주목하지 않는 경향이 있다. 대체로 허구적인 내용을 주로 다루는 영화, 드라마, 예능 관련 콘텐츠들에 대한 해석에서는 장르적 특성의 구분이나 스토리텔링의 방식에 대한 이해 등이 핵심적이지만, 실제 현실을 전달하고 설명하는 뉴스의 이용에서는 뉴스의 사회적 영향력과 이러한 과정에 대한 이해가 보다 핵심적이라고 할 수 있다. 미디어 교육의 하부 영역으로서 뉴스 교육에서는 뉴스에 포함된 메시지의 다면성에 초점을 맞추면서 뉴스 혹은 언론의 설득적 성격, 특히 다양한 이해관계나 역학관계를 반영하면서 이를 관철시키고자 하는 독특한 성격에 대해서는 크게 주목하지 않는 경향이다.

미디어 리터러시의 보호주의적 관점은 전반적인 뉴스에 대해서 양비론적이고 염세적인 태도를 초래할 가능성이 있다. 미디어 리터러시는 영화, 드라마, 연예 프로그램 등 대중적이고 상업적인 콘텐츠의 부정적 영향을 지적하고 비판적이고 주체적인 해석을 강조한다. 하지만 객관적 평가기준을 제시하지 않고 규범적 잣대를 과도하게 적용하면 뉴스에 대한 전반적인 신뢰도를 약화시킬 수 있다. 양비론적 관점은 개별 뉴스뿐만 아니라 전반적인 뉴스 생태계와 다른 매체들을 이용하는 타인에 대해서 편향적으로 인식할 가능성이 높다(Perloff, 1989). 또한 '적대적 매체 효과hostile media effect'(Gunther & Schmitt, 2004)로 인해 자신과 관점이 다른 뉴스를 적대적으로 평가하게 되고 주로 자기편향적인 뉴스만 이용하려는 경향이 강하게 나타날 수 있다.

2) 신문 활용 교육

신문 활용 교육-NIE: Newspaper In Education은 뉴스의 이용이나 뉴스에 대한 관심이 줄어드는 사회적 경향에 대한 문제의식을 바탕으로 제안된 뉴스 교육활동을 일컫는 개념이다. 국내 뉴스 교육을 대표하는 형태 중 하나로 활성화된 NIE는 '신문 매체에 대한 이해'를 강화하고 '사회에 대한 이해도구로서의 미디어' 활용을 확대하는 것을 목표로 한다. 초·중·고 교과과정을 위한 부교재로서 뉴스 활용, 뉴스 제작활동, 뉴스 읽기활동 등 다양한 NIE 활동을 통해서 신문이라는 뉴스 매체에 익숙하게 하고 뉴스 매체에 대한 사람들의 신뢰도를 강화하고자 한다. NIE 활동은 다양한 뉴스 활용활동을 통해서 전반적인 뉴스 이용을 촉진하는 것을 궁극적인 목표로 한다(이화행·이정기, 2011).

NIE에서 뉴스는 수업을 위한 부교재로 활용할 수 있을 정도로 유용하고, 민주적 사회운영에 필요한 공적 이슈에 대한 중요한 정보나 지식을 제공하는 신뢰할 수 있는 '교과서'와 같은 위상을 가지고 있다. 뉴스는 정치, 국제, 경제 등의 사회적 이슈에 대한 정보나 사실을 전달하면서 복잡한 사회적 이슈에 대한 원인이나 배경을 파악하는 데 도움을 제공한다. NIE 관점에서는 뉴스의 활발한 이용은 단순히 정보나 지식을 습득하는 것뿐만 아니라 이성적이고 논리적인 사고와 판단 능력을 향상시키는 교육적 성과를 기대할 수 있다고 설명하면서 뉴스 읽기의 가치를 강조한다(신문발전위원회, 2007).

강의식 교육, 토론 수업이나 제작 수업 등 다양한 방식으로 이루어지는 NIE 활동은 몇 가지 핵심 요소들을 포함한다. NIE 활동은 언론에 대한 지식, 특히 신문을 중심으로 뉴스의 구성이나 뉴스 형태의 특징, 언론 매체의 산업적 특성이나 조직적 특징, 뉴스 제작과정 등에 관한 개념을 설명하는 것에 초점을 둔다. 이를 바탕으로 정확한 기사를 취사, 선택하는 방법을 이해하고 뉴스 읽기 능력을 향상시키는 요소로 구성된다. 또한 뉴스 제작과정을 실습하거나 뉴스 이용경험을 강화하는 체험학습 등을 통해서 일상생활에서 뉴스를 활발하게 사용할 수 있도록 하는 다양한 교육내용을 제시하게 된다 (김기태·권혁남·김양은, 2007). 다양한 뉴스 활용 교육을 통해 시민들의 뉴스 이용을 활성화하여 사회적 이슈에 지속적인 관심을 가지게 하고 민주적 사회 운영과정에 적극적으로 참여할 수 있도록 유도하는 것을 궁극적인 목표로 제시한다.

국내 미디어 교육활동 중 대표적인 뉴스 교육 프로그램인 NIE는 전반적인 미디어 생태계 변화에 따라 진화하고 있다. 시행 초기에는 신문산업과의 협업을 중심으로 신문이라는 특정 매체에 집중하는 모습이었지만 최근에는 NIE를 신문 활용 교육Newspaper In Education에서 뉴스 활용 교육News In Education으로 확대하면서 교육 대상매체 범위를 현실화하는 시도들이 지속적으로 이루어지고 있다. 또한 NIE 교육활동을 통해서 청소년들의 인지능력, 문제 해결능력, 창의력, 등 전반적인 학업능력을 향상시키는 효과를 보여 줄 뿐만 아니라 성인들을 대상으로 하는 시민교육에서도 정치적 관심이나 정치적 참여의 증가 등 긍정적 효과를 미치는 것으로 나타나고 있다.

미디어 교육의 활용 형태인 신문 활용 교육 혹은 뉴스 활용 교육은 주어진 뉴스를 읽고 해석하는 역량을 향상시키는 효과에 초점을 맞추고 있기 때문에 뉴스 생태계에서 비판적으로 뉴스를 평가하고 검증하는 역량에는 크게 주목하지 않는 한계도 가지고 있다. 최근 뉴스과잉 환경에서는 많은 뉴스를 접하고 이용하더라도 편향적으로 뉴스를 이용하는 경우에는 복합적인 사회적 현실을 정확하게 파악하기에는 어려울 수 있다. 특히 모순적인 뉴스에 무분별하게 노출된 경우에는 다양한 이해관계를 반영하는 사회적 현상을 심층적으로 이해하기보다는 오히려 복잡한 사회적 현실을 이해하는 과정에서 무력감을 느끼면서 사회적, 정치적 효능감이 약화되는 부정적인 결과를 초래할 수 있다.

3) 팩트체크

팩트체크fact-check (사실 검증) 는 뉴스에 포함된 정보의 사실 여부를 파악하고 보도 내용의 진실 여부를 평가하는 활동을 의미하는데 최근 가짜뉴스의 폐해가 사회적 이슈가 되면서 더욱 주목받고 있다. 팩트체크는 특정한 개인 역량이나 분석과정에 초점을 맞추는 개념이라기보다는 사회적 혹은 조직적 활동에 방점을 두는 뉴스 리터러시 활동이라고 할 수 있다. 팩트체크는 주로 언론사의 내부 검증 차원이나 미디어 비평 차원에서 검토하는 형태로 시작되었는데 최근에는 여러 기관과 주요 언론사의 협업 형태로 진행되는 것이 대표적이다.

특히 국내의 경우 서울대에서 팩트체크를 진행한 결과를 공개적으로 게시할 수 있는 플랫폼을 제공하고 국내 언론사들이 협업하는 일종의 공익 서비스 형태로 운영되고 있다(factcheck. snu. ac. kr). 팩트체크는 국내뿐만 아니라 세계적으로 저널리즘 현장의 중요한 흐름 중 하나로 정립되고 있다고 할 수 있다.

저널리즘에서 객관성, 공정성, 균형성 등의 개념들은 '정론' 개념을 반영하면서 대표적인 평가기준으로 사용되어 왔다. 이러한 평가기준들은 전통적 저널리즘의 취재와 보도 규범을 얼마나 잘 수행craftsmanship했는지 여부를 평가하거나 전반적인 보도에 숨겨져 있는 정파적 성격을 파악하는 데 초점을 맞추고 있다. 이러한 개념들은 뉴스의 내용적 객관성fairness이나 공정성impartiality을 평가하거나 언론의 윤리적 책임에 대한 기준을 제시할 수 있지만 뉴스의 현실적 이용과 활용 측면에서 적용할 수 있는 평가기준으로는 제한적이라고 할 수 있다.

반면 팩트체크는 뉴스의 평가과정에서 뉴스의 사실성, 정확성에 초점을 맞추면서 뉴스의 평가기준을 보다 구체적이면서도 현실적인 활용 관점에서 제시하고 있다. 뉴스의 사회적 위상은 사람들에게 뉴스의 스토리텔링을 믿게 하는 역량에 따라 결정되기 때문에 뉴스의 신뢰성은 뉴스의 사회적 영향력의 근본적인 근거라고 할 수 있다.

어떤 것이 사실인지에 대한 논의는 다양한 접근이 가능하고 사실

fact이나 진실truth에 대한 인식론적 정의가 다양하게 제시되고 있다. 다만 뉴스와 같은 일상생활에 대한 담론의 사실성을 파악하기 위해 복잡한 인식론적 틀을 적용하는 것은 현실적이지 않다. 따라서 복합적인 사회 이슈를 다루는 다양한 뉴스의 사실성을 일상생활에서 효율적으로 검증하기 위해서는 상식적이면서 직관적인 형태의 검증을 체계화하는 것이 적절하다는 점에서 팩트체크만의 강점이 있다고 할 수 있다.

팩트체크에서는 뉴스에 포함된 진술assertion이나 사실의 내용이 참인지 거짓인지를 파악하는 검증fact-checking을 통해서 뉴스의 사실성을 검증하게 된다. 복합적 사실을 취사선택해서 현실을 재구성하는 뉴스는 하나 이상의 명제를 토대로 구성된 공적 담론의 성격을 가지고 있다(van Dijk, 1988). 각 명제는 관련된 주장을 설명하거나 정당화할 수 있는 구체적인 정보나 사실을 포함하게 되고, 각 명제의 신뢰성은 관련된 정보의 신뢰성을 검증함으로써 참과 거짓을 판정할 수 있다(최순욱·윤석민, 2017). 뉴스의 사실은 인명, 지명, 날짜 등 단순한 관찰로 검증 가능한 요소도 있지만 여러 층위로 구성된 복합적 사실도 있다. 공직자, 정치인의 발언 내용, 회사나 기관의 행적이나 활동 내용, 혹은 정부의 새로운 정책 등이 대표적 사례이다. 검증과정은 정부의 자료를 비교, 검토하거나 전문가의 의견을 청취하거나 다른 보도의 내용을 상호 확인하는 절차를 통해 보도된 뉴스와 현실적 실체 사이의 일치를 확인하는 방식으로 이루어진다.

팩트체크는 해당 사건이나 사고, 혹은 특정한 이슈에 관련된 구체적인 사실의 정확성을 검증하는 것에 집중하는데, 주로 개별 진술이나 사실의 진위 여부를 토대로 검증한다. '서울대 팩트체크 센터'의 경우 사실성 평가 점수fact-o-meter를 토대로 총 6개 등급으로 구분하여 뉴스의 사실성factuality을 평가한다. 간단한 단일 진술의 형태로 제시된 검증 대상의 사실 여부를 전문가의 진술, 통계, 법령, 다른 보도 등과의 교차 검증을 통해서 확인한다. 이처럼 개별 진술이나 사실의 진위 판단은 객관적이고 체계적인 과정을 통해서 이루어질 수 있고, 해당 판정 결과에 대해서도 일정 수준 이상의 객관성과 정당성을 확보할 수 있다. 이와 같이 팩트체크 활동은 현실 뉴스를 평가하고 선별하는 과정에서 적용 가능한 평가기준과 방식을 제시하고 있다.

뉴스에 포함된 개별 사실이나 정보의 정확성만을 확인하는 사실확인fact-checking으로는 해당 뉴스가 전달하는 사회적 실체가 정확한지를 검증verification하기에 충분하지 않은 경우도 많다. 뉴스에 포함된 일부 사실이 정확하지 않더라도 사회적 실체를 비교적 정확하게 설명할 수도 있고, 뉴스를 구성하는 모든 사실이 거짓이 아니더라도 복합적인 사회적 실체를 정확하게 전달하지 못하는 보도도 많다. 보도를 위해서 선택된 사실은 사회적 현실을 구성하는 과정에서는 각기 다른 가치나 비중을 가지는데 단순한 사실 확인만으로 뉴스에 포함된 주장이나 정보 중 어떤 것이 특정 현실을 설명하거나 이해하는데 핵심적인 것인지 판단하기 어려운 것이 현실이다. 단편적 사실이 해당 현상을 이해할 수 있는 중요한 맥락을 설명하는 반면 어떤 전문가의 발언이나 주장은 해당 현상의 부수적 요소에 관련된 것일 수 있다. 즉, 개별 진술이나 사실의 단순한 진위 여부 판정만으로는 사회적 실체를 설명하기 위해 필요한 각 진술의 비중이나 해당 현상의 복합성을 충분히 보여 주었는지 여부를 판단하기 어려울 수 있다.

4. 비판적 뉴스 리터러시

뉴스과잉 생태계와 가짜뉴스 현상의 확산은 뉴스 리터러시 교육에 대한 새로운 도전이라고 할 수 있다. 뉴스는 사람들이 현실을 파악할 수 있게 하는 '기능적 사실functional fact'을 공급하는 주요 정보원이지만(Kovach & Rosenstiel, 2014) 최근 확산된 허위정보나 정확하지 않은 정보들은 뉴스의 기능을 훼손할 수 있다. 특히 전통적인 게이트키퍼의 위상이 약화되면서 뉴스과잉 흐름 속에서 신뢰할 수 있는 뉴스를 평가하고 선택할 수 있는 인지적 역량의 중요성이 커지고 있다(Fleming, 2014). 뉴스에 대한 신뢰성 검증의 중요성은 미디어 리터러시에 토대를 둔 기존의 뉴스 리터러시와 구분되는 새로운 뉴스 리터러시를 제안한다.

1) 새로운 뉴스 리터러시: 비판적 뉴스 리터러시

비판적 뉴스 리터러시critical news literacy는 뉴스의 신뢰성을 평가하고 사회적 현실을 파악할 수 있는 기능적 사실을 제공하는 뉴스를 선별할 수 있는 역량이라고 정의할 수 있다. '비판적'이라는 개념은 비판 대상이나 비판하는 방법에 따라 여러 의미를 가지게 되는데, '비판적 접근'이나 '비판적 사고' 등의 형태로 주로 사용된다. 예를 들어 '비판적'이라는 개념을 특정한 정치적 지향이나 관점을 의미하는 것으로 사용하거나 특정한 정보원이나 언론에 대한 부정적 태도를 의미하는 경우도 있다.

반면 비판적 뉴스 리터러시를 개념화하는 핵심적 요소인 '비판적'은 비판적 사고능력을 의미한다. 비판적 사고능력은 무조건적 지지나 무조건적 반대와는 구분되는 개념으로 휴리스틱heuristic 사고나 의사결정을 최대한 지양하고 제시된 주장이나 사실을 논리적으로 파악하고 해석하는 인지적 활동이라고 할 수 있다.

비판적 사고는 조사inquiry와 심사숙고reflection를 근거로 해서 새로운 형태의 주장이나 정보에 대한 결론을 증명하는 과정에서 필수 요소라고 할 수 있다. 비판적 사고란 "문제, 의문이나 상황을 탐색하고, 그것에 관한 이용가능한 모든 정보를 통합하고, 해결책이나 가설에 도달하고, 자신의 입장을 정당화하는 능력"(Warnick & Inch, 1994)이다. 비판적 사고는 단순한 사실관계에 대한 지식습득이나 주어진 정보나 자료의 외연적 의미해독을 통한 정보수집이 아니라 주어진 정보의 다양한 측면을 적극적으로 고려하고 분석하는 과정을 통해서 검증하고 해석하는 사고 형태를 의미한다. 비판적 사고는 주장의 근거를 파악하고 적절성을 평가하는 과정에서 드러나지 않는 가정을 찾아내고 관련된 배경과 맥락을 검토하여 해당 주장을 비교하고 선택하는 근거를 마련해 줄 수 있다(홍경남, 2011). 따라서 비판적 사고는 어떤 것을 믿을 수 있는지 혹은 믿을 수 없는지를 결정하는 데 초점을 맞춘 이성적이고 성찰적인 사고라고 할 수 있다(Ennis, 1993).

뉴스가 단순한 사실의 나열로만 이루어진 목록이 아니라 다양한 주장으로 구성된 설득적 메시지라는 점을 감안할 때 뉴스에 대한 비판적 처리를 수행하기 위해서는 이에 적합한 인지적 활동이 요구된다. 설득적 메시지를 처리하는 과정은 크게 정보원의 신뢰성이나 표현방식 혹은 기존의 상식이나 선입관 등을 적용하면서 인지적 활동 elaboration을 크게 하지 않는 인지적 처리 경로peripheral route와, 메시지를 구성하는 주장argument을 파악하고 주장의 논리를 비판적으로 평가하면서 인지적 활동을 많이 함으로써 메시지를 처리하는 경로 central route로 구분된다(Petty & Cacioppo, 1984). 뉴스 내용을 단순하게 사전적 의미로 해석하거나 뉴스에 포함된 관련 사안들을 단순하게 비교하는 수준의 처리는 단순한 차원의 인지적 활동으로 가능하지만, 뉴스에 포함된 새로운 정보나 사실에 대한 복합적이고 심층적인 분석은 고도의 인지적 활동을 필요로 한다. 이러한 뉴스 이용의 이중성은 뉴스란 누구나 손쉽게 이용할 수 있는 대중적인 콘텐츠이지만 많은 사람들이 이를 통해서 사회적 실체를 적절하게 파악하지 못하고 부담스러워 하는 현상을 설명할 수 있다.

비판적 뉴스 리터러시의 체계화는 비판적 사고를 위한 인지적 활동을 어떻게 활성화할 수 있을지에 달려 있다. 지금까지 뉴스의 적극적 이용이나 비판적 사고를 유도하기 위해서 사람들의 심리적 동기나 관여도, 심리적 친밀도 등을 강화하는 것을 중요하게 생각하였다. 따라서 뉴스의 사회적 가치를 강조하는 시민교육 방식이나 뉴스이용을 위한 기술적 역량에 초점을 맞추는 경향이 많았다. 이러한 개인적 동기나 관심에 초점을 맞추는 접근은 대체로 개인적 성향이나 우발적 경험에 의지하기 때문에 대중을 위한 체계적 뉴스 리터러시 교육 방안으로는 한계가 있을 수 있다. 반면 비판적 뉴스 리터러시는 고도의 인지적 활동을 이끌어 낼 수 있는 인지적 능력에 초점을 맞추는 교육 방안을 필요로 한다. 또한, 비판적 뉴스 리터러시를 위한 교육 방안의 체계화를 통해서 비판적 뉴스 리터러시를 구성하는 역량을 보다 구체적으로 서술할 수 있을 것이다.

2) 과학적 지식 체계의 적용 가능성

비판적 뉴스 리터러시는 뉴스에서 주장하는 바를 논리적 관점에서 파악하고 분석하여 뉴스의 비논리적 요소들을 논증reasoning함으로써 뉴스의 신뢰성을 파악하고자 하는 시도이다. 뉴스는 단순한 사실의 나열이라기보다는 복잡한 현실에 대한 주장이라고 할 수 있고, 뉴스의 진실성은 제시된 주장과 주장을 설명하고 정당화하는 사실, 정보, 진술, 의견 등이 논리적으로 제시되었는지에 따라 검증할 수 있다. 비판적 뉴스 리터러시는 정보 검색을 통한 사실의 진위 여부에 대한 검증뿐만 아니라 과학적 조사에서 이론이나 가설을 검증하는 과정처럼 뉴스에 포함된 주장을 논증하는 과정을 필요로 한다.

흔히 과학과 저널리즘은 이과와 문과처럼 상대적으로 구분되지만 인식론적 관점에서 많은 부분을 공유한다고 할 수 있다. 과학은 학문적 영역에서 기존에 알지 못했거나 발견하지 못한 새로운 사실을 발견하고 그에 대한 해석을 제시하는 기능을 한다. 저널리즘도 현실에서 기존에 알지 못했던 사실이나 중요한 사건이나 사고에 대한 새로운 사실을 찾아내고 이에 대한 이슈를 제기하는 역할을 한다. 무엇보다도 저널리즘과 과학의 공통점은 각자 제시하는 설명이나 주장을 통해서 현상의 실체reality를 가장 정확하게 반영하는 것을 목표로 한다는 데 있다. 그런 의미에서 과학적 지식을 평가하는 지식 체계는 저널리즘을 평가하는 지식 체계와 많은 부분을 공유하고, 과학적 지식 체계는 구체적인 현실 사례에서 뉴스 리터러시에 적용할 수 있는 유용한 이론적 토대를 제공한다.

과학과 저널리즘의 지식 체계는 현상에 대한 객관적 사실을 토대로 잠정적 결론을 제시한다는 점에서도 유사하다. 저널리즘은 사회적 현상이나 이슈에 대해서 공정하고fair 균형 잡힌balanced 사실fact이나 설명을 제공하는데, 형이상학적 절대 진리truth를 목표로 하기보다는 객관적 방법을 통해 수집된 사실을 바탕으로 최적의 묘사와 설명을 제공하는 것이라고 할 수 있다. 과학 역시 개방적 자세로 모든 가능성을 고려하면서 체계적이고 객관적인 조사방법을 통해 가장 가능성 있는 대답을 선택하는 것인데, 과학적 지식knowledge은 절대 진리라기보다는 지속적으로 검증해야 하는 임시적인 사실이라고 할 수 있다. 이러한 인식론적 유사성은 과학적 지식추구 방법에 관한 지식 체계를 저널리즘 영역으로 확대해서 적용할 수 있는 개념적 근거를 제공한다.

과학적 조사방법론의 지식 체계를 뉴스 콘텐츠의 검증과정에 적용함으로써 새로운 뉴스 리터러시를 보다 체계적이고 정교하게 구성할 수 있다. 과학적 조사방법론에서 제시하는 개념과 지식 체계들은 뉴스를 구성하는 다양한 지식, 정보, 주장 등의 특징이나 성격을 파악하고 이해할 수 있는 이론적 틀을 제공할 수 있다. 뉴스를 구성하는 지식이나 정보들이 학문적 수준의 지식과 질적 차이가 있는 것은 사실이지만, 과학적 지식 체계를 다른 종류의 지식 검증에 적용하는 방안은 여전히 유효하다. 또한 주어진 주장을 검증하는 과정에서 필요한 대안적 설명 가능성에 대한 개방적 태도의 확립에도 적절한 지식 체계라고 할 수 있다. 즉, 조사방법론의 지식 체계를 뉴스 리터러시에 적절하게 활용한다면 뉴스에서 다루는 지식이나 주장들의 객관적 근거를 탐색하고 이를 토대로 뉴스의 신뢰성을 검증하는 방식을 체계적으로 제시할 수 있다.

3) 비판적 뉴스 리터러시를 위한 교육 방안

비판적 뉴스 리터러시의 핵심 역량인 비판적 사고를 위한 체계적인 교육활동이 요구되는데, 과학적 조사방법론의 지식 체계는 논리적이고 비판적인 검증능력을 위한 교육학적 근거를 제공할 수 있다. 비판적 사고의 함양을 위한 교육적 논의들은 주로 논증이나 논리학 등의 철학 교육을 중심으로 논의되었지만 비판적 사고능력을 학습하고 실제로 적용할 수 있는 일종의 행동 요강protocol을 제시하는 것도 효과적 방식이 될 수 있다. 지금까지 비판적 사고에 대한 논의를 주도하던 철학에 비해서 과학적 조사방법론은 구체적이고 현실적인 문제해결 과정에 비판적 사고를 적용할 수 있는 방안을 제시한다는 점에서 유용한 접근이라고 할 수 있다. 과학적 조사방법론은 비판적 사고를 향상시키기 위한 이론적 근거뿐만 아니라 구체적인 훈련 방안을 체계화할 수 있다.

뉴스의 진실성을 검증하는 과정에서 뉴스에 포함된 정보의 특성을 파악해야 하는데, 단순한 사실인지 아니면 주장이나 의견인지를 명확하게 구분하는 것이 필수적이다. 뉴스에서는 단순한 사실과 의견이 혼재되어 있기 때문에 사람들이 해당 뉴스가 주장하는 바를 명확하게 판단하기 어려울 때가 많고, 이러한 모호함이 주장에 따른 근거나 사실이 적절한지 파악하는 것에도 어려움을 초래한다. 어떤 사건이나 사고에 대한 단순한 목격을 대신하는 보도인지, 아니면 다양한 정보원이나 자료를 토대로 어떤 결론을 유추inference해야 하는

지를 구분해야 한다. 단편적 사실이나 정보에 대한 판정은 관련된 정보원이나 다른 자료를 비교하는 것으로 충분하지만, 주장은 이를 정당화할 수 있는 근거를 통해 해당 진술의 진위 여부를 판별할 수 있다. 비판적 뉴스 리터러시는 뉴스를 구성하는 사실이나 정보의 특성을 적절하게 구분하고 이에 따라 검증하는 방법이나 절차를 적절하게 선택할 수 있어야 한다.

과학적 조사방법론의 가설설정과 이에 관련된 추론과정에 대한 지식 체계를 활용하여 뉴스를 구성하는 주장의 논리적 구조와 특징을 파악하고 해당 논증을 평가할 수 있다. 과학적 조사방법은 연구에서 제시하는 주장, 가설, 혹은 발견한 과학적 지식 등이 인식론적 특징을 설명하고 이러한 주장이나 지식에 대한 적절한 근거를 판별하는 절차나 방식에 대한 지식을 제공한다. 귀납적 논증은 관찰된 현상이나 수집된 자료를 바탕으로 결론을 도출하는 논증으로, 이를 적용한다면 주어진 증거를 바탕으로 내려진 추론의 진위 여부를 판정하거나 주어진 추론을 평가하기에 충분한 증거가 있는지 여부를 판단할 수 있다. 연역적 논증은 제시된 이론이나 전제를 적용하여 주어진 결론을 판정하는 것으로, 현상에 대한 보편적 진술인 전제가 주어진 모든 사례에 적용될 수 있는지, 혹은 개별 사례 중 일부만이 주어진 전제에 의해 설명될 수 있는지 판단하는 방식을 제시할 수 있다.

과학적 조사방법론은 제시된 전제와 결론 간의 논리적 연관성과 강도를 평가할 수 있는 기준을 제시하는데, 논증의 근거를 제시하는 자료의 해석이 명확할수록 논증의 평가나 검증이 보다 구체적이고 논리적으로 진행될 수 있다. 논증이나 주장의 근거를 제시하는 다양한 증거나 사실은 다양한 형태의 자료로 이루어진다. 자료의 해석은 주어진 자료나 정보를 바탕으로 내린 결론에 논리적 결함이 없는지를 판정하는 것인데, 그러기 위해서는 일단 주어진 자료의 의미를 해석할 수 있어야 한다. 설문조사나 실험연구의 결과로 도출된 결론이 타당한지 파악하기 위해서는 해당 조사방법의 절차나 관련 개념을 이해해야 하고, 특히 수치적 자료의 타당성이나 논리성을 평가할 수 있는 조사방법론의 개념이나 통계적 수치를 해석하는 능력이 필요하다. 이러한 분석 능력과 지식을 바탕으로 뉴스에 포함된 자료와 주장의 논리적 관계를 평가하고 논리적 의문점이 있는지를 파악하는 방식을 이해할 수 있다.

뉴스에는 다양한 주장과 이에 대한 논거가 포함된다. 포함된 다양한 주장이나 논쟁 혹은 논점 중 핵심적 논증을 식별하는 능력은 뉴스의 진실성을 검증하는 핵심 요소이다. 논쟁을 구성하는 주장은 핵심에 대한 주장과 부수적이거나 중요하지 않은 요인에 대한 주장으로 구분될 수 있다. 뉴스에서 사용되는 다양한 논증은 하나의 결론과 복수의 전제로만 구성되는 것이 아니라 복수의 결론과 많은 전제로 구성되는 복합적인 형태가 대부분인데, 한두 개의 약한 논거가 있거나 전체 논증에서 일부 전제와 결론의 논리적 관계가 모호하다고 해서 전반적인 논증을 부인하는 것은 적절하지 않다. 과학적 조사방법론에서도 방법론의 일부 한계를 인정하더라도 핵심 가설을 증명할 수 있는 논증이나 핵심적 증거를 중심으로 조사 결과를 판정한다. 비판적 뉴스 리터러시에서도 포함된 모든 논증을 평가하고 이를 단순히 통합하는 방식이 아니라 핵심적 주장에 대한 검증을 토대로 전반적인 논리성을 평가하는 방안이나 절차들을 선택하는 방식이 효율적이면서도 현실적인 평가방법이 될 수 있다.

5. 나오는 말

뉴스 리터러시, 혹은 뉴스 읽기 능력은 저널리즘 영역에서 낯설지 않은 개념이라고 할 수 있지만 동시에 크게 주목받지 못한 주제이기도 하다. 저널리즘의 논의들이 뉴스 제작과 뉴스의 영향력에 초점을 두고 진행되었고 뉴스 이용은 부차적 이슈에 머물러 있었다. 최근 뉴스 생태계와 저널리즘의 변화는 뉴스 이용 측면에 대한 논의, 특히 뉴스 리터러시에 대한 폭넓은 논의를 새롭게 진행할 필요성을 강조하고 있다.

　뉴스 리터러시를 설명하는 여러 개념과 명칭은 각각의 문제의식과 이에 대한 이론적 틀을 반영하는 것이지만 모호한 개념들로 인해 체계적 개념화에는 이르지 못했다고 할 수 있다. 뉴스 리터러시에 대한 새로운 논의를 제의하기 위해서 보다 체계화된 개념적 정의를 제시할 필요가 있다. 또한 새로운 뉴스 리터러시를 규정하는 역량에 대한 정의와 더불어 구체적인 교육방법도 제시할 수 있는 개념적 토대를 구성하는 것도 필요하다.

기존의 뉴스 읽기 역량에 초점을 맞춘 뉴스 리터러시와 구분되는 비판적 뉴스 리터러시는 뉴스에서 제시된 주장assertion이나 사실fact을 논리적으로 분석하여 뉴스의 신뢰성을 검증하는 것에 초점을 맞추고 있다. 뉴스과잉 환경과 가짜뉴스의 폐해에 대처하기 위해서 뉴스 이용과정에서 뉴스의 신뢰성을 검증할 수 있는 역량이 중요해지고 있다. 이러한 요구에 대처하기 위한 비판적 뉴스 리터러시는 과학적 조사방법론의 지식 체계를 적용하고 뉴스에 제시된 주장과 사실의 특징을 파악하고 이 논증의 논리적 관계를 파악할 수 있는 비판적인 검증 역량을 체계화하면서 이를 위한 교육 방안을 구체화하고자 한다.

새로운 뉴스 리터러시에 대한 이번 논의는 기존에 제시되었던 뉴스 리터러시 교육의 성과를 부정하면서 이를 대체할 수 있는 최선의 방법을 제안하고자 하는 것은 아니다. 이번 논의로 뉴스 읽기를 문해적 소통 행위로 축소하거나 하나의 규범적, 도덕적 행위로 한정 짓는 관점을 지양하면서, 뉴스 리터러시의 개념화에도 뉴스의 설득적 특성을 이해하는 시도가 필요함을 제안하고자 한다. 뉴스 리터러시에 대한 새로운 접근은 단순하게 수용자 교육 측면의 새로운 시도만을 의미하는 것이 아니라 뉴스 제작의 새로운 방향에 대한 논의를 위한 출발점이 될 수 있다. 이러한 맥락에서 뉴스 리터러시 교육에 대한 관심은 저널리즘의 생존에 중요한 요소가 될 수 있다. 최근 퇴행일로의 저널리즘이 부활하기 위해서는 뉴스 이용과 소비의 촉진만 필요한 것이 아니라 새로운 뉴스를 요구하는 사회적 흐름에 대한 대응도 절실하다.

비판적 뉴스 리터러시에 대한 논의는 사람들에게 신뢰받고 선택받을 수 있는 뉴스에 대한 기준이나 방안을 제안할 수 있고 이는 저널리즘의 새로운 방향에 대한 건강한 제안으로 활용될 수 있을 것이다. 이러한 건강한 제안들은 뉴스 생태계를 지탱할 새로운 풀뿌리를 안착시킬 수 있는 유용한 토양이 될 수 있을 것이다.

참고문헌

김기태(2009), 《미디어 교육의 이해와 활용》, 한국콘텐츠진흥원.
김기태·권혁남·김양은(2007), 《NIE 프로그램의 내용분석 및 효과 검증》, 신문발전위원회.
이정춘(2004), 《미디어 교육론: 미디어시대에 살다》, 서울: 집문당.
손석춘(2003), 《신문 읽기의 혁명》, 개마고원.
신문발전위원회(2007), 《NIE 프로그램의 내용분석 및 효과 검증》, 신문발전위원회 연구보고서.
최순욱·윤석민(2017), 협업형 사실검증 서비스의 의의와 과제: 〈SNU 팩트체크〉의 사례, 《사이버커뮤니케이션학보》, 34권 2호, 173~205.
이화행·이정기(2011), 청소년기 NIE(Newspaper in Education) 경험여부에 따른 대학생의 신문 이용 동기와 효과에 관한 연구, 〈언론과학연구〉, 11권 4호, 456~488.
홍경남(2011), 비판적 사고와 논리 교육, 〈교양논총〉, 4호, 108~139.

Ennis, R. H. (1993), Critical thinking assessment, *Theory Into Practice*, 32(3), 179~186.

Fleming, J. (2014), Media literacy, news literacy, or news appreciation? A case study of the news literacy program at Stony Brook University, *Journalism & Mass Communication Educator*, *69*(2), 146~165.

Gunther, A. C., & Schmitt, K. (2004), Mapping boundaries of the hostile media effect, *Journal of Communication*, *54*(1), 55~70.

Kovach, B., & Rosenstiel, T. (2014), *The elements of journalism*, Revised and Updated 3rd Edition, Three Rivers Press.

Perloff, R. M. (1989), Ego-involvement and the third person effect of televised news coverage, *Communication Research*, *16*(2), 236~262.

Petty, R. E., & Cacioppo, J. T. (1986), The elaboration likelihood model of persuasion, In *Communication and persuasion*, 1~24, NY: Springer.

Potter, W. J. (2004), *Theory of media literacy: A cognitive approach*, Sage Publications.

Dijk, T. A. V. D. (1987), *News analysis: Case studies of international and national news in the press*, L. Erlbaum.

Vraga, E. K., Tully, M., Maksl, A., Craft, S., & Ashley, S. (2021), Theorizing news literacy behaviors, *Communication Theory*, *31*(1), 1~21.

Warnick, B., & Inch, E. S. (1994), *Critical thinking and communication: The use of reason in argument*, Macmillan College.

13장

저널리즘과 지역 공동체

김범수(부산대)

1. 들어가는 말

다양한 사람들이 모여 상호작용하는 공간을 '지역 공동체local commu-
nity'라고 한다. 지역 공동체에서 살고 있는 구성원들은 지역 고유의
가치와 정체성을 직·간접적으로 학습하고, 상호작용을 통해 정서
적 유대감을 가지며, 사회 구성원으로서 성장할 수 있는 기회를 갖
는다. 지역 공동체 고유의 가치와 문화는 지역의 규모, 지역 공동체
안에 있는 조직들(기업, 정치 및 시민 단체, 언론사) 간의 구조적 관
계, 그리고 구성원의 인구·통계적 속성의 다양성에 따라 다르다.
또한 지역 공동체는 사람들이 추구하는 가치와 정체성을 이해하는
데 매우 중요한 단위이며, 지역 공동체 안에서 구성원의 삶의 질을
향상시키기 위해 다차원적이고 역동적인 커뮤니케이션이 존재하는

의미적 공간이다. 특히, 다양한 사람이 살고 있는 지역 공동체 안에서 '미디어'는 구성원 간 상호작용을 촉진하고 공동체 의식을 고양시키는 중요한 사회적 역할을 수행한다.

지역 미디어는 중앙과 변두리 중 '어디에 위치했는가'에 대한 공간적 잣대로 개념을 정의하기 어렵다. 김용찬(2021)은 지역 미디어의 개념 축을 보편성과 구체성의 차원에서 설정하는 것이 바람직하다고 강조한다. 이러한 맥락에서 비추어 볼 때, 지역 미디어는 서울 안에 있는 공동체 단위에서도 존재할 수 있고, 서울과 멀리 떨어진 농촌마을에서도 존재할 수 있다. 다시 말해, 지역 미디어는 전국 어디에서나 존재하고 각 지역 공동체 안에서 구성원과 함께 가치 추구 활동을 하고 있다. 지역 공동체 안에서 가치를 공유하고 지역 상황이 직면한 문제에 대한 해결의 장을 형성하는 조직은 언론사로, 때로는 사회통제social control 역할을 수행하고, 때로는 구성원 간 참여를 기반으로 공동체 발전을 도모할 수 있는 사회적 결속social cohesion의 역할을 한다.

지역 공동체 미디어는 지역 구성원 간 상호작용 활성화뿐만 아니라 미디어와 구성원들의 호혜적 상호관계를 바탕으로 지역 공동체의 발전적 방향성 마련에 중요한 역할을 한다(강진숙, 2016). 지역 공동체 미디어는 구성원의 '참여'를 바탕으로 상호작용성이 강조되며, 수직적 엘리트 구조의 뉴스와 콘텐츠 제작을 지양한다. 지역 미디어는 지역 구성원들의 공동체 의식을 강화함과 동시에 이러한 공동체 의식을 바탕으로 지역 미디어를 더욱 이용하게끔 하고 지역 공동체 발전을 위한 시민 참여를 장려한다. 다시 말해, 지역 미디어는 언론인이 지역의 다양한 현안을 정확하게 파악해서 전달하는 역할과 동시에, 저널리즘 차원에서 뉴스를 통한 사회갈등 조정 기능을 수행한다고 말할 수 있다. 게다가 커뮤니케이션 차원에서 지역 미디어는 구성원 간 응집과 결속을 강화하는 역할을 한다(Tichenor, Donohue, & Olien, 1980).

지역의 구조적 다원주의 수준에 따라 언론의 기능과 역할이 다르다. '다원주의'는 지역 안에 있는 사람들의 이질성, 기관 수(은행, 공항, 민간기업, 정부기관 등), 조직 간 관계 등의 규모와 다양성을 통칭하는 의미이다. 지역의 규모가 크고 다양한 주체가 모여 있을 경우 새롭고 혁신적인 생각이 공유되지만, 서로 다른 가치의 충돌과 갈등이 종종 목격된다. 대조적으로, 지역이 단조로운 경우 의사결정이 빠르고 하나의 목소리를 내기 쉽다. 지역 공동체 안에 존재하는 여러 조직(기업, 기관, 단체 등) 간 세력경쟁과 갈등 수준이 다르고, 언론이 주목하는 뉴스 의제와 기능 및 역할의 차이점이 존재한다. 구조적 다원주의 이론은 지역의 다원주의 수준에 따라 '언론사가 주목하는 의제와 역할'을 설명하는 데 적합하다.

2. 지역 공동체 종류와 언론

지역 언론은 지역 구성원들이 주목해야 할 뉴스 의제를 전달할 뿐만 아니라 지역성을 강화하는 역할을 한다. 지역 공동체 안에서 언론의 역할을 이해하기 위해서는 지역의 커뮤니케이션 생태계에 대한 고찰과 더불어 지역 구조의 특성과 다원화 수준에 대한 이해가 필요하다. 이러한 맥락에서 구조적 다원주의structural pluralism는 지역 공동체 안에서 언론의 역할을 고찰해 볼 수 있는 적합한 미디어 사회학 이론이다. 1980년 미네소타대의 티쉐노어와 동료들(Tichenor, Donohue, & Olien, 1980)에 의해 널리 알려진 구조적 다원주의는 지역 공동체 안에서 힘의 구조, 언론사와 기업·기관·시민단체 간의 중시적中視的 관계 차원에서 결속력, 그리고 언론 보도의 특징에 대해서 설명한다. 구조적 다원주의는 뉴스 리포팅, 헬스 커뮤니케이션, 홍보, 뉴미디어, 시민 참여 등 다양한 학문 분야에서 연구가 진행되어 왔으나 아직까지 국내에서는 지역 다원주의 관점에서 언론의 역할에 관한 연구가 부족하다.

구조적 다원주의 이론의 핵심 전제는 지역 공동체 안에 지역 권력조직(예: 지방 정부, 언론사, 기업, 정치인 및 정당 등) 간 체계화된 연결망이 존재한다는 것이다. 지역 언론은 공동체 안에서 권력조직과 구성원 간 가교 역할을 하기도 하며, 언론사 자체가 조직적 힘을 발휘할 수도 있다. 게다가 구조적 다원주의 수준에 따라 지역 공동체 안에서 '파워'를 가진 주체가 다를 수 있으며, 언론이 무엇을 주목하고자 하는지, 그리고 어떠한 사회적 역할을 하는지도 달라질 수 있다. 구조적 다원주의 차원에서 지역 공동체는 '다원주의 수준이 높은 공동체'와 '다원주의 수준이 낮은 공동체'로 구분 가능하다.

지역 공동체의 다원주의 수준이 높은 지역은 다양한 권력기관과 단체들이 복잡한 구조로 연결되어 있다. 구체적으로, 다수 정치인 ·정당, 다양한 교육기관, 종교기관, 지방 정부기관, 기업 등 많은 조직이 존재하며, 각 조직은 자신의 의미와 영향력을 확장하거나 이익을 추구하고자 노력한다. 이처럼 분산된 힘의 구조 속에서 조직들은 유기적 화합을 하기도 하지만, 조직적인 충돌과 갈등을 만들어 내기도 한다. 예를 들어, 구청에서 하수도처리장 설치를 준비할 때 반발하는 다양한 조직적 활동이 뉴스를 통해 전달된다. 이처럼 지역의 다원주의 수준이 높은 공동체에 소재한 언론사는 다양한 지방 조직이 제공하는 다중 정보를 활용할 수 있으며, 갈등적 뉴스 소재를 심층적으로 다룰 수 있다. 하지만 언론인들은 뉴스 취재 및 보도에 있어 비교 검증을 통해 정보의 정확성을 추구해야 하는 압박감을 가질 수 있다(〈표 13-1〉 참고).

한편, 지역 다원주의 수준이 낮은 공동체는 상대적으로 단조로운 조직구조를 형성한다. 지역의 힘의 구조는 '중앙집권적 구조'의 모습을 보이기도 한다. 다시 말해, 다수의 지역 조직들이 존재하더라도 암묵적인 서열이 매겨지는 경우가 있고, 조직 간 충돌 및 갈등이 드러날 확률이 낮다고 볼 수 있다(Dunwoody & Griffin, 1999). 지역 구조가 단조로운 지역 공동체(예: 농촌)에 소재한 언론사는 지방 정부 및 이익집단과 유기적인 관계를 구축하고, 갈등 소재를 주로 보도하기보다는 지역의 안정성을 위한 뉴스 소재를 발굴하는 데 주력한다. 지역 언론사는 오랫동안 추구해 온 지역 공동체의 가치, 전통, 시스템을 급격하게 변화시키는 것을 지양한다고 말할 수 있다.

미국 퓨 리서치(Pew Research Center 조사에 따르면, 구조적 다원주의 차원에서 지역 공동체는 중심 도시, 도시 근교(교외), 마을 단위 지역 공동체로 범주화가 가능하다(Parker et al., 2018). 〈표 13-1〉에 정리하였듯이 각 지역 단위 내에 다양한 공동체가 존재하며, 지역 단위 각각의 특징은 다음과 같다. 첫 번째, 도시지역 공동체(예: 특

표 13-1 **구조적 다원주의 차원에서 지역 공동체 특징**

구조적 다원주의 수준이 낮은 공동체		구조적 다원주의 수준이 높은 공동체
단조로운 지역 사회 시스템		복잡한 구조의 지역 사회 시스템
지역 공동체 내 소수 집단/기관의 권력 집중		다양한 지역 공동체 집단 간 권력 분산
시골 공동체	도시 근교 단위 공동체	도시 공동체
· 공동체 지역성이 뚜렷함. · 구성원들의 정기적 상호 교류가 높음. · 구성원 간 상호적 믿음이 높음. · 지역 공동체의 정체성과 전통 유지 노력. · 외부 지역으로부터 유입된 이질성에 대한 반감 존재.	· 도시와 마을 단위의 혼합적 구조. · 마을 단위 공동체의 문화가 존재함. · 도시 중심지와 마을 단위에서 인구 유입 증가로 인한 다양성 증가. · 정보 욕구가 높음.	· 상대적으로 높은 교육 수준. · 젊은 세대 거주 선호. · 지역 구성들은 변화와 유행에 민감함. · 일상생활에서 목적 지향적인 관계 형성 및 유지. · 소통의 이질성.

참고: 구조적 다원주의 수준을 구분하기 위한 측정 기준은 ①인구 수, ②인구 통계적 다양성(인종, 나이, 성별 등), ③교육 수준, 가구 소득 수준, ④실업률, ⑤민간 기업 수, ⑥은행 지점 수, ⑦국내 공항 현황 등을 포함함(Kim, Lowrey, Buzzelli, & Heath, 2020). 다원주의 수준이 높은 지역은 인구 통계적으로 다양하고, 교육 및 소득 수준이 높으며 많은 민간 기업과 조직이 있음.

별시 및 광역시 구 단위)에 거주하는 구성원들은 전반적으로 교육 수준이 높고 목적 지향적인 관계를 추구하는 경향이 있다. 사회학자 피셔는 도시는 젊고 다채로운 생각을 가진 젊은 세대가 선호하는 지역으로서 전통적인 삶의 방식보다 변화를 추구한다고 강조한다 (Fischer, 1982). 도시지역에서는 사회적 범죄가 자주 목격되며 사람들 간 갈등상황을 쉽게 발견할 수 있다. 지역 구성원은 목적 지향적인 모임 및 집단(조합, 단체, 교회, 동호회 등)을 찾는 경향이 강하고 정서적 유대감이 약한 인적 관계망을 형성하는 편이다. 사람들은 관계를 형성하면서 이질적인 사람과 소통하기도 하지만, 자신과 생각, 태도, 가치가 같거나 비슷한 사람과 주로 온·오프라인에서 소통하는 경향도 쉽게 볼 수 있다.

도시지역의 확장이 가속화됨에 따라 도시 근교(교외)지역의 발전이 빠르게 진행되고 있다. 도시 근교지역 공동체에 관한 논의는 구조적 다원주의에서 자세하게 다루지는 않았지만, 지역 공동체의 속성은 도시와 시골지역 공동체의 속성들이 혼합된 형태라고 말할 수 있다. '교외' 혹은 '도시 근교'라고 불리는 지역 공동체는 도시의 중심지에서 떨어져 있는 구성원의 거주지역을 의미하고, 중심 도시를 둘러싸고 있다. 예를 들어, 서울 중심지역을 둘러싼 근교지역을 생각하면 될 것이다. 이러한 도시 근교지역에는 전통적인 도시지역 공동체에서 볼 수 있는 상업시설, 주거시설, 문화시설 등이 분포하고, 도시 근교지역을 구분할 때 고려할 지표는 지역의 발전 수준, 인구밀집도, 기업 및 산업시설의 규모, 그리고 교통시설의 하부구조 등을 포함한다(Harris & Hendershott, 2018). 도시사회학자들은 '확장 지표 점수sprawl index score'를 고안해 도시지역의 확장 수준을 평가한 후 도시 중심지와 근교지역을 구분한다.1 전통적으로 도시 근교지역은 도시 중심지에 비해 안전성이 높고 생계비용이 적게 든다. 인구통계학적으로 다양성이 낮은 편이기 때문에 동종의 문화를 형성하는 데 용이한 조건을 가질 수 있다. 그러나 최근 도시 중심지로부터 인구가 빠르게 유입되는 것과 동시에 농·어촌 지역으로부터도 인구가 유입되면서 인구의 다양성이 증가하였으며, 도시 중심지와 농·어촌 지역 공동체의 특성이 공존한다고 볼 수 있다.

마지막으로 마을 단위 공동체(예: 농촌지역)에는 오랫동안 유지해 온 전통과 문화가 존재한다. 해당 지역 구성원들은 일상적으로 상호 교류의 빈도가 높다. 전통적으로 공동의 경작생활로 가치를 공유할 수 있는 기회가 많았다. 우리나라의 '품앗이'가 대표적 사례이다. 이 뿐만 아니라 지역 구성원들은 학교, 모임, 교회, 지역 자원봉사 프로젝트 등에서 자주 접촉할 수 있으며, 일상적 만남을 기반으로 상호 호혜적인 믿음과 구성원 간 결속력을 다진다. 지역 구성원 공동의 노력으로 전통과 문화의 명맥을 유지할 수 있으며, 이질적이거나 혁신적인 외부 아이디어에 대해서는 지역의 정체성과 가치가 훼손될 우려를 표하기도 한다. 이들은 타 지역에서 온 사람들에 대해 거

---

1 확장 지표 점수의 속성은 ① 인구 밀집도, ② 토지 사용 용도, ③ 도로 접근성 등을 통계적 자료를 포함한다. https://gis.cancer.gov/tools/urban-sprawl 참고.

부감을 갖는 경향도 있다. 그리고 농·어촌 단위 공동체의 구성원들은 중앙 정부의 제도 및 규범에 대해서 반감을 표하고 있으며, 중앙 정부 정책으로부터 소외되었다는 인식이 증가하고 있다(Cramer, 2016).

3. 구조적 다원주의 차원에서 바라본 언론 역할

글로벌 미디어 사회학자들은 1970년대 이후 구조적 다원주의 차원에서 언론의 역할과 보도 특징에 관한 연구를 꾸준히 진행하고 있다. 저널리즘 연구는 지역 언론과 공동체를 중심으로 시작되어 (Hindman & Yamamoto, 2011), 최근 디지털 미디어 환경에서 언론의 뉴스 의제와 사람들의 담론적 차이 분석 연구에 이르기까지 발전되었다. 현존하는 구조적 다원주의 기반 연구는 지역의 다원주의 수준에 따라 조직적 네트워크의 규모·다양성·강도가 다르며, 지역 공동체 구성원의 스토리텔링 네트워크도 다르다는 점을 강조하였으며, 언론사가 어디에 위치해 있는지에 따라 뉴스 의제와 취재 및 보도 방식이 다르다는 점을 실증적으로 밝혔다(Nah & Armstrong, 2011).

지역 다원주의 수준이 높은 공동체(예: 시 단위 지역)에서는 이질적인 조직과 집단이 중시적 수준meso-level 관계망2을 형성하고 있다. 각각의 기관 및 집단은 독립성을 유지하며, 지역에서의 영향력을 점유하기 위한 활동을 수행한다. 하지만 '조직 간 파워게임'이 존재하기 때문에 지역 내 관계망에서 잡음과 갈등이 종종 목격된다. 예를 들어, 새로운 민간기업 방침에 따른 시민단체의 저항으로 인한 갈등이 있을 수 있다. 이러한 지역 공동체는 특정 소수집단이 정보를 독점하기 힘든 구조이며, 언론사 간 합치된 의제를 형성하는 것이 구조적으로 어렵다. 다차원적이고 이질적인 정보가 혼재된 상황 속에서 언론인은 정확성을 기하기 위해 신뢰할 수 있는 정보와 근거를 탐색하는 노력이 필요하다. 그리고 언론은 지역 내 조직 간 갈등 중재자 역할을 한다.

던우디와 그리핀은 이러한 언론의 역할을 '피드백 통제 역할feed-back control role'이라고 명명하였다(Dunwoody & Griffin, 1999). 다수의 언론사가 소재하기 때문에 경쟁적 취재환경이 조성되며, 언론인들은 지역 뉴스에 국한하지 않고 여러 지역에서 발생한 사건 및 사고 등에도 주목한다. 다시 말해, 언론 보도의 범위가 넓다. 다원주의 수준이 높은 공동체에 살고 있는 지역 구성원은 다양한 현안에 대한 뉴스를 접할 기회가 많고, 서로 다른 시각의 언론 보도를 이용하여 서로 다른 사회·정치적 식견을 향상시킬 수 있다. 다양성과 이질성이 혼재되어 있는 복잡한 지역 공동체이기 때문에 구성원 간

---

2   중시적 관계(meso-level network)는 개인 수준의 미시적 관계(micro-level net-work)와 거시적 수준의 관계(macro-level network)의 중간 단계이며, 주로 지역 공동체 및 조직 간 관계를 의미한다.

표 13-2 **구조적 다원주의 차원에서 바라본 언론 역할**

다원주의 수준이 높은 경우	다원주의 수준이 낮은 경우
피드백 통제(feedback control) 역할	가디언(guardian) 역할
지역 내 파워조직 간 중재자 역할	지역 내 권력기관과 유기적인 관계 형성
갈등 중심 보도	소식 전달 중심
다각적인 취재와 정보수집	관계 기반 정보수집

커뮤니케이션 갈등이 발생하고 언론이 지역 내 갈등 조정자 역할을 하기도 한다.

〈표 13-2〉에 제시하였듯이, 지역 다원주의 수준이 낮은 공동체는 복잡한 구조의 중시적 관계망을 형성하지 않는다. 일부 소수 지역기업(관) 및 단체의 영향력이 눈에 띄게 강한 점을 볼 수 있으며, 언론사 역시 지역 내 권력기관에 해당한다. 다원주의 수준이 낮은 지역의 언론사는 지역 공동체의 가치와 전통을 유지하기 위해 노력한다. 지역 내 갈등적인 내용을 집중적으로 파고들어 지역 시스템을 전면적으로 개혁하는 역할을 주로 하지 않는다. 주로 지역 공동체에서 발생한 소소한 이야기를 공유하고 지역 내 시스템 및 문화의 점진적인 발전을 추구하고자 노력한다(Tichenor, 1980). 이러한 언론의 역할을 '가디언 역할guardian role'이라고 부른다.

지역의 다원주의 수준이 낮은 공동체에는 여러 언론사가 존재하지 않기 때문에 일부 소수 언론사가 지역의 가디언 역할을 한다. 언론은 지역 구성원들에게 지역 내·외부 소식을 전달하는 것에 주력하고 지역 내 사건·사고 및 구조적 문제점 보도를 가급적 피한다. [3]

이 같은 보도 행태는 지역 내 타 기업 및 기관과의 중시적 관계 차원에서 해석 가능하다. 더불어, 지역 언론인은 구성원의 스토리텔링 관계망에서 이야기의 소재를 제공하는 스토리텔러 역할을 하기도 한다(Kim & Ball-Rokeach, 2006). 언론사는 구성원 간 스토리텔링 네트워크에서 공유될 수 있는 다양한 주제를 제공하는 것뿐만 아니라 지역 구성원의 스토리텔링 네트워크에서 공유되는 이슈에 주목해 뉴스를 만들기도 한다. 언론사의 사회적 보호 기능을 통해 구성원 간 합치된 여론을 형성할 수 있게 하는 힘을 갖는 것과 동시에 지역 내 영향력을 유지할 수 있다.

4. 사회통제와 사회결속 역할

지역 언론사는 지역 내 집단과 기업(관), 구성원을 연결하는 역할뿐만 아니라 지역에서 갈등 해결과 변화의 기회를 제공하는 역할을 한다. 미디어 사회학자들은 구조적 다원주의 차원에서 언론인의 '사회통제 역할'과 '사회결속 역할'에 주목하였다.

사회통제 기능은 언론사가 주축이 되어 뉴스 보도를 통해 수행하는 것으로, 언론인은 언론사가 소재한 지역 공동체 안에서 구축해 온 규범과 제도 그리고 시스템의 유지를 위해 뉴스의 소재를 발굴한

---

3 힌드먼(Hindman)은 분배 통제 역할(distribution control role)이라고 명명했다.

다. 언론인이 수행하는 사회통제 기능은 지역 다원주의 수준이 높은 공동체에서 주로 관측 가능하다. 언론사는 역동적인 공동체 조직과 시스템 안에서 갈등과 구조적 문제점(예: 경제적 양극화, 복지 혜택의 사각지대)을 발굴해 개선할 수 있는 방향성을 제시하는 역할을 한다. 지역 내 파워집단[예: 정치인, 지역 기관(업)]을 감시하고 사회적 부조리를 발견해 보도하면서 조직 차원에서 견제를 한다고 볼 수 있다. 또한 언론의 갈등 중심 보도를 정기적으로 접한 구성원은 비판적 사고 역량을 기를 수 있으며, 언론의 사회통제 기능은 사회적 약자에 대한 배려 및 타인에 대한 정치적 관용을 향상시킬 수 있다.

한편, 언론의 사회결속 기능은 상하 수직적 구조에서 전달되는 것이 아니다. 사회적 결속에는 지역 구성원의 참여와 역동성이 필요하다. 컨스와 포레스트는 사회적 결속 수준이 높은 공동체에서는 지역 구성원이 다양한 사람들에 대해 반감이 적고 타인과 관계를 형성하는 데 적극적이라고 강조하였다(Kearns & Forrest, 2000). 구조적 다원주의 수준이 낮은 지역 공동체에 거주하는 구성원은 '같이 살자'라는 의식을 바탕으로 공동체 발전을 위해 다양한 시민 참여를 수행하기도 한다. 언론사는 구성원들의 사회적 결속을 촉진하는 촉매제 역할을 한다. 예를 들어, 지역 내 소외된 사람들과 관련된 뉴스를 보도해 지역의 가치를 강조하고, 결속 자체를 장려하며, 지역에 대한 애착심을 향상시키고자 노력한다(Kim, Lowrey, Buzzelli, & Heath, 2020).

지역 다원주의 수준과 관계없이 언론인은 독립적으로 뉴스 의제를 만들어서 보도하는 주체가 아니다. 언론인이 뉴스를 생산하는 데 있어 '관계'는 매우 중요한 요인이다. 만약 지역 내 영향력 있는 권력기관과 언론사가 상호 호혜적인 관계를 형성할 경우, 언론인이 뉴스 의제를 선정하는 데 영향을 받을 수 있다. 특히 지역 구조가 단조로운 경우 조직 간 연결의 강도가 강하기 때문에 지역에서 문제점이 발견되었을 경우 의도적으로 뉴스 보도를 지양하는 경우도 있다. 예를 들어, 미국 걸프해안 기름유출 사고가 발생했을 때 해당 지역에 소재한 언론사들은 지역 내 기업 및 정치단체의 심각한 피해를 우려해 해당 사건의 보도 횟수를 줄이는 경향이 있었다(Watson, 2016). 왓슨은 다원주의 수준이 낮은 공동체에 거주하는 지역 구성원 역시 지역에서 발생한 문제점이 드러나는 것에 거부감을 느끼기도 한다고 강조하였다. 이들은 자신의 지역 공동체에 우호적이거나 필요한 뉴스 보도(예: 지역 내 의료기관 숫자 부족 및 교육 시스템 인프라 부족)를 선호하는 경향이 있으며, 지역 내 사건(예: 중범죄, 정치적 부패 사건 등)이 타 지역으로 널리 보도되는 것을 꺼린다고 하였다.

하지만 다원주의 수준이 높은 지역에 소재한 언론사는 '권력 감시 기능'에 특화되었으며, 이러한 사건에 대해서 다각적인 취재와 보도를 수행한다(Watson, 2016). 구조적 다원주의 연구자인 미시간대 브렌던 왓슨(Brendan Watson)은 지역 언론의 보도 횟수가 적은 것은 '지역 기업과 언론사의 관계' 때문이라고 강조하였다. 반면 도시 지역에 소재한 언론사는 권력기관을 감시하는 기능을 수행한다. 이러한 언론사는 정치 뉴스뿐만 아니라 뉴스 주제의 스펙트럼도 넓다.

다양한 뉴스 보도를 통해 사회 감시자 역할을 하는 것이다. 사회 감시를 위해서는 정확한 뉴스 취재를 해야만 하고, 검증 가능한 자료 위주로 다면적인 뉴스 소식을 담아내도록 훈련받는다. 더불어, 지역 구성원의 지적 수준도 높기 때문에 정보의 허술함은 뉴스 신뢰에 악영향을 불러온다는 점도 언론인들은 인식하고 있다. 그뿐만 아니라 복잡한 도시에서는 다수의 언론사가 소재하기 때문에 언론인 간 경쟁도 불가피하다. 즉, 누가 무엇을 보도했는지 쉽게 파악할 수 있기 때문에 보도의 질 역시 신경 써야 한다.

구조적 다원주의 차원에서 언론의 특징은 우리나라 연구 보고서를 통해서도 이해할 수 있다. 2021년 한국언론진흥재단에서 발표한 지역 언론 연구보고서4에 의하면, 지역 일간신문은 주로 문화(미술, 음악, 책, 관광 등)와 사회(가정, 생활, 교육, 교통, 노동 등) 관련 뉴스를 보도한 반면에 지역 주간신문은 사회 주제에 상대적으로 집중하였다. 일간신문은 지방 분권, 지방 소멸, 혁신 등 지역 균형발전에 관한 주제를 주로 보도하였으며, 주간신문은 구성원의 참여가 요구되는 마을 공동체 만들기 등 지역 공동체 활성화 보도에 주력하였다. 특히 인천, 강원, 경기 지역의 경우 국방·외교 주제에 집중하는 경향이 높았다. 마지막으로, 앞에서 언급한 바와 같이 지역 내 환경오염에 관한 뉴스 보도(갯벌 생태계 파괴, 물 부족, 폐기물 처리 문제)는 상대적으로 적다.

---

4 〈지역신문발전기금 연구서 2021-02 보고서: 풀뿌리 지역 언론 혁신 성과와 과제〉.

2021 지역 언론 연구보고서에서 '국내외 사례 참조형', '지역 실태 제시형', '지역 인물·단체 탐구형', '지역 탐방형', '지역 의제 발굴형', '정보 제공형', '지역 이야기형'으로 분류하여 조사한 결과, 국내 지역신문은 주로 지역의 스토리텔링을 활성화하기 위한 역할을 한다고 말할 수 있다. 구체적으로 지역의 명소, 인물과 문화를 소개하는 뉴스 보도에 집중할 뿐만 아니라 지역 현안에 대해 공론의 장을 형성할 수 있는 촉진제 역할을 한다. 게다가 지역의 다원주의 수준이 낮을수록(예: 제주) 언론사는 지역 이야기에 집중해 생활 밀착형 뉴스를 주로 보도한다.

5. 지역 언론과 스토리텔링 네트워크

지역 언론은 사회·정치적 측면에서 중요한 역할뿐만 아니라 구성원들의 커뮤니케이션 활성화에 중요한 역할 또한 수행한다. 커뮤니케이션 하부구조 이론CIT: Communication Infrastructure Theory은 지역 공동체 안에 존재하는 스토리텔링 연결망에서 언론의 역할이 어떠한지 설명한다(Kim & Ball-Rokeach, 2006). 지역 스토리텔링 연결망에서는 전국적인 스토리(예: 주류 미디어에서 보도한 전국 뉴스), 지역 미디어와 단체 및 모임에서 생산된 이야기(예: 지역 현안 관련 이야기), 그리고 개인의 일상에서 발생한 흥미로운 이야기도 공유된다. 지역 공동체 안에서 사람들은 관계를 형성 및 유지하기 때문에 거시, 중시, 미시적 차원에서 다양한 이야기가 생산, 전달, 확산될 수 있다(김용찬, 2021).

지역 공동체에서는 누군가의 지시나 권고로 모임에 참여하고 스토리텔링의 주체가 되는 것은 아니다. 일상생활에서 다양한 사람과 만나게 되고 자연스럽게 모임을 형성하거나 단체에 가입한다. 수직적 커뮤니케이션 구조의 스토리텔링 참여가 아닌 수평적 차원에서의 참여라고 볼 수 있다. 즉, 나의 이야기를 커뮤니케이션 공간에서 자유롭게 하는 것이다. 물론, 지역 구조의 다원주의 차원에서 스토리텔링 네트워크의 규모가 다를 수 있다. 앞서 언급한 대로 다원주의 수준이 높은 지역 공동체에서는 약한 관계망이 형성되기 용이한 조건이기 때문에 정보 공유형 네트워크가 주를 이룬다고 볼 수 있다. 반대로 다원주의 수준이 낮은 지역 공동체에서는 생활 밀착형 소식과 더불어 삶의 에피소드를 자세하게 공유할 수 있는 정서형 네트워크가 조성되기 쉽다.

언론사가 제공하는 뉴스는 이들에게 스토리텔링의 소재가 된다. 언론이 무엇에 주목하고 보도하는지에 따라 이야기의 주제가 달라질 수 있으며, 구성원 참여의 수준 또한 다를 수 있다. 예를 들어 언론에서 정치적 현안 혹은 사회 구조적 문제점을 지속적으로 강조할 경우, 지역 구성원은 정치적 차원에서 공론의 장을 형성하고 공동의 정치 참여를 도모할 것이다. 한편 언론에서 지역의 전통, 이벤트, 특정 인물과 관련된 보도를 제공할 경우 지역 구성원은 지역의 발전을 위해 상호 협력관계를 구축하고자 이야기를 주고받으며 시민 참여를 수행할 것이다. CIT 차원에서 본다면 언론은 커뮤니케이션 행위를 하는 데 있어 '맥락'을 제공하는 역할을 한다고 볼 수 있다. 다양한 환경적 구성요소 중 무엇에 대해서 생각해야 하는지 지역 여론이 가이드 역할을 하는 것이다.

지역 공동체 구성원 간 커뮤니케이션은 일상의 대면 환경에서만 이뤄지는 것이 아니다. 작금의 디지털 미디어 환경에서는 사람들의 커뮤니케이션이 온라인과 오프라인상에서 같이 이뤄진다. 오프라인에서 맺어진 지역 구성원들의 사회적 관계는 온라인에서도 연결 가능하며 반대의 경우 역시 활발하게 이뤄진다.

주목할 점은 온·오프라인상 관계의 다양성 수준이 지역 다원주의 수준에 따라 다를 수 있다는 것이다. 다원주의 수준이 높은 공동체 거주자들은 목적 지향적인 연결관계를 구축하는 데 용이하다. 이들은 다양한 관계를 형성해 상호 호혜적 관계를 구축하도록 노력한다. 이러한 사회적 관계는 개인의 성장과 상생하기 위한 목적이 담겨 있다고 볼 수 있다. 더불어 오프라인에서 형성된 관계는 온라인 관계로 이어지는 경우도 많고(예: 동아리, 친목회) 약한 연결고리 중심에서 넓은 관계가 형성된다.

다원주의 수준이 낮은 공동체에 거주하는 사람들의 관계의 이질성과 다양성은 복잡한 지역 공동체에 거주하는 사람들에 비해 상대적으로 낮다. 일상생활에서 정기적으로 만나는 지인, 급우, 친구 등이 온라인 관계망에서 이어지기도 한다. 즉, 오프라인과 온라인상 관계가 크게 다르지 않다고 볼 수 있다. 온·오프라인에서 서로의 안부를 주고받으며 친목을 도모하는 커뮤니케이션 행위를 하기 때문에 관계의 결속력이 더욱 견고하게 유지될 수 있다. 강한 유대감을 바탕으로 좁은 폭의 관계를 구축한다고 볼 수 있다.

6. 나오는 말

구조적 다원주의 차원에서 지역 공동체의 특징은 다음과 같이 요약 가능하다. 구조적 다원주의는 지역 공동체 안에서 중시적 관계망의 다양성과 강도에 따라 언론이 바라보고자 하는 의제가 다를 수 있다는 점을 설명한다. 다원주의는 인구 통계적 다양성과 구조적 복잡성 차원에서 구분 가능하다. 다원주의 수준이 높은 공동체에 소재하는 언론사는 상호 경쟁적으로 갈등 중심 보도를 하고 권력 감시 기능을 수행한다. 한편 다원주의 수준이 낮은 공동체 언론사들은 지역 안정을 위한 뉴스 주제를 발굴하고 보도함으로써 구성원들이 지역 내 결속력을 다질 수 있도록 한다. 언론은 지역 다원주의 수준 차이에 따라 그 역할이 다를 수 있으나, 지역 공동체의 번영을 위해서 중요한 조직기관이다.

전국 어디에나 다원주의 수준이 높은 지역 공동체와 낮은 지역 공동체가 존재한다. 사회학적으로 지역의 확장성을 측정하고 다원주의 수준 차원에서 지역 유형을 분류할 수 있지만, 구조적 다원주의의 실증적 분류에 대한 학문적 반론이 존재할 수 있다. 이뿐만 아니라 지역 다원주의에 국한시켜 언론의 역할이 다르다는 점에 대해서 비판적 시각도 존재한다. 따라서 1970년대 이후 구조적 다원주의 이론을 연구한 학자들은 꾸준히 이론적 타당성에 대해서 검증하는 연구를 하고 있다. 특히, 최근 디지털 미디어 환경에서 지역 언론의 보도 내용과 지역 구성원의 소셜미디어 담론 간 공통점 및 차이점에 주목하는 추세이다.

지역의 구조와 다양성은 역동적으로 변화한다. 특히 우리나라와 같이 밀집 지역이 많거나 지역 간 이동이 많을 경우, 지역 공동체 다원주의 수준을 구분하는 데 더욱 어려움이 클 수 있다. 따라서 지역의 구조적 속성(인구 통계적 다양성, 기관 및 기업 현황 등)을 바탕으로 공동체 분류체계를 마련할 필요가 있다. 이러한 분류체계는 저널리즘 연구에서 활용할 수 있는 유용한 자료가 될 것이다. 저널리즘을 공부하는 학습자들은 미디어 산업적 시각에서 지역 언론을 이해하는 것뿐만 아니라 커뮤니케이션 차원에서 지역 공동체 안에 있는 언론이 사람들의 소통과 스토리텔링 네트워크에서 어떠한 역할을 수행하는지 생각해 보기 바란다.

참고문헌

김용찬(2021), 지역 기반 공동체 미디어와 연관성 위기, 〈방송문화연구〉, 33
권 1호, 49~85.

강진숙(2017), 공동체 미디어의 담론 흐름과 연구경향: 학술논문의 주제, 방
법, 쟁점에 대한 메타분석을 중심으로, 〈한국언론정보학보〉, 81호, 9~
39.

Nah, S., & Armstrong, C. (2011), Structural pluralism in journalism and
media studies: A concept explication and theory construction, *Mass
Communication and Society*, *14*, 857~878.

Tichenor, P. J., Donohue, G. A., & Olien, C. N. (1980), *Community
conflict and the press*, SAGE Publications, Incorporated.

Cramer, K. J. (2016), *The politics of resentment: Rural consciousness in
Wisconsin and the rise of Scott Walker*, University of Chicago Press.

Fischer, C. S. (1982), *To dwell among friends: Personal networks in town and
city*, University of Chicago Press.

Harris, R., & Hendershott, K. (2018), How newspapers portray suburbs:
A paradox, *Journal of Urban Affairs*, 1~18. https://doi.org/10.1080

Hindman, D. B., & Yamamoto, M. (2011), Social capital in a community
context: A multilevel analysis of individual-and community-level
predictors of social trust, *Mass Communication and Society*, *14*(6),
838~856. https://doi.org/10.1080

Kearns, A., & Forrest, R. (2000), Social cohesion and multilevel urban
governance, *Urban Studies*, *37*(5~6), 995~1017.

Kim, B., Lowrey, W., Buzzelli, N., & Heath, W. (2020), News organi-
zations and social cohesion in small, large, and global-local commu-
nities, *Mass Communication and Society*, 1~23. https://doi.org/10.
1080.

Kim, Y. -C. , & Ball-Rokeach, S. J. (2006), Civic engagement from a com-
munication infrastructure perspective, *Communication Theory*, *16*(2),
173~197. https://doi. org/10. 1111

Parker, K. , Horowitz, J. , Brown, A. , Fry, R. , Cohn, D. , & Lgielnik,
R. (2018), *What unites and divides urban, suburban and rural commu-
nities*, Pew Research Center.

14장

저널리즘의 법과 윤리

박아란(고려대)

1. 들어가는 말

언론의 자유는 〈헌법〉이 보장하는 기본적 권리이다. 〈헌법〉 제 21
조 제 1항은 "모든 국민은 언론·출판의 자유를 가진다"고 천명하였
으며, 제 2항은 언론·출판에 대한 허가나 검열을 금지한다. 언론
의 자유는 모든 국민이 누릴 수 있는 권리이지만 한계가 없는 절대
적 권리는 아니다. 〈헌법〉 제 21조 제 4항은 "언론의 자유는 타인의
명예나 권리 또는 공중도덕이나 사회윤리를 침해해서는 아니 된다"
고 규정하여 그 한계를 분명히 하였다. 〈언론중재법〉 제 4조도 언
론의 사회적 책임에 대해 규정하였으며, 제 5조에서는 언론이 타인
의 명예, 사생활의 비밀과 자유, 성명, 음성, 기타 인격권을 침해해
서는 아니 된다고 한계를 규정하였다. 이처럼 언론 자유는 무제한적

인 것이 아니기 때문에 그 한계가 어디인지 이해하는 것은 기본권으로서의 언론 자유를 제대로 누리기 위해서도 필요하다.

그러한 한계에도 불구하고 언론 자유의 중요성을 잊어서는 아니 될 것이다. 언론은 민주주의를 이루는 기둥이자 민주시민사회 유지를 위한 필수 요소이기 때문이다. 헌법재판소와 법원도 언론 자유의 중요성을 관련 판결과 결정에서 지속적으로 강조한다. 헌법재판소는 기본권으로서의 언론의 자유가 "개인이 언론활동을 통하여 자기의 인격을 형성하는 개인적 가치인 자기실현의 수단"이자 "사회구성원으로서 공생관계를 유지하고 정치적 의사결정에 참여하는 사회적 가치인 자기통치를 실현하는 수단"으로서 핵심적 기본권이라고 판단하였다(97헌마265). 또한 국민은 언론매체의 보도에 크게 의존하며, 언론 보도는 국민들로 하여금 활발한 비판과 토론을 하게 하여 정치에 대한 높은 관심과 적극적 참여를 이끌어 내는 데 기여한다고 하였다. 따라서 '사상과 의견의 자유로운 교환을 위한 열린 공간의 확보'와 '언론에 의한 정보 전달'은 민주주의 제도의 필수불가결한 본질적 요소라고 헌법재판소는 강조한다.

언론 자유는 국민의 알 권리 실현을 위해서도 중요한 의미를 갖는다. 과거 언론 자유는 "국가권력으로부터의 자유"라는 소극적 의미의 자유를 뜻하였다. 하지만 정보사회의 출현과 함께 언론 자유는 "적극적인 정보의 수집·처리·유통을 포괄하는 정보의 자유"로서 알 권리를 내포하는 것으로 이해되고 있다(성낙인, 2017).

언론은 국민에게 정보를 전달하고 시민의 알 권리 실현에 기여하면서 사회의 '감시견watchdog'으로서 정부와 공직자에 대한 감시를 실행하여 민주주의가 제대로 작동할 수 있도록 하는 역할도 맡고 있다. 감시견으로서 언론은 정부나 공직자 등 권력에 대한 비판적 보도를 적극적으로 행해야 할 책무가 있다.

그러나 비판적 보도의 대상이 된 자들은 자신의 명예나 사생활이 침해당했다고 주장하며 기자나 언론사를 상대로 소송을 제기하는 경우가 많다. 잘못된 보도에 대해서는 언론이 책임져야 마땅하겠으나, 때로는 진실한 보도 내지 합리적 비판에 대해서도 소송이 제기되는 경우가 있다. 고소를 당한 기자는 그 주제에 대해 후속보도를 작성하는 데 상당한 부담감을 느낄 수밖에 없다. 또한 소송으로 인해 사용되는 시간과 비용도 기자와 언론사에 큰 부담이 되기 때문에 위축효과chilling effect가 발생한다. 법원도 언론의 감시 기능의 중요성을 강조하며 다음과 같이 판시한 바 있다(2014누5912).

언론 자유의 향유 주체로서 언론기관의 중요성은 국민에 대한 정보 전달 및 알 권리 실현에 기여하는 것에 머무르지 않는다. 언론의 본질적 기능 중 하나는 정부와 공직자에 대한 감시 기능이다. 언론이 사회의 감시견watchdog으로서 제대로 움직여야만 그 사회의 민주주의도 제대로 작동할 수 있는 것이다. 따라서 언론의 정부기관 및 공직자에 대한 비판적 보도는 장려되어야 하지만, 비판의 대상에게는 그러한 언론 보도가 명예훼손으로 받아들여질 수 있다. 이 경우 공직자가 언론을 상대로 명예훼손 소송을 제기하게 된다면 이러한 소송은 언론사와 기자에게 심각한 위축효과chilling effect를 일으키게 되며, 명예훼손 소송에서 공직자가 최종적으로 승소할 가능성이 작다고 하더라도 공직자로서는 일단 소송 제기를 통해 추후 보도에 압박을 가하고 일시적으로 언론에 입막음을 할 수 있다는 점에서 소기의 목적을 달성할 수 있는 것이다.

이처럼 언론 자유는 다양한 측면에서 위협받고 있으며 디지털 시대에는 그 이슈가 더욱 복잡해지고 있다. 이하에서는 언론의 자유가 다른 기본권이나 사회적 가치와 충돌하는 지점을 실제 판례를 통해 살펴보고 언론의 사회적 역할과 자유를 어떻게 보장할 수 있을지 생각해 보기로 한다. 우선 언론 자유가 다른 기본권과 충돌하는 대표적 경우인 명예훼손과 프라이버시 침해에 대해 이해하고 디지털 시대에 언론 자유와 관련된 여러 이슈를 검토해 본다.

2. 언론과 명예훼손

언론이 보도를 통해 타인의 명예를 훼손한 경우 〈민법〉상 손해배상 책임을 지거나 〈형법〉상 처벌을 받을 수도 있다. 〈형법〉은 사실事實을 적시하여 타인의 명예를 훼손한 자를 처벌하는데, 진실한 사실을 적시한 경우에도 처벌 가능하며, 허위사실을 적시할 경우에는 가중 처벌될 수 있다. 〈형법〉 제307조 제1항은 "공연히 사실을 적시하여 타인의 명예를 훼손한 자"는 2년 이하의 징역이나 금고 또는 500

만 원 이하의 벌금에 처한다고 규정하여 진실한 사실에 의한 명예훼손도 처벌하고 있다. 동조 제2항은 "공연히 허위의 사실을 적시하여 타인의 명예를 훼손한 자"는 5년 이하의 징역, 10년 이하의 자격정지 또는 1천만 원 이하의 벌금에 처한다고 규정하여 허위사실을 적시한 경우 가중처벌한다. 출판물에 의한 명예훼손은 파급력이 더욱 크기 때문에 동법 제309조는 사실 적시가 "사람을 비방할 목적"으로 "신문, 잡지 또는 라디오 기타 출판물"에 의하여 이루어진 경우에는 더욱 가중처벌하도록 명시하였다.

그렇다면 명예훼손이 성립한다고 하여 반드시 처벌되는 것일까? 그렇지는 않다. 〈형법〉 제310조는 사실 적시 명예훼손의 경우 "진실한 사실"로서 오로지 "공공의 이익"에 관한 때는 처벌하지 않는다고 규정하였다. 즉, 문제가 된 표현이 '진실'하고 '공익'적인 것이라면 명예훼손의 책임으로부터 벗어날 수 있다. '공익'의 개념에 대해 법원은 넓게 해석하는데, 문제가 된 표현이 객관적으로 공공의 이익에 기여하는 것이면 공익성이 충족되는 것이고 부수적으로 다른 사익적 목적이나 동기가 내포되어 있어도 무방하다고 법원은 판단한다(2005다62761). 실제로 소비자 후기로 인한 명예훼손 소송에서 후기 작성자가 환불을 받기 위한 사익적 목적이 있었더라도 다른 이용자들에게 알리기 위해 후기를 작성했다면 공익이 인정된다고 법원은 판단하였다.

법적 의미에서 '진실성'이란 '내용 전체의 취지를 살펴볼 때 중요한 부분이 객관적 사실과 합치된다'는 뜻으로서 세부 내용에서 진실과 약간의 차이가 있거나 다소 과장된 표현이 사용되었더라도 무방하다. 표현의 세부적 내용까지 완벽하게 진실할 것을 요구하는 것은 아니며, 다소 오류가 있거나 과장되었더라도 진실성 요건을 충족시키는 것이다. 대법원도 표현의 자유를 위해서는 '숨 쉴 공간breathing space'이 존재해야 하므로, 진실 부합 여부는 전체적 취지가 중요한 것이며 세부적인 부분까지 완전히 객관적 진실과 일치할 필요는 없다고 판단하였다(2000다37524). 따라서 언론 보도에 약간의 오류나 과장된 표현이 있다고 하여 이를 명예훼손으로 처벌하겠다고 주장하는 것은 법적으로는 승소 가능성이 낮다.

표현의 내용이 진실에 부합하지 않는다면 항상 명예훼손으로 처벌되는 것일까? 그것도 아니다. 표현할 당시에 진실이라고 오인할 만한 이유가 있었을 때는 이를 처벌하지 않는다. 가령, 기자 A가 체포된 B가 범인이라는 검찰과 경찰의 발표에 따라 기사를 썼지만 나중에 진범은 C라고 밝혀진 경우를 생각해 보자. 무죄가 입증된 B가 A 기자를 명예훼손으로 고소한다면 어떻게 될 것인가? 이 경우 법원은 기자 A가 검찰과 경찰의 발표에 따라 기사를 쓴 것이므로 B를 진범으로 오인할 만한 상당한 이유가 있다고 보고 처벌하지 않을 것이다. 이것이 바로 '진실이라고 오인할 만한 상당한 이유', 즉 '진실 오인 상당성'의 법리다.

'진실 오인 상당성'의 법리는 언론의 자유를 확대하는 기능을 한다(박용상, 2013). 그렇다면 법원은 '진실 오인 상당성'에 해당하는지 여부를 어떻게 판단할까. 법원은 잘못된 발언을 한 자가 발언 내용이 진실이라고 잘못 믿게 된 근거나 자료의 확실성과 신빙성, 사실 확인의 용이성, 발언으로 인한 피해 등 여러 사정을 종합하여 상당성 여부를 판단한다(98다24624).

특히 언론 보도에 대해서 법원은 기자가 취재과정에서 진실 보도를 위해 어떠한 노력을 했는지를 기준으로 상당성 여부를 결정한다. 가령, 기자가 의혹이 있는 사건에 대해 관계자의 증언을 폭넓게 확보하여 취재하는 등 정확한 보도를 위해 최대한 노력한 정황이 있다면 진실 오인에 상당성이 있다고 법원은 판단한 바 있다. 기자가 수사기관의 발표에 근거해 피의사실을 보도했으나 나중에 피의자의 무죄가 확정된 경우에도 법원은 기자의 진실 오인에 상당성이 있다고 하였다.

그러나 기자가 취재과정에서 진실을 확인하기 위해 충분한 노력을 하지 않았다면 진실 오인 상당성이 부인된다. 실제로 모 뉴스 프로그램에서 "마취환자 방치시킨 위험한 압수수색"이라는 제목으로 경찰이 수술실에 난입하는 등 무리한 압수수색을 하여 환자를 위험에 빠트렸다고 보도한 언론사가 명예훼손 소송을 당했다. 서울중앙지방법원은 보도 내용이 명백한 허위를 담고 있으며, 자료화면을 사용하면서도 '자료화면'이라는 자막 없이 배경화면으로 내보냈고, 당시 수술실의 환자가 아니었던 사람을 당사자인 양 인터뷰한 것은 정당한 언론활동의 범위를 벗어난 '현저히 상당성을 잃은 경솔한 공격'이라고 보았다. 따라서 언론사는 원고인 경찰에게 명예훼손으로 인한 손해배상액으로 1천만 원을 지급해야 했다.

보도 내용이 수사가 진행 중인 피의사실에 관한 것일 때 언론인은 특히 보도에 주의해야 한다. 일반 독자들은 보도된 피의사실의 진위 여부를 알 수가 없으며 언론에 대한 신뢰를 바탕으로 그 내용을 진실로 받아들이는 경향이 있기 때문이다. 보도된 피의사실이 진실이 아니라고 드러날 경우 보도의 광범위하고 신속한 전파력 때문에 추후 정정보도나 반박보도에 의해서도 명예회복을 기대하기가 어렵다. 잘못된 피의사실 보도로 인한 책임에 대해서 법원은 '진실 오인 상당성' 기준으로 이를 판단한다.

예를 들어, 어느 일간신문 기자가 다른 언론사의 기사 내용을 베끼고 구속영장 사본만을 열람하여 기사를 쓴 경우 기자가 취재에 필요한 주의 의무를 다하지 않았다며 법원은 보도 내용에 대한 책임을 물었다. 그러나 신문기자가 담당 검사에게 취재를 요청하여 피의사실이 요약된 자료를 배포받고 검사가 발표하는 수사경위를 들은 경우에는 나중에 피의자가 무죄로 확정되었더라도 기자의 책임을 묻지 않았다. 수사기관이나 관계당국의 발표가 없었더라도 기자가 관계자 증언을 두루 취재하는 등 기사의 정확성을 위해 최대한의 노력을 기울인 경우에도 법원은 진실 오인의 상당성을 인정하였다.

'공인'이라 불리는 고위 공직자나 정치인, 유명 연예인, 재벌 등에 대한 보도를 할 때는 자유로운 비판이 허용되어야 한다며 법원은 언론 자유를 보호한다. 사회적 영향력이 큰 공인에 대해서는 국민의 알권리를 위해 적극적인 감시가 필요하고 이러한 역할을 맡은 것이 언론이기 때문이다. 미국에서도 공직자에 의한 명예훼손 소송의 위협으로부터 언론을 보호하기 위해 연방대법원이 1964년 〈뉴욕타임스〉 대 설리번New York Times v. Sullivan 판결에서 '현실적 악의actual malice' 원칙을 수립한 바 있다. 언론사가 '허위임을 알면서 또는 지극히 부주의하게 명예훼손을 저지른 경우'가 아니라면 공인이 함부로 언론사를 상대로 명예훼손 책임을 묻지 못하도록 언론을 보호하는 것이 '현실적 악의' 원칙이다.

우리나라 법원도 공인이 명예훼손 소송을 제기한 경우 언론의 자유를 더 보호할 필요가 있음을 인정하였다. 정부 또는 국가기관의 정책결정이나 업무수행과 관련된 사항은 국민의 감시와 비판의 대상이 되어야 하므로, 이러한 감시와 비판을 주된 임무로 하는 언론을 충분히 보호하기 위해 보도 내용이 공직자 개인에 대한 "악의적이거나 심히 경솔한 공격으로서 현저히 상당성을 잃은 것"이 아닌 한 공직자 개인에 대한 명예훼손이 아니라고 판단하였다(2002다62494). 즉, 언론이 '악의적이거나 심히 경솔한 정도'로 공직자를 상대로 비판적 보도를 하지 않았다면 면책될 수 있다는 것이다.

2003년 대법원은 공직자에 대한 의혹 보도 시 언론의 자유를 더욱 확대하는 판결을 내렸다(2002다62494). 보도 내용이 객관적 자료에 의해 최종적으로 확인되지는 않았더라도 공직과 관련된 중요 사항에 대해 의혹을 품을 만한 충분하고 합리적인 이유가 있고 그 사항의 공개가 공공의 이익을 위해 필요하다면 보도의 자유로서 보호되어야 한다고 판단한 것이다. 언론 보도로 공직자 개인의 사회적 평가가 다소 저하되더라도 바로 명예훼손이 되는 것은 아니며, 언론

보도가 "악의적이거나 심히 경솔한 공격으로서 현저히 상당성을 잃은 것이 아닌 한" 쉽게 제한될 수 없다는 것은 이후에도 여러 판례를 통해 확립되었다.

실제로 공인과 관련된 보도에서 언론은 악의적이거나 심하게 경솔한 경우가 아니라면 명예훼손 책임으로부터 벗어났다. 예를 들어, 경찰청장 내정자가 국회의원의 집에 찾아가 인사 청탁을 했다는 의혹을 보도한 주간지에 대해 국회의원이 명예훼손으로 소송을 제기한 사건이 있다. 서울고등법원은 기자가 신뢰할 만한 경찰 내부자의 진술에 근거하여 보도했으므로 악의적이거나 현저히 상당성을 잃은 공격이 아니라고 판단하여 언론사의 손을 들어 주었다. 하지만 언론사가 진실 확인을 위한 노력을 하지 않은 채 공인에 대한 허위사실을 보도한 경우에는 명예훼손 책임을 졌다. 어느 석간신문이 공인인 원고의 실제 발언에 대해 다른 조간신문들보다 충분히 조사할 시간적 여유가 있었음에도 원고의 발언을 왜곡하여 보도한 것에 대해서 법원은 상당한 이유가 없다면서 언론에 정정보도를 명하고 명예훼손으로 인한 손해배상을 하라고 판단했다.

'악의적이거나 심하게 경솔'한 언론 보도의 대표적 사례로는 '폭설피해 현장 양주파티' 보도 사건이 있다. 어느 일간지는 2005년 12월 27일 자 기사에서 "국무총리가 전북지역 폭설피해 현장에서 양주파티를 했다"고 보도했다. 그러나 저녁 식사 자리에 마련된 주류가 양주가 아닌 복분자주였고 국무총리는 식사 자리에서 술을 마시지 않았음이 밝혀지자 보도 3시간 만에 기사를 삭제했다. 국무총리는 이 언론사를 상대로 명예훼손 소송을 제기했다. 대법원은 사진 속 복분자주병이 양주병과 비슷해 보이는 점을 제외하고는 양주파티를 했다는 증거가 없고, 당시 현장에 참석하지 않은 기자가 시민의 제보를 받아 기사를 작성하였음에도 불구하고 기사에서 '양주파티'라는 자극적인 표현을 7회에 걸쳐 반복해 사용하였음을 지적하였다. 결국 이러한 보도는 "악의적이거나 심히 경솔한 공격으로서 현저히 상당성을 잃은 경우"라고 대법원은 판단했다. 이러한 사례는 국무총리와 같은 명백한 공인에 관한 기사일지라도 악의적이거나 심각한 부주의에 기하여 작성됐을 경우 언론의 자유 보호범위에 해당하지 않음을 잘 보여 준다.

공인에 대한 비판적 표현의 자유는 언론과 기자뿐 아니라 미디어 이용자에게도 허용된다. 2013년 헌법재판소는 대통령에 대한 비판적 동영상을 블로그에 게시한 인터넷 이용자가 〈정보통신망법〉 제70조 비방목적 명예훼손죄로 처벌될 수 있는지 판단했다. 블로그에 게시된 내용 중에서 공직자의 자질과 도덕성, 청렴성에 관한 사실은 공무집행과 직접 연관이 없는 개인적 사생활에 관한 것일지라도 순수한 사생활의 영역은 아니라고 헌법재판소는 판단했다. 자질과 도덕성은 공직자에 대한 비판 내지 평가의 자료가 될 수 있기 때문에 공직자의 사생활에 관한 비판도 허용되어야 한다는 것이다. 또한 대통령의 전과 및 토지 소유 현황은 '공적 관심사'에 해당하므로 이에 대한 국민의 비판은 표현의 자유로서 폭넓게 허용되어야 한다고 판시했다.

이처럼 공인에 대해서는 개인도 비판의 자유를 누릴 수 있으나 허위사실에 근거하거나 공익적 목적과 무관한 내용일 경우 표현에 대한 책임을 부담해야 함을 염두에 두어야 한다.

3. 언론과 프라이버시 침해

프라이버시권은 태생적으로 언론과 충돌하면서 발전해 왔다. 특히 프라이버시권 개념 자체가 '옐로우 저널리즘yellow journalism'이라는 선정적 보도 때문에 생겨났다. 1890년 미국의 두 법률가 사무엘 워런 Samuel Warren과 루이스 브랜다이스Louis Brandeis는 "프라이버시권The right to privacy"이라는 논문을 〈하버드 로 리뷰Harvard Law Review〉에 발표했다. 집안의 스캔들을 파헤치던 선정적 언론에 대해 분노하면서 두 법률가는 개인의 사적 생활도 법률적 권리로서 보호되어야 한다고 주장했다. 이들은 "과거 벽장 속에서 속삭여지던 일들이 이제는 언론을 통해 지붕 위에서 외쳐지고 있다"라고 비판하면서, 은밀하고 내밀했던 사적 영역이 언론을 통해 폭로되는 현상에 대응하기 위해 '프라이버시권'을 제안했다. 이 논문을 계기로 점차 '프라이버시권'이 새로운 권리로서 법정에서 주장되기 시작했고 프라이버시권을 보호하기 위한 다양한 법률적 수단도 생겨났다.

프라이버시권이란 소극적으로는 '사생활을 함부로 공개당하지 아니하고 사생활의 평온과 비밀을 요구할 수 있는 법적 보장'을 뜻하며, 적극적으로는 '자신에 관한 정보를 관리·통제할 수 있는 법적 능력'을 의미한다. 정보화 사회가 도래하면서 프라이버시권은 '개인정보 자기결정권'으로서 더욱 중요성을 갖게 되었다. '개인정보 자기결정권'이란 자신에 대한 정보가 언제, 어디서, 어느 정도까지 타인에게 수집·활용될지를 스스로 결정할 수 있는 권리를 말한다.

프라이버시권의 내용은 크게 ① 사적인 일의 공개 금지, ② 오해를 낳게 하는 공개 금지, ③ 성명·초상·경력 등의 영리적 이용 금지 등으로 분류할 수 있다(성낙인, 2017). 특히 '초상권'이란 사람의 얼굴 기타 사회통념상 특정인임을 식별할 수 있는 신체적 특징에 관하여 함부로 촬영 또는 공표되지 아니하며 영리적으로 이용되지 않을 권리를 뜻한다. 법원은 초상권을 ① 얼굴 기타 사회통념상 특정인임을 식별할 수 있는 신체적 특징이 함부로 촬영 또는 작성되지 않을 권리인 촬영·작성 거절권, ② 촬영된 사진 또는 작성된 초상이 함부로 공표 또는 복제되지 않을 권리인 공표 거절권, ③ 초상이 함부로 영리 목적에 이용되지 않을 권리인 초상 영리권을 포함한다고 본다.

프라이버시권은 태생적으로 언론과 충돌하는 경향이 있다. 디지털 미디어 기술이 발달할수록 개인의 프라이버시를 지켜 내기 더욱 어려워지며, 언론에 의한 침해도 증가하고 있다. 대표적으로 언론에 의한 초상권 침해는 신문과 방송 등 미디어 영역에서 빈번하게 발생하고 있다. 가령, 날씨 관련 기사를 위해 사진기자가 폭설이 내리는 길거리를 걷는 일반인이나 태풍이 들이닥쳐 강풍에 휘청대는 행인의 모습을 촬영했다고 하자. 이러한 사진을 보도하는 것은 일반 사인의 초상권을 침해한 것으로 보아야 하는가, 아니면 '뉴스 가치'가 인정되므로 언론의 자유로서 허용되어야 할 것인가? 법원은 공개된 장소에서 사진이나 영상이 촬영되었다는 이유만으로는 초상권과 사생활 침해가 정당화되지 않는다고 판단하였다(2004다16280). 따라서 공개된 장소나 길거리에서 촬영할 경우에도 피사체가 된 인물의 동의나 승낙을 얻는 과정이 필요하다. 이는 소셜미디어나 유튜브에 올리는 사진이나 영상에서도 마찬가지다. 타인의 동의나 승낙 없이 사진이나 영상을 촬영하여 공개하는 것은 초상권 침해 위험을 수반하게 된다.

언론 인터뷰에 의해서도 종종 프라이버시 침해가 발생한다. 실제로 성형수술 후유증을 앓는 피해자 인터뷰, 가정폭력 피해자 인터뷰에서 모자이크 처리를 제대로 하지 않거나 음성변조를 미흡하게 처리하여 주변인이 피해자가 누구인지 알아보는 사례가 종종 발생했다. 이 경우 프라이버시 침해 유형 중 '사적인 일의 공개 금지'에 해당하는 것으로서 언론이 정체가 밝혀진 피해자에 대해 손해배상 책임을 진 바 있다.

미디어 기술이 발달하면서 녹취나 몰래카메라 촬영에 의한 문제도 발생한다. 몰래카메라와 관련된 대표적 사례로는 1996년 MBC 〈뉴스데스크〉"카메라출동"사건이 있다. 당시 MBC 기자는 타사의 방송기자가 음주운전 단속현장에 걸린 뒤 빠져나가는 모습을 취재차량 내부의 ENG카메라 등을 이용해 몰래 촬영하였다. 이후

MBC 〈뉴스데스크〉는 "단속에 걸린 모 방송사 기자의 당당한 모습"이라는 멘트와 함께 원고의 모습을 모자이크 처리하여 방영하였다. 그러나 원고의 음성은 변조되지 않았고 얼굴도 실수로 0.7초 정도 모자이크 없이 그대로 방송에 나가게 되었다. 법원은 다수가 원고를 식별할 수 있었으며 방송 내용도 원고의 사회적 평가를 저하시키는 것이라고 판단하였으나, 원고가 유명 방송사의 앵커를 역임했던 자로서 '공적 인물'에 해당하며 방송 내용이 공공의 이익과 관련 있다고 보았다. 또한 방송 내용도 진실에 부합하는 것이므로 원고의 명예훼손으로 인한 손해배상 청구를 기각했다(96가합82966).

하지만 몰래카메라를 이용해 군부대 내부 비리를 보도한 기자는 유죄 판결을 받았다. 군부대 내부에서 룸살롱이 운영되고 있다는 제보를 받은 방송기자가 군 장교인 후배의 신분증을 빌려 몰래 군부대로 들어갔다. 그리고 몰래카메라를 이용하여 군 간부들이 부대 내 룸살롱에서 음주하는 장면을 촬영해서 뉴스에 내보냈다. 군사법원은 허위 신분증을 제시해 초소를 통과한 기자에게 〈군형법〉의 초소 침입죄를 적용하여 징역 1년에 집행유예 2년을 선고하였다(2008노104). 대법원도 기자의 행위가 정당행위의 성립요건인 행위 수단이나 방법의 상당성, 긴급성과 보충성을 결여하여 사회통념상 용인될 수 있는 정당행위가 아니라며 원심을 확정했다(2008도11009).

반면, 구치소에서 몰래카메라를 이용해 촬영한 언론인들에 대해서는 2017년 무죄가 선고되었다. SBS 시사프로그램 〈그것이 알고 싶다〉 제작진이 보이스피싱 사건을 취재하기 위해 서울구치소에 수

감된 피의자를 접견하면서 피의자의 지인인 것처럼 신분을 속이고 명함지갑 모양의 몰래카메라를 이용해 대화내용을 녹화 및 녹음한 뒤 이를 방송에 내보냈다. 몰래카메라를 사용한 방송 프로듀서와 촬영감독은 〈형법〉상 위계僞計에 의한 공무집행방해 및 〈폭력행위처벌법〉에 의한 공동주거침입죄로 기소되었다. 서울남부지방법원은 구치소 내의 촬영 및 녹음이 교도관의 현실적인 직무집행을 방해하지는 않았으므로 위계에 의한 공무집행방해죄는 성립하지 않는다고 보았다. 또한 촬영 목적으로 구치소에 들어가는 것이 주거침입에 해당하는지에 대해 법원은 "국가기관에 대한 감시·비판·견제는 언론의 본질적인 사명이므로 언론인이 취재를 위하여 국가기관에 출입하는 것은 그 제한의 필요성이 명확하게 인정되지 아니하는 한 허용되어야" 한다고 보았다. 따라서 국가기관에 대한 감시라는 언론의 본질적 기능을 고려할 때 취재를 위해 구치소에 들어간 행위를 주거침입으로 다스릴 수는 없다고 판단하여 언론인들은 무죄 판결을 받았다(2016고단3834).

언론이 도청으로 녹음된 테이프를 보도하는 것이 허용될 수 있는지를 두고 법원에서 견해가 첨예하게 대립된 적이 있다. 이 사건은 '안기부 X파일' 사건으로 불렸는데, 불법 도청된 테이프를 방송뉴스에서 공개한 것이 언론 자유로서 보호되어야 하는지 아니면 타인의 통신비밀의 자유를 침해한 것으로 보아야 하는지가 문제시되었다. 특히 '불법 감청 및 녹음에 관여하지 않은 언론인이 대화 내용이 도청되었다는 사정을 알면서 보도한 행위가 〈형법〉제 20조 정당행위로 면책될 수 있는가?'라는 점이 논란이 되었다.

1심 법원은 해당 보도는 공익에 기여하는 정당행위라며 기자에 대해 무죄를 선고하였다(2006고합177). 그러나 2심을 맡은 서울고등법원은 도청된 불법 테이프의 방송을 허용한다면 향후 불법 녹취된 내용의 방영을 장려하게 될 것이라며 〈통신보호법〉 위반을 이유로 기자에 유죄를 선고했다(2006노1725). 대법원 판결에서 다수의견은 보도 내용에 공익적 측면이 있음은 인정되나, 대화 당사자가 공적 인물이더라도 그들의 지극히 사적인 영역의 개인적 대화가 불법 감청되고 공개되는 경우 언론 보도로 인해 얻어지는 이익이 통신비밀이 유지되어 얻어지는 이익보다 우월하지 않다고 보았다(2006도8839 전원합의체). 결국 대법원은 불법 도청된 대화를 언론이 그대로 보도하는 것은 정당행위가 아니라고 판단했고 기자에 대한 유죄판결은 확정되었다.

따라서 불법적으로 녹음된 테이프를 보도하는 것은 언론 자유의한계를 넘는 것이며, 그 테이프의 내용이 불법 감청이나 녹음 등 범죄가 저질러졌다는 사실 자체를 고발하기 위해 공개가 불가피한 것이거나 이를 공개하지 않을 경우 시민들의 생명과 안전에 중대한 침해가 발생할 가능성이 높을 경우에만 공개가 허용될 수 있다(박영상등, 2019).

피의자 신상공개와 관련해서도 논란이 있다. 무죄추정의 원칙에따라 유죄 판결이 확정될 때까지 피의자의 신상정보는 공개하지 않아야 한다는 견해와 국민의 알 권리 및 재범 방지를 위해 공개할 필요가 있다는 견해가 맞서고 있다. 1990년대 중반까지는 대체로 범죄자의 실명과 얼굴이 경찰에 의해 공개되었고 언론은 신상정보를 그대로 보도하였다. 그러나 1998년 대법원은 이러한 보도 관행에 제동을 걸었다. 언론이 피의사실을 보도할 때는 무죄추정 원칙에 입각하여 피의자에 대해 유죄의 인상을 줄 수 있는 용어를 사용해서는 아니 되며, 특히 피의자가 사인의 경우 가급적 익명을 사용하라고 대법원은 판시했다(97다10215). 범죄 보도에서 범인이나 혐의자의 신원을 명시할 필요가 없으며 범인의 신원에 대한 보도는 범죄 자체에 관한 보도만큼 공공성을 갖지는 않는다는 것이다. 하지만 흉악범의 신상을 굳이 보호할 필요가 있느냐는 논란이 계속되었으며 2009년 연쇄살인범 강호순의 실명과 얼굴이 언론에 의해 보도되면서 범죄자 신원공개에 관한 논란이 가열되었다.

언론 보도에서 피의자 실명 공개가 전적으로 금지되는 것은 아니다. 2009년 대법원은 언론 보도에서 여러 사정을 종합하여 실명 공개를 결정하되, 해악성이 높은 중대 범죄이거나 특별히 공공의 이익이 있거나 피의자가 중요한 공적 인물인 경우 실명 공개가 가능하다고 판시하였다(2007다71). 2014년부터 시행된 〈특정강력범죄의 처벌에 관한 특례법〉은 피의자의 신상정보 공개에 관한 근거조항을 마련했다. 제8조의 2는 ① 범행수단이 잔인하고 중대한 피해가 발생한 특정강력범죄사건의 경우, ② 피의자가 그 죄를 범했다고 믿을 만한 충분한 증거가 있고, ③ 국민의 알 권리 보장, 피의자의 재범 방지 및 범죄예방 등 공공의 이익을 위해 필요한 경우 수사기관은 피의자의 얼굴, 성명, 나이 등 신상정보를 공개할 수 있다고 규정하였다. 결국 피의자 신상정보를 공개하는 것은 무죄추정 원칙에 따라 제한되어야 하나 피의자가 범죄를 저지른 것이 확실하고 공공의 이익을 위해 필요한 경우에는 공개가 허용될 수도 있는 예외적 경우가 발생한다.

4. 디지털 시대의 언론과 법률적 이슈

인터넷은 인간의 커뮤니케이션에 대변혁을 초래했고 미디어 이용자들이 뉴스를 읽거나 보는 방식도 크게 변화했다. 영국 옥스퍼드대 로이터 저널리즘연구소가 매년 발표하는 국제적 조사보고서인 〈디지털 뉴스 리포트 2021〉에 따르면, 한국은 검색엔진 및 뉴스수집 서비스를 통해 뉴스를 이용한다는 응답률이 조사대상 46개국 중에서 가장 높았다. 반면 언론사 웹페이지를 직접 방문해서 뉴스를 이용한다는 응답률은 가장 낮았다. 즉, 많은 한국의 미디어 이용자들은 포털 등 인터넷 뉴스 서비스를 통해 뉴스를 접하며, 개별 언론사 웹사이트나 앱을 직접 방문하여 기사를 읽지는 않는다는 것이다.

한국에서는 포털을 통한 뉴스 소비행태가 고착화되었지만 최근 뉴스 이용 경로로서 유튜브가 약진하고 있으며 소셜미디어를 통한 뉴스 소비가 증가세에 있음도 드러났다. 로이터 저널리즘연구소 조사에서 '지난 일주일 동안 뉴스를 얻기 위해 이용한 소셜미디어 플랫폼'을 중복 선택하도록 한 결과, 한국 이용자들은 유튜브를 통해 뉴스를 이용하는 비율이 44%로 다른 플랫폼에 비해 두드러지게 높았고, 이어서 카카오톡(27%), 페이스북(16%), 인스타그램(12%), 트위터(7%), 밴드 및 카카오스토리(5%) 순으로 답했다. 젊은 연령층에서는 유튜브와 소셜미디어를 통한 뉴스 이용이 증가하고 있음도 주목할 만하다.

다양한 디지털 플랫폼을 통한 뉴스 이용이 증가하면서 부작용에 대한 사회적 우려도 크다. 대표적인 문제점이 이른바 '가짜뉴스fake news'의 발생과 확산이다. 2016년 미국 대선에서 트럼프 전 대통령이 '가짜뉴스' 논란을 촉발시키면서 이는 전 세계적 현상이 되었다. 하지만 가짜뉴스라는 이름 자체가 혼란을 불러일으키고 때로는 자신의 정치적 의견에 동의하지 않는 반대편을 공격하기 위한 용어로 사용되는 문제점도 나타났다. 따라서 '가짜뉴스' 대신에 '허위정보disinformation'와 '오정보misinformation'라는 용어를 사용할 것이 권장되고 있다(Ireton & Posetti, 2018). 유럽연합 집행위원회도 〈허위정보에 대한 다차원적 접근〉이라는 보고서를 통해 '가짜뉴스' 대신 '허위정보'라는 용어를 사용하도록 권고했다. 온라인 허위정보는 뉴스뿐만 아니라 댓글이나 트윗, 동영상 등 다양한 형식을 띠는데 가짜뉴스라는 용어는 허위정보가 뉴스에 국한된 것으로 오인하게 만든다는 것이다. 또한 정치인들이 자신에게 비판적이거나 불리한 언론 보도를 가짜뉴스라고 칭하며 언론 자유를 위축시키는 경향이 있다고 분석했다. 이 보고서는 허위정보를 "허위, 부정확 또는 오도誤導하는 정보로서 공공에 해를 끼칠 목적 내지 이윤 목적으로 설계, 제작, 유포되는 것"이라고 정의한다.

이처럼 온라인 허위정보에 대한 우려는 지속되고 있지만 대응을 위한 해법을 찾는 것은 쉽지 않다. 근본적으로 특정 표현의 진위를 판별하는 것이 어려운 일이기 때문이다. 또한 표현의 진위 판별에는 시간이 걸릴뿐더러 시간이 지나도 진위가 뚜렷하지 않은 경우도 많다. 코로나19 팬데믹을 겪으면서 바이러스, 백신 등 의료나 과학 관련 정보는 일반인이 진위를 판단하기 불가능한 경우도 많았다. 진위 판별 권한을 누구에게 부여할 것인지도 논쟁의 대상이 되어 왔다. 정부에게 판별 권한을 전적으로 일임할 수도 없으며 특정 기관에 이를 판단하도록 위임할 수도 없기 때문이다.

이에 허위정보에 대응하기 위해서는 미디어 플랫폼을 규제해야 한다는 목소리도 높아지고 있다. 소셜미디어와 유튜브를 통한 허위정보 확산이 지속되면서 플랫폼이 사회적 책무를 수행해야 한다는 것이다. 특히 미국에서는 극심한 정치적 혼란을 겪으면서 페이스북과 트위터에 대한 강력한 규제 논의가 있었다. 미국 대선에서 바이든 대통령이 승리한 뒤 상·하원 합동회의에서 당선인을 확정하려던 2021년 1월 6일, 트럼프 지지자 수천 명이 의회로 난입하는 사태가 발생하였다. 무장 시위대가 미국 의사당에 난입하는 모습을 인터넷을 통해 실시간으로 지켜본 전 세계인들은 큰 충격에 빠질 수밖에 없었다. 트위터와 페이스북 등 여러 소셜미디어 기업은 트럼프 전 대통령과 지지자들의 선거 부정 주장과 관련된 게시물을 삭제 또는 차단하거나 경고 표시를 붙이는 방식으로 대응했다. 하지만 트럼프 전 대통령은 인터넷서비스 사업자에게 완전면책을 부여한 〈통신품위법〉 제230조의 보호 아래 소셜미디어 사업자가 권한을 남용하여 정치적 중립성을 훼손하고 있다고 비난하였다. 이후 소셜미디어 기업이 이용자들의 온라인 표현을 제한하는 것이 과연 타당한지를 두고 논쟁이 이어지고 있으며, 입법적 대응 움직임도 나타나고 있다.

온라인 허위정보는 시민들의 합리적 판단을 저해하고 민주주의에 위협이 될 수 있다는 점에서 적절한 대응과 규제가 필요하다. 그러나 내용의 진위 판단과 판별 권한을 누구에게 줄 것인지를 놓고 아직도 명확한 해법을 찾기가 어렵다. 특히 미디어 플랫폼 기업에 가짜뉴스 내지 허위정보를 즉각적으로 삭제할 강력한 의무를 부과한다면 플랫폼들은 조금이라도 의심스러운 표현을 남겨 두기보다는 삭제하기를 선택할 것이고 이는 온라인 표현의 자유에 심각한 위험을 초래하게 된다. 공익과 관련된 비판적 의견이나 내부고발자의 표현도 허위정보로 의심된다는 이유로 마구 삭제될 수 있기 때문이다. 결국 허위정보 판별을 위해 언론의 역할은 디지털 시대에 더욱 중요해질 수밖에 없다. 공신력 있는 언론이 팩트체크를 통해 무분별한 허위정보를 가려내고 이용자들에게 전달하는 것은 미디어 환경이 변화하더라도 여전히 중요한 언론 기능으로 남게 될 것이다.

변화된 미디어 환경에서 언론이 접하는 새로운 이슈로는 기사삭제 및 열람차단 청구가 있다. 아날로그 시대에는 기사삭제 요청을 하기 어려웠다. 이미 종이 지면을 통해 보도된 신문기사나 공중파

방송을 통해 방영된 방송뉴스를 삭제해 달라고 하는 것은 거의 불가능한 일이었기 때문이다. 하지만 인터넷 시대에 과거 기사는 쉽게 검색될 수 있고 과거 이슈를 재소환하는 것도 어려운 일이 아니다. 과거 기사뿐만 아니라 최근 기사도 인터넷을 통해 전파가 확산되고 여러 온라인 커뮤니티나 인터넷 카페, 소셜미디어를 통해 이른바 '박제'되기도 한다. 따라서 타인의 인격권을 부당하게 침해하는 기사가 있다면 이를 온라인에서 삭제하거나 열람을 차단할 필요성이 제기되고 있으나 이를 쉽게 허용할 경우 언론 자유를 본질적으로 침해할 위험성도 존재한다.

대법원도 기사삭제 청구권을 인정한 바 있다. 2013년 대법원은 인격권에 기한 방해배제 청구권의 일종으로서 기사삭제권을 처음으로 판결에서 인정했다(2010다60950). 대법원은 명예를 훼손당한 경우 〈민법〉 제751조 손해배상 또는 〈민법〉 제764조 명예회복을 위한 처분을 구할 수 있는 이외에, 현재 이루어지는 침해행위를 배제하거나 장래에 생길 침해를 예방하기 위하여 침해행위의 금지를 구할 수 있다고 보았다. 방해배제 청구권으로서의 기사삭제 여부를 판단하기 위해서는 판결 시 ① 보도 내용이 허위이거나 공익과 관련이 없으면서, ② 기사로 인해 타인의 명예가 중대하고 현저히 침해받는지를 판단 기준으로 삼는다.

실제로 보도 내용이 명백히 허위이거나 언론이 취재과정에서 사실 확인을 위한 충분한 노력을 하지 않은 경우 법원은 기사삭제 청구를 인용한다. 어느 뉴스통신사가 "해군 법무관인 원고가 클럽에서 외국인 여성을 성추행했다"는 온라인 기사를 발행했다. 그러나 원고는 당해 기사가 허위사실을 적시하였다고 주장하면서 명예훼손을 이유로 손해배상과 기사삭제 청구소송을 제기했다. 1심 재판부는 원고가 실제로 범죄를 저질렀다는 내용을 전달하여 허위사실을 적시한 기사라고 판단하여 손해배상 청구를 일부 인용하였고 기사삭제 청구도 인용하였다(2017가합546519). 2심에서 서울고등법원도 이 기사로 인해 원고의 성^姓과 나이가 노출되어 지인이나 주변인으로 하여금 누구인지 알 수 있도록 하여 원고가 피해자로 특정되었다고 판단했다. 또한 당해 기사는 국민의 알 권리 충족과 범죄 예방 등 공공의 이익을 위한 것이기는 하지만, 기자가 해군 공보관의 연락처를 확인한 사실만 인정될 뿐 혐의사실을 뒷받침할 만한 적절하고도 충분한 취재를 하지 않았다고 보았다. 따라서 언론은 피해자인 원고에게 위자료 2천만 원을 지급하는 한편 〈민법〉 제764조 명예회복을 위한 처분으로서 기사를 삭제할 의무도 있다고 판결했다(2018나2007953). 이 사건은 이후 원고 및 피고의 상고가 없어 판결이 확정되었다.

그러나 기사삭제는 피해구제를 위한 수단으로서 최종적이거나 보완적으로 활용되어야 할 것이다. 법원도 기사삭제가 손쉽게 사용될 수 있는 수단이 아님을 밝힌 바 있다. 2016년 〈한국일보〉는 "모 변호사가 담당재판장에게서 소송의 핵심사항을 귀띔받았다"고 보도했다. 당해 기사에 거론된 변호사는 허위보도로 인한 명예훼손을 주장하며 기사삭제, 정정보도 및 손해배상 청구소송을 제기했다. 서울

중앙지방법원은 기사의 허위성이 인정된다며 정정보도 및 손해배상 800만 원을 선고했다. 그러나 원고의 기사삭제 청구에 대해 법원은 "기사삭제는 특정한 표현 자체를 존재하지 못하도록 원천적으로 봉쇄하는 결과가 되어 표현의 자유를 제한"하는 측면이 있다고 지적했다. 이 사건 기사는 공공의 이익에 관한 것이고, 정정보도문이 기사와 함께 검색 및 표시되도록 한다면 삭제 의무를 부과하지 않더라도 간접적으로 이와 유사한 효과를 얻어 원고의 명예회복이 가능하다고 보아 법원은 기사삭제 청구를 기각했다(2016가합547119). 이 판결은 기사삭제 청구가 표현을 원천적으로 봉쇄하는 부정적 효과가 있으므로 기사삭제를 인정하는 데 신중할 필요성이 있음을 강조한 것이다. 또한 기사삭제 대신에 정정보도문을 게재하는 것으로도 기사삭제와 유사한 효과를 간접적으로 얻을 수 있다는 점도 주목할 만하다.

언론 보도는 작성 당시의 사회상을 반영하는 등 역사적 사료로서 가치가 있기 때문에 현재 시점을 기준으로 기사 가치를 판단하여 함부로 삭제를 결정하는 것은 지양해야 한다. 그러나 팩트에 명백한 허위사실이 포함되어 있거나 맥락을 오도하여 보도한 결과 타인의 인격권을 침해하였다면 기사의 수정이나 삭제를 고려할 필요성도 발생한다.

언론사들은 기사삭제 요청을 받았을 때 다음과 같은 사항을 고려할 것이 권장된다(박아란 · 조소영 · 김현석, 2019).

첫째, 기사삭제를 결정하기 이전에 당해 기사의 가치를 생각해 볼 필요가 있다. 기사가 사회적으로 중요한 공인의 행적과 업무처리에 대한 것이라면 이는 역사적 기록으로서 가치가 있기 때문이다. 공적인 존재의 국가적, 사회적 영향력이 크면 클수록 적극적인 문제제기가 허용되어야 하고 이들에 대한 비판적 보도는 민주적 시민사회 유지와 발전을 위해 필수적이므로 기사 가치가 클수록 삭제는 제한되어야 한다.

둘째, 기사로 인해 발생하는 권리침해 정도와 지속 여부를 판단해 보아야 한다. 특히 일반인과 관련된 기사일 경우 범죄나 기타 공익과 관련이 없는 내용이라면 기사로 인해 일반인에게 피해가 발생하는 부분에 대해 적극적으로 표현을 수정하거나 삭제할 필요성이 발생한다. 유명 연예인과 유명 운동선수 등 공적 인물에 대한 기사는 원칙적으로는 뉴스 가치가 있다. 그러나 유명인에 대한 기사가 상당 기간이 흘러 뉴스로서의 가치가 희박해졌고 유명인의 명성도 더 이상 지속되지 않는다면 기사로 인한 심각한 피해가 지속되고 있을 경우 기사 수정 내지 삭제의 필요성도 발생한다.

셋째, 기사의 가치와 기사로 인해 발생하는 피해를 비교형량해야 한다. 만약 기사의 가치보다 기사로 인해 발생하는 피해가 더 크다면 기사에 대해 어떠한 조치를 취할지 신중하게 결정해야 할 것이다. 정정보도가 가능한 경우에는 정정을 하고, 기사 정정으로 그 피해를 막을 수 없는 경우에만 보도내용 삭제를 검토해야 한다. 기사삭제는 최후의 수단으로 선택되어야 하며 피해에 대응하기 위한 손쉬운 수단으로 선택되어서는 아니 된다.

넷째, 기사삭제 여부를 결정하는 절차와 주체를 명확하게 규정하고 삭제 결정을 위한 논의과정은 공정하고 투명하게 행해야 한다. 기사삭제에 대한 절차가 확실하게 정해져 있다면 외부에서 경영진을 통해 기사를 삭제하도록 회유하는 것을 막아 낼 수 있어서 오히려 언론 자유를 보호하기 위한 수단이 될 수도 있다.

다섯째, 기사삭제가 결정되었다면 해당 기사가 제공되는 플랫폼에 ① 언제, ② 어떠한 이유로, ③ 어떠한 절차를 통해 기사가 삭제되었는지 공표해야 한다. 기사삭제로 인해 존재했던 기사의 흔적을 완전히 없애기보다는, 기사가 어떤 이유와 과정을 통해 사라졌는지를 남겨 둘 필요가 있다. 기사가 삭제되었다는 사실 그 자체도 중요한 역사의 기록이 될 수 있기 때문에 기사삭제 여부와 과정에 대한 투명한 공개가 요구된다.

언론의 자유와 규제에 관한 논의는 기술 발전과 함께 변화하고 있다. 현행법상 언론 개념과 범주는 매우 명확한 반면 기술이 발전하면서 새로운 형태의 언론이 탄생하고 있기 때문이다. 법률상 '언론'이란 〈언론중재법〉 제2조 제1호에서 규정하듯이 "방송, 신문, 잡지 등 정기간행물, 뉴스통신 및 인터넷신문"으로 제한되어 있다. 법률상 언론에 해당하는 '방송, 신문, 잡지, 뉴스통신, 인터넷신문'의 개념은 〈방송법〉, 〈신문법〉, 〈뉴스통신법〉 등 각각의 관련 법에 명시되어 있다. 하지만 새로운 형태의 미디어와 콘텐츠가 계속 나타나면서 이를 언론 범주에 포함시켜야 할 것인지를 결정하는 것은 쉽지 않다.

대표적인 것이 포털의 언론성 여부에 관한 것이다. 2000년대 초반부터 포털이 한국의 온라인 뉴스 유통의 중심 매개체로 자리 잡으면서 포털이 언론에 해당하는지, 포털을 언론으로서 규제해야 하는지, 포털에 대해 어떠한 사회적 책임을 부과해야 하는지에 대한 논란이 있어 왔다. 현행법으로는 포털은 언론 범주에 들어가지 않는다. 그러나 포털은 실질적으로 언론과 유사한 역할을 하고 있으며 언론보다 더 강력한 영향력을 발휘하기도 한다. 결국 온라인 보도로 인한 피해구제의 실효성을 위해 포털도 언론중재 대상으로 삼아야 한다는 사회적 필요성이 제기되었고, 2009년 〈언론중재법〉이 개정되면서 포털은 언론 범주에는 해당되지 않으나 '인터넷 뉴스 서비스'라고 규정해 〈언론중재법〉 적용대상으로 삼고 있다.

　또한 이제는 그 논의가 더욱 복잡해지고 있다. 이용자는 최근 포털뿐만 아니라 유튜브, 소셜미디어 등 다양한 미디어 플랫폼에서 뉴스를 접하고 이를 공유하기 때문이다. 따라서 새로운 형태의 디지털 플랫폼을 언론으로 볼 것인지, 그러한 정보성 콘텐츠를 기사로 판단할 것인지, 콘텐츠 생산자나 크리에이터를 기자로 볼 것인지 등도 문제가 되고 있다. 예를 들어, 유튜브에는 'OO방송', 'OOTV'라는 이름의 채널이 많은데 이러한 채널도 언론으로 볼 수 있을지, 이러한 채널에서 인격권 침해 등 기타 법률적 문제가 발생할 때 어떻게 규제할지, 언론중재의 대상으로 삼을 수 있을지가 논의되고 있지만 명확한 해답을 찾기 어려운 상황이다. 기존의 언론 범주에는 들어가지 않지만 새로운 매체와 플랫폼이 기성 언론보다 막강한 영향력을 행사하고 있다면 앞으로 언론의 범주와 그 자유에 대한 논의도 지속되어야 하며 그 내용도 변화되어야 할 것이다. 결국 디지털 시대 언론의 자유와 관련된 논의는 중요성이 더 커질 수밖에 없으며, 미디어 이용자로서 우리도 이를 관심을 갖고 살펴볼 필요가 있다.

참고문헌

박아란·조소영·김현석(2019), 《디지털 시대의 잊힐 권리와 기사 삭제》, 서울: 한국언론진흥재단.
박영상 외(2019), 《현장기자를 위한 체크리스트》, 서울: 한국언론진흥재단.
박용상(2013), 《언론의 자유》, 서울: 현암사.
성낙인(2017), 《헌법학》, 서울: 법문사.

European Commission(2018), A Multi-dimensional approach to disinformation: Report of the independent high level group on fake news and online disinformation.
Ireton, C., & Posetti, J. (2018), *Journalism, 'fake news' & disinformation*, Paris, France: UNESCO.

15장

저널리즘과 민주주의

박성희(이화여대)

1. 뉴스와 민주주의

우리는 매일 물이나 공기처럼 뉴스를 소비하고 산다. 뉴스를 통해 나라 안팎에서 돌아가는 크고 작은 소식을 접할 수 있고, 그날의 날씨나 주식 정보도 알 수 있다. 시시콜콜한 연예가 소식이나 요즘 유행하는 트렌드도 뉴스를 통해 따라갈 수 있다. 이런 정보는 단순한 호기심을 채워 주기도 하지만 사실 그보다 더 크고 중요한 기능을 한다. 우리가 스스로 더욱 살 만한 공동체를 꾸려 나가는 데 필수적인 정보를 제공하는 기능이 그것이다. 뉴스는 우리의 삶에 꼭 필요한 정보를 주어 생명과 안전을 지켜 주고, 올바른 지도자를 선출하도록 합리적인 여론형성을 이끌어 준다. 그렇게 선출된 공직자가 권한을 남용하지 않는지, 또 우리가 낸 세금이 합리적인 제도로 수렴하여 공동체를 위해 쓰이는지도 감시할 수 있게 도와준다.

물론 인간은 태곳적부터 뉴스를 추구해 왔고, 민주주의 국가가 아닌 곳에도 뉴스와 언론기관은 존재한다. 북한에도 당기관지인 〈노동신문〉이 있고, 공산주의 소련, 파시스트 이탈리아, 나치 독일에도 언론은 있었다. 그런 국가의 언론은 체제를 보호하고 국가의 이익을 지키는 것을 목적으로 한다. 그들 언론이 하는 일은 시민에게 바른 정보를 제공하거나 자유로운 의견 표명의 장을 마련하는 것과는 거리가 멀다. 권위주의 국가의 언론은 권력을 견제하거나 비판하지 않으며, 오히려 권력을 공고하게 유지하는 수단으로 기능한다. 따라서 언론인에게는 보도의 자유가 없으며, 시민에게는 표현의 자유가 없다. 그런 사회의 구성원은 제한된 정보를 소비할 수밖에 없으며, 거짓 정보나 왜곡된 정보로부터도 자유롭지 않다.

그러나 시민이 주권을 행사하는 민주국가에서 언론은 매우 특별한 기능을 수행한다. 시민에게 유용한 정보를 전달해 자유로운 의견 형성을 유도하고, 선거를 통해 공직자를 선출하며, 그렇게 선출된 권력을 비판하고 감시한다. 민주사회 언론은 정치를 움직이고 사회를 변화시키는 역할을 한다. 뉴스가 '저널리즘'을 구현하는 것이다. 미디어 학자 제임스 캐리는 이런 '저널리즘'이 민주적인 사회질서를 구축하는 기재이자 민주주의의 또 다른 이름이라고 했다(Carey, 1997: 332). 저널리즘의 이 같은 사회적 역할에 주목한 메리트도 저널리즘과 민주주의는 '완벽하게 상호 의존적 관계'라고 표현했다(Merritt, 2005).

일상에서 신문이나 방송뉴스를 소비하며 민주주의를 바로 떠올리기는 쉽지 않다. 그러나 어떠한 정보도 없는 암흑 같은 상태를 상상해 본다면 뉴스의 기능을 비교적 쉽게 짐작할 수 있다. 뉴스가 없다면 사람들은 불안 속에서 하루하루를 지낼 것이고, 정부나 정치인의 부정부패가 만연해도 알거나 막을 길이 없을 것이다. 후보에 대한 정보가 없으니 선거를 치르는 것도 불가능하다. 민주주의란 꿈도 꿀 수 없다. 미디어 사회학자 갠즈는 이런 뉴스를 태양에 비유하며, 매일 떠올라 변함없는 일상을 열고 사회를 유지하는 효과가 있다고 분석했다(Gans, 2002: 71).

미디어학자 마이클 셔드슨 역시 그의 저서 《뉴스의 힘*The Power of News*》 서문을 흥미로운 상상으로 시작한다. "정부, 기업, 로비스트, 정치 후보, 교회, 사회운동이 컴퓨터를 통해 시민들과 직접 정보를 전달하는 사회를 상상해 보라. 저널리즘이 사라진 사회 말이다. 시민들은 컴퓨터 자판기를 두드려 모든 정보를 수집하고 자신의 의견을 표현하고 전달한다. 백인우월주의자Ku Klux Klan들도, 여름캠프에 간 어린이들도, 감옥의 죄수들도 … 모두가 직접 메시지를 보내고 받는다. 그러면 어떤 일이 일어날까?"(Schudson, 1995)

셔드슨은 만약 그런 일이 벌어진다면 사람들은 본능적으로 어떤 방법으로든 정보를 분류하고 선별하는 방법을 모색할 것이라고 보았다. 즉, 저널리즘을 발명하여 가동시킨다는 것이다. 뉴스란 사람들을 암흑에서 구하고 스스로를 보호하기 위한 공동체의 조건이기 때문이다. 실제로 고대 그리스에도 지금의 신문 같은 형태는 아니지만 어떤 형식이든 자유로운 시민들 사이의 자유로운 정보의 흐름이 있었고, 그러한 뉴스의 자유로운 유통은 시민을 학정tyranny으로부터 보호하는 중요한 기제였다. 그런 점에서 저널리즘이란 자유로운 시민의 자주권을 보호하도록 도와주는 민주주의의 또 다른 이름이다.

빌 코바치와 톰 로젠스틸은 저서 《저널리즘의 기본원칙The Elements of Journalism》에서 '저널리즘은 무엇을 위해 존재하는가'라는 질문에 대해 "저널리즘의 1차적 목적은 시민들이 자유로울 수 있고, 그들이 자치를 시행할 수 있도록 필요한 정보를 제공하는 데 있다"(코바치 · 로젠스틸 저, 이재경 역, 2014: 37) 고 답한다. 트리뷴 사 사장을 지낸 소설가이자 변호사인 잭 풀러 역시 "저널리즘의 중심 목적은 진실을 말하는 것이다. 그래서 시민들이 스스로 자치하는 데 필요한 정보를 가질 수 있도록 하는 것이다"(Gans, 2002: 1) 라고 했다. 그들이 말한 '자치'란 시민들이 스스로를 통치하는, 즉 '민주주의'의 또 다른 이름이다. 언론 본연의 기능인 정확한 정보와 논평의 확산은 시민에게 주권을 부여하여 공동체의 의사결정 과정에 기여하고, 궁극적으로 민주주의를 실현하는 근간이 되는 것이다.

그렇다면 왜 민주주의가 중요한가? 셔드슨은 노벨상 수상자이며 기근을 연구한 경제학자 아마르티아 센Amartya Sen의 말을 인용, 민주주의의 가치를 다음과 같이 설명한다. "민주주의 형태의 정부를 지니고 상대적으로 자유로운 언론이 있는 국가에서는 결코 심각한 기근이 발생한 적이 없다."(Schudson, 1995: 20) 다시 말해 민주주의는 국민을 결코 굶기지 않는다는 것이다. 기근의 문제는 자원의 절대적 부족보다 투명한 정보와 공정한 분배 시스템의 부재에 기인한 경우가 많다. 따라서 약자를 고려하는 분배정책을 펴는 데 민주적 의사결정과 정부 형태가 중요하다는 의미이다. 그는 경제학자답게 기근을 예로 들었지만 민주주의는 정부제도를 투명하게 운영하는 환경감시 기능을 통해 그와 유사한 각종 불공정이나 부조리도 감시하고 조절해 시민을 보호한다.

이뿐만 아니라 민주주의는 사회갈등을 대화로 수렴하고 소모적인 폭력을 방지하는 효과가 있다. 전 세계 국가의 민주주의와 갈등의 상관관계를 탐구한 맥나이어는 민주주의 정도와 각종 폭력이 반비례한다는 결과를 제시했다(McNair, 2016). 민주주의는 사회 공공성을 환기시키고 결과적으로 구성원들 사이의 공동체 의식을 높인다. 이렇게 인지된 공공성에 대한 의식은 사회의 위험 수준을 낮추는 순기능이 있다.

민주주의는 수단이 아니라 목적이며, 궁극적으로 지향하는 목적은 공동체 구성원들의 자유다. 또한 민주주의는 어느 순간 완성되는 결과물이 아니라 계속 수정하며 지켜 나가야 하는 사회적 소통의 과정이다. 민주주의가 발달한 나라일수록 민주주의를 위협하는 요소에 더욱 민감하고 민주주의를 지키려는 노력에 적극적인 것도 그 때문이다.

이러한 민주주의의 성숙은 건강한 저널리즘을 통해 구현된다. 셔드슨 교수는 민주주의의 근간을 지키는 저널리즘의 기능으로 정보, 탐사, 분석, 사회적 공감 형성, 공적 포럼, 사회적 추동성 등을 꼽았다(Schudson, 2008). 정보information란 시민이 건전한 정치적 결정을 할 수 있도록 공정하고 완벽한 정보를 제공하는 기능을 말하며, 탐사investigation란 특히 정부권력 등 권력의 집중을 파헤치는 기능을 말한다. 분석analysis이란 시민들이 복잡한 세상을 이해할 수 있도록 해석의 틀을 제공하는 것이며, 사회적 공감 형성social empathy이란 공동체에서 함께 사는 다른 사람들, 특히 덜 혜택받은 사람들에 대한 이해를 증진하는 기능을 말한다. 공적 포럼public forum이란 다양한 집단 사이의 대화를 이끄는 공적 포럼의 기능을 뜻하며, 사회적 추동성mobilization이란 뉴스가 결국 사람들로 하여금 특정 행동을 이끌어 내 사회를 변화시키는 힘으로 기능한다는 뜻이다.

'의미 있는 민주주의'를 위해 뉴스 미디어가 기본적으로 갖추어야 할 요소에 대해 앤더슨과 워드는 다음과 같은 내용의 조건을 제시했다(앤더슨·워드, 2008).

첫째, 뉴스미디어는 민주주의에서 의미 있는 기능을 수행하는 데 필요한 정보를 제공하기 위해 ① 목표 수용자의 복지와 이익에 중요성을 두면서 동시에 실질적으로 가능한 모든 이슈를 포함하는 균형적인 뉴스 의제를 보도해야 하고, ② 국가의 개입이나 합법적 보조금 등의 수단을 통해 대립관계에 있는 이데올로기와 의견을 지속적으로 보도하고, 고급 정보제공도 보장되는 경쟁적 미디어 환경에서 뉴스를 보도해야 하며, ③ 표현의 자유가 법적으로 보장되어 있지만 모든 다양한 의견의 결정권을 시장 원칙에 맡기는 경쟁적 미디어 환경에서 뉴스를 보도해야 하고, ④ 의견과 이데올로기를 동시에 보도할 수 있지만 BBC처럼 객관적 시각으로 뉴스를 보도하는 뉴스 미디어가 존재하는 경쟁적 미디어 환경에서 뉴스를 보도해야 한다.

둘째, 언론은 입법, 사법, 행정에 이은 이른바 '제4부' 감독기관으로서의 역할을 수행하고, 필요할 때는 언론의 힘을 남용하는 사회 구성원을 견제할 수 있어야 한다.

셋째, 공공의 이익에 부합하는 법규, 정책, 행위를 지원하는 역할을 하며 이러한 사항을 실현할 수 있는 방법을 대중에게 알려주어야 한다(앤더슨·워드, 2008: 58~59). 자유롭고 비판적인 언론 환경과 공공성의 중요성을 강조하고 있음을 알 수 있다.

스트롬벡(Stromback, 2005)의 분석에 따르면 미디어 환경에는 여러 유형의 민주주의가 존재한다. 그가 제시한 4가지 유형의 민주주의 모델은 절차적 민주주의, 경쟁적 민주주의, 참여적 민주주의, 숙의 민주주의다.

절차적 민주주의는 공공의 이익과 최소한의 시민권을 보장하는 모델로, 공정한 선거에 초점을 둔다. 경쟁적 민주주의는 각 정당의 기본강령과 문서기록을 알리는 데 초점을 둔 것으로, 여기서 저널리즘은 정당의 감독자 혹은 비리를 폭로하는 주체가 되어 후보의 정치 공약을 정확하게 판단할 수 있도록 유권자에게 충분한 정보를 제공한다. 참여적 민주주의는 정당과 관련된 공공생활에서의 시민 참여에 중점을 둔다. 이를 위해 저널리즘은 공공생활에 대한 시민의 관심과 참여를 유발해야 하고 시민이 의제를 설정할 수 있도록 도와주는 역할을 해야 한다. 숙의 민주주의는 모든 공공부문에서 이성적,

객관적, 숙의적 토론이 이루어져야 한다는 점을 강조하는 것으로, 비현실적이고 이상주의적인 모델이라고 할 수 있다.

스트롬벡은 이 4가지 유형 중 참여적 민주주의와 경쟁적 민주주의가 지향하는 요구 조건을 동시에 수행할 때 저널리즘이 민주주의 구현에 기여할 수 있다고 분석했다(앤더슨·워드, 2008: 69~70).

2. 공론장의 현대적 조명: 퍼블릭 저널리즘

민주주의와 언론의 관계를 조망하기 위해서는 시민들의 공간인 공론장의 개념을 이해해야 한다. 공론장 논의는 다시 근대 저널리즘의 탄생지인 17세기 유럽으로 거슬러 올라간다. 원시적 형태의 소식지는 고대 동서양에서부터 존재했으나 구텐베르크가 인쇄술을 발명하고 계몽주의 시대가 열리면서 근대적 언론이 처음 등장했다. 당시 해양무역 등으로 부를 축적한 시민들은 공적 장소에 모여 새로운 소식을 소비하며 열띤 토론과 함께 당시 사회를 비판했는데, 그들이 뉴스와 루머와 의견을 교환하면서 시민사회를 열었다. 최초의 신문이 발행되고, '여론'이라는 개념도 이때부터 문헌에 등장하기 시작했다.

서구 계몽주의 사회에서 공공public이란 특별한 의미를 갖는다. 자유로운 비판의식을 지닌 사람들이 교회나 법정이 아닌 제3의 공공장소(커피하우스나 살롱 등)에 모여 의견을 교환하며 실질적 사회 변화를 이끌었기 때문이다. 여기서 '공공'이란 '공동체community'와는 또 다른 개념으로, '공동체'가 공통된 정서적 정체성을 의미하는 반면, '공공'이란 공적 대화를 위한 공동의 규범을 뜻한다. '공동체'의 형성에는 구성원 사이의 상호작용이 필수적이지만, '공공'이란 그러한 동료의식이 부재한 상황에서도 어떤 공통의 정치적 문제에 시민들이 공동으로 관여할 수 있는 것을 말한다(Schudson, 2003: 68). 때문에 '상상 속의 공동체'란 자유주의와 무관하지만 '공공의 장'에는 자유주의가 필수적이며, 자유주의는 다시 민주주의 발전의 토대가 된다.

당시 공론장을 의미 있게 관찰하며 이론화한 인물이 독일의 사회철학자 위르겐 하버마스다. 그는 자유로운 시민들이 주축이 된 공론장을 부르주아 공론장으로 개념화하고, '의사소통행위이론'을 통해 설명하고자 했다. 그는 인간이라는 종種의 재생산 과정 안에는 종의 보존이나 자기 유지라는 목표로는 환원되지 않는 고유한 상호이해의 이념이 내재되어 있다고 보았다. 이를 위해 인간은 상호작용을 하며 그 중심 매체가 바로 언어이다. 이때 의사소통의 주체는 자유롭고 자립적인 개인으로서 근대적 주체를 뜻했다. 외부적으로 강요되는 명령이나 질서에 무반성적으로 굴복하는 것은 근대적 주체라고 할 수 없다. 그러면서 그는 근대 민주주의 사회는 주체가 가지는 동등한 자유의 권리에 대한 인정을 전제로 할 때만 성립한다고 주장했다. 근대적 주체 개념에서 가장 중요한 것은 타자를 인정하고 타자와 소통하는 '상호주관성'이다. 타자와의 인격적 만남을 할 수 있는 개인의 소통이 근대적 공론장을 가능하게 한다는 것이다.

하버마스는 이 같은 의사소통행위이론을 통해 고립된 주체에 기초한 근대적 의식철학의 패러다임을 상호주관성에 기초한 의사소통 패러다임으로 전환하고자 했다. 홀로 사유하는 데카르트적 '나'가 아니라 서로 대화를 주고받는 '우리'가 이제 모든 사유의 출발점이 되어야 한다는 것이다(김원식, 2015: 156). 근대적 자아인 '나'의 자기 관계라는 것은 '너'와의 상호작용을 통해서만 가능하다. 즉, 타인의 관점을 수용함으로써 나의 자기 관계가 가능하다는 것이다. 그의 '의사소통행위이론'은 사람들이 일상의 생활세계에서 어떻게 고립된 주관성을 뛰어넘어 상호주관적인 의사소통을 구현할 수 있는지를 논증한다는 점에서 의미를 찾을 수 있다.

하버마스는 사회를 체계와 생활세계로 각각 나누었는데, 전자는 경제, 행정 같은 영역의 기능적 질서를 뜻하며, 후자는 문화, 규범, 인성 등을 포함한다. 여기서 생활세계의 개념을 이해하는 일은 매우 중요하다. 의사소통이란 언어를 전제로 하며, 그 언어가 사용되는 구체적이고 사회적인 맥락을 요구하기 때문이다. 하버마스는 의사소통행위가 가능하기 위해서는 반드시 참여자 모두가 공유하는 생활세계의 배경이 필요하며, 생활세계와 의사소통은 보완적 양태로 상호 관련을 맺고 있다고 주장한다.

생활세계란 글자 그대로 그 안의 구성원들의 생활을 지배하는 가치와 상식의 체계를 대변한다. 하버마스에 따르면 의사소통에 참여하는 모든 사람은 이미 생활세계적 지평 안에 존재하며, 행위자는 생활세계를 결코 초월할 수 없다. 그는 공론장에 대한 이해를 돕기 위해 세계를 사적 부문과 공권력 영역으로 구분하고, 생활세계와 체계가 각기 운용되는 원리도 함께 제시했다. 즉, 공적 체계의 운영원리는 권력, 사적 체계의 운영원리는 화폐다.

주목할 것은 공론장이 생활세계에 속한 공적 영역이라는 점이다. 여기서 '공적'이라는 말은 국가권력과는 다른 또 다른 공적 장소이며, 자유로운 시민들이 모여 토론하는 열린 장소를 뜻한다. 따라서 공론장은 사적이면서 또 공적 성격을 띤다. 체계와 생활세계의 차이를 이해하려면 영역별 지배원리를 알아야 한다. 앞서 말했듯 국가는 권력을 통해 운영되며, 경제는 화폐가 지배하는 영역이다. 이에 비해 생활세계에 속한 공론장은 지배원리가 '말', 즉 커뮤니케이션이다. 개방성, 복수성, 포괄성이 인정되는 의사소통 이성이 활동하는 공간인 것이다. 자유로운 소통이 보장되는 공론장은 시민사회와 동의어며, 민주주의를 가능하게 하는 개념상의 장소라고 할 수 있다.

공론장의 자유와 독립은 각국의 민주주의 발전 정도를 가늠하는 척도가 되기도 한다. 국제인권단체 '프리덤 하우스'가 해마다 조사해서 발표하는 각국의 '민주주의 지수'는 언론, 즉 공론장의 자유도를 전문가 설문을 통해 평가하는데, 정치적 권리가 얼마나 자유롭게 지켜지는지를 묻는 10개 항목과 시민사회 자유도를 묻는 15개 항목으로 각국의 자유도를 측정한다. 특히 경제적 자유도와 관련, 높은 자유도를 누리는 나라일수록 GDP가 높은 것으로 나타났다.

우리나라의 경우 '프리덤 하우스' 2021년 언론자유 평가에서 83점

을 기록, '언론자유국'으로 분류되었다. 시민사회 자유 부문에서는
50점 만점에 50점을 받았으나 정치적 권리 부문에서 33점을 받는 데
머물렀다. 두 부문에서 모두 만점을 받아 언론자유도 100점을 기록
한 나라는 핀란드, 노르웨이, 스웨덴 등이다. 그 밖에도 덴마크 97
점, 호주 97점, 캐나다 98점, 뉴질랜드 99점, 벨기에 96점, 일본 96
점, 포르투갈 96점, 독일 94점 등으로, 주로 서구 선진국의 언론자
유도가 매우 높았다. 북한의 경우는 총점 3점(정치적 권리 0점, 시민
자유도 3점), 중국의 경우는 정치적 자유 점수가 -2점이었다.

자유주의에 바탕을 둔 서양의 공공의 장은 자유주의에 힘입어 상
업적 발전을 가능케 하며 개인과 국가의 부를 축적하는 데 기여했
다. 그러나 역설적이게도 발달한 상업주의의 영향으로 언론은 사업
적 주체로 면모를 달리하면서 또 다른 제약요소를 만나게 된다. 즉,
광고나 기업 등 자본으로부터 자유롭지 않게 되면서 다시 '공공성'을
환기시킬 필요가 대두된 것이다. 상업주의commercialism를 극복하는
저널리즘의 기제로서 전문가주의professionalism가 중요한 덕목으로 떠
올랐다. 저널리즘의 전문성이 중요한 이유는 뉴스를 수집하고 작성
하고 보도하는 일을 안정적인 직업으로 삼고, 직업윤리와 규범을 갖
고 독립적으로 유지할 수 있는 분야로 기능해야 자유와 민주주의를
지킬 수 있기 때문이다.

시민과 유리된 객관적인 저널리즘과 자본주의가 심화되면서 시민
의 언론의 자유를 회복하기 위한 대안 미디어 운동으로 제안된 것이
공공 저널리즘public journalism이다. 제임스 캐리와 데이비드 메리트

등 저널리즘 연구자들은 1988년 미국 대통령선거 보도를 분석, 보도내용이 시민들의 이해와 멀어지고 있음을 발견하고 저널리즘과 사회가 분리되지 않도록 시민을 보도과정에 적극 참여시키는 공공 저널리즘의 필요성을 역설한다. 의제설정에서 취재에 이르기까지 시민들이 참여한다는 의미에서 시민 저널리즘civic journalism이라고도 한다.

특히 메리트는 저널리즘이 '무엇을' '왜' 보도해야 하는지를 중시해야 한다고 주장했다. 여기서 '무엇what'이란 '그냥 정보'가 아니라 앞서 언급한 '구체적 정보', 즉 공동체의 운명과 관련된 공적 담론을 이끄는 정보를 말하며, '왜why'란 시민 민주주의라는 지향점을 가리킨다. 메리트는 언론이 공동체 구성원들 사이의 공유된 관심사shared relevance를 찾아내고 그에 대한 의제를 설정하며 구성원들이 자유로운 의견 개진과 토론을 통해 합리적 의사결정을 할 수 있도록 기능해야 한다고 주장했다(Merritt & McCombs, 2004: 7).

코바치와 로젠스틸은 민주주의에 대한 논의를 확대하기 위해 공중의 참여를 3가지 차원에서 분석했다. 첫째는 개입된 공중으로, 이 집단에 속하는 사람은 해당 쟁점과 개인적 이해가 관련돼 있고, 쟁점을 아주 잘 이해한다. 두 번째는 관심을 가진 공중으로, 그 쟁점에 대해 직접적 역할을 갖지는 않지만 영향을 받고 직접 체험을 통해 반응을 보이기도 한다. 마지막으로는 관심이 없는 공중으로, 이 사람들은 해당 쟁점에 주의를 기울이지 않는다. 시민들이 뉴스와 상호작용하면서 공중을 형성해 가는 과정을 '공중연동이론The theory of the interlocking public'이라고 설명한 코바치와 로젠스틸은 우리 모두 쟁점의 성격과 종류에 따라 언제나 이 3가지 공중 가운데 한 곳에 속하는 구성원이라고 주장했다(코바치・로젠스틸 저, 이재경 역, 2014: 57). 그리고 민주주의 사회의 시민들을 위해 일하는 기자라면 시민 간의 이해를 증진시켜 복합적으로 연동된 공중을 관리해야 하는 저널리즘의 책임을 수행해야 한다고 역설했다(60).

공론장을 건강하게 유지하는 일은 따라서 시민사회를 건전하게 유지하는 일과 동일하며, 이는 곧 좋은 민주사회를 가꾸는 일이기도 하다. 저널리즘의 위기가 곧 민주주의의 위기라는 이유도 그 때문이다. 미디어 기술이 발달한 오늘날에도 언론은 정확한 사실과 건강하고 다양한 의견으로 공론장의 균형을 잡고 건강한 소통을 주도해야 할 책임이 있다.

3. 도전과 위협: 21세기 미디어 환경과 가짜뉴스 문제

미디어 기술의 눈부신 발달로 뉴스가 유통되는 지형이 변하면서 민주주의는 새로운 도전과 위협에 직면하였다. 17~18세기 근대적 언론(당시에는 신문)이 시민사회를 견인한 배경에 대량 생산과 배포를 가능하게 한 당시 기술과 미디어 환경이 있었다면, 19세기 과학혁명에 따른 텔레커뮤니케이션 기술의 발전으로 라디오와 TV가 활자가 아닌 소리와 영상이 실린 전파로 뉴스를 전달하기 시작했다. 20

세기 들어서는 인터넷 기술의 발달로 정보의 디지털화가 가능해졌고, 인터넷과 모바일 기술의 발달로 뉴스를 포함한 각종 정보가 실시간으로 전달되는 시대를 맞게 되었다. 모바일 기술이 가져온 스마트폰의 확산은 시민들의 미디어 사용문화를 바꾸며 새로운 저널리즘의 지평을 개척하고 있다.

특히 이 같은 현상은 정치인의 선거와 홍보에도 적지 않은 영향을 미치며 민주사회의 운용 원리를 새롭게 고쳐 가고 있다. 정당은 다양한 미디어 플랫폼 이용자들을 대상으로 한 홍보 전략에 부심하고 있으며, 후보들은 언론을 통하는 것 이외에도 자신들의 블로그나 트위터 등으로 유권자와 직접 소통한다. 이런 정보의 직거래는 언론의 의제설정이나 사실확인 등의 절차가 생략된 새로운 형태의 정치 커뮤니케이션으로, 시민들은 직접 민주주의의 장점과 과다 민주주의의 폐해를 동시에 겪고 있다.

수용자 지형에도 큰 변화가 일어났다. 인터넷 사용자는 이제 수동적인 뉴스 수용자에 그치지 않고 네트워크로 연결된 시민들과 적극적으로 상호작용하며 뉴스를 생산하기도 하는 프로슈머prosumer로 떠오른 지 오래다. 또한 뉴스 플랫폼이 다양해지면서 이제 수용자는 신문이나 방송과 같은 뉴스 매체뿐 아니라 메신저나 카카오톡 같은 인스턴트 메시지를 통해서도 뉴스를 접하고, 페이스북이나 트위터 같은 소셜미디어, 유튜브 동영상을 통해서도 뉴스를 소비한다. 뉴스는 이제 '큐레이션'되고 '레퍼토리'가 되는 시대가 되었다. 뉴스 선택지가 많은 이른바 '하이 초이스high choice 미디어 환경'에서는 뉴스 소비가 양극화되거나, 뉴스를 회피하는 경향도 함께 수반된다.

이처럼 정보가 넘쳐 나는 사회가 되었지만 반드시 정보와 비례하여 저널리즘이 발전하는 것은 아니다. 《저널리즘은 어떻게 민주주의를 만드는가》(2006)의 저자 롭 앤더슨 등은 정보사회를 오히려 민주사회의 대립적 관점에서 바라본다. 정보와 뉴스는 동의어가 아니라는 것이 그 이유다. 정보 원리를 중심으로 구성된 사회가 결코 민주적일 수 없다고 생각하는 이유는 다음과 같다. 첫째, 정보사회는 사회적 공유지social commons보다 소통 기술에 지나치게 많은 신뢰를 부여해 정치적 고려사항을 기술적 고려사항으로 대체한다. 둘째, 정보사회는 개인의 만족을 기술적 혁신으로 얻을 수 있는 목표로 간주하면서 시민권을 지나치게 개인주의적인 개념으로 취급한다. 셋째, 정보사회는 사람들이 엄청난 양의 정보를 다 소화할 수 없어 결국 물리적으로 유지될 수 없다. 넷째, 정보라는 개념은 민주주의의 사회적 실천을 크게 잘못 표상화하는데, 우리가 민주적으로 권력화되고 연결되어 있다고 여겨지는 사회적 집단을 검토하면 어떤 집단에서도 정보가 기껏해야 주변적 역할을 수행했을 뿐이라는 사실을 깨닫게 된다(앤더슨, 2006: xvii-xviii).

그의 주장을 살펴보면 정보가 중요하지 않다는 것이 아니라 뉴스와의 구별이 필요하다는 것이 초점이다. 정보는 상품에 불과하지만, 사회적 소통이 되려면 공유된 의미를 만들어 가는 상호적 과정을 거쳐야 한다. 저자는 저널리즘의 핵심 역할은 단지 '뉴스를 소통'하는 것이 아니라 '구체적 뉴스'를 '잘 소통'하는 데 있다고 보았다.

여기서 '구체적 뉴스'란 저널리즘 원칙에 맞춰 검증절차를 거친 정확한 정보를 뜻하며, '잘 소통'한다는 의미는 공동체의 대화를 자극하고 청취하며 공적 담론을 활성화하는 데 기여하여 공동체와의 연결고리를 되찾는다는 뜻이다. 뉴스는 공동체가 스스로 대화할 때 산출되며, 뉴스는 우리를 규정하고, 우리는 다시 뉴스를 규정한다. 이것이야말로 더 많은 공동체 구성원들이 이 과정에 참여해야 하는 이유라고 설명한다(앤더슨, 2006: 121).

이 같은 관점에서 저널리즘의 핵심적인 역할과 저널리즘이 공공의 장에서 중요한 기구로 살아남기 위한 유일한 방법은 민주적인 공중이 공통의 관심거리인 여러 이슈에 대해 공적 대화에 나서도록 자극하는 책임을 떠맡는 것이라고 저자는 주장한다(앤더슨, 2006: 2).

정보사회와 민주사회의 구분은 셔드슨의 '정보적 시민informational citizen'과 '정보화된 시민informed citizen'의 구분에서도 나타난다. 여기서도 정보는 뉴스와 다른 개념이다. 공적 텍스트로서 뉴스는 공적 관심을 모으는 기능을 한다. 따라서 뉴스가 생성되는 사회적 토양을 이해해야 한다고 주장하는 셔드슨은 시민들이 공동체와의 연결을 통해 민주주의에 기여하는 정보로 무장할 때 비로소 민주주의의 실현이 가능하다고 보았다. 그가 내린 저널리즘의 정의는 "공적으로 중요한 것으로 간주되는 현재의 일들에 대한 정보와 논평"(셔드슨, 2008: 19)이다. 또한 저널리즘은 산업이지만 그냥 산업이 아니라 "진실을 찾고 진실을 알리는 것을 업으로 하는" 매우 특별한 산업이다. 그런 점에서 저널리즘은 대학과 그 기능이 비슷하다(Schmuhl,

1984: 86).

이 같은 저널리즘의 기능에도 불구하고 정보의 홍수 속에서 진짜 정보와 가짜 정보를 가려내는 일이 점점 어려워지고 있다. 첨단 미디어 기술은 교묘하게 조작된 '가짜뉴스'뿐 아니라 AI(인공지능) 기술이 가미된 '딥페이크' 콘텐츠도 생산해 사용자를 끌어모으고 있다. 특히 소셜미디어 확산에 따른 허위정보와 가짜뉴스의 문제는 민주주의 공론장을 위협하는 요소로 전 세계적 문제가 되었다.

원래 가짜뉴스는 뉴스 진행 형식을 빌린 정치 풍자 프로그램이나 광고와 뉴스를 구분하기 위해 사용된 개념이었다. 그러나 최근 논의되는 가짜뉴스는 소셜미디어를 통해 유통되는 확인되지 않은 불확실한 뉴스 또는 허위정보의 개념에 가깝다. 가짜뉴스란 "인터넷에서 특정한 목적을 가지고 생산 및 유통되는 허위정보"라고 정의하며 (배영, 2017), 이를 다시 ① 협의의 페이크 뉴스, ② 의도된 가짜 정보disinformation, ③ 잘못된 정보misinformation, ④ 풍자적 페이크 뉴스로 나누기도 한다(황용석, 2017).

가짜뉴스는 무시할 수 없는 공론장의 변수로 계속 진화하면서, 해결해야 하는 이슈로 부상하고 있다. 특히 허위사실이 기사 형식으로 유포되는 현상과 관련하여 최근 몇 년간 우리나라뿐 아니라 미국, 독일 등의 선거 과정에서 가짜뉴스의 폐해와 심각성이 드러나면서 그와 관련된 법적 규제 문제가 대두되고 있다. 상황의 진실을 전달하는 뉴스의 개념을 진짜-가짜의 이분법으로 접근하는 데서 오는 어려움에도 불구하고 뉴스와 유사 뉴스 사이의 회색지대를 규명하기 위한 시도라고 할 수 있다. 세계 각국은 자신들이 처한 언론 환경이나 문화·정치적 배경에 따라 여러 가지 방식으로 가짜뉴스에 대응하고 있다. 가짜뉴스를 규제하는 것이 어떤 형태로든 표현의 자유를 제한하는 것이라는 입장이 우세한 곳에서는 시민사회의 자율규제나 팩트체크 쪽에 노력을 기울이는 반면, 가짜뉴스를 사회의 심대한 악영향을 미치는 위험 요소로 보는 곳에서는 법적 대응을 마련하고 있다. 전자의 대표적인 예는 미국이고, 후자의 대표적인 예로는 독일을 꼽을 수 있다.

언론과 민주주의의 관계에 대한 끊임없는 성찰과 회의는 디지털 기술의 발달이 미디어 지형을 변화시킨 오늘에도 여전히, 그리고 더욱더 유효하다. 페이스북이나 트위터 등 소셜미디어가 대인 커뮤니케이션과 공공 커뮤니케이션의 경계를 허물었고, 전통 언론이 담당하던 정보 수집과 분류, 의제 설정과 배포 역할이 다양한 미디어로 분산되었다. 이는 공적 영역에서 정보의 풍요를 가져왔지만, 그에 따르는 책임과 공적의식까지 동반 성장시키지는 못했다. 윤리의식 부재의 각종 알림과 상업적 동기를 숨긴 유사 정보들이 공적 기능을 수행하는 뉴스와 혼재되어 공공 영역에 떠돌고 있다. 공공생활에 필요한 정보를 사실 확인을 통해 보도하도록 직업적으로 훈련된 전통 저널리즘이 유사 저널리즘pseudo journalism과 정체성 경쟁을 하며 산업적 위기에 대처해야 하는 상황에 직면한 것이다. 기술 혁신이 정보의 영역을 재편해 가는 실정에서 산업적 경쟁력을 상실한 언론이 미래에 대비하며 본연의 임무를 수행하기를 기대하기는 어려운 것이 현실이다. 따라서 민주주의의 미래를 위해서는 언론의 책임 있는 보도와 함께 공론장의 건강성 회복을 위한 노력을 함께 경주해야 할 것이다.

4. 한국 민주주의와 언론의 과제

우리나라의 민주주의는 1948년 정부 수립과 함께 공포된 〈제헌헌법〉에서 "대한민국은 민주공화국"이라고 천명함으로써 첫발을 떼었다. 당시 우리 사회는 해방 후 극심한 혼란을 겪고 있었고, 시민들 사이의 자유의식이나 민주의식 또한 성숙하지 못한 상태였다. 그런 상황에서 법과 제도로 먼저 시작된 민주주의는 그 후 6·25의 혼란과 권위주의 정부를 거치며 계속되는 도전과 만나게 된다. 국가 개발에 우선을 둔 이른바 '발전주의 모델'을 지향하며 자유민주주의 체제가 부분적으로 훼손되었으나, 국민의 높은 교육수준과 경제발전은 민주의식의 꾸준한 향상을 가져왔다. 1987년에는 마침내 직선제 개헌이 이루어지며 자유 보통선거를 통한 민주주의가 자리 잡았다. 언론의 사전검열제가 폐지되고 출판은 허가제가 아닌 등록제로 전환되는 등 언론의 자유도 비약적 전기를 맞았다. 그 후 청년기로 접어든 우리나라 민주주의는 법질서 확립과 대의민주주의 정착 등으로 인해 제도적으로는 많은 발전을 이루었다.

그러나 오랜 시민사회 전통을 지닌 서구에 비해 아직도 해결해야 할 문제점이 적지 않다. 그사이 인터넷 강국으로 발돋움한 한국은 눈부신 정보기술 발전에 힘입어 정보의 확산은 더욱 쉽고 빨라졌으나 공적 연관성public relevance을 지닌 정보의 선별과 정확성을 위한 검증은 여전히 미흡하며, 의견의 다양성 또한 여러 요인에 의해 통제받고 있다. 〈헌법〉에 명시된 언론의 자유 역시 언론사 내외의 정치·경제적 상황의 제약으로 인해 충분히 구현되지 못하고 있다. 언론의 자유에 따르는 책임의식은 아직도 미약하며, 공중의 미디어 해독력 또한 개선되어야 할 여지가 많다. 언론의 직업주의가 확고하게 정립되어 있지 못하고, 인터넷상의 선정성과 정파성 또한 공론장의 건강성을 침해하는 요소로 지적된다. 결과적으로 한국의 언론은 사회적 담론을 이끌고 갈등을 조정하는 언론의 상관조정 기능이 미흡하다. 그 결과 자유롭고 활발한 토론을 통해 합리적 의사결정을 이끌어야 할 공론장이 이용자의 확증편향으로 인해 혼탁하고 기울어진 지형이 되었다.

이 같은 추세는 비단 한국에 국한된 문제는 아니다. 컴퓨터 기술이 주도하는 미디어 기술의 진화는 정보의 풍요로움보다 역기능을 증폭시키는 양상을 보이고 있으며, 최근 코로나 팬데믹에 따른 정보 과잉과 과도한 국가주의가 가세하면서 시민 민주주의를 더욱 위축시키고 있다. 그 결과 시민이 스스로 삶은 물론 공동체의 운명을 결정하는 각종 사안에 대해 자유롭게 숙의하고 건강한 의견을 형성해서 올바른 정보에 기반을 둔 결정informed decision을 내리도록 기능해야 할 공론장이 훼손되고 있다. 공론장의 위기는 시민사회의 위기를 뜻하고, 이는 곧 민주주의의 위기로 해석된다.

한국의 경우 언론과 공공성과 민주주의의 연결이 공고하지 않은 근본적인 이유는 급속한 근대화 과정에서 민주화와 경제발전은 일부 이루었으나 시민사회가 주축이 된 공적 영역의 발달이 지체되었기 때문이다. 그 결과 민주주의는 불완전하고, 자유경제는 진행 중이며, 시민사회는 불안하다. 한국 언론은 서구 시민사회에서 태동한 근대 언론과 다른 문화적 토양에서 출발했으며, 다양한 정치체제를 경험하며 국가의 영역과 공적 영역의 분화 또한 확실하게 이루어지지 않은 실정이다. 시민사회의 미성숙과 상대적으로 일천한 민주주의의 역사는 저널리즘의 공공성에 대한 시민의 합의를 이끌어 내지 못하고 있다. 그 결과 한국은 "공론장 담론의 범람과 공공성 담론의 빈곤"이라는 대조를 경험하고 있다(신진욱, 2007).

공공성의 빈곤이란 앞서 설명한 '공동체 의식'의 빈곤과는 다른 것으로, 정치적 사안에 대해 사회 구성원들이 공적 연관성을 느끼며 상호 대화를 하는 규범의 빈곤을 말한다. 다양한 의견은 표출되고 있으나 타협과 대화보다는 갈등이나 의견양극화로 이어지는 경향이 강하며, 합의된 사회적 담론에는 미숙하다. 결과적으로 사회통합은 저하되고 갈등으로 인한 사회비용은 늘어나고 있다. 공공성과 국가성의 분화는 아직도 진행 중인 현안이다. 민주주의가 더 발달하기 위해서 공공성에 대한 환기가 필요한 이유이다.

이뿐만 아니라 한국 언론은 기술 변화에 따른 새로운 미디어 지형과 맞닥뜨리고 있다. 발달한 초고속 인터넷망과 높은 스마트폰 보급

률은 국민들이 정보를 향유하는 방식과 정보를 통해 사회에 참여하는 양식을 바꾸어 놓았다. 정보의 편리성 못지않게 역기능도 적지 않아 선정적 정보나 홍보성 혹은 상업적 동기가 내재된 각종 정보들이 뉴스로 포장되는 현실을 경험하고 있다. 인터넷 기술은 정보의 풍요를 가져왔으나 소통의 사적 영역까지 수렴하며 저널리즘의 전문성과 공적 영역의 연관성을 잠식했다. 신문으로 대표되는 전통 미디어legacy media는 정보사회에서의 산업적 지위를 점차 상실해 가고 있다. 이는 정통 저널리즘serious journalism의 퇴조를 뜻하는 것이기도 하다.

'프리덤 하우스'는 일반 자유도global freedom score와 함께 인터넷 자유도Internet score도 함께 발표했는데, 2021년 발표한 '인터넷 자유도'에서 우리나라는 67점을 받아 '부분자유국'을 기록했다. 인터넷 자유도는 인터넷 접근권이 얼마나 자유로운지, 콘텐츠 제한은 없는지, 사용자 권리가 위반되었는지 등을 척도로 조사한다. 우리나라의 경우 초고속 인터넷망 등 인터넷 인프라가 잘 갖춰진 IT선도국이지만 인터넷 자유는 기술의 발달 수준을 따라가지 못하는 것으로 나타난 것이다.

또한 우리나라가 언제나 언론자유국이었던 것은 아니다. '언론자유국' 하위에 머무르다 2011년 조사대상 199개국 중 70위를 받으면서 '부분적 언론자유국partly free'으로 강등된 후 상당 기간 부분적 언론자유국의 지위를 벗어나지 못했다. 우리나라는 2018년을 기점으로 반등, 2019년부터 언론자유국을 유지하고 있다. 2011년 부분적 언론자유국으로 강등될 당시 보고서는 "검열과 함께 언론매체 뉴스와 정보 콘텐츠에 대한 정부 영향력의 개입이 확대됐으며, 최근 몇년간 온라인에서 친북 또는 반정부 시각의 글이 삭제됐고, 정부가 대형 방송사 경영에 개입해 왔다"고 이유를 지적했다.

종합해 보면, 우리나라 언론은 온라인과 오프라인에서 자유국과 '부분적 자유국' 사이를 오가고 있어 안정적 언론자유를 누리고 있다고 하기에는 미흡한 부분이 적지 않다. 서구 선진국이 거의 만점에 가까운 자유도를 향유하는 데 비해 우리나라는 부분적 자유국을 갓 벗어난 수준이기 때문이다. 또한 인터넷 자유도 부문에서도 부분적 자유국에 머물렀다.

미디어 기술의 발달에 따라 기자들은 자유로운 취재 및 보도 분위기를 체감하는 경향이 조사 결과 발견되었으나, 동시에 그들은 새로운 양상의 언론제약을 경험하고 있다. 정치적 압박이나 경제적 제약이 아닌 공론장 내부로부터 오는 제약이다. 기자들은 취재원, 취재대상 또는 독자로부터 괴롭힘을 당하기도 하는데, '전화, 문자, 메신저, 이메일 등을 통한 괴롭힘', '웹사이트 악성 댓글(비방, 욕설 등)', '악의적인 고소, 고발' 등을 겪는 것으로 나타났다.

이런 상황에서 한국 언론은 신뢰도 저하와 전문성 약화라는 문제를 겪고 있다. 비영리 연구기관인 로이터 저널리즘연구소가 매년 발표하는 〈디지털 뉴스 리포트〉에 따르면, 대한민국의 언론 신뢰도는 매우 낮은 편이다. 2021년 10월 발표한 리포트에서도 코로나19 영향으로 전 세계적으로 뉴스 신뢰도가 상승한 가운데 우리나라는 조사대상 46개국 중 38위를 기록한 것으로 나타났다. 전 세계적으로 신뢰한다고 응답한 비율이 증가한 것은 코로나19의 영향 때문으로 추측된다. 한국의 경우 처음 조사에 참여한 2016년 22%, 2017년 23%, 2018년 25%, 2019년 22%를 각각 기록했다.

또한 '모두가 저널리스트'인 시대를 맞아 언론의 상업주의에 맞설 직업적 규범으로서의 전문성 또한 약화되어 가고 있다. 공론장에는 훈련받지 않은 기자가 쓰는 검증하지 않은 정보가 넘쳐 난다. 산업으로서의 언론이 약화되는 것은 언론인의 직업적 기반이 약화되는 것을 의미하고, 이는 언론의 독립성이 훼손되는 결과로 이어진다. 언론인 양성과정의 전문성 확보와 시민들의 미디어 리터러시 교육을 위한 인프라가 미약한 상황과 연관이 있는 것으로 분석된다. 기사 어뷰징 등의 문제가 지속적으로 나타나고 있으며, 현재 2만여 명에 달하는 미디어 종사자 중에서 전문 저널리스트로서 훈련받은 인력은 극히 일부에 불과하다. 언론지원 재원의 부족으로 기존 기자들의 재교육도 원활하게 이루어지지 못하고 있다. 또한 다양한 미디어에 노출된 시민들이 건전한 정보를 선별하여 흡수하는 리터러시 교육이 발달되어 있는 상황도 아니다. 무분별한 퍼나르기와 악플 관행은 정보사회의 어두운 단면이다.

사회 구성원들이 공통적으로 '공공텍스트'를 접하는 것은 정체성을 유지하고 전수하는 문화적 경험이다. '신문을 읽는다는 경험'을 공유하는 것은 공공 영역의 건강성을 확보하는 '새벽기도' 같은 것이라고 셔드슨은 표현한 바 있다. 분단 상황하의 우리나라에게 이 경험은 매우 특별하다. 자유민주주의라는 국가 정체성을 확인하고 공유하며, 더 나아가서는 민족 간의 동질성까지 회복해야 한다는 과제가 있기 때문이다. 이 과정에서 저널리즘이 수행해야 하는 사회 통합과 소통의 역할은 아무리 강조해도 지나치지 않다.

한국 사회에서 저널리즘 발전을 위해 생각해 볼 문제는 다음과 같다. 우선 전파라는 공공재를 사용하는 방송이나 인터넷의 경우 공론장 담론에 미치는 영향이 매우 크다는 점에서 공정성을 유지할 수 있도록 정책이 뒷받침되어야 한다. 공영방송의 지배구조는 정치적 이해로부터 독립되도록 설계해야 하고, 인터넷 사업자들은 사용자를 유인하기 위해 정보의 질을 희생하지 않도록 적절한 규제를 받아야 한다. 양질의 콘텐츠와 교육이 불가분의 관계라는 점에서, 저널리즘 스쿨과 같은 전문 언론인 양성기관을 설립하는 등 다양한 교육 프로그램을 제도화하여 공론장의 민주주의가 공고해지도록 지원해야 한다. 사용자가 소통의 중요한 한 축을 담당하고 있는 요즘의 인터넷 환경에서는 시민들을 대상으로 한 미디어 리터러시 교육도 필요하다.

그 밖에도 심층보도와 탐사보도 등 콘텐츠 지원, 기자 연수, 기자 재교육 지원, 우리말 우리글 정비 및 확산 프로젝트 지원, 청소년 대상 읽기와 쓰기 교육 지원, 저널리즘 연구 지원 등을 고려할 수 있다. 뉴스의 질 향상은 언론에 대한 신뢰도 향상으로 이어지며, 그렇게 향상된 신뢰도는 건강한 공론장 형성에 기여할 것이다.

눈부신 기술발달에 발맞춘 디지털 혁신도 뒤따라야 한다. 기존의

미디어가 수행하던 정통 저널리즘의 기능을 변화한 미디어 지형에서도 안정적으로 수행할 수 있도록 제도적 지원이 필요하다. 현재 인터넷 포털을 통해 유통되는 뉴스에 대한 수익구조를 공정하게 바로잡고, 저널리즘으로 발생한 수익을 정당하게 배분하며, 그렇게 배분된 수익이 교육과 정보 복지로 선순환하도록 정책이 설계되어야 할 것이다.

민주주의 선진국의 경우 다양한 방법으로 언론을 지원한다. 국가가 나서서 재정 지원을 하기도 하고, 공적 기관이 양질의 기사 생산을 위해 지원하기도 하며, 시민사회가 자발적인 노력을 기울이기도 한다. 이는 산업으로서의 언론이 중요하기 때문이 아니라 언론이 수행하는 저널리즘 기능이 민주주의를 위한 필수 요건이기 때문이다. 언론이 '좋은 저널리즘'을 구사할 때 건강한 민주사회를 유지할 수 있다. 그에 비하면 우리나라의 언론 정책은 지원보다는 개혁 쪽에 무게 중심이 있고, 개혁의 대상도 정파성이나 지배구조 개편과 같은 정치적 이해관계로 얼룩져 있는 경우가 많다. 언론 정책은 시민 민주주의를 위한 인프라를 되살리는 민주주의 진흥정책으로 접근해야 하고, 우리 사회의 정체성을 지키는 문화정책으로 접근하는 포괄적이고 장기적 안목이 필요하다.

참고문헌

김원식(2015), 《하버마스 읽기》, 서울: 세창미디어.

배 영(2017), 페이크 뉴스에 대한 이용자 인식조사 결과, 《제1회 KISO 포럼: 페이크 뉴스와 인터넷 토론회 자료집》, 4~10.

빌 코바치·톰 로젠스틸 저, 이재경 역(2014), 《저널리즘의 기본원칙》(The elements of journalism), 서울: 한국언론진흥재단.

롭 앤더슨·로버터 다덴·조지 킬렌버그 저, 차재영 역(2006), 《저널리즘은 어떻게 민주주의를 만드는가?》(The conversation of journalism), 서울: 커뮤니케이션북스.

신진욱(2007), 공공성과 한국사회, 〈시민과 세계〉, 5권 11호, 18~39.

피터 앤더슨·제프 워드 편, 반현·노보경 역(2008), 《저널리즘과 선진 민주주의》(The future of jouralism in the advanced democracies), 서울: 커뮤니케이션북스.

황용석(2017), 페이크 뉴스 현상과 인터넷서비스 사업자 자율규제 현안, 《제1회 KISO 포럼: 페이크 뉴스와 인터넷 토론회 자료집》, 24~60.

Carey, J. (1997), Afterword: The culture in question, in *James Carey: A critical reader*, University of Minnesota Press.

Gans, J. H. (2002), *Democracy and the news*, New York: Oxford University Press.

Hamilton, J. T. (2016), *Democracy's detectives: The economics of investigative journalism*, Cambridge, Massachusetts: Harvard University Press.

Jones, A. S. (2009), *Losing the news: The future of the news that feeds democracy*, Oxford: Oxford University Press.

McNair, B. (2016), *Communication and political crisis: Media, politics and governance in a globalized public sphere*, Peter Lang Publishing.

Merritt, D. (2005), *Knightfall: Knight ridder and how the erosion of newspaper journalism is putting democracy at risk*, AMACON.

Merritt, D., & McCombs, M. (2004), *The two W's of journalism: The why and what of public affairs reporting*, Mahwha, New Jersey: Lawrence Erlbaum Associates, Publishers.

Schmuhl, R. (Ed.) (1984), *The responsibilities of journalism*, Notre Dame, Indiana: University of Notre Dame Press.

Schudson, M. (1995), *The power of news*, Cambridge, Massachusetts: Harvard University Press.

_____ (2003), *The sociology of news*, New York: W. W. Norton & Company, Inc.

_____ (2008), *Why democracies need an unlovable press*, Cambridge: Polity Press.

Stromback, J. (2005), In search of a standard: four models of democracy and their normative implications for journalism, *Journalism Studies* 6(5), 331~345.

찾아보기

A~Z

저자소개(가나다순)

김범수

현재 부산대 미디어커뮤니케이션학과 교수이다. 미국 앨라배마대에서 석사, 박사학위를 받고 이스라엘 히브리대(Hebrew University of Jerusalem)에서 박사 후 연구원을 지냈다. 대표 저서로는 *Semantic Network Analysis in Social Sciences*(공저)가 있고, *Digital Journalism, Journalism, Journal of Communication* 등 다수 학술지에 연구성과를 발표했다.

김사승

현재 숭실대 언론홍보학과 교수이다. 서강대 사학과를 졸업하고 영국 레스터대 신문방송학과에서 석사, 박사학위를 받았다. 〈문화일보〉 기자, 캐나다 맥길대 방문교수를 역임했다.

주요 저서로는 《디지털 테크놀로지와 저널리즘》, 《저널리즘 생존프레임》, 《현대저널리즘》, 《디지털 경계관리》, 《저널리즘의 이해》(공저), 《미디어 미래》(공저), 《커뮤니케이션의 확장: 경계에서 미디어 읽기》(공저), 역서로는 《경영과 창의성》, 주요 논문으로는 "저널리즘의 기술적 재구성에 대한 이론적 고찰", "뉴스생산의 창의성 현실화에 관한 탐색적 고찰을 위한 기자인식 연구", "뉴스생산방법 변화에 대한 이론적 고찰" 등이 있다.

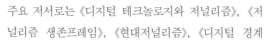

김정수

현재 국민대 교양대학 교수이다. 국민대에서 언론학 박
사학위를 받았다. KBS PD, 교양국장, 기획국장, 방송
문화연구소장을 지냈으며 〈추적60분〉, 〈KBS스페셜〉,
〈다큐3일〉, 〈심야토론〉, 〈생로병사의 비밀〉, 〈세계는
지금〉, 〈역사스페셜〉, 〈아침마당〉 등을 제작했다.
주요 작품 및 저서로는 〈KBS스페셜-LCD삼국지, 한

국은 어떻게 일본을 이겼나〉, 〈생로병사의 비밀-위암〉, 〈신화창조의 비밀-현
대자동차 인도 진출기〉, 〈역사스페셜-포석정은 왕들의 놀이터가 아니었다〉,
〈걸어서 세계속으로-런던, 애들레이드, 살바도르〉, 주요 논문으로는 "초창기
KBS 〈추적60분〉이 한국의 PD저널리즘에 끼친 영향에 대한 연구" 외 다수가
있다.

박성희

현재 이화여대 커뮤니케이션·미디어학부 교수이다. 미
국 컬럼비아대 사회학과를 졸업하고 연세대 언론홍보대
학원에서 석사, 미국 퍼듀대에서 언론학 박사학위를 받
았다. 〈조선일보〉 기자, 미국 버지니아커먼웰스대 방
문교수, 이화여대 이화사회과학원 원장, 이화미디어센
터 주간, 기획부처장, 한국미래학회 회장, 방송통신심

의위원회 심의위원, 언론중재위원회 위원, 교육방송 경영평가위원, 국제교류재
단 이사, 아산정책연구원 이사, 국가보훈위원회 위원 등을 지냈다.
대표 저서로는 《수사비평》, 《레토릭》, 《아규멘테이션》, 《현대미디어인터
뷰》 등이 있다.

박아란

현재 고려대 미디어학부 교수이다. 서울대 경영학과를
졸업하고 서울대 언론정보학과에서 석사, 미국 오리건
대 저널리즘·커뮤니케이션스쿨에서 박사학위를 받았
다. 한국언론진흥재단 미디어연구센터 책임연구위원,
〈조선일보〉 기자를 지냈다.

대표 저서와 논문으로는 《인공지능 법·윤리·저널리
즘의 이해》, 《인터넷 표현의 자유》, *MEDIA LAW IN SOUTH KOREA* (공
저), "A Comparative Study of False Information Governance in Chinese
and American Social Media Platforms", "디지털 인격권 침해와 인터넷서비스
사업자의 책임에 대한 비교법 연구", "Fake News from Legal Perspective:
United States and South Korea Compared" 등이 있다.

박재영

현재 고려대 미디어학부 교수이다. 서울대 법과대학을
졸업하고 미국 미주리대 저널리즘스쿨에서 석사, 박사
학위를 받았다. 〈조선일보〉 기자, 〈고대신문〉 편집인
겸 주간교수, KUMA(고대언론인교우회 후원 기자양성
프로그램) 주임교수, 관훈클럽 임원, 〈한겨레〉 저널리
즘책무위원장, 윤세영저널리즘스쿨(YJS) 교수 등을 역
임했다.

주요 저서로는 《뉴스 스토리》, 《탁월한 스토리텔러들》(공저), 《저널리즘의
지형》(공저), 《한국 언론의 품격》(공저), 《버릴 관행 지킬 원칙》(공저), 《한
국의 정치보도》(공저), 《텔레비전 뉴스의 품질》(공저), 《기사의 품질》(공
저), 《언론사 출입처 제도와 취재 관행 연구》(공저) 등이 있다.

손영준

현재 국민대 미디어·광고학부 미디어전공 교수다. 서울
대 외교학과를 졸업하고 서울대 행정대학원에서 석사, 미
국 인디애나대 저널리즘스쿨에서 박사학위를 받았다.
〈연합뉴스〉 기자, 미국 조지워싱턴대 방문 교수, 국민
대 사회과학대 학장, 교무처장, 인재개발원장, 주간교
수, 한국언론학회 저널리즘연구회 회장을 역임했다.

주요 저서와 논문으로 THE GLOBAL JOURNALIST in the 21st Century (공저),
《방송의 공정성 심의를 위한 연구》(공저), 《현대 정치커뮤니케이션》(공저),
《매스미디어와 정보사회》(공저), "언론자유에 대한 철학적 탐색", "신공화주의
논의를 통해 재상상하는 표현의 자유", "바람직한 선거 캠페인 보도 방안 연구",
"TV 뉴스 공정성에 대한 시민인식 조사", "미디어 이용이 보수 진보적 의견에 미
치는 영향", "Another Look at What Moves Public Opinion" 등이 있다.

오대영

현재 가천대 미디어커뮤니케이션학과 교수이다. 서울
대 외교학과를 졸업하고 한양대에서 언론학 박사학위를
받았다. 〈중앙일보〉 기자로서, 일본특파원, 논설위원,
국제부장, 선임기자 등 역임했고, 가천대 사회과학대학
학장, 신문방송국 국장을 지냈다.

대표 저서 및 논문으로 《R을 활용한 공공데이터분석》,
《저널리즘 이론과 현장》, 《닛폰 리포트》, 《미래의 인재, 대학의 미래》(공
저), 《끄덕끄덕 세계경제》(공저), 《한국의 지하경제》(공저), "지방정부 정책
홍보에서 언론과 SNS의 효과 차이", "대학생의 실시간 원격수업 만족도와 지속
수강의도에 영향을 주는 요인", "탐사보도 이용과 지속이용의도에 영향을 주는
요인", "수용자의 언론인, 신문뉴스 문제, 신문뉴스 신뢰도 평가가 신문뉴스 이
용량에 미치는 영향에 대한 종단적 연구" 등 다수가 있다.

이건호

현재 이화여대 커뮤니케이션·미디어학부 교수이다.
고려대 철학과를 졸업하고 미국 미주리대에서 저널리즘
석사, 미국 텍사스대에서 저널리즘 박사학위를 받았다.
〈조선일보〉 기자, 인하대 언론정보학과 교수, 미국 텍
사스대 저널리즘대학 방문 교수, 이화여대 커뮤니케이
션·미디어 연구소장, 이화 미디어 센터 주간, 〈한국언
론학보〉 편집위원장 등을 역임하였다.
주요 저서와 논문으로는 《미디어와 정치》, 《스트레이트 뉴스, 이렇게 쓴다》,
《언론 글쓰기, 이렇게 한다》, 《커뮤니케이션과 사회》(공저), "Verb objectiv-
ity and source qualification", "Who let priming out?", "한·미 신문 기사의
심층성과 신뢰도 및 독창성 분석" 등이 있다.

이샘물

현재 〈동아일보〉 디지털이노베이션 팀장이다. 고려대
미디어학부를 졸업하고 미국 UC버클리대 저널리즘스
쿨에서 석사학위를 받았다. 〈동아일보〉 사회부, 정책
사회부, 산업부에서 취재기자로 일했으며 뉴스이노베
이션팀장을 역임했다. 대표 저서로는 《기자로 말할
것》, 《경계를 넘는 기자들》, 《탁월한 스토리텔러들》
(공저) 등이 있다.

이완수

현재 동서대 미디어콘텐츠대학 교수이다. 고려대 정치
외교학과를 졸업하고 고려대에서 언론학 석사, 박사학
위를 받았다. 미국 미주리대, 미시간대 방문교수를 지
냈으며 〈헤럴드경제〉 국제부장 및 청와대 출입기자,
언론중재위원, 〈소통학연구〉 편집위원장, 〈한국언론
학보〉, 〈언론정보연구〉 등 다수 학술저널 편집위원을
역임했다.

주요 저서와 논문으로는 《경제와 커뮤니케이션》, 《부고의 사회학》, 《버릴 관
행, 지킬 원칙》(공저), 《빅데이터시대의 커뮤니케이션 연구》(공저), "경제커
뮤니케이션 효과이론에 대한 실증적 검정", "Immersive Journalism and
Telepresence", "The Samsung-Apple Patent Wars", "Reflecting Absence:
Representing the Extraordinary Deaths of Ordinary Sailors in the Media"
등이 있다.

이정훈

현재 대진대 미디어커뮤니케이션학과 교수이다. 한양대
사회학과를 졸업하고 미국 조지아대(UGA)에서 매스커
뮤니케이션 석사, 미국 플로리다주립대(FSU)에서 커
뮤니케이션 박사학위를 받았다.

주요 저서와 논문으로 《컴퓨테이셔널 저널리즘: 새로
운 뉴스 제작 기술》, 《뉴스 리터러시: 새로운 뉴스 교

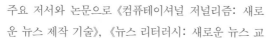

육의 이론적 탐색》, "'영끌' 보도에 대한 언어망 분석: 뉴스 정보원 다양성을 중
심으로", "비판적 뉴스 이용 전략에 영향 미치는 요인에 대한 탐색적 연구: 뉴스
피로감, 정치적 세련도, 뉴스에 대한 지식 체계, 뉴스관의 주효과와 상호작용
효과를 중심으로" 등이 있다.

임종섭

현재 서강대 신문방송학과 교수다. 서울대 독어독문학
과를 졸업하고 미국 미주리대 저널리즘스쿨에서 언론학
석사학위와 박사학위를 받았다. 〈연합뉴스〉 사회부와
경제부 기자, 서강대 언론사 주간교수, 언론고시반 '가
리사니'의 지도교수 등을 지냈다. 주요 저서로 《뉴스
프레임과 의제의 자동 추출과 해석 모형》, 《데이터 저
널리즘》 등이 있고, New Media & Society, Journalism & Mass Communication
Quarterly 등 유명 SSCI 학술지, KCI 학술지, 국내외 학회 등에 100여 편의 연
구실적을 발표했다.

최수진

현재 경희대 미디어학과 교수이다. 연세대 행정학과를
졸업하고 미국 인디애나대에서 석사, 미국 텍사스대에
서 박사학위를 받았다. 한국언론진흥재단 뉴스트러스
트위원회 위원, 〈한국언론학보〉 편집이사, Digital
Journalism 편집위원, 디지털 저널리즘 관련 한국연구
재단 일반공동연구지원사업 연구책임자를 역임했다.
주요 저서로는 《커뮤니케이션 연구를 위한 네트워크분석》, 역서로는 《사회 네
트워크 통계 모형(ERGM): 이론, 방법론, 활용》 등이 있고, Journal of Com-
puter-Mediated Communication, Human Communication Research, New
Media & Society, Journalism 등 학술지에 논문을 다수 발표했다.

허만섭

현재 강릉원주대 교양기초교육본부 교수이다. 연세대
철학과를 졸업하고 연세대와 고려대에서 각각 미디어·
커뮤니케이션 관련 석사, 박사학위를 받았다. 〈동아일
보〉 신동아팀 기자를 지냈다. 〈한국기자협회〉 한국기
자상(취재보도부문)을 받았다.
주요 저서로는 《정치수사학》, 논문으로는 "Abused
metaphors in political communication", "유튜브 채널과 TV 채널의 편향성에
대한 네트워크 분석", "인터넷 심화 활용이 인터넷 사회적 자본의 축적에 미치는
영향에 관한 회귀분석", 보고서로는 〈언론사 출입처제도와 취재관행 연구〉(공
저) 등이 있다.

뉴미디어와 정보사회 개정3판

오택섭(고려대)·강현두(서울대)·최정호(울산대)·안재현(KAIST) 지음

미디어 빅뱅시대 현대인의 미디어 교양서
뉴미디어 이론부터 최신 동향까지 다룬 개정3판

정보사회를 살아가는 데 필요한 지식으로서 매스미디어를 이해하려는 현대인에게 체계적인 이해의 틀을 제공하는 미디어 교양서다. 전문적 이론보다 모바일 웹 등 매스미디어의 최신 사례를 쉽게 이해할 수 있도록 서술하였다. 크라운판·올컬러 | 528면 | 29,500원

설득 커뮤니케이션 개정2판

김영석(연세대) 지음

시대와 학문을 초월한 '설득'연구를 집대성하다

다양한 설득 연구를 모아 설득의 역사, 심리학적 원리 기법을 커뮤니케이션 관점에서 체계적으로 분석했다. 또한 여러 학문에서 다루는 설득 이론 및 방법을 종합적으로 제시했다. 특히 개정2판에서는 시대에 따라 '설득'과 '소통'의 개념을 적극 반영하여 상호 소통의 형태를 강조해 다루었다. 신국판 양장본 | 744면 | 38,000원

현대언론사상사

허버트 알철 | 양승목(서울대) 옮김

미국의 지적 전통은 어떻게 언론철학으로 굳어졌나?
300년에 걸친 미국 언론정신의 형성 과정

이 책은 '밀턴'에서 '맥루한'까지 미국 저널리즘의 근간을 이룬 300년간의 서구 사상가와 사상들을 총망라했다. 저자는 눈앞의 현실만을 강조하는 사람들에게 그 현실과 실천의 뿌리를 살펴볼 것을 촉구하며 역사성을 회복하라고 호소한다.

신국판 | 682면 | 35,000원

뉴욕타임스의 디지털 혁명

종이신문에서 초일류 디지털 미디어로

송의달(〈조선일보〉 선임기자) 지음

뉴욕타임스는 어떻게 디지털 전환에 성공했는가?

지능정보사회의 물결 속에 갈수록 매출이 줄어드는 종이 신문 대신 온라인 신문으로 수익기반을 옮기는 디지털 전환은 신문기업에게 더는 피할 수 없는 절박한 과제다. 미국 최고 권위지 〈뉴욕타임스〉의 성공 사례를 통해 해법을 모색한다.

신국판 양장본 | 488면 | 28,000원

방송영상미디어 새로 읽기

강형철(숙명여대) 외 지음

이론과 실천이 융합된 신개념 방송영상미디어 입문서

국내 대표 미디어 전문가 8인이 디지털미디어 시대의 새로운 패러다임을 이용자, 콘텐츠, 산업의 측면에서 조명한 책. 단순한 개론서를 넘어 학계와 현장의 다양한 생각과 경험, 그리고 지적 담론을 총망라했다. 현업인에게는 살아있는 지식을, 일반독자에게는 새 시대의 통찰을 제공할 것이다. 크라운판 | 494면 | 28,000원

지능정보사회의 이해

배영(포스텍)·최항섭(국민대) 외 지음

지능정보사회에서 인간과 사회는 어떻게 변화하는가?

지능정보사회가 도래하며 발생한 삶의 패러다임과 사회 변화를 총체적으로 분석했다. 인공지능, 알고리즘 등 주요 개념을 충실히 소개할 뿐만 아니라 지능정보사회가 가져온 인간 및 권력관계, 경제활동의 변화에 대한 논의를 사회학을 중심으로 다양한 측면에서 담았다. 신국판 | 472면 | 23,000원

미디어 효과이론

브라이언트·올리버 편저 | 김춘식·양승찬·이강형·황용석 옮김

미디어 효과이론의 고전부터 최신이론까지
최고의 미디어 학자 54인의 통찰을 담다

미디어 효과이론의 과거, 현재, 미래를 한 번에 엿볼 수 있는 보기 드문 책. 급변하는 미디어 환경변화에 적응하기 위해 미디어 효과이론이 어떻게 진화해야만 하는지에 관한 통찰력 있는 조언을 담았다. 제 3판에서는 모바일 미디어 및 다른 테크놀로지의 효과를 중점적으로 다루었다. 4×6배판 변형·올컬러 | 712면 | 38,000원

매스 커뮤니케이션 이론 제5판

데니스 맥퀘일 | 양승찬(숙명여대)·이강형(경북대) 공역

매스 커뮤니케이션 이론 연구의 권위자
데니스 맥퀘일이 쓴 언론학의 고전

제 5판에서는 인터넷시대의 '뉴미디어'가 출현·성장하는 과정에서 기존 매스미디어 이론과 연구를 토대로 전달했던 것을 수정·보완하는 데 주력했다. 맥퀘일은 변화하는 미디어 환경에서 기존 매스 커뮤니케이션의 변화에 관심을 두고 내용을 전개한다.

크라운판 변형 | 712면 | 28,000원

커뮤니케이션 이론 연구방법과 이론의 활용

세버린·탠카드 | 박천일·강형철·안민호(숙명여대) 공역

과학의 눈으로 본 매스 커뮤니케이션 현상

매스 커뮤니케이션의 기본개념부터 다양한 이론적 논의와 연구방법, 그리고 많은 실제 연구사례에 이르기까지 언론학 전반을 조감해 주는 교과서다. 제반 이론을 소개하면서 과학의 특징인 실용성과 누적성이 절로 드러나는, 뚜렷한 관점을 가지고 있다는 점에서 기존 책과 구별된다. 크라운판 | 548면 | 22,000원

미디어 거버넌스

윤석민(서울대) 지음

2020년
세종도서
(학술 부문)

"그 모든 한계에도 불구하고, 미디어가 유일한 희망이다."
한국사회 미디어 시스템 연구의 결정판

한국사회 미디어 시스템이 총체적 위기를 겪고 있다. 변화의 실마리는 결국 미디어 종사자 스스로 만들어야 한다. 이러한 상향식 미디어 개혁은 미디어의 규범적 가치의 복원, 그리고 미디어와 관련된 모든 사회집단이 힘을 모으는 협치 거버넌스 구축으로부터 시작된다. 크라운판·양장본 | 928면 | 45,000원

미디어 공정성 연구

윤석민(서울대) 지음

2016년
대한민국학술원
우수학술도서

"미디어는 사사롭지 않고 한쪽으로 편향되지 않아야 한다."

이 책은 미디어 공정성이라는 이론과 개념의 토대와 함께 미디어의 세부 영역별로 공정성이 어떻게 구축되어 왔고 또 그들이 처한 현실은 무엇인지 살펴본다. 미디어 공정성의 원칙은 소극적인 미디어 내용규제의 원칙을 넘어 자유롭고 가치 있는 사회적 소통을 지켜내기 위한 미디어 저널리즘의 기본 원리로서 바르게 인식되고 실천되어야 한다. 신국판 | 896면 | 38,000원

사회과학 통계분석 개정판 SPSS/PC+ Windows 23.0

최현철(고려대) 지음

사회과학 통계방법을 총망라한 지침서

통로분석, 인자분석, Q 방법론, 판별분석, 로지스틱 회귀분석, 반복측정 ANOVA, ANCOVA 등 사회과학 연구들이 반드시 알아야 할 통계방법부터 논문작성법까지 알기 쉽게 설명했다. 개정판에서는 분석력이 강화된 SPSS/PC+ 23.0의 실행방법을 소개했다.

4×6배판 변형 | 828면 | 38,000원